总序一

2012年是清帝退位一百周年，明清史研究也走过了百余年的风雨历程。出于总结和促进发展的目的，故宫出版社将百年来明清史专题研究的重要的甚至经典性著作，遴选四十余部再版发行，以期对当前的明清史研究有所裨益，这是令人高兴和值得肯定之举。

长达五百余年的明清两代，是中国历史上两个重要的王朝，既处于我国封建社会行将灭亡的衰落时期，又处在中国封建专制主义发展的巅峰时期。盛世与没落，帝王的文治武功与社会的演进变革，殖民者的“福音”传播与列强的坚船利炮，此起彼伏的农民起义与先进的中国人的图强探索，以及革命与改良，等等。这是一个多姿多彩且天翻地覆的历史时期。这一时期又连接着今天，影响着今天。因此，研究明清两代的历史，就有着十分重要的意义。

现代意义上的明清历史研究开始于20世纪初。面对清王朝的腐朽没落，半殖民地半封建社会的奴役屈辱，资产阶级革命的风起云涌，以梁启超、夏曾佑、严复、孟森、章太炎、向达、谢国桢、萧一山等学者为代表的中国知识界，继承中国古代社会“鉴古知今”的历史传统，吸收近代科学理论知识，开始对清先世、明满关系、南明史、学术史，后渐扩大到秘密社会史、华侨史、晚清史（这是一大热点）、民族史、历史地理、财政史、盐业史等明清历史的多个方面，进行系统研究，筚路蓝缕，取得了丰硕的成果。

新中国成立以后，特别是改革开放以来，学术界在马列主义理论指导下，继承老一辈学者的信实学风，汲取西方学术研究的科学方法，解放思想，大胆探索，推动了明清史研究的不断深入。研究领域在不断扩大，研究水平在不断提高，明清史学逐渐形成充满朝气、欣欣向荣的繁荣景象。经过数十年的发展与积淀，时间已为我们留下了一些有价值的学术著作，这些著作资料翔实，论述严密，条理贯通，至今仍为许多学者所推崇。因此，将多年以来明清史研究著作纳入《文库》，重新修订再版，可使我们回顾明清史学研究的发展轨迹，促进21世纪明清史学术研究的深入发展。

故宫博物院和故宫出版社推出这套《明清史学术文库》还有一层特殊的意义，这就是故宫和故宫博物院在明清史研究中的特殊地位。故宫作为明清两代的皇宫紫禁城，在明清两朝的统治历史中，共有24位皇帝在此生活执政，使之在五百多年中成为全国的政治中心、文化中心，演绎出一幕幕兴衰史剧，几乎明清时期的每一个重大历史事件，都与宫廷发生着密切的联系。故宫几乎每一座宫殿、每一个院落、每一处山石，甚至每一口水井、一床一案，都有一段传奇经历，蕴含着独特的、浓厚的历史文化信息，涉及建筑、园林、历史、地理、文献、文物、考古、美术、宗教、民族、典制、礼俗等诸多学科与门类。这也是研究明清时期典章制度、宫廷建筑、宫廷生活等历史问题的专家学者不能不予以关注、不能不去考察体验的诸多社会历史领域。建立在以明清两代皇宫“原址保护”基础上的故宫博物院，兼容建筑、藏品与其中蕴含丰富的宫廷历史文化为一体，这一特点及优势，决定了它在整个明清史研究中有着独特的、不可替代的重要地位。而故宫的一切研究工作也离不开明清史学术界的辛勤劳动。

正是基于这种独特关系，故宫博物院与清史编纂委员会联合举办清史研讨会，与北京大学联合主办《明清论丛》，成立明清宫廷史研究中心和故宫学研究所，组织编纂明清史研究丛书，并资助出版一大批重要的明清史学术研究成果，受到学界的广泛赞许。以突出皇宫、皇权和皇帝等皇家文化研究的“故宫学”学术概念，也得到了学界的广泛关注。浙江大学、中国社会科学院研究生院等高校已开始招收这方面的硕士研究生，浙江大学成立了故宫学研究中心，南开大学成立了明清宫廷史与故宫学研究中心，台湾清华大学开设了“故宫学概论”课程等。所有这些，必将对故宫博物院的日常工作和学术研究，以及明清史学界的进一步发展，产生重要的推动作用。

故宫出版社作为故宫博物院的重要部门，一直把促进明清史和故宫学的研究作为自己义不容辞的责任和义务，做出了积极的努力，也取得了重要的成果。本次推出这套《明清史学术文库》，在整合、出版既有学术成果的基础上，通过深入地与专家、学者沟通，对明清史及故宫学研究涉及的一些问题进行专题探讨，以提高明清史和故宫学研究的理论水平，并向成为我国明清史研究成果的出版重镇不断迈进，其精神也值得赞扬。我们相信，通过故宫出版社与明清学术界的不断努力，明清历史研究必将取得更大的发展。

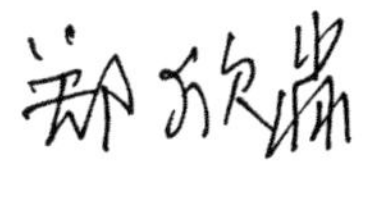

2012年 7 月

总序二

一百年前的1912年，清朝覆亡，宣统帝退位，中华民国建立。标志着统治中国长达两千多年封建帝制的终结。中国历史迈开了前进的脚步，中国人民觉醒奋起，在近代化的征途上努力前进。

伴随着清王朝的覆灭，中国的一大批学者对中国封建社会的最后两个王朝——明朝和清朝的历史进行了认真、系统的研究，章太炎、梁启超、孟森、钱穆、萧一山、蒋廷黻、郭廷以、郑天挺、吴晗、罗尔纲、王钟翰等学术前辈在明清史处女地上披荆斩棘、辛勤耕耘，为明清史学的发展奠定了基础。改革开放以来，学术界百花齐放、百家争鸣，以马克思主义为指导不断地解放思想，积极吸收外国的研究思想和方法，使我国明清史的研究出现了前所未有的长足进步，涌现出一批有价值的学术著作。但在当时，中国或者尚在战乱时期，或者尚在建设的探索时期，经济贫穷，文化欠发达，学术著作的印刷数量不多，流传不广，不利于学术交流和明清史研究更深入的发展，故而故宫出版社将多年来明清史专题性研究著作纳入《明清史学术文库》，重新修订再版，力求涵盖民国以来各个时期的学术大家及其代表性著作，目的就在于将涉及政治、经济、文化、社会生活等方面的研究著作汇集一起，以此反映明清社会的整体状况，为学者深入研究明清时期的社会状况提供学术平台。

明清两代，时间长达五百多年之久，道路崎岖，变化迅速，人物和事件丰富繁多，是最接近今天现实的历史，生产力已有相当发展，居于当时世界各国的前列，社会结构和各种关系已相当复杂，人口众多，经济繁荣，交流频繁，财富充盈，各种事业兴旺发达。至康雍乾时期，中国历史发展到最高峰。但社会中的各个领域存在着缺陷，各种主客观条件尚未具备，整个社会难以协同推进，阻力重重，举步维艰，所以未能进入近代化的轨道。中国坐失了西方世界在18世纪所抓住的社会进步的良好时机，这是中国的不幸，也是我们前几辈先人痛心扼腕、力图奋起直追的动力和原因。今天，我们正在建设中国特色的社会主义，成绩辉煌，但前途还有许多艰难曲折，需要我们奋斗拼搏，晚近明清历史上先辈们走过的崎岖道路值得我们回顾、反思、探索、研究，以利于后人的继续快步前进。

在中华民国成立以前，明清史虽已编纂了许多重要的档案资料，但研究尚在起步阶段，历史编纂中充斥着对本朝的歌功颂德和对前朝的诋毁。民国以后的明清史研究则有了重大的进步。

其进步主要可举出三个方面：

第一，改变了形而上学和英雄史观，逐渐以社会进步史观和马克思主义唯物史观来研究历史；改变了停滞不动、堆砌史料、罗列历史事实，不讲究前因和后果，不揭示历史发展的客观规律，强调英雄创造了历史而忽视人民群众的生产斗争、阶级斗争，不能给人以真实的历史知识的做法。历史是人类进步的活动，是人民群众艰辛创造和英勇斗争的进程。经济活动是人类社会的基础，而政治、军事、法制、文化、思想都是其上层建筑，将会或早或迟地随着经济基础的变化而变化。20世纪初进步史观和马克思主义唯物史观的出现，大大改变和推动了中国历史研究，明清史研究领域出现了许多高水平的、科学的、实证的明清史著作。

第二，研究领域的扩大。自民国以来，明清史研究的领域不断扩大，不仅着重于帝王将相活动，不仅有内外战争、官场升贬、刑律惩治，也不仅宣扬封建的纲常伦理，还涉及到中央和地方的典章制度、兴废沿革、官阶序列、财政收支、赋税征收，人口的增减迁移，城镇的设置变迁；经济方面有农林牧副各业的状况，开垦和耕作记录，各种传统的手工业和商业，以至近代工厂、矿场的兴起，电报的设置，火车轮船的建造；军事方面，有八旗、绿营、团练、湘军、淮军以至北洋水师、小站练兵等；文化方面，既有诗文词赋、绘画书法、人物传记，又有昆曲、京剧、小说、唱本各种民间艺术；加之民族、法制、科学、宗教、城市、乡镇、风俗习惯、生态海洋等方面。各种研究无所不包，覆盖了各个社会历史领域，使得每朝的史书类似于百科全书型的著作，可以阅读和寻找到各种各样的知识。

第三，史料的整理和发展大为进步。民国以后，大内档案公之于世，其数量达一千万件以上，其中尤以清朝的档案与史料为多，它们的大量公开出版为后人提供了无穷的研究宝藏。档案和各种史料是认识和研究历史的重要载体，只有对它进行积累、分析、辨识、考证，才能揭示出历史的真相。近百年来，收集、保存、整理和利用这些珍贵的历史资料取得了很大的成绩，使我们对五百多年的明清历史有了许多新的重要的发现和认识。

故宫出版社作为故宫博物院的下属部门，把服务和促进明清史和故宫学研究作为自己的责任和义务，并为此做出了不懈的努力，坚持资助出版《明清史论丛》，还抽出人力、物力出版了《明代宫廷史研究丛书》等一批颇具特色的明清史著作，逐渐成为明清史研究成果的一个重要的出版阵地，为明清史研究的深入发展，作出了积极贡献。相信本丛书的出版，无论对史学工作者还是普通的史学爱好者，都是一个极大的便利，必将对明清史学术知识和研究的深入发展与广度普及，产生积极的影响。

戴逸

2012年 7 月

目　录

清代学术漫议 / 1
清代理学史的几个重要问题 / 4
清代理学的衰退 / 31
晚清儒学的变化 / 36
晚清西学的传播 / 57
晚清中西文化交流述略 / 71

乾隆年间的反正统文化 / 83
清嘉道间汉宋学关系小议 / 91
清嘉道年间的士习和经世派 / 96
道光间文化的特点 / 113
戊戌新文化运动 / 129
辛亥革命与文化 / 138
辛亥革命时期文化四题 / 161

近代开风气之先驱魏源 / 185
姚莹交游述略 / 201
刘开生平及其学术思想 / 219
夏炯和《夏仲子集》 / 229
张之洞的儒学 / 241

姚莹研究·交游篇（遗稿） / 246

后　记 / 405

明清纪元简表 / 406

编后说明 / 407

清代学术漫议

清朝是中国历史上最后一个皇朝，也是距离现在最近的一个皇朝。它曾经有过被人们称道的“康乾盛世”，也有道光以后丧权辱国的衰世。有清一代积极的和消极的因素都对以后的中国社会产生深远的影响。因此，对清史的研究，一直受到史学界的重视。近 20 年来，清史研究的进展尤大，成果丰富，不仅有通史性的著作，而且在政治、经济、文化、军事、外交以及人物等也都有许多论著问世。其中如《清代大事编年》、《清代人物传》、《清通鉴》等大型书籍，为清史研究做了基础性工作。

学术要发展需要不断创新、开拓，如果没有创新、开拓，学术只能停滞，以至于衰微。清史研究虽然已经取得很大成绩，但并没有穷尽，还有不少薄弱或空白领域。即使已经有很好成果的领域，也不等于什么问题都解决了，有些问题还有不同见解，需要进一步探讨。这里不可能方方面面都谈到，只是举例而言。

清代学术很有成就，如考据学尤为突出，被称为显学。学界对此多所关注，研究成果为数颇多。但是，一直没有一部系统的高学术水平的著作。自清初考据学兴起，至乾嘉为鼎盛。嘉道以后，考据学虽衰落，但仍有一批学者治此，有著述出版。对此，学界的研究则较薄弱，有加强的必要。对于考据学发展演变过程中有关的一些问题，也需要加以弄清楚。例如，嘉道年间汉宋学之争的问题。嘉庆二十三年江藩的《国朝汉学师承记》问世，为汉学家立传，树汉学在儒学中的地位。方东树对此不满，于道光六年出版《汉学商兑》，对汉学加以抨击。在一些论著中以此为例说明汉宋学之争，我也曾在文章中说过相同的意见。不过仔细考察一下当时的情况，是否发生过一场争论，还值得推敲。汉宋学派之间门户之见颇深，互相贬抑的情况甚为明显。然而仅方东树著书批评汉学，并不足以表明形成了一场汉宋学的公开论争。此外，如关于明末清初传入的西方自然科学对考据学产生什么样的影响，考据学是否存在着皖派、吴派之分，考据学的历史地位和作用应如何实事求是地评论等，都有待进一步深入研究。

梁启超的《清代学术概论》无疑是一部很有影响的名著，在今天仍然有其价值，尤其是对于有志于研究清代学术史的人来说，应是必读的入门之书。但毋庸讳言，由于时代和学术的发展，也由于作者自己与书中涉及的晚清学术分不开，难免会有着某些可讨论之处。在《清代学术概论》自序中，梁启超说："有清一代学术，可纪者不少，其卓然成一潮流，带有时代运动的色彩者，在前半期为'考证学'，在后半期为'今文学'。而今文学又实从考证学衍生而来，故本篇所记述，以此两潮流为主，其他则附庸耳。"[1] 此说以考证学、今文学为贯穿有清一代学术主脉，条理明晰，很有启发性。自庄存与为今文学复学之启蒙，今文学于晚清多有影响。不过就晚清今文学而言，其成就及影响，以议政超越于学术。龚自珍、魏源被梁启超誉为"今文学之健者"，而其影响在于"引今举义讥切时政"。遗风所及，"故后之治今文学者，喜以经术作政论"。但是，也不尽如此。湖南王闿运治今文学，于四川成都讲学授徒，传授于廖平。廖平于今文学多所研究，然未及于议政。而以今文学议政显著者，当推康有为及其弟子梁启超，影响及于谭嗣同。康有为所著《新学伪经考》、《孔子改制考》，

1 梁启超：《清代学术概论》，第 4 页，中华书局，1954 年。

显然是为维新变法找依据和造舆论，梁启超称此二书如“飓风”、“火山喷火”、“大地震”，其意义在于思想解放，在于政治作用。可以说，康有为利用今文学，而今文学则因康有为而流播，是因其“以经术作政论”，因其所领导的救亡图强的维新变法运动。就学术而言，康有为的著作多武断、附会。周予同先生在皮锡瑞的《经学历史》序言中说：“皮氏治经，宗经文，但持论平允，没有康有为那样的武断，也没有廖平那样的怪诞。”他的这段话概括了晚清三位治今文学大家的不同之处，是准确的。然而《清代学术概论》于龚、魏以后提到与今文学有关的人有康有为、王闿运、廖平、梁启超、陈千秋、谭嗣同六人，没有皮锡瑞。对于王闿运，梁氏认为“以治《公羊》闻于时，然故文人耳，经学所造甚浅”；于廖平谓：“著四益馆经学丛书十数种，知守今文家传，晚年以张之洞故，复著书自驳，其人故不足法”；写得多的是康有为、梁启超自己和谭嗣同。严格地说，三人中只有康有为真正治今文，梁、谭可说是受康氏今文学的影响，接受今文学的思想，而非今文学家。梁氏在书中说：“启超治《伪经考》，时复不慊于其师之武断，后遂置不复道。其师好引纬书，以神秘性说孔子，启超亦不谓然”；“启超自三十以后，已绝口不谈‘伪经’，亦不甚谈‘改制’”。对于今文学派，他自己说是“为猛烈的宣传运动者”。而真正治今文学的皮锡瑞成果甚多，《师伏堂丛书》中有关经学的就有 18 种，其他已刊著述的有关经学的也有 7 种。不写皮锡瑞治今文学的成就，是不妥当的。或许由于师承的人脉关系不属于康有为一系，皮氏虽治今文学，也不提及。

2001 年

清代理学史的几个重要问题*

理学起于北宋周敦颐、程颢、程颐、张载，至南宋朱熹而集大成。它是儒学历汉、唐经学后发展的新阶段。南宋理宗后期，理学正式确定为官方统治思想，延及元、明、清，近七百年，对中国社会文化影响深远。宋明理学，海内外研究者甚多，不仅论著，即中国哲学史、思想史也多有阐发，而侯师外庐、邱汉生、张岂之主编的《宋明理学史》为专门之系统著作。清代理学虽有论著阐发，但尚乏系统。钱穆所著《清儒学案》，惜书稿沉于长江，未能行世。有鉴于此，《清代理学史》冀能弥其不足于万一。以下就有关清代理学的几个问题做点说明。

一　理学、道学、宋学

学界一般认为，清代学术主体为考据学（又称汉学、朴学），理学已是衰落。就清代学术总体趋向来看，也可如是说。但具体而论，理学在清代的地位和影响仍不可忽视。康熙年间，程朱理学被清政府定为官方统治思想，曾一度居于学术主导地位。清中叶，乾嘉考据学兴盛，理学的学术地位边缘化。但程朱理学所张扬的纲常伦纪，不仅为士人所效法，而且影响于城乡普通百姓。

理学，也称道学。道学之称，早于理学。《二程集》中多处

* 本文原为《清代理学史》（广东教育出版社 2007 年版）的“绪论”。

言及道学，程颐在《祭李端伯文》中直接声称他和其兄程颢“倡明道学”[1]。元人修《宋史》，别创《道学》传，列于《儒林》传之前，以尊周敦颐、程颢、程颐、张载、邵雍、朱熹六子，而置陆九渊于《儒林》。据此，则道学专指程朱理学，不含陆九渊心学。

关于理学的名称，顾炎武在《与施愚山书》中说：“理学之传，自是君家弓冶。然愚独以为理学之名自宋人始有之。古之所谓理学，经学也，非数十年不能通也。”[2]他没有具体说明理学之名始于宋代何人。据学者的研究，认为理学之名最早出现在南宋人的文集中，如陆九渊在《与李省榦》信中即说：“惟本朝理学，远过汉、唐，始复有师道。”[3]陆九渊所说的理学，当指宋儒讲性理之学的理学，应包括程朱理学和他的心学。

理学之名，明代流行。如冯从吾在所著《关学编》自序中说：“吾关中自古称理学之邦，文、武、周公不可尚已。有宋横渠先生崛起郿邑，倡明斯学，皋比勇撤，圣道中天。”“余不肖，私淑有日，顷山中无事，取诸君子行实，僭为纂次，题曰《关学编》，聊以识吾关中理学之大略云。”[4]是编以张载为“关学之始”，上承孔子，下启朱熹，叙“关中道统之脉络”。在所立诸传中，既有学宗濂、洛、关、闽的，也有陆王心学的传人。可见冯从吾所谓关中理学，实合程朱理学和陆王心学。

孙奇逢于清康熙五年（1666 年）撰成《理学宗传》。他在《寄张蓬轩》信中说：

> 某幼而读书，谨守程、朱之训，然于陆、王亦甚喜之。

1 程颐：《祭李端伯文》，《二程集》上册，第 643 页，中华书局，2004 年。

2 顾炎武：《与施愚山书》，《顾亭林诗文集》，第 58 页，中华书局，1983 年。

3 陆九渊：《与李省榦》，《陆九渊集》，第 14 页，中华书局，1980 年。参见姜广辉《理学与中国文化》，第 20 页，上海人民出版社，1994 年。

4 冯从吾：《关学编》，第 1、2 页，中华书局，1987 年。

> 三十年来，辑有《宗传》一编，识大识小，莫不有孔子之道，小德之川流也。及领指示，觉人繁派淆，殊非传宗之旨，故止存周（敦颐）、张（载）、二程（颢、颐）、邵（雍）、朱（熹）、陆（九渊）、薛（瑄）、王（守仁）、罗（洪先）、顾（宪成）十一子，标曰《传宗录》。[1]

《理学宗传》所存十一子，不仅有程朱理学一系，也有陆王心学一脉。对于二者的态度，孙奇逢在《与魏莲陆》的信中说："然仆所辑《宗传》，谓专尊朱，而不敢遗陆、王；谓专尊陆、王，而不敢遗紫阳。盖陆、王乃紫阳之益友忠臣，有相成而无相悖。"[2]显然，孙奇逢于二者皆尊而不敢有遗，在于调和兼尊，而其实是为陆王心学争在理学道统中的地位。他在《理学宗传·叙》中将道统分为上古、中古、近古三期，每期又分为元、亨、利、贞四段，提出：

> 上古，则羲皇其元，尧、舜其亨，禹、汤其利，文、武、周公其贞乎！中古之统，元其仲尼，亨其颜、曾，利其子思，贞其孟子乎！近古之统，元其周子，亨其程、张，利其朱子，孰为今日之贞乎？……盖仲尼殁至是且二千年，由濂、洛而来且五百有余岁矣，则姚江岂非紫阳之贞乎？余谓元公接孔子生知之统，而孟子自负为见知。静言思之，接周子之统者，非姚江其谁欤？[3]

孙奇逢在这里将阳明心学视为继朱熹之后"近古之统"的第四阶段，且是直接周敦颐之统。明末清初，人们反思王学末流的

1 孙奇逢：《寄张蓬轩》，《夏峰先生集》，《孙奇逢集》中册，第21页，中州古籍出版社，2003年。

2 孙奇逢：《与魏莲陆》，《夏峰先生集》，《孙奇逢集》中册，第727页。

3 孙奇逢：《理学宗传·叙》，《孙奇逢集》上册，第621页。

弊端，于是或由王返朱，或调和朱、王，或回归经学原典。孙奇逢的《理学宗传》正是这种思潮的反映，调和了朱、王，强调其“有相成而无相悖”。

清代，理学又称为宋学。《四库全书总目·经部总叙》说：“(自汉至清) 要其归宿，则不过汉学、宋学两家，互为胜负。夫汉学具有根柢，讲学者以浅陋轻之，不足服汉儒也。宋学具有精微，读书者以空疏薄之，亦不足服宋儒也。消门户之见，而各取所长，则私心祛而公理出，公理出而经义明矣。”[1]这里所谓宋学，即指包括程朱理学和陆王心学的理学，与专事训诂考证的汉学相对立。

乾隆、嘉庆年间，汉学兴盛，宋学衰颓，治汉学与治宋学者互相攻讦。嘉庆、道光间，汉学家江藩先后撰《国朝汉学师承记》、《国朝经师经义目录》、《国朝宋学渊源记》，扬汉抑宋。他在《宋学渊源记》中既强调宋学渊源于汉学：“苟非汉儒传经，则圣经贤传久坠于地，宋儒何能高谈性命耶”；又揭为宋学者“同室操戈”之短，“为朱子之学者攻陆子，为陆子之学者攻朱子。至明姚江之学兴，尊陆卑朱，天下士翕然从风”。有意思的是，作为尊汉的江藩竟为朱、陆捏合，“窃谓朱子主敬，《大易》‘敬以直也’；陆子主静，《大学》‘定而后能静也’；姚江良知，《孟子》‘良知良能也’。其末节虽异，其本则同，要皆圣人之徒也”。[2]在《宋学渊源记》中，既为宗程朱理学者立传，也为宗陆王心学或调和程朱、陆王者立传。

然而宋学又有广义，非专指理学。明人唐枢《宋学商求》的宋学，即泛指宋代的学术。当代学者邓广铭在《略谈宋学》一文中提出，理学不等于宋学，应当加以区别。[3]漆侠认同其师邓广铭

---

1 《经部总叙》，《钦定四库全书总目》(整理本) 上册，第 1 页，中华书局，1997 年。

2 江藩：《国朝宋学渊源记》，《国朝汉学师承记》附录，第 153 页，中华书局，1983 年。

3 邓广铭：《略谈宋学》，《邓广铭治史丛稿》，第 163 页，北京大学出版社，1997 年。

的见解，认为“宋学和理学之间的关系是，宋学可以包蕴理学，而理学则仅仅是宋学的一个支派”。他具体指出，宋学应包括北宋的胡瑗、孙复、石介、欧阳修、范仲淹及其后的荆公学派、温公学派、苏蜀学派和洛关理学派，南宋的朱熹理学、陆九渊心学及与之对立的吕祖谦、陈亮、薛季宣、陈傅良和叶适的浙东事功派等。[1] 朱伯崑在《关于宋学研究》一文中，提出了宋学有学术史、经学史、哲学史等几层含义。经学史上的宋学，“是宋学的本义”。而“宋学作为一种学术形态，标志着中华学术发展的新阶段。它是以儒学为核心形成和发展起来的思想文化体系，不同于道家文化和佛教文化的传统。一部宋学史，即是宋代儒家开创的儒学史”。[2]

以上所述，说明理学、宋学均有不同含义。本书所说的理学，包含了程朱理学和陆王心学；所说的宋学，是清代汉学家作为与汉学相对应的宋学，非广义之谓。

二　清代理学的分期

研究清代理学史，不可避免地要涉及分期的问题。

清初儒学由王返朱或调和朱、王，由宋学返汉学。至乾隆、嘉庆间，汉学独盛，居学术主流。于是论及清代学术之发展变化者，多以汉学为脉络。江藩在《国朝汉学师承记》中认为自顺治朝至嘉庆朝经学的衍变，顺、康二朝是“兼采汉、宋”，雍、乾、嘉三朝则“尊崇汉学，不废古训”。江藩意不在为经学的衍变分期，但判分显然。

晚清，皮锡瑞著《经学历史》，认为：

1　漆侠：《宋学的发展和演变》，第 5、7 页，河北人民出版社，2002 年。

2　朱伯崑：《关于宋学研究》，《中国文化研究》1996 年秋之卷。

> 国朝经学凡三变。国初，汉学方萌芽，皆以宋学为才根柢，不分门户，各取所长，是为汉宋兼采之学。乾隆以后，许、郑之学大明，治宋学者已鲜。说经皆主实证，不空谈义理，是为专门汉学。嘉、道以后，又由许、郑之学导源而上……汉十四博士今文说，自魏、晋沦亡千余年，至今日而复明。实能述伏、董之遗文，寻武、宣之绝轨。是为西汉今文之学。[1]

皮锡瑞所谓“国朝经学凡三变”，是将清代经学的变化分为三个阶段。第一个阶段为清初，皮氏未明言起讫，但在书中他处所举清初治经诸儒，多为顺、康时人，皆属“汉宋兼采”。第二阶段为乾隆以后，但书中他处又说，“雍、乾以后，古书渐出，经义大明，惠、戴诸儒，为汉学大宗，已尽弃宋诠，独标汉帜矣”。[2] 一起于乾隆，一起于雍正，似不一致。然此阶段为“专门汉学”、“独标汉帜”，即所谓“乾嘉汉学”时期，起于乾隆或雍正，并无大碍。只是对于皮氏所说的“乾隆以后”，不应认为只限于乾隆一朝，而是包括其后的嘉庆朝等，与第三阶段嘉庆、道光以后的“西汉今文之学”交叉。如果细加推敲，以“西汉今文之学”起于嘉庆并不准确。清代今文经学的复兴始于庄存与，庄氏卒于乾隆五十三年（1788 年），早于嘉庆。皮锡瑞意在阐述清代经学衍变的历程，以及每阶段的特点，只就大段而言，不是专为划分时期。

清末，刘师培在《近代汉学变迁论》一文中将清代汉学的变迁分为四期。他所说的四期，是以怀疑派、征实派、丛缀派和虚诬派划分，并无明确的时间断限。不过从文中的表述，大致可以看出：怀疑派约时在顺治、康熙及于雍正年间；征实派为乾隆、

1　皮锡瑞：《经学历史》，第 341 页，中华书局，1959 年。
2　皮锡瑞：《经学历史》，第 313 页。

嘉庆年间；从缀派、虚诬派则均为嘉庆、道光年间。如按时间分期，实为三期。刘师培宗古文经学，是文意在批评宗今文经学的虚诬派，认为“虚诬学派，则犹国力既虚，强自支厉，欲假富强之虚声，以荧黎庶。然根本既倾，则危亡之祸兆。此道、咸以还，汉学所由不振也。悲夫！”[1]

1921 年，梁启超在所著《清代学术概论》中将清学盛衰分为启蒙期、全盛期、蜕分期和衰落期四期。启蒙期的代表人物为顾炎武、胡渭、阎若璩，以及颜元、李塨、黄宗羲、万斯同等人，其时间起于顺治而及于雍正；全盛期的代表人物为惠栋、戴震、段玉裁、王念孙、王引之，延及乾、嘉年间治汉学诸儒；蜕分期的代表人物为康有为、梁启超，即起于乾隆庄存与所复兴的今文经学派；衰落期与蜕分期同时，代表人物为俞樾、孙诒让、章太炎。由此看来，梁启超关于清学的衍变在时间上实为三期。其后，梁启超在《中国近三百年学术史》中写了“清代学术变迁与政治的影响”，分上中下三篇论述，上篇顺康年间，中篇乾嘉年间，下篇道咸以后，与《清代学术概论》的分期大致相同。

以上诸家之说，多为阐述清学的衍变，但对于清代理学的分期，也具有参考价值。

对清代理学明确分期的，见于 1942 年钱穆发表的《〈清儒学案〉序》。他在文中将清代理学分为四个阶段。第一阶段为“晚明诸遗老”时期：

> 当明之末叶，王学发展已臻顶点，东林继起，骎骎有由王返朱之势。晚明诸老，无南无朔，莫不有闻于东林之传响而起者。故其为学，或向朱，或向王，或调和折衷于斯二

1　刘师培：《近代汉学变迁论》，《左盦外集》卷九，《刘师培全集》第 3 册，第 346 页，中共中央党校出版社，1997 年。

者，要皆先之以兼听而并观，博学而明辨，故其运思广而取精宏，固已胜夫南宋以来之仅知有朱，与晚明以来之仅知有王矣。抑且孤臣孽子，操心危而虑患深，其所躬修之践履，有异夫宋、明平世之践履；其所想望之治平，亦非宋、明平世之治平。故其所讲所学，有辨之益精，可以为理学旧公案作最后之论定者；有探之益深，可以自超于理学旧习套而别辟一崭新之蹊径者。不治晚明诸遗老之书，将无以知宋明理学之归趋。

第二阶段为“顺、康、雍”时期：

遗民不世袭，中国士大夫既不能长守晚明诸遗老之志节，而建州诸酋乃亦倡导正学以牢笼当世之人心。于是理学道统，遂与朝廷之刀锯鼎镬更施迭使，以为压束社会之利器。于斯时而自负为正学道统者，在野如陆陇其，居乡里为一善人，当官职为一循吏，如是而止；在朝如李光地，则论学不免为乡愿，论人不免为回邪，此亦一述朱，彼亦一述朱。往者杨园、语水诸人谨守程、朱榘矱者，宁有此乎？充其极，尚不足追步许衡、吴澄，而谓程、朱复生，将许之为护法之门徒，其谁信之？其转而崇陆、王者，感激乎意气，磨荡乎俗伪，亦异于昔之为陆、王矣。

第三阶段为“乾、嘉”时期：

理学道统之说，既不足餍真儒而服豪杰，于是聪明才智旁进横轶，群凑于经籍考订之途。而宋、明以来相传八百年理学道统，其精光浩气，仍自不可掩，一时学人终亦不忍舍置而不道。故当乾嘉考据极盛之际，而理学旧公案之讨究亦复起。徽、歙之间，以朱子故里，又承明末东林传绪，学者守先待后，尚宋尊朱之风，数世不辍。通经而笃古，博学而知服，其素所蕴蓄则然也。及戴东原起而此风始变。东原排击宋儒，刻深有过于颜、李，章实斋讥之，谓其饮水忘源，洵为确论。然实斋思想议论，亦从东原转手而来，虫生于木，还食其木，此亦事态之常，无足多怪。理学本包孕经学为再生，今徽、歙间学者，久寝馈于经籍之训诂考据间，还以视夫宋、明而有所献替，亦岂遽得自逃于宋、明哉！故以乾嘉上拟晚明诸遗老，则明遗之所得，在时势之激荡；乾嘉之所得，在经籍之沉浸。斯二者皆足以补宋、明之未逮，弥缝其缺失而增益其光耀者也。

第四阶段为“道、咸、同、光”时期：

此际也，建州治权已腐败不可收拾，而西力东渐，海氛日恶，学者怵于内忧外患，经籍考据不足安定其心神，而经世致用之志复切，乃相率竞及于理学家言，几几乎若将为有清一代理学之复兴，而考其所得，则较之明遗与乾嘉皆见逊色。[1]

这几段引文虽较长，但多有发人思考之处，足资参酌。

与钱穆的分期有所不同，本书于清代理学分为三卷，也可视为三个阶段：一为顺治、康熙、雍正三朝；二为乾隆、嘉庆及于道光中叶；三为道光中叶，历经咸丰、同治、光绪，至宣统三年(1911年)。

1　钱穆：《〈清儒学案〉序》，《中国学术思想史论丛》（八），第357~359页，安徽教育出版社，2004年。

第一阶段，以人物而言，含顾炎武、黄宗羲、王夫之、孙奇逢、陆世仪、陆陇其、李光地等人。此时，或由王返朱，或汉宋兼采，或由宋返汉。康熙朝虽以程朱理学为官方统治思想，而汉学一脉则在萌发。上述诸家论述清代经学的衍变，各有所宗，或汉学，或今文经学，或理学，因而其论断难免有所倾向。如江藩以顺、康时为“汉宋兼采”，貌似平列，实为以汉包宋，扬汉抑宋。其实此时期不仅汉宋兼采，还有由王返朱，或调和朱、王，而康熙帝尊崇程朱理学，以其为官方哲学，并有一批“理学名臣”，江藩均避而不谈。而钱穆重宋明理学，以理学为清儒脉络，而不赞成因乾嘉汉学兴盛而理学衰落之说，认为“理学本包孕经学为再生”:“清代经学，亦依然延续宋、元以来，而不过切磋琢磨之益精益纯而已。理学本包孕经学为再生，则清代乾嘉经学考据之盛，亦理学进程中应有之一节目，岂得据是而谓清代乃理学之衰世哉?”又说:“故以乾嘉上拟晚明诸遗老，则明遗之所得，在时势之激荡；乾嘉之所得，在经籍之沉浸。斯二者皆足以上补宋、明之未逮，弥缝其缺失而增益其光耀者也。”[1] 本书力求全面反映程朱理学、陆王心学，以及宋学、汉学的关系等。

第二阶段，乾嘉汉学盛行，理学衰颓，虽无如康熙朝之理学名臣名儒，但也有可述者。至若维护宋学的桐城派之标举义理、考据、辞章，而“惠（栋）、江（永）、戴（震）、段（玉裁）为汉学帜志，皆不敢将宋儒抹杀”[2]。皮锡瑞此说，除戴震批评程朱理学理欲观外，其余诸人确不薄宋儒。嘉庆、道光之际，江藩撰《国朝汉学师承记》、《国朝宋学渊源记》扬汉抑宋，而方东树作《汉学商兑》以攻汉学，于是由门户之见的互相诋讥进而为针锋相对的公开争论。宗汉宗宋者互相指责对方存门户之见，究其缘起，

1　钱穆：《〈清儒学案〉序》，《中国学术思想史论丛》（八），第357、359页，安徽教育出版社，2004年。

2　皮锡瑞：《经学历史》，第313页，中华书局，1959年。

实由清初尊程朱理学者。如康熙时“理学名臣”熊赐履所撰《学统》，即为“卫道”、“明统”，以孔、孟、程、朱为道统正宗。

第三阶段，理学不论程朱、陆王，都有不同程度的“复苏”。程朱、陆王，宋学、汉学，虽仍有互相责难，但归于调和兼采。而西学传播，新学萌生，理学既对之抵拒，也不免受其影响。然理学已挽回不了其颓势，随着清政府统治的结束，理学的官方哲学地位也失落。

需要说明的是，学术史的划分阶段，是相对的，不能过于坐实。阶段的划分，不过是为显示其兴衰的衍变历程，不可能机械地绝对断限。本书各卷之间，难免存在着互相交叉。如方东树，按时间断限，入第三阶段，但因其《汉学商兑》攻驳《国朝汉学师承记》，为便于完整阐述此“汉宋之争”，在第二阶段也涉及。

三　清代理学的特点

清代理学沿承宋、元、明，但有着自己的特点。

其一，无主峰可指，无大脉络可寻。钱穆在《〈清儒学案〉序》中曾说：“至论清儒，其情势又与宋、明不同：宋、明学术易寻其脉络筋节，而清学之脉络筋节则难寻。清学脉络筋节之易寻者在汉学考据，而不在宋学义理。”又说：“清儒理学既无主峰可指，如明儒之有姚江；亦无大脉络大条理可寻，如宋儒之有程、朱与朱、陆。”[1]论断精到。诚如钱氏所言，清代于顺治、康熙时虽有一批理学名儒名臣，但多守成而少创获，实无可与明代发展陆九渊心学之王守仁相比肩，更不能与宋代理学开派者、集大成者的程颢、程颐、朱熹、陆九渊相比拟。“无主峰可指”，“无大脉络大条理可寻”，洵为有清一代理学的一个特点。

1　钱穆：《〈清儒学案〉序》，《中国学术思想史论丛》（八），第361、362页，安徽教育出版社，2004年。

其二，学理无创新，重在道德规范。清代理学，总的来说，陆王心学一系趋于衰颓，程朱理学一脉则多在于卫护与阐释程、朱之说，于学理无甚创造性的发展。而作为清政府的官方统治思想，更为突出的是纲常伦理的道德规范，强调躬行实践。康熙帝称“自幼好读性理之书”，将朱熹从原配享孔庙东庑先贤之列升于大成殿十哲之次，颁行《朱子全书》、《四书注释》，定朱熹《四书章句集注》为科举考试的必考内容。但他对理学有自己的解释。康熙二十二年十月二十四日（1683 年 12 月 11 日）与讲官张玉书、汤斌等人谈论理学时说：“朕见言行不相符者甚多，终日讲理学，而所行之事全与其言悖谬，岂可谓之理学？若口虽不讲，而行事皆与道理符合，此即真理学也。”张玉书回应说：“皇上此言真至言也。理学只在身体力行，岂尚辞说。”[1]三十三年（1694 年），康熙帝又以“理学真伪论”为题考试翰林院官员。五十四年十一月十七日（1715 年 12 月 12 日），康熙帝在听取部院各衙门官员面奏后训诫说：

> 尔等皆读书人，又有一事当知所戒，如理学之书，为立身根本，不可不学，不可不行。朕尝潜玩性理诸书，若以理学自任，则必至于执滞己见，所累者多。反之于心，能实无愧于屋漏乎？……昔熊赐履在时，自谓得道统之传，其没未久，即有人从而议其后矣。今又有自谓得道统之传者，彼此纷争，与市井之人何异？凡人读书，宜身体力行，空言无益也。[2]

可以看出，康熙帝对于理学并不关注哲理层面，认为“空言

1 《康熙起居注》第 2 册，第 1089~1090 页，中华书局，1984 年。
2 《康熙起居注》第 3 册，第 2222 页。

无益”；如果“所行之事与其言悖谬”，就是伪理学，只有“行事皆与道理符合”，才是真理学。他所重视的是按照理学的道理去“身体力行”，“道学者必在身体力行，见诸实事，非徒托之空言”。[1]所谓真理学、身体力行，说到底就是对皇帝的忠诚。康熙帝指责已故的理学名臣汤斌所说的话就很明白，他说:“使果系道学之人，惟当以忠诚为本，岂有在人主之前作一等语，退后又别作一等语者乎?”[2]雍正年间，云南巡抚杨名时是个讲理学的清官，他曾做过一些减轻农民负担的事，却遭到雍正帝的痛骂，斥责他“只图沽一己之名，而不知纲常之大义”，是逆子、逆臣，天理难容，罪不能恕。[3]乾隆帝所关注于程朱理学者，也在于其“实有裨于化民成俗、修己治人之要”，他说:“有宋周、程、张、朱子于天人性命、大本大原之所在，与夫用功节目之详，得孔、孟之心传，而于理欲、公私、义利之界，辨之至明。循之则为君子，悖之则为小人。为国家者，由之则治，失之则乱。实有裨于化民成俗、修己治人之要，所谓人圣之阶梯，求道之途辙也。”[4]作为封建帝王尊崇的程朱理学，无非是其统治术中所需要的工具，他们并不喜欢那些抽象谈论性理的空言，而是看中其有利于维护封建统治秩序的纲常伦理，让臣民们忠诚于君主，为之身体力行，以达到道统和治统的统一。而“理学名臣”们自然领悟皇上的意图，表示理学不尚“辞说”，“只在身体力行”。清代理学在哲理层面无所创新，只重在纲常伦理规条的应用，不可避免地会趋于偏枯。

其三，宋学与汉学既互相贬抑又兼采并蓄。宋学与汉学的关系问题，出现于清代，明代无之。明代的问题在理学内部，即陆王心学与程朱理学“同室操戈”。二者之间的互相排击延续到清

1 《康熙起居注》第2册，第1194页，中华书局，1984年。
2 《清圣祖实录》卷一六三，《清实录》第15册，第785页，中华书局，1985年。
3 《雍正朝汉文朱批奏折汇编》第11册，第860~861页，江苏古籍出版社，1990年。
4 《清高宗实录》卷一二八，《清实录》第10册，第876页，中华书局，1985年。

代，晚清罗泽南尚撰《姚江学辨》，以尊朱黜王。

谈到清代汉学、宋学的关系，很容易想到“汉宋之争”。的确宗宋学者与宗汉学者之间存在着门户之见，甚至互相诋讥。如姚鼐，视“程、朱犹吾父师”，为卫护程、朱，不仅攻驳非议程、朱之说者，且加以人身攻击：“其人生平不能为程、朱之行，而其意乃欲与程、朱争名，安得不为天之所恶。故毛大可、李刚主、程绵庄、戴东原，率皆身灭嗣绝。”[1]但也不能因此情绪化之言辞而认为姚鼐完全排拒汉学。他攻驳程廷祚（字绵庄），却为其文集作序，序中虽仍不满其非议程、朱，但称赞他为“今世之一学者”，“观绵庄之立言，可谓好学深思，博闻强识者矣”。认为“绵庄书中所论《周礼》为东周人书，及解‘六宗’，辨《古文尚书》之伪，皆与鄙说不谋而合”[2]。如所熟知，姚鼐主张合义理、考据、辞章三者为一事，不过其间有“大小”、“精粗”之别。他在《复蒋松如书》中说：“夫汉人之为言，非无有善于宋而当从者也。然苟大小之不分，精粗之弗别，是则今之为学者之陋。……博闻强识，以助宋君子之所遗则可也，以将跨越宋君子则不可也。”[3]可见姚鼐虽认为汉学“有善于宋而当从者”，但只能是从属于宋学，不能跨越宋学。这种宋学为主汉学为辅的主张，反映了一般宗宋学者的思想。姚鼐的合义理、考据、辞章为一事，于宋学学脉传

1 姚鼐：《再复简斋书》，《惜抱轩文集》卷六，《惜抱轩诗文集》，第 102 页，上海古籍出版社，1992 年。

2 姚鼐：《程绵庄文集序》，《惜抱轩文集后集》卷一，《惜抱轩诗文集》，第 268 页，上海古籍出版社，1992 年。按，程廷祚《青溪集》卷首所载姚鼐的序，与《惜抱轩诗文集》所收《程绵庄文集序》，内容甚有差异。姚氏《青溪集》序多称赞程廷祚，无不满其非议程、朱之辞，谓：“其心胸阔大，气魄雄毅，直欲自立于汉、唐、宋、明之后，以上接孟子之传。读之使人奋然而兴，信孟子所谓豪杰之士，绝去后来甚远。然其学虽与伊川、元晦有异，而究当于圣人之意旨，合乎天下之公心，非若舛异之争，好立纲宗者也。”二序所署时间均为嘉庆十五年，或收入《惜抱轩诗文集》之序作了改易？

3 姚鼐：《复蒋松如书》，《惜抱轩文集》卷六，《惜抱轩诗文集》，第 96 页。

承来说，也有变化。宋程颐视文章、训诂为当时学者的弊端，他说："今之学者有三弊：一溺于文章，二牵于训诂，三惑于异端。苟无此三者，则将何归？必趋于道矣。""欲趋道，舍儒者之学不可。"[1]实际上是把学一于道，即义理。而姚鼐则合三者为一事，有异于其先辈。

对于汉学家来说，其思路恰相反。汉学家如戴震者也主张"合义理、考核、文章为一事"[2]，于此而论，与姚鼐所言相同。但汉学家强调的是考核，即训诂名物制度。戴震反对"歧故训、理义二之"，认为二者为一事，其进路在由明故训以明理义，指出："故训明则古经明，古经明则贤人圣人之理义明，而我心之所同然者，乃因之而明。贤人圣人之理义非它，存乎典章制度者是也。"[3]训诂明则义理明，为宗汉学者遵奉的信条，却是宗宋学者所不能接受的。汉学家认为：

> 爰及赵宋，周、程、张、朱所读之书，先儒之义疏也。读义疏之书，始能阐性命之理，苟非汉儒传经，则圣经贤传久坠于地，宋儒何能高谈性命耶！后人攻击康成，不遗余力，岂非数典而忘其祖欤！[4]

而宗宋学者则不以为然，认为孟子之后孔子之道晦而不明，端赖宋儒才得以传孔、孟不传之学。康熙年间熊赐履撰《学统》，以孔子、颜子、曾子、子思、孟子、周敦颐、程颢、程颐、朱熹

1　程颐：《伊川先生语四》，《河南程氏遗书》卷一八，《二程集》上册，第 187 页，中华书局，2004 年。

2　段玉裁：《戴东原先生年谱》，见张岱年主编《戴震全书》（六），第 709 页，黄山书社，1995 年。

3　戴震：《题惠定宇先生授经图》，见张岱年主编《戴震全书》（六），第 505 页。

4　江藩：《国朝宋学渊源记》，《国朝汉学师承记》附录，第 153 页，中华书局，1983 年。

九人为正统，而周敦颐“上续邹、鲁之传，下开洛、闽之绪”，程颐“卒得孔、孟不传之学”，朱熹则“集诸儒之大成”。[1]谁是得圣人之真传，系宋学、汉学二家分歧之所在。而其焦点则如皮锡瑞所说，“戴震作《原善》、《孟子字义疏证》，虽与朱子说经抵牾，亦只争一‘理’字”[2]。从宗宋学的方东树所撰的《汉学商兑》来看，尽管他在书中点名指责许多汉学家，而其最不满者则是戴震的“厉禁言‘理’”。方东树甚至斥责其“较之杨、墨、佛、老而更陋，拟之洪水猛兽而更凶”[3]。此外，宗宋、宗汉二者之互攻，也含有意气之争。如纪昀在《四库全书总目·经部·诗类总叙》中所说:“然攻汉学者，意不尽在于经义，务胜汉儒而已；伸汉学者，意亦不尽在于经义，愤宋儒之诋汉儒而已。各挟一不相下之心，而又济以不平之气，激而过当，亦其势然欤！”[4]翁方纲也认为，当时治汉学者、治宋学者所存在弊端的“受弊之由，曰果于自是，曰耻于阙疑。是二者皆意气之为也，非学也”[5]。

宗宋学者与宗汉学者之间的互相攻讦，见于他们的文章、书信中。嘉、道之际，江藩先后撰《国朝汉学师承记》、《国朝宋学渊源记》，扬汉抑宋；其后，方东树起而回应，撰《汉学商兑》力加攻驳，扬宋抑汉，则都著为专书。这大概成为人们所说的“汉宋之争”的标志。其实两人也没有进一步争论，《汉学商兑》刊行时，江藩已病故，他未能看到该书，也不可能给予反驳。

乾隆、嘉庆、道光年间，宗宋学者与宗汉学者确存门户之见，

1 熊赐履：《周濂溪先生》，《学统》卷六；《程伊川先生》，《学统》卷八；《朱晦庵先生》，《学统》卷九，康熙年间刻本。

2 皮锡瑞：《经学历史》，第313页，中华书局，1959年。

3 方东树：《汉学商兑》，见钱钟书主编《汉学师承记（外二种）》，第401页，三联书店，1998年。

4 《经部·诗类总叙》，《钦定四库全书总目》（整理本）上册，第186页。纪昀此说，亦见其《阅微草堂笔记》，文字稍有不同。

5 翁方纲：《巽斋记》，《复初斋文集》卷六，光绪三年重校本。

互相诋讥。不过对于他们的立门户，争道统，也不宜过于夸大，把它绝对化，应全面看待清代宋学、汉学的关系。无论江藩的《国朝汉学师承记》、《国朝宋学渊源记》，还是方东树的《汉学商兑》，都带着强烈的门户之见，各扬其所扬，各抑其所抑。他们在论述宗汉者或宗宋者的治学时，都只及一点，不计其余，突出对己有利的，回避、掩盖对己不利的。例如，江藩在《国朝汉学师承记》刘台拱传中称："君学问淹通，尤邃于经，解经专主训诂，一本汉学，不杂以宋儒之说。"[1]然而也是汉学家的王念孙，对刘台拱治学的评论却与江藩不同，他说："端临（刘台拱字）邃于古学，其于汉、宋诸儒之说，不专一家，而惟是之求。"[2]江藩囿于门户之见，排拒宋学，不如王念孙的实事求是。江藩的偏见，明显体现在《国朝汉学师承记》将黄宗羲、顾炎武"附于册后"，不入正传，理由是："两家之学皆深入宋儒之室，但以汉儒为不可废耳。多骑墙之见，依违之言，岂真知灼见者哉！"[3]方东树在《汉学商兑》中也是着力于攻驳汉学家的"厉禁言'理'"、"由训诂以求义理"等，于其肯定宋学的言论或汉宋兼采者均避而不谈。二家所说，都不是全面反映当时汉学、宋学的关系。

乾、嘉之时，汉学盛而宋学衰，虽有门户之见，但并不绝对互相排斥。尽管宋学的学术地位在下降，然而程朱理学毕竟是官方统治思想，科举考试必以朱熹的《四书章句集注》为据，儒者从小就濡染于是。而程朱理学所强调的纲常伦理，是儒者所遵行的。钱大昕对朱熹就很敬仰，在《朱文公三世像赞》中称："孔、孟已远，吾将安归？卓哉紫阳，百世之师。……立德不朽，斯文在兹。"[4]他之尊重宋儒，在于德行。段玉裁晚年曾追悔专注于训

1 江藩：《国朝汉学师承记》，第116页，中华书局，1983年。

2 王念孙：《刘端临遗书序》，《王石臞先生遗文》卷二，高邮王氏遗书本。

3 江藩：《国朝汉学师承记》，第133页。

4 钱大昕：《朱文公三世像赞》，《潜研堂集》，第274页，上海古籍出版社，1989年。

诂考据，“寻其枝叶，略其根本，老大无成”。他所说的“根本”，即程朱理学关乎身心伦理者：

> 今之言学者，身心伦理之不务，谓宋之理学不足言，谓汉之气节不足尚，制为异说，簧鼓后生，此又吾辈所当大为之防者。[1]

即使深持门户之见的江藩，在制行上也称宋学，且指责于汉学“有一知半解者，无不痛诋宋学。然本朝为汉学者始于元和惠氏，红豆山房半农人手书楹帖云：‘六经尊服、郑，百行法程、朱’，不以为非，且以为法，为汉学者背其师承何哉！”[2]治经宗汉，制行宗宋，这是当时许多汉学家奉行的宗旨。及于晚清，如宗古文经学的张之洞，仍是“读书宗汉学，制行宗宋学。汉学岂无所失，然宗之则空疏蔑古之弊除矣。宋学非无所病，然宗之则可以寡过矣”[3]。

清代汉学、宋学的关系，治汉学者除去“百行法程、朱”外，在学术上也有对汉学、宋学持平、兼采的。

乾嘉汉学盛行之时，被称为“汉学家大本营”的四库全书馆，其馆臣如戴震、纪昀等，对于汉学之短并不回护，对于宋学也不一味排斥。戴震认为：“圣人之道在《六经》，汉儒得其制数，失其义理；宋儒得其义理，失其制数。”[4]纪昀则说：

1　段玉裁：《博陵尹师所赐〈朱子小学〉恭跋》，《经韵楼集》卷八，光绪十年秋树根斋刻本。

2　江藩：《国朝宋学渊源记》，《国朝汉学师承记》附录，第154页，中华书局，1983年。

3　张之洞：《创建尊经书院记》，《张文襄公全集》卷二一三，中国书店影印本，1990年。

4　戴震：《与方希原书》，见张岱年主编《戴震全书》（六），第375页，黄山书社，1995年。

夫汉儒以训诂专门，宋儒以义理相尚。……至《尚书》、《三礼》、《三传》、《毛诗》、《尔雅》诸注疏，皆根据古义，断非宋儒所能。《论语》、《孟子》，宋儒积一生精力，字斟句酌，亦断非汉儒所及。盖汉儒重师传，渊源有自。宋儒尚心悟，研索易深。汉儒或执旧文，过于信传。宋儒或凭臆断，勇于改经。计其得失，亦复相当。[1]

戴、纪二人对汉学、宋学长短、得失的评论，是实事求是的。在《四库全书总目》中，对很有影响的汉学家惠栋治经泥古之短也不回护，在评其《左传补注》时说："盖其长在博，其短亦在于嗜博。其长在古，其短亦在于泥古也。"[2]《四库全书总目》对于宋儒之书，如朱熹《四书章句集注》也予以称许：

《中庸》虽不从郑注，而实较郑注为精密。盖考证之学，宋儒不及汉儒；义理之学，汉儒亦不及宋儒。言岂一端，要各有当。……观其去取，具有鉴裁，尤不必定执古义相争也。……大抵朱子平生精力殚于《四书》，其判析疑似，辨别毫厘，实远在《易本义》、《诗集传》上。读其书者，要当于大义微言求其根本。明以来攻朱子者务摭其名物制度之疏，尊朱子者又并此节而回护之。是均门户之见，乌识朱子著书之意乎！[3]

乾、嘉之时的汉学家中，主汉宋兼采者不乏其人。如程晋芳治经"综核百家，出入贯串于汉、宋诸儒之说"[4]。阮元也是"持

1 纪昀：《阅微草堂笔记》，第 9 页，上海古籍出版社，2001 年。
2 《钦定四库全书总目》（整理本）上册，第 380 页，中华书局，1997 年。
3 《钦定四库全书总目》（整理本）上册，第 461~462 页。
4 翁方纲：《蕺园程先生墓志铭》，《复初斋文集》卷一四，光绪三年重校本。

汉学、宋学之平”，认为“两汉名教得儒经之功，宋、明讲学得师道之益，皆于周、孔之道得其分合，未可偏讥而互诮也”。[1] 龚自珍称阮元是“汇汉、宋之全”[2]。刘宝楠治经受从叔刘台拱的影响，治汉学，也推崇朱子。其子刘恭冕在《〈论语正义〉后叙》中称刘宝楠“不为专己之学，亦不欲分汉、宋门户之见，凡以发挥圣道，证明典礼，期于实事求是而已”[3]。胡承珙以治汉学名，但主张“治经无训诂、义理之分，惟求其是者而已；为学亦无汉、宋之分，惟取其是之多者而已。汉儒之是之多者，郑君康成其最也；宋儒之是之多者，新安朱子其最也”[4]。

其时，主张汉宋调和、兼采的不独汉学家，宗宋学者也有之。前面提到的姚鼐，即倡合义理、考据、辞章为一事。翁方纲批评当时学者“稍窥汉人涯际，辄薄宋儒为迂腐，甚者且专以攻击程、朱为事”[5]，强调“以考订为务，而考订必以义理为主”[6]。许宗彦对汉学、宋学偏失皆有批评，阮元在为其撰写的传中说：“集（指《鉴止水斋文集》）多说经文，其学说能持汉、宋儒者之平。”[7] 即如方东树虽不满于治汉学诸家“欲以扫灭义理”，但也肯定其音韵训诂的成就：“考汉学诸人，于天文、术算、训诂、小学、考证、舆地、名物、制度，诚有足补前贤，裨后学者。”[8] 认为“训诂名物制度实为学者所不可阙之学”，其《汉学商兑》也不离汉学考据

---

1 阮元：《拟国史儒林传序》，《研经室集》上册，第 37 页，中华书局，1993 年。

2 龚自珍：《阮尚书年谱第一序》，《龚自珍全集》，第 227 页，上海古籍出版社，1999 年。

3 刘宝楠：《论语正义》下册，第 798 页，中华书局，1990 年。

4 胡承珙：《四书管窥序》，《求是堂文集》卷四，道光十七年刻本。

5 翁方纲：《送卢抱经南归序》，《复初斋文集》卷一二，光绪三年重校本。

6 翁方纲：《与程鱼门平钱、戴二君议论旧草》，《复初斋文集》卷七，光绪三年重校本。

7 阮元：《浙儒许君积卿传》，《研经室集》上册，第 402 页。

8 方东树：《汉学商兑》，见钱钟书主编：《汉学师承记（外二种）》，第 403 页，三联书店，1998 年。

方法。其他如姚鼐四大弟子之一的刘开，在其《学论》一文中，提出了“尊师程、朱”，“兼取汉儒，而不欲偏废”。[1]接近桐城派的夏炯，曾肆力于汉学，后转崇宋学，攻驳治汉学诸家，但也认为许、郑之学，“皆确然不可易之学”[2]。

宗汉学、宗宋学者于汉宋调和、兼采，各有所偏。宗宋者以宋学为根本，以宋贯汉，汉为宋辅，汉学是从属的。宗汉者则以汉学为根柢，义理由训诂而衍生。

由上所述，可以看出，宗汉学与宗宋学者之间既互相贬抑，又调和、兼采。汉学家对汉学、宋学的特点和得失的论断不失公允，对于时人治汉学的弊端也多有批评。至于宗宋学者如姚鼐，对治汉学者的批评也很尖刻，不是无人敢撄汉学之锋。方东树的《汉学商兑》在道光六年（1826年）曾将书稿呈时任两广总督的阮元，阮元助其刊行。方氏在书中点名攻驳阮元的次数最多，阮元应是了解，并没有以权势加以压制，反而助成其事，亦见其雅量；况且此时汉学也已是由盛趋衰，学术氛围也在变化，其趋势是汉宋调和、兼采，《汉学商兑》的出现说不上是石破天惊之举。

其四，宗理学者对西学的抵拒与接纳。明末清初，随着欧洲耶稣会士来华传教，西学也在中国传播。西方自然科学技术在皇帝、士大夫中产生了一定影响，如康熙帝、李光地、陆陇其、陆世仪等对西方的技艺颇赞赏。但在士大夫中，也不乏排拒西教、西学者。其著者如康熙初年杨光先的排西教和西历，从一定意义上说，反映了理学与西学的冲突。杨光先以“读书卫道”自居，排斥天主教和依“西洋新法”修订的《时宪历》。他以程朱理学的思想立论，来反驳天主教关于天、上帝的说法，认为“天主教之论议行为纯乎功用，实程子（颐）之所谓鬼神，何得擅言主宰？朱子云‘乾元是天之性，如人之精神’，岂可谓人自是人，精神自

1 刘开：《学论》，《刘孟涂集·文集》卷二，道光六年檗山草堂刻本。
2 夏炯：《夏仲子集》目录后叙，民国十四年铅印本。

是精神耶？观此，则天不可言自是天，帝不可言自是帝也。万物所尊者惟天，人所尊者惟帝。人举头见天，故以上帝称天焉；非天之上又有一帝也”。若照天主教之所言，则将是“乾坤具汩，五伦尽废”。他的结论是：“西洋之学，左道之学也。其所著之书，所行之事，靡不悖理叛道。”[1]

道光二十年（1840年）爆发了鸦片战争。此后，中国从封建社会成为半殖民地半封建社会。随着资本帝国主义的入侵，西方文化在中国大量传播，并与包括理学在内的中国固有文化发生碰撞。面对西方文化的冲击，一些宗程朱理学者强调要“严夷夏之大防”，有的甚至提出“用夏变夷”，将中国之“圣道”推行于西方，以免西方人“终古沦为异类”，而其焦点即在于纲常伦理。

程朱理学是一种道德实践哲学，但也讲“内圣外王”。在西方文化的冲击下，面对着内忧外患，宗程朱理学者也在分化，这就是所谓理学经世和理学修身的分野。前者主“中学为体，西学为用”，后者则连“西学为用”也予以抵拒。不过，二者在维护纲常伦理上是一致的。曾国藩虽主经世而办洋务，但认为外国之所长，不过技巧制造、船坚炮利而已，而纲常伦纪则不足法。至于“理学名臣”倭仁等人，则更是以维护纲常伦理为己任，甚至认为以此就可以治国。同治六年（1867年），他在反对同文馆增设天文算学班招收科举正途出身人员入馆学习时，倡言：“立国之道，尚礼义不尚权谋；根本之图，在人心不在技艺。”[2]“欲求制胜，必求之忠信之人；欲求自强，必谋之礼义之士。”[3]以为靠理学所倡导的忠信礼义就可以“立国”、“自强”，实属迂阔之论。及至戊戌维新运动，宗程朱理学的文悌虽不反对西学为用，但强调“必须修明孔、孟、程、朱、四书、五经、《小学》、《性理》诸书，植

1 杨光先：《不得已（附二种）》，第24~25、38页，黄山书社，2000年。
2 《同治朝筹办夷务始末》卷四七，民国十九年故宫博物院影印本，第24页。
3 《同治朝筹办夷务始末》卷四八，民国十九年故宫博物院影印本，第11页。

为根柢，使人熟知孝悌忠信、礼义廉耻、纲常伦纪、名教气节以明体，然后再习学外国文字、语言、技艺以致用”[1]。

宗程朱理学者不论赞成吸纳西学与否，在以纲常伦理为本上是一致的。即如“读书宗汉学，制行宗宋学”的张之洞，在纲常伦纪上与宗程朱理学者也无不同。在戊戌维新期间，他特地撰《劝学篇》一书，维护纲常伦理，反对民权学说。张之洞在《明纲》中说三纲是“五伦之要，百行之原，相传数千年，更无异议。圣人所以为圣人，中国所以为中国，实在于此。故知君臣之纲，则民权之说不可行也；知父子之纲，则父子同罪、免丧废祀之说不可行也；知夫妇之纲，则男女平权之说不可行也”。在《正权》中又说：“使民权之说一倡，愚民必喜，乱民必作，纪纲不行，大乱四起。”[2]张之洞的言论，在当时很有代表性，其分歧在于是行民权、自由、平等还是维护程朱理学的纲常伦理。

宗程朱理学者维护的封建纲常伦理，遭到维新人士和革命党人的批评。如谭嗣同以西方的民权、自由、平等思想“冲决伦常之网罗”，对君为臣纲的批判尤为尖锐。维新人士指斥“三纲五伦之惨祸烈毒”，“官可以无罪而杀民，兄可以无罪而杀弟，长可以无罪而杀幼，勇威怯，众暴寡，贵凌贱，富欺贫，莫不从三纲之说而推。是化中国为蛮貊者，三纲之说也”。认为这是由于汉之儒者“既以灾祥之说胁其君，又以三纲之说制其民。宋儒庸劣，复张其焰而扬其波，竟以道统所存即在于是，遂令历古圣贤相传之心法晦盲否塞，反复沈痼者二千余年”。[3]革命党人对程朱理学倡导的纲常伦理也多有批评，提出“三纲革命”，“孔丘革命”，这

1 《文仲恭侍御严劾康有为折》，《翼教丛编》卷二，第30页，上海书店出版社，2002年。

2 张之洞：《劝学篇》，第12、20页，上海书店出版社，2002年。

3 何启、胡礼垣：《〈劝学篇〉书后》，《新政真诠》五篇，第354~355页，辽宁人民出版社，1994年。

里不多赘述。

陆王心学在晚清的情况与程朱理学有所不同，它没有经历过一段时间的“复兴”，但却受到维新人士和革命党人的青睐，他们当中不少人喜陆王心学而薄程朱理学。早期维新人士王韬称赞“阳明经济学问，为有明三百年中第一伟人”[1]。维新派的领袖康有为曾师从岭南名儒朱次琦，据梁启超《南海康先生传》说，朱次琦的理学“以程、朱为主，而间采陆、王”，康有为则“独好陆、王，以为直捷明诚，活泼有用，故其所以自修及教育后进者，皆以此为鹄焉”。[2]梁启超受其师的影响，也“服膺王学”，认为“子王子提出致良知为唯一之头脑，是千古学脉，超凡入圣不二法门”。[3]辛亥革命党人中也多有推崇王学者，如宋教仁虽认为阳明心学只得“圣人之道之半部分”，即只讲心而遗物，但“吾人可以圣人之道一贯之旨为前提，而先从心的方面下手焉，则阳明先生之说，正当吾膺之不暇者矣”。[4]刘师培也认同阳明心学，他在《中国民约精义》一书中认为王阳明的“良知”说和卢梭的“天赋人权”说相同，“天赋人权”是说人的“自由权秉于天”，而“良知亦秉于天”，所以可以说“良知即自由权”，“阳明著书虽未发明民权之理，然即良知之说推之，可得平等、自由之精理。今欲振中国之学风，其惟发明良知之说乎！”[5]他在《王学释疑》一文中说：

> 阳明以大贤亚圣之资出于学术坏乱之后，而德行功业彪炳三百年。当其盛也，其学固风靡天下，然数传以后，宗朱

1　王韬：《弢园文录外编》，第261页，中华书局，1959年。

2　梁启超：《南海康先生传》，《饮冰室合集》第8册，第61页，中华书局，1989年。

3　梁启超：《德育鉴》，《饮冰室合集》第26册，第24页，中华书局，1989年。

4　宋教仁：《我之历史》，《宋教仁集》下册，第575页，中华书局，1981年。

5　刘师培：《中国民约精义》，《刘师培全集》第1册，第585页，中共中央党校出版社，1997年。

者力诋之，至拟之洪水猛兽，此固所谓蚍蜉撼大树者矣。[1]

蔡元培也称赞阳明心学，认为：

孔子所谓我欲仁斯仁至，孟子所谓人皆可以为尧、舜焉者，得阳明之说而其理益明。虽其依违古书之文字，针对末学之弊习，所揭言说，不必尽合于伦理，然彼所注意者，本不在是。苟寻其本义，则其所以矫朱学末流之弊，促思想之自由，而励实践之勇气者，则其功固昭然不可掩也。

他对朱子学说虽也给以肯定，但多指出其弊端，认为朱学"尤便于有权势者之所利用，此其所以得凭借科举之势力而盛行于明以后也"[2]。蔡元培对朱、王学说的评价明显不同，实为扬王抑朱。他的《中国伦理学史》出版于1910年，是以新思想新体裁撰写的，它标志着理学从官方统治思想转为学者学术研究的对象。

四　《清代理学史》的基本思路

清代理学上承宋、元、明，历经近三百年，而程朱理学成为官方统治思想，影响深远，因此，为后来研究者所注意。在中国学术史、思想史、哲学史等著作中，或多或少都有所阐述。侯外庐等主编的《宋明理学史》下卷第三编为"明末清初对理学的总结及理学的衰颓"，涉及自孙奇逢至李光地十几位的理学思想或反理学思想。钱穆的《中国学术思想史论丛》第8册，除《〈清儒学

1　刘师培：《王学释疑》，《刘师培全集》第3册，第333页，中共中央党校出版社，1997年。

2　蔡元培：《中国伦理学史》，《蔡元培全集》第2卷，第100、93页，中华书局，1984年。

案〉序》外，尚有理学家的学案多篇。梁启超的《儒家哲学》第五章“二千五百年儒学变迁概略（下）”，对清初至中叶的理学变迁有概要的论述。至于对清代理学家个案研究成果为数不少，多有传记专书出版，或以论文发表。这些研究成果，对我们撰写清代理学史很有助益。

对于撰写有清一代理学的历史，首当阐明其兴衰变化的脉络，主要理学家的理学思想，以及理学内部宗程、朱者与宗陆、王者的辩驳、调和、消长，清代理学较之宋明理学有何特点等。就有清一代而言，陆王心学影响减弱，程朱理学则起伏较大，前期兴盛，中期式微，晚期有所复兴后又走向衰落。本书各卷根据不同时期理学的实际状况，或有侧重，但在总体上则遵照这一思路。

清代理学所处的社会历史条件和学术环境不同于宋、元、明时期，因此，理学不仅有其内部的程、朱与陆、王之争，还有与汉学、今文经学、西学的关系，面对的问题更为繁复。研究清代理学的历史，需要对此予以阐明。汉宋关系是贯穿清代学术史的一条主线，本书三卷对此均有专门阐述。今文经学兴起于清代中叶，但社会影响主要在晚清时期，故本书下卷设理学与今文经学关系一节。西学东渐在清代前期、晚期对理学产生了较大影响，上、下两卷设专章予以论述。

清代理学承继宋明理学，于学理上无甚创获。但程朱理学作为官方统治思想，对社会所产生的影响深远，不能忽视。程朱理学不仅是科举考试的依据，也是学校教育之要。清代历朝皇帝不断颁发谕旨，明令书院、私塾昌明正学，“一以程、朱为归”。程朱理学在文艺领域也深有影响，如居清代文坛主流的桐城文派，即以崇尚程朱理学为旨归。尤其值得注意的是，清朝统治者极力将程朱理学的思想推行于城乡居民。如同治帝于元年颁布的谕旨中，即饬令“各教官分日于该处城乡市镇，设立公所，宣讲《圣谕》，务使愚顿感化，经正民兴，正学昌明，人才蔚起”[1]。研讨清代理学的历史，仅限于理学自身，而不论及其对社会生活、文化等各方面的影响，似有缺失。因而本书结合社会史、文化史的视角，力求注意探讨理学对社会思想的作用，对教育、文学等文化领域的影响，以拓展理学史的研究领域。

2007 年

1 《清穆宗实录》卷五二，《清实录》第 45 册，第 1423 页，中华书局，1986 年。

清代理学的衰退

清代理学沿承宋明理学而来。康熙帝尊崇程朱理学，将朱熹从原配享孔庙东庑先贤之列升为大成殿十哲之次，颁行《朱子全书》、《四书注释》，定其《四书章句集注》为科举考试的依据，由此，程朱理学便成为官方的统治思想和学术主流，呈一时之盛。当时还出现了一批理学“名臣”、“名儒”，如熊赐履、李光地、陆陇其、张履祥、陆世仪等。但到了乾隆年间，汉学考据兴盛，理学逐渐衰退。昭梿《啸亭杂录·续录·理学盛衰》说：“自乾隆中，傅、和二相擅权，正人与人梗者，多置九卿闲曹，终身不迁，所超擢者，皆急功近名之士。故习理学者日少，至书贾不售理学诸书。”

理学在乾隆时为何衰退，前人说法不一。按前引昭梿所说，是出于政治的原因。他在《啸亭杂录·书贾语》中又说：“自于、和当权后，朝士习为奔竞，弃置正道。黠者诉詈正人，以文已过，迂者株守考订，訾议宋儒，遂将濂、洛、关、闽之书，束之高阁，无读之者。”据此，理学衰退之原因可归为二：一是和珅等人的擅权，造成士风败坏，殃及理学；二是汉学考订者贬斥宋学。乾嘉时，由于汉学兴盛，成为学术主流，宗理学者以为受到汉学家的挤压，致使理学不振。现代研究者也有循此思路，将理学衰退归之于汉学的“一元垄断”以及汉学家对理学的排斥。

乾嘉以来理学衰退，与上述原因应有关系。如政治上的影响，不仅是昭梿所说的由于和珅等人擅权所致，而且与康熙帝对理学的态度也有关。康熙帝既尊崇理学，但也抑制了它的发展。对于理学，他并不关注其学理层面，而是强调“道学者必在身体力行，见诸实事，非徒托之空言”[1]。他尤其强调纲常伦理，突出理学常奉者应对皇帝忠诚，“使果系道学之人，惟当以忠诚为本”[2]。至于宗汉学者抱门户之见，贬抑宋学，也是事实。江藩所著《国朝汉学师承记》，明显扬汉抑宋，如他将黄宗羲、顾炎武“附于册后”，不入正传，理由是“两家之学皆深入宋儒之室，但以汉儒为不可废耳。多骑墙之见，依违之言，岂真知灼见者哉！”[3]

宗汉、宗宋互为门户，彼此攻驳、诋讥，这是事实，但也不宜把他们的门户之见过于夸大，应全面看待二者的关系。乾嘉汉学盛时，尽管理学的学术地位下降，但程朱理学毕竟还是官方统治思想，科举考试仍以朱熹的《四书章句集注》为据，儒者从小就濡染于是。而程朱理学所倡的纲常伦理，又是儒者所共同遵行的。即使深持门户之见的江藩，在制行上也效法程、朱，且指责于汉学“有一知半解者，无不痛诋宋学。然本朝为汉学者始于元和惠氏，红豆山房半农人手书楹帖云：‘六经尊服、郑，百行法程、朱’，不以为非，且以为法，为汉学者背其师承何哉？”[4]治汉学者除“百行法程、朱”外，在学术上也有对宋学持兼采的，并不都是贬抑。如著名汉学家戴震、纪昀等对汉学之短并不回护，对宋学也不一味排斥。戴震认为：“圣人之道在六经，汉儒得其制数，失其义理；宋儒得其义理，失其制数。”[5]纪昀则说：“汉儒重师传，渊源有自。宋儒尚心语，研索易深。汉儒或执旧文，

1 《康熙起居注》第2册，第1194页，中华书局，1984年。

2 《清圣祖实录》卷一六三，第18页，中华书局，1985年。

3 江藩：《国朝汉学师承记》，第133页，中华书局，1983年。

4 江藩：《国朝宋学渊源记》，《国朝汉学师承记》附录，第154页。

5 戴震：《与方希原书》，见张岱年主编《戴震全书》第6册，第375页，黄山书社，1995年。

过于信传。宋儒或凭臆断，勇于改经。计其得失，亦复相当。”[1] 戴、纪二人对汉学、宋学的长短、得失的评论，可谓实事求是，无所偏向。乾嘉汉学家中，主汉宋兼采者确不乏其人。如程晋芳治经“综核百家，出入贯串于汉、宋诸儒之说”[2]。阮元治学也持汉学、宋学之平，龚自珍称其为“汇汉、宋之全”。刘宝楠治经“不为专己之学，亦不欲分汉、宋门户之见，凡以发挥圣道，证明典礼，期于实事求是而已”[3]。以上事实说明，乾嘉汉学盛行时，治汉学者并不绝对排斥宋学，不仅有较客观地对待宗宋学者，且有汉、宋调和、兼采者，认为汉学“一元垄断”、“狐狸”当道，未免太过。

其实，理学的衰退，并不始于乾嘉汉学鼎盛之时，而在此前已显露出来。乾隆帝于五年的诏旨中说：“朕命翰詹科道诸臣，每日进呈经史讲义，原欲探圣贤之精蕴，为致治宁人之本。道统学术，无所不赅，亦无往不贯。而两年来，诸臣条举经史，各就所见为说，而未有将宋儒性理诸书，切实敷陈，与儒先相表里者。盖近来留意词章之学者尚不乏人，而究心理学者盖鲜。”[4] 乾隆初年，乾隆帝已在感慨“究心理学者盖鲜”，因而要臣子们切究宋儒之书，精研理学，可见在乾隆朝之前，理学即在衰退。而乾隆初，治经者虽或援引汉、唐笺疏以为经书考据，但尚未盛行。乾隆九年，惠栋撰《易汉学》，专标汉帜，开乾嘉汉学风气之先。乾隆三十八年四库馆开，戴震等人被延聘人馆修《四库全书》，四库馆被称为“汉学家大本营”，于是汉学鼎盛，如日中天。由此看来，将理学的衰退归之于汉学盛行的挤压，也并不完全符合事实。

---

1 纪昀：《阅微草堂笔记》，第 9 页，上海古籍出版社，2001 年。

2 翁方纲：《蕺园程先生墓志铭》，《复初斋文集》卷一四，光绪三年重校本。

3 刘恭冕：《〈论语正义〉后叙》，《论语正义》下册，第 798 页，中华书局，1990 年。

4 《清高宗实录》卷一二八，第 879 页，中华书局，1985 年。

一种学术的盛衰，固然有其外在的原因，但主要还在于自身的原因。经学考据，自康熙至乾隆前期，并未受到朝廷的重视和提倡，皇帝所尊崇、宣扬的是程朱理学。然而二者的趋势却截然不同，经学考据不断发展，至于鼎盛，理学则日趋衰退。姚莹慨叹："自四库馆启之后，当朝大老皆以考据为事，无复有潜心理学者。"[1]问题需要从理学自身来找。清代理学，于学理无甚创新，多在于维护与阐释程、朱之说。对康熙帝尊崇程朱理学产生重要影响的熊赐履，认为治学"只将'五经'、'四书'、《性理大全》等书及宋、元、明诸儒语录从头细看，自一一了然，更不必去起炉作灶，驾屋叠床，生出无限枝节"[2]。理学名臣张伯行认为："内圣外王之道，灿然著于六经，折中于四子，而发挥阐释于周、程、张、朱五夫子之绪言，至矣，尽矣，不可复加矣。……有志圣贤之学者，惟取六经、四子与夫周、程、张、朱五夫子之绪言，虚心学问，俛焉日有孳孳，而著书立说，不惟不可，亦不必也。"[3]可见，乾嘉时，汉学兴盛而理学衰退，理有固然。道光后，理学虽有所复苏，但重在经世，学理并无创新，仍只在程、朱脚底下盘旋。晚清名儒贺瑞麟说："自孔、孟没，圣学失传。宋兴，人文再辟，周、程、张、朱之数子者，斯道大明，如日中天。后之学者，但当守其轨辙，不当另立门户，宗程、朱即宗孔、孟，非程、朱即非孔、孟。"[4]清代宗理学者在学理层面无甚创新，只重纲常伦理规条的应用，不可避免地会使理学丧失学术上的活力，趋于枯萎。

清代宗程朱理学者门户之见甚深。清初熊赐履撰《学统》，即为"卫道"、"明统"，以孔、孟、程、朱为道统正宗，排斥

1 姚莹：《复黄又园书》，《中复堂全集·东溟文外集》卷一，同治六年刻本。
2 熊赐履：《答黄藜先论学书》，《经义斋集》卷九，康熙二十九年刻本。
3 张伯行：《思辨录辑要序》，见陆世仪《思辨录辑要》，第1页，上海商务印书馆，1936年。
4 贺瑞麟：《李桐阁先生墓表》，《清麓文集》卷二三，光绪二十五年刻本。

陆王心学。及至晚清，宗程朱理学的唐鉴、罗泽南等承袭陆陇其等人的风习，仍力排陆王心学，“同室操戈”未已。同时，宗程朱理学者对汉儒、汉学也予以抨击、贬抑。宗程朱理学者既排斥陆王心学，又排斥汉学，门户意气，无疑也会阻碍程朱理学的发展。

原载于 2006 年 12 月 11 日《光明日报》

晚清儒学的变化

清代儒学，承明季之绪而衍变。明中叶后，阳明心学流播，反映出官方统治思想程朱理学的衰颓。阳明心学衍变为王艮的泰州学派。而泰州学派的发展，则出现了反理学的“异端”。但是，阳明心学的末流流于清谈，被诟为“束书不观，游谈无根”，甚至被认为是明朝覆亡的原因。清初，学风又发生变化。经世之学与考据学抬头，改变了明末空疏无用的学风。而程朱理学也排拒陆王心学，虽无新意，但仍被尊为官方之学。至乾隆年间，考据学兴盛，成为有清一代的显学。于是有程朱与陆王之辩，宋学与汉学之争。庄存与则治公羊学，开常州学派之端，复兴今文经学。然而这些变化，都是在儒学内部发生的，是儒学内部各派之间的消长兴衰，以及各自地位的竞争，不影响儒学的总体地位。使儒学发生重大变化，是在晚清。本文即试图研讨晚清儒学变化的一些问题。需要说明的是，这里所说的“晚清”，起自 1840 年鸦片战争，迄于 1911 年辛亥革命。做这样的时间限定，只是为了便于行文，并不是科学的划分。

一　儒学各派对经世致用的注重

鸦片战争以后，西学输入，冲击了传统的儒学。在西学的冲击下，儒学显得无能为力，不论宋学或汉学，都抵挡不住西方的殖民侵略而败下阵来。面对着前所未有的变局，儒学本身不可避免地要有所调整，以适应变局。

事实上，还在鸦片战争以前，儒学已趋于衰颓。汉宋学之争，互相诟病攻讦。而有识之士则对二家都不满意，指斥汉学为琐碎，宋学为空疏，无实无用。其时吏治腐败，人才匮乏，经济问题困难重重，社会矛盾和社会危机越来越严重，而汉学、宋学都无法解决这些问题。但是，不能因此认为儒学已经无所作为，已经崩溃。事实是儒学各派都力图适应社会危机形势而有所复兴。

鸦片战争前后，盛极一时的汉学已趋衰落，而程朱理学却有所抬头，或者说有所“复兴”。顾云的《盋山文录》说:“道光之末世，儒讲汉学者寖微，于是唐确慎公鉴、文端公倭仁、吴侍郎廷栋诸人起而讲宋学，曾文正公国藩亦会焉。”[1]复兴宋学的宗主是唐鉴。唐鉴专主程朱理学，在一些士大夫中很有影响。他任太常寺卿时，倭仁、曾国藩、吴廷栋、何桂珍、窦垿等都跟他“考德问业”。唐鉴是湖南人，他的理学思想也影响到湖南罗泽南等人。值得注意的是，这时的理学并不是康熙年间理学的简单兴复，而是随着时势的变化而具有不同的特点。这就是避免空疏，强调“内期立身，外期辅世”。唐鉴在他的著述中指出要“守道救时”，他说:“救时者人也，而所以救时者道也。正直可以慑回邪，刚健可以御强硬，庄严可以消柔佞，端悫可以折侵侮，和平可以息横逆，简易可以综繁赜，抱仁戴义可以淑身心，周规折矩可以柔血气，独立不惧可以振风规，百折不回可以定识力，守顾不重乎哉。”[2]这里所强调的是“守道”，也就是“立身”的重要意义。要救时必须守道，守道则是为了救时。儒者要不尚空言，而以躬行实践为事，发为事功，期于辅世，所谓“礼乐兵农，典章名物，

1 顾云：《罗文学蒋孝廉别传》，《盋山文录》卷五，光绪十五年金陵刻本。

2 唐鉴：《清朝学案小识·守道篇叙》，上海商务印书馆，1935 年。

政事文章，法制度数，何莫非儒者之事哉”[1]。这也就是儒家所谓的“内圣外王”，“内圣”与“外王”紧密结合。道光间，清朝已衰落，对外败于英国侵略者，割地赔款，丧权辱国，而内部社会阶级矛盾尖锐，到处发生起义和反抗斗争。理学强调“守道救时”，正是这种危机的反映。

追随唐鉴“考德问业”的人，都是崇奉程朱理学的。但是，他们的趋向也不完全一样，或者说有不同流派。一是倭仁、吴廷栋等人，着重于道德内省。他们主张“克己慎独”，“居敬穷理”，“主敬存诚”。倭仁认为，“穷理必极其精，居敬必极其言”[2]。吴廷栋说：“圣贤相传心法，只是一个敬字。敬胜百邪，敬则天理常存，人欲不作。平地成天，继往开来，皆是此一字作用。”[3]他们在道德内省上“用功最笃实”。曾国藩称赞倭仁“虽忘念偶动，必即时克治”，是“朝中有特立之操者”。但是，这种一味“居敬穷理”的结果，是流于空疏，脱离实际。人们所熟知的同文馆增设天文算学班的争论，倭仁在奏折中即扬言：“立国之道，尚礼义不尚权谋；根本之图，在人心不在技艺。”显然，这种说空话、大话，只能表现出与时代脱节的迂腐，无补于挽救清王朝面临的危机，应付大变局的形势。

曾国藩、罗泽南等人与倭仁辈有所不同。他们作为理学家，也同样重视身心修养，即所谓道德内省。如曾国藩自己所立的日课项目即是“主敬”、“慎独”，时时注意“省躬责己”。但是，曾国藩不仅满足于道德内省，而且注重实践，切于实际，讲求经世之学。当时，包括唐鉴在内，认为为学只有义理、考据、辞章三门，而曾国藩则主张加上经济为四门。他说：“有义理之学，有辞

1　唐鉴：《清朝学案小识·自叙》，上海商务印书馆，1935 年。

2　倭仁：《答费敬庐》，《倭文端公遗书》卷八，光绪二十年山东书局刻本。

3　吴廷栋：《书方存之茂才〈俟命录〉后》，《拙修集》卷六，同治十年六安求我斋刻本。

章之学，有经济之学，有考据之学。义理之学，即《宋史》所谓道学也，在孔门为德行之科。辞章之学，在孔门为言语之科。经济之学，在孔门为政事之科。考据之学，即今世所谓汉学也，在孔门为文学之科。此四科阙一不可。”[1]既注重德行，又注重经济，是曾国藩、罗泽南等一派湘系理学的特点，也是他们较倭仁等人偏于内省、“徒托空言”的理学的高明之处。因此，曾国藩及其湘系集团也就能为维护清朝封建统治而镇压太平天国农民运动发挥作用。在曾国藩的《讨粤匪檄》中标明:“历世圣人，扶持名教，敦叙人伦。君臣父子，上下尊卑，秩然如冠履之不可倒置”，从而攻击太平天国“举中国数千年礼义人伦、诗书典则，一旦扫地荡尽。此不独我大清之变，乃开辟以来名教之奇变，我孔子、孟子之所痛哭于九原”。同时，曾国藩等也就有从事以“中学为体，西学为用”为方针的洋务运动的可能。正是与此有关，曾国藩等一批人成为“同治中兴”的“名臣”。

或认为理学只讲内省修身，与追求外在事功的经世为两橛，统不到一起。这一说法不免绝对化，并不完全符合理学的实际。理学重在义理、心性，其末流流于空疏，但不是完全不讲事功，更不是与之对立。理学为孔孟儒学的发展，它包含着政事、治道的内容，是“内圣外王”的功夫，即修身、齐家、治国、平天下。曾国藩就没有将理学与经世对立起来，而是认为“经济之学，即在义理之中”，义理包括经济。他说:“古之学者，无所谓经世之术也，学礼焉而已。”[2]“自内焉者言之，舍礼无所谓道德；自外焉者言之，舍礼无所谓政事。”[3]就是说，以“礼”为主体，统帅道德和事功，即维持封建统治秩序。因此，“义理与经济初无两术

1 曾国藩：《问学》，《曾文正公全集·求阙斋日记》卷上，同治十二年至光绪五年传忠书局刻本。

2 曾国藩：《曾国藩全集·诗文》，第256页，岳麓书社，1987年。

3 曾国藩：《曾国藩全集·诗文》，第358页。

之可分，持其施功之序，详于体而略于用耳”[1]。义理与经世，用曾国藩的另一个提法，就是“大本内植，伟绩外充”[2]。在曾国藩等人的心目中，理学与经世是统一的，道德与政事也是密切结合的，并不是判为两橛。这从前面提到的在镇压太平天国和兴办洋务的活动中，都可以明显表现出来。

继程朱理学而兴起的是今文经学。今文经学虽起于乾嘉间的庄存与、刘逢禄，接绪于道光间的龚自珍、魏源（而龚、魏开借今文经学而言时务的风气之先），但真正盛行则在光绪年间。其时，王闿运主四川尊经书院教席，提倡今文经学，影响及于弟子，廖平为其中之一，被称为“川学”。后来，廖平至广州，遇康有为。康有为于1888年因入京应试机会，上书光绪皇帝请求变法，为顽固派所阻，次年返回广东，得与廖平晤谈。康有为探讨过程朱理学、陆王心学、古文经学、佛学等，但都没有找到出路，此时受廖平的启示，即想借今文经学的“微言大义”，以为经世致用。他从今文经学接受“三统”、“三世”说和“孔子改制”说，先后著《新学伪经考》和《孔子改制考》，斥古文经籍为伪经，以孔子“托古改制”，而主张变法维新。今文经学由川而粤，康有为弟子如梁启超、欧榘甲等都张其师的学说，极力鼓吹今文经学，被称为“粤学”。在康有为的影响下，谭嗣同、唐才常等人也接受今文经学。戊戌维新运动时，湖南创时务学堂，开南学会，办《湘报》，梁启超、谭嗣同、唐才常等或讲学，或演说，或撰文，以今文经义鼓吹变法。湖南人皮锡瑞是今文经学家，在长沙参与其事，也以今文经义言变法。今文经学又在湖南传播，于是被称为“湘学”。

今文经学作为儒学的一派，因龚自珍、魏源借以言政，在鸦片战争前后已渐流播。但就今文经学本身来说，它和宋学、汉学

1 曾国藩：《曾国藩全集·诗文》，第443页，岳麓书社，1987年。
2 曾国藩：《曾国藩全集·诗文》，第307页。

并没有什么不同，说不上是什么进步学说，不起什么进步作用。正如曾国藩以程朱理学来挽救濒于崩溃的清朝统治秩序一样，龚自珍、魏源也是利用今文经学来抨击腐败的现实，主张“更法”、“变古”。是他们因社会现实的需要而去利用今文经学，不是今文经学在晚清有什么进步作用。康有为以《公羊》三世说、“孔子改制”说而鼓吹变法维新，也是缘此而来。

今文经学在19世纪八九十年代有所兴盛，但如果认为晚清儒学是今文经学独盛，专讲《公羊》，则并不符合实际。如前所述，程朱理学在唐鉴、曾国藩时曾有所兴复。但即使在康有为借今文经学鼓吹变法时，理学仍居于正统地位。1891年《新学伪经考》出版后，即遭到理学家和考据学家的抨击。在维新运动过程中，既有政治观点的歧异，也有学术流派的分野。戊戌变法失败后，今文经学又趋于衰退。

20世纪初，古文经学代今文经学而复兴。以古文经学而“论治”，孙诒让具有代表性。孙诒让治古文经学，对《周礼》的研究尤为精辟。中日甲午战争后，他因“外敌凭临”，在维新思潮的影响下，组织“兴儒会”，提出“以尊孔振儒为名，以保华攘夷为实”，以“大雪仇耻”，表现了挽救民族危亡的爱国精神。1901年他撰《周礼政要》，凡二卷，四十篇。孙诒让在《周礼政要序》中说：“辛丑夏，天子眷念时艰，重议变法，友人以余尝治《周礼》，嘱之摭其与西政合者，甄缉之以备采择，此外非欲标揭古经以自强其虚骄而饰其窳败也。”这说明他的《周礼政要》是因清政府的推行“新政”而作的。同康有为因维新而利用今文经学一样，孙诒让也是因“新政”的需要而利用古文经学。意义虽然不同，而其做法则一。

其后，以古文经学“论治”，其著者有章太炎、刘师培等人。其时，孙中山领导的推翻清政府的革命运动日益发展。章太炎绍述清代考据学开创者顾炎武的“经世致用”思想，宣传民族主义。

他在《答梦庵》一文中说:“原此考证六经之学，始自明末儒先，深隐蒿莱，不求闻达，其所治乃与康熙诸臣绝异。若顾宁人者，甄明古韵，纤悉寻求，而金石遗文，帝王陵寝，亦靡不殚精考索，唯惧不究。其用在兴起幽情，感怀前德，吾辈言民族主义者犹食其赐。且持论多求根据，不欲空言义理以诬后人，斯乃所谓存诚之学。”[1]章太炎正是以民族主义鼓吹革命，以古文经学批评康有为借今文经学“三世”说、“孔子改制”说宣扬改良。与章太炎同治古文经学且互相结交的刘师培，也以古文经学鼓吹革命，批判康有为借今文经学宣扬改良思想。刘师培承其家传，治《春秋左传》。他在革命派与立宪派的论战中，发表了《论孔子无改制之事》、《汉代古文学辩诬》等文，批判康有为的古文伪经说和孔子改制说，指出今文经所言大抵穿凿附会，古文经在刘歆以前即与今文经并存，而且优于今文经；孔子是“从周制”，“谓之改古制不可，谓之改周制尤不可”。他认为:“歆考古代之史实，以证中国典制之起源，观人群进化之次第，不得不取资于经。”[2]以古文经为“观人群进化之次第”，即借以证明革命的合理性，反对康有为的“三世”进化观。

从以上所说，可以看出，在晚清，理学、今文经学、汉学都曾经有过相对的兴盛，但没有形成哪一派独盛的局面。而儒学各派的兴复，也不是由于哪一派比哪一派进步，而是因为“时势”的关系。不论哪一个阶级，或哪一个政治派别，他们都是因面对着巨大“变局”而要去应付或改变这种局面，而从儒学某一学派中去寻求思想武器；尽管他们的政治立场和目的很不相同。儒学各派都趋向于经世致用，包括被指责为空疏的宋学和琐碎的汉学，这是晚清儒学的一个特点。

1 汤志钧编：《章太炎政论选集》上册，第 398 页，中华书局，1977 年。

2 刘师培：《论孔子无改制之事》，《刘申叔先生遗书》第 45 册，1936 年宁武南氏铅印本。

既然儒学各派都面对现实，讲求经世致用，也就存在着学术和政事的关系问题。鸦片战争前后，魏源等一些人批评学术与政事分裂的状况，主张“学问、经济无二事”，“贯学术、政事、文章为一”。从曾国藩重事功的理学，到康有为“托古改制”的今文经学，到章太炎鼓吹民族主义的古文经学，都是以学术服务于政治，不论是起反动作用的，还是起进步作用的，都是如此。即以维护清朝统治而言，宗程朱理学的罗泽南、何桂珍，宗阳明心学的吴嘉宾，治汉学的吕贤基、邹汉勋，以及治今文经学的邵懿辰，都在反抗太平天国农民战争中“殉道”。治儒学的各派都同样卫道，不独宗程朱理学者。

二　儒学各派的兼收并采

晚清儒学另一个值得注意之处，是儒学各派的兼收并采，会通融合。

清代康熙间尊奉程朱理学，以为官方统治思想。当时所谓理学名臣辈出，如张履祥、陆陇其、张伯行、魏裔介、熊赐履、李光地等为其著者。至乾嘉间，汉学盛行，吴派、皖派占据学术，而理学寝衰。嘉庆二十三年，江藩著《汉学师承记》为清代汉学家立传，并历述其学术渊源，为汉学树正统，贬斥宋学空疏。而阮元编辑《皇清经解》，对于诸家著述，凡不关小学，不纯用汉儒古训的，概不著录。宗宋学的方东树则著《汉学商兑》以为反击，指摘汉学脱离实际，支离琐碎。于是尊汉尊宋，互相攻讦，视同水火。嘉道年间，即出现调和汉宋的趋向。如李兆洛、张履、胡承珙等对汉学宋学无所偏倚，不分门别户。李兆洛“论学无汉宋，唯以心得为主”[1]。张履主张“为汉为宋，则各从其说之长，而绝

1　魏源：《魏源集》上册，第361页，中华书局，1983年。

不参以成见”[1]。胡承珙认为“治经无训诂义理之分，唯求其是者而已；为学亦无汉宋之分，唯取其是之多者而已”[2]。而一些宗汉学者，如程恩泽、胡培翚、冯桂芬等治经宗汉而不废宋，认为“义理即从训诂名物而出”，“训诂通则义理明”。与此异趣的，是一些尊宋学者兼采汉学。刘开在他所写的《学论》一文中，提出了“尊师程朱”，“兼取汉儒，而不欲偏废”。[3]潘德舆则认为“学者诚能以程朱之义理为宗，而先导以郑孔，通其训诂，辅导以陆王，求其放心，庶有以救程朱之小失，而道学之真可见”[4]。从上述情况可以说明，不论哪种倾向，都是要清除汉宋学对立的门户偏见，而加以调和兼采。

徐世昌的《清儒学案》卷一八〇《心巢学案》中说：“道咸以来，儒者多知义理、考据二者不可偏废，于是兼综汉宋学者不乏其人。”这一说法，大致不差。鸦片战争以后，汉宋学兼综会通更为盛行。尤其是一些名家、名臣，对汉宋学也都兼综会通，影响很大。如岭南著名学者陈澧，被认为是开汉宋学会通之先声。汉宋学的调和会通并非始于陈澧，其前辈已多有倡导，上面已经谈到；但他确实是咸同间主张会通汉宋学颇有影响者。陈澧治学，获座师程恩泽的启导，又受阮元及其创办的学海堂的影响。从鸦片战争那年起，他任学海堂学长达27年；随后，又任菊坡精舍山长。他著述甚丰，自称“著书百余卷”。陈澧重视训诂考据，其著述以考据为多，于文字音韵及乐律研究尤精。但其平生服膺朱子，深得义理之学，认为“然则解文字者，欲人之得其义理也。若不思其义理，则又何必纷纷然解其文字乎”[5]。所以，他所著“《汉

1 张履：《积石文稿》卷一四，光绪二十年刻本。
2 胡承珙：《求是堂文集》卷四，道光十七年刻本。
3 刘开：《刘孟涂集·文集》卷二，道光六年姚氏檗山草堂刻本。
4 潘德舆：《养一斋集》卷一三，道光二十九年刻本。
5 陈澧：《与黎震伯书》，《东塾集》卷四，光绪十八年菊坡精舍刻本。

儒通义》一书，采两汉经师义理之说，分类排纂，欲与汉学宋学两家共读之”[1]。陈澧另一部代表性著作《学思录》（后改名为《东塾读书记》），也是“通论古今学术，不分汉宋门户，于郑君、朱子之学，皆力为发明”[2]。与陈澧同时的另一岭南著名学者朱次琦，也是主会通汉宋，认为“学孔子之学，无汉学无宋学”[3]；虽然，他更偏重于程朱理学。长于“三礼”的黄式三及其子以周，谨守郑学，而兼尊朱子，反对存分门别户之见。黄以周说：“理义者，经学之本原；考据训诂者，经学之枝叶之流委也。削其枝叶而干将枯，滞其流委而源将绝。”[4]著名学者丁晏认为：“汉学宋学之分，门户之见也。汉儒正其诂，诂定而义理以显；宋儒析其理，理明而诂以精。二者不可偏废，统之曰经学而已。”[5]

不仅是学者会通汉宋学，一些以治学著称而又权势显赫的在位者也主张汉宋学兼采。如曾国藩，一向被认为崇奉程朱理学，他自己也声称“一宗宋儒”。实际上曾国藩不赞成讲义理者贬抑汉学，也不赞成讲汉学者贬抑宋学，认为二者都是不自量力的狂妄习气。曾国藩虽宗宋儒，但“不废汉学”[6]，“好高邮王氏父子之说”[7]，并要儿辈“为怀祖先生（王念孙），为伯申氏（王引之），则梦寐之际，未尝须臾忘也”[8]。曾国藩认为“圣人经世宰物，纲维万事”，就在一个“礼”字。所以，他推崇汉学家江永的《礼书纲目》和秦蕙田的《五礼通考》，说：“尝谓江氏《礼书纲目》、秦氏《五礼通考》可以通汉宋二家之结，而息顿

1 陈澧：《复王倬甫书》，《东塾集》卷四，光绪十八年菊坡精舍刻本。
2 陈澧：《与黎震伯书》，《东塾集》卷四，光绪十八年菊坡精舍刻本。
3 简朝亮：《朱九江先生年谱》，光绪三十三年顺德简氏刻本。
4 转引自《清儒学案》卷一五三，民国二十七年本。
5 转引自《清儒学案》卷一六〇。
6 曾国藩：《复颍州府夏教授书》，见《曾文正公全集·书札》卷一一。
7 曾国藩：《曾国藩全集·家书二》，第809页，岳麓书社，1994年。
8 曾国藩：《曾国藩全集·家书二》，第453页。

渐诸说之争。”[1]曾国藩是“一宗宋儒，不废汉学”，而张之洞则是宗汉学而不废宋学。他在《创建尊经书院记》中说：“（为学）读书宗汉学，制行宗宋学。汉学岂无所失，然宗之则空疏蔑古之弊除矣。宋学非无所病，然宗之则可以寡过矣。”[2]

汉宋学息争、会通，在晚清已是较为普遍的现象。学术风气的变化，不是孤立的，它同时代、社会的变化分不开。鸦片战争以后，西方列强侵略日益加深，社会阶级矛盾尖锐，危机四伏。面临“三千年一大变局”，不论汉学或宋学，所面临的问题是“应变”，是“救时”，不可能也不允许继续争长短、立门户。它们之间不管有什么分歧，都是儒学内部的问题。因此，人们能够趋于较客观冷静地看待汉宋学的关系。这就是一般所认为的：“今之言学者，曰考据，曰训诂，曰义理。义理者，道也。考据，此道也。训诂，此道也。无考据、训诂，则义理何以出。考据、训诂而不衷于义理，则学何以成。”[3]汉宋学息争、会通的现象趋于普遍，也就势所难免了。应变、救时，也就是使汉宋学统一于致用。朱次琦认为“通经将以致用”，“学之而无用者，非通经也”。[4]陈澧在《汉儒通义》自序中说：“祛门户之偏见，诵先儒之遗言，有益于身，有用于世，是区区之志也。”至于像曾国藩、张之洞等人以权臣而兼学者，更是以学为经世致用。

正是因为应变、救时的需要，晚清的儒学不仅是汉宋学两家的调和，而且是儒学各派的兼采会通，是儒学和其他学派如诸子学的兼采会通。张之洞就曾主张：“不唯汉宋两家不偏废，其余一切学术亦不可废。”[5]这里所说的是汉宋两家以外的“一切学术”，

---

1 曾国藩：《复夏韬甫》，见《曾文正公全集·书札》卷一三。
2 张之洞：《张文襄公全集》卷二一三，民国间刻本。
3 黄彭年：《息争书杨湘筠叙交篇后》，《陶楼文钞》卷一〇，1933年刻本。
4 简朝亮：《朱九江先生年谱》，光绪三十三年顺德简民刻本。
5 张之洞：《创建尊经书院记》，《张文襄公全集》卷二一三。

范围当然很广泛。首先，是儒学内部汉宋学以外的学派，如今文经学。今文经学因康有为等以古文经为伪经而与之对立，力加排拒。张之洞虽主张不废“一切学术”，但对今文经学却大加指斥。不过，晚清为宋学或汉学者，不乏兼采今文经学。邵懿辰论学宗朱子，以“仪宋”命堂名，但又重今文经学，著《礼经通论》。陈澧既主汉宋学会通，也兼采今文经学，所编《汉儒通义》，即“采两汉经师义理之说”，包括董仲舒的《春秋繁露》等今文经学的作品。即使像承家学渊源的刘师培，虽尚古文经学，力批康有为的今文经学，看来很是对立，其实却是兼采今文经学的。刘师培反对墨守一家之说和门户之见，认为古文经学、今文经学各有其长短，主张兼采其长。他说:“仅通一家，确守家法者，小儒之学也；旁通诸经，兼取今文者，通儒之学也。”[1] 同样，宗今文经学的人也不都排斥汉宋学，而是主张调和汉宋学。今文经学家皮锡瑞即主“开通汉宋门户之见”，认为汉宋学“同是师法孔子，何必入室操戈”，“讲汉学者要讲微言大义方有实用，破碎支离，不成片段者无用。讲宋学者要能身体力行方有实用，空谈性命，不求实践者无用”。[2]

在儒学内部开通门户之见，更为明显的是对陆王心学的兼采。明中叶后，阳明心学盛行。明末清初，顾炎武等人病心学末流“束书不观，游谈无根”，提倡“通经致用”。虽有孙奇逢及其弟子汤斌仍宗阳明心学，但已受贬抑于程朱理学和汉学。及至晚清，陆王心学虽不似程朱理学、今文经学等各有兴复时机，但它已从被排斥而成为被兼采，也是一种“兴复”。陈澧除编纂《朱子语类日钞》外，还编纂《陆象山书钞》。刘熙载治学“不持汉宋门户之见，而于程朱、陆王亦能兼取”[3]。陆王心学本是作为程朱理学的

1 刘师培：《群经大义相通论·〈公羊〉〈荀子〉相通考》，《刘申叔先生遗书》第9册，1936年宁武南氏铅印本。

2 《皮鹿门学长南学会第二次讲义》，《湘报》，1898年3月12日第6号。

3 徐世昌等：《清儒学案》卷一七九，民国二十七年本。

异端而出现，崇奉程朱者大都排斥陆王。曾国藩自称“一宗宋儒”，为程朱信徒，曾对陆王心学表示不满。但后来他转而加以推崇，说：“孔孟之学，至宋大明，然诸儒互相异同，不能屏门户之见。……朱子主‘道问学’，何尝不洞达本源？陆子主‘尊德性’，何尝不实征践履？……当湖学派极正，而象山、姚江亦江河不废之流。”[1]其子曾纪泽在祭文中称曾国藩“笃守程朱，不弃陆王”[2]，当是可信的。康有为、谭嗣同等维新派对陆王心学都很喜好。梁启超说，康有为“独好陆王，以为直接明诚，活泼有用。故其所以自修及教育后进者，皆以此为鹄焉”[3]。康有为从陆王心学吸收了不少东西，例如他的“人为天地之心”的思想，就是取之于王阳明的“人者，天地万物之心也；心者，天地万物之主也”[4]。尚古文经学的刘师培，吸收了王阳明的“良知”说，认为它可以矫正世俗的流弊，使人增长自信，奋发有为。他说：“凡良知学派立说，咸近于唯心，故阳明之徒多物我齐观，众生平等，不为外欲所移，亦不为威权所惕，而济民济世，所益尤多。”[5]陆王心学鼓吹“万物皆备我心”的主观唯心论，但它重视人的主观能动作用。因此，不论是挽救清皇朝的统治，还是救亡图强，以至维新、革命，都需要人的主观能动性的发扬，乃至于献身。这就是曾经长期被压抑贬拒的陆王心学所以能够被兼采，所以能够得到兴复的原因。

儒学的会通，除去内部各派之外，还打破儒学的界限，兼取其他学派的思想，如诸子学。清代儒学仍居于正统地位，诸子学被贬斥，嘉庆朝颁布的上谕还说：“诸子百家，不过供文人涉猎，

1　曾国藩：《复颍州府夏教授书》，《曾文正公全集·书札》卷一一，同治十二年至光绪五年传忠书局刻本。

2　曾纪泽：《曾纪泽遗集》，第156页，岳麓书社，1983年。

3　梁启超：《康有为传》，《戊戌变法》第4册，第5页，神州国光社，1953年。

4　王阳明：《答季明德书》，《王文成公全书》卷六，上海商务印书馆，1934年。

5　刘师培：《伦理教科书》，《刘申叔先生遗书》第65册，1936年宁武南氏铅印本。

已属艺余。”但是，有的学者也不受此局限，注意对诸子之学的研究。如汪中，研治荀子、墨子，尤其是将墨子、墨学提到与孔子、儒学并立的地位，实是骇世之论。进入晚清，宗儒学者多有兼收并采诸子学的。陈澧所著《东塾读书记》云:“自经学外”，“唯详于诸子之学”。“一宗宋儒”的曾国藩，据《水窗春呓》记载，他曾经说过:“吾学以禹墨为体，庄老为用。”[1]在《求阙斋日记》的《问学》中，曾国藩说:“立身之道，以禹墨之勤俭，兼老庄之虚静。”又说:“若游心能如老庄之虚静，活身能如墨翟之勤俭，齐民能如管商之严整，而又持之以不足是之心，偏者裁之，缺者补之，则诸子皆可师也，不可缺也。”[2]曾国藩排除了有些儒者独守孔孟程朱之道的偏狭，淡化了儒学和诸子学的界限，加以兼容并包。康有为、谭嗣同在孔孟儒学之外，对先秦诸子尤重在墨子、庄子之学。如康有为吸取了墨子的“兼爱”、“尚同”，认为符合孔子的“仁道”思想，符合“合群”的精神，能舍身救民。他称赞庄子“言心学最精，直出六经之外”，“后来能办事者，皆用庄子之学”。[3]辛亥革命时期，章太炎、刘师培等提倡“国学”、“国粹”，儒学之外，包含诸子学。章太炎在日本时主持的国学讲习会，作《诸子学略说》，讥评孔子，提高诸子学的地位。《国学振兴社讲义》第1册也发表《诸子系统说》一文。刘师培发表了《周末学术史序》、《国学发微》、《古学起源论》等论著，认为诸子学与孔学都是重要的国学精华，儒学在许多方面借鉴了诸子学，二者有许多共同之处，“孔子不废九流”。

儒学的调和会通，去分门别户之见，反映了在时代剧变的情势下它本身所具有的调整、适应的能力。但是，这同时也表现出儒学的中心正统地位的动摇。

---

1 欧阳兆熊、金安清：《水窗春呓》，第17页，中华书局，1984年。

2 《曾文正公手书日记》，咸丰十一年八月十六日，宣统元年石印本。

3 吴熙钊等校点：《南海康先生口说》，第47、49页，中山大学出版社，1985年。

三　儒学和西学的调和会通

晚清儒学是处在中国沦为半殖民地半封建的社会中，跟鸦片战争以前的情况不同，它面对着西学的冲击。在这个过程中，儒学和西学既存在着矛盾和斗争，又有着调和会通。儒学和西学的调和会通，是晚清儒学发生重大的变化，也是它的正统地位发生更大的动摇的表现。

中学和西学的调和会通，早在明清间就已出现。其时，欧洲耶稣会士来华传播天主教，也带来一些西方自然科学技术，被称为“西学”。著名学者徐光启、方以智、梅文鼎等在接触西方的自然科学技术后，即主张中西会通。梅文鼎说：“法有可采，何论东西；理所当明，何分新旧，在善学者知其所以异，又知其所以同。去中西之见，以平心观理。……务集众长以观其会通，毋拘名相而取其精粹。”[1]这种不分中西新旧，“务集众长以观其会通，毋拘名相而取其精粹”的思想，不仅是正确的，而且是很可贵的，对于发展中国的科学技术有着积极的作用。可惜的是，由于后来西学输入的停顿，会通中西的思想也没有得到发展。

鸦片战争以后，西学又逐渐传播。较早提出或实践中西会通的，是数学、医学等领域。李善兰在数学方面，即实践了中西学的会通。他在同文馆任总教习时，以元朝李冶的《测圆海镜》为教材，并撰《测圆海镜解》，于其中的原题，“以代数演之，则合中西为一法”[2]。这就把中国古代传统数学的“天元术”，纳入到当时世界通行的代数学轨道中。李善兰曾与伟烈亚力合作翻译西方数学著作，在接受了自己翻译的西方数学后，他的数学著作大

1　梅文鼎：《堑堵测量》卷二，乾隆二十六年兼济堂刻本。

2　李善兰：《测圆海镜细草》序。

都是会通中西学术思想的研究成果。丁韪良在《算学课艺序》中曾评论说："合中西之各术，绍古圣之心传，使数学复兴于世者，非壬叔吾谁与归?"

在医学方面，最早提出中西医学会通的是李鸿章。他在为《万国药方》撰的序中说："倘学者合中西之说而会其通，以造于至精极微之境，与医学岂曰小补!"其后，著名中医唐宗海、朱沛文等人提出了会通中西医学的思想，并在中医界产生了很大的影响。唐宗海不赞成歧视西医，认为"西医亦有所长，中医岂无所短。盖西医初出，未尽周详；中医沿讹，率多差谬。因集《灵》、《素》诸经，兼中西之义解之，不存疆域异同之见，但求折衷归于一是"[1]。朱沛文对西方医学的了解，比唐宗海更为深入。他说："少承庭训医学，迄今临证垂二十年，尝兼读华洋医书，并往洋医院亲验真形脏腑，因见脏腑体用，华洋著说不尽相同。窃意各有是非，不能偏主，有宜从华者，有宜从洋者。大约中华儒者精于穷理而短于格物，西洋智士长于格物而短于穷理。"[2]朱氏使用理学的"格物"、"穷理"的词汇，以分判中西医学的短长，显然不够准确。但他认为中西医学"各有是非，不能偏主"，应当加以会通融合，则是很有见地的。这些医学家不仅主张会通中西，而且进行了实际探索。如唐宗海所著的《中西汇通医经精义》（1892年刊行），以西方脏腑图说证之于《内经》；朱沛文撰写的《华洋脏象约纂》（1892年刊行），以脏腑体用原委证之于中西群籍，对当时西方解剖生理记述甚详，对历代中国医家有关论述也广征博引。

中日甲午战争以后，随着西学传播从艺学到政学的发展，中西学会通也成为具有更普遍的意义而被提了出来。戊戌维新运动时期，康有为就认为应当"泯中西之界限，化新旧之门

1　唐宗海：《中西汇通医经精义》序，光绪十八年刊本。
2　朱沛文：《华洋脏象约纂》自叙，光绪十八年刊本。

户”[1]。严复则指出：“必将阔视远想，统新故而视其通，苞中外而计其全，而后得之。”[2]梁启超说得更具体：“必深通六经制作之精意，证以周秦诸子及西人公理公法之书以为之经，以求治天下之理；必博观历朝掌故沿革得失，证以泰西希腊、罗马诸古史以为之纬，以求古人治天下之法；必细察今日天下郡国利病，知其积弱之由，及其可以图强之道，证以西国近史宪法章程之书及各国报章以为之用，以求治今日之天下所当有事，夫然后可以言经世。……今中学以经文掌故为主，西学以宪法官制为归，远法安定经义治事之规，近采西人政治学院之意，与二三子共勉之。”[3]辛亥革命时期，鲁迅在《文化偏至论》一文中认为新文化应是“外之既不后于世界之思潮，内之仍弗失固有之血脉，取今复古，别立新宗”[4]。可以看出，甲午战争以后，中西学会通已不是局限在自然科学的某一具体学科，而是从建立中国的新学或新文化出发的，并且从自然科学领域发展到哲学社会科学领域，是整体的而不是局部的。

在 19 世纪末 20 世纪初之间，会通中西的一个明显特点，是力图融会中西学以建立自己的思想理论体系。康有为的建构思想理论体系，即是一个明显的例证。康有为的思想理论体系很庞杂，但其基点为孔子儒学——“仁”、“元”，包括思孟学派、陆王心学、董仲舒和今文经学派、《易传》的思想。如前所述，他还吸收了墨子的“兼爱”、“尚同”，庄子的“心学”，以及佛学的禅宗、华严宗等。他认为“兼爱”、“尚同”符合“仁道”、“合群”精神，而庄子言心学最精，直出《六经》之外。对于西学，康有为也尽力吸收。他的哲学范畴“仁”、“元”，都吸收了西方的民

1 汤志钧编：《康有为政论集》上册，第 295 页，中华书局，1981 年。

2 王栻主编：《严复集》第 3 册，第 560 页，中华书局，1986 年。

3 李华兴、吴嘉勋编：《梁启超选集》，第 58 页，上海人民出版社，1984 年。

4 《河南》，1908 年 8 月，第 7 期。

主、平等、博爱的社会政治学说，以及近代自然科学如天文学、天体力学、地质古生物学等。他的“大同”乌托邦思想，也融会了西方的空想社会主义。如果说宋明理学体系是“援佛入儒”的话，那么康有为的理论体系则是“援西入儒”。正是在会通融合中西学的基础上，康有为建构了以“元—仁为本”的理论体系和“大同”乌托邦社会，虽然不免存在着牵强附会。

“戊戌六君子”之一的谭嗣同，在他所建立的“仁学”理论体系中，也是会通和融合了中西学。他在《仁学·界说》中说：“凡为仁学者，于佛学当通《华严》及心宗、相宗之书，于西书当通《新约》及算学格致、社会学之书，于中国书当通《易》、《春秋公羊传》、《论语》、《礼记》、《孟子》、《庄子》、《墨子》、《史记》及陶渊明、周茂叔、张横渠、陆子静、王阳明、王船山、黄梨洲之书。”谭嗣同“仁学”体系的思想渊源，大致上与康有为相近似。他也是力图会通中西学，来建构“仁学”的体系。他借用当时物理学的名词“以太”，把它作为构成世界万物的始基，而“其显于用也，孔谓之‘仁’，谓之‘元’，谓之‘性’；墨谓之‘兼爱’；佛谓之‘性海’，谓之‘慈悲’；耶谓之‘灵魂’，谓之‘爱人如己’，‘视敌如友’；格致谓之‘爱力’、‘吸力’：咸是物也”[1]。梁启超认为谭嗣同的“仁学”是“冥探孔佛之精奥，会通群哲之心法，衍释南海之宗旨”[2]。梁启超对谭嗣同的“仁学”所归纳的三句话，第三句不无为扬其师而有所夸张，但总的来看，大致不差。谭嗣同和康有为都是“援西入儒”，构成“不中不西，亦中亦西”的以儒学为主、中西杂糅的不成熟的思想体系。

20 世纪初，资产阶级民主革命兴起，民权平等学说日益传播。孙中山在建立他的“三民主义”思想体系过程中，既吸收了西方文

1　蔡尚思、方行编：《谭嗣同全集》（增订本）下册，第 293、294 页，中华书局，1981 年。

2　蔡尚思、方行编：《谭嗣同全集》（增订本）下册，第 543 页。

化中的民权、平等思想和共和国方案，也从中国传统文化中继承了明末清初顾、黄、王的民族思想，“民贵君轻”、“民胞物与”和“原君”的民主精神以及大同社会的理想等。当然，孙中山的会通中西比康有为、谭嗣同等已是发展了。康有为等存在着明显的以西学附会中学的缺陷，而孙中山则是有着系统的西方社会政治思想，在此基础上来吸收中学，“集合中外的精华，防止一切的流弊”。

在民权平等学说的传播中，卢梭的《民约论》产生了很大的影响。卢梭《民约论》最早的中文本，是 1898 年戊戌变法那一年由上海同文书局出版的，译者是日本的中江笃介，称为《民约通义》，只译了该书的第一章。这个译本，在当时似乎未引起人们的注意。1900 年底至 1901 年初，《译书汇编》连载了杨廷栋据日译本转译的《民约论》。1902 年，杨廷栋全译了《民约论》，由上海文明书局出版。杨氏的译本，在学界中产生了影响。据刘师培在 1904 年所撰的《中国民约精义序》中说：“吾国学子，知有‘民约’二字者三年耳，大率据杨氏廷栋所译和本卢梭《民约论》以为言。”[1]但是，《民约论》也受到顽固守旧者的反对，“且以邪说目之，若以为吾国圣贤从未有倡斯义者”。为了驳斥守旧势力的攻击，传播“民约”思想，刘师培于 1903 年与林獬编撰《中国民约精义》一书，1904 年刊行。《中国民约精义》的编撰，是辑录中国“前圣曩哲”的书籍中“言民约者”，起自《易》、《书》、《诗》，迄于鸦片战争前后魏源、龚自珍、戴望的著述，凡三卷五万多字。所及范围较广泛，但主要是儒学各派的著述。刘师培等在各篇之后加了按语，以卢梭《民约论》的相关论点为印证，加以阐释，评论其得失。如《易》“革卦”说“汤武革命，顺乎天而应乎人”，与《民约论》所说的“君主背民约之者，则君民之义

1　刘师培：《中国民约精义》序，《刘申叔先生遗书》第 16 册，1936 年宁武南氏铅印本。

已绝”，“人君之阻力，人民当合群以去之”契合，“所谓革命者，非汤武一人之私谋，乃全国人民之合意”。这就把一般的反暴君暴政，诠解为人民反对君权专制，鼓动推翻清皇朝的革命。刘师培一般都是摘取一个作者或一部书的某些观点加以印证比附，如王阳明的心学，选择的是“良知”说。他认为“良知”说和卢梭的“天赋人权”说相同，“天赋人权”是说人的自由平等权利“秉”于天，而“良知亦秉于天”，所以可以说“良知即自由权”。“阳明著书虽未发明民权之理，然即良知之说推之，可得自由平等之精理。”[1]从王阳明的“良知”说，推导出“自由平等之精理”，不免于附会，但却成了反对封建等级制和传播资产阶级自由平等的思想。即如《春秋公羊传》，康有为利用的是“三世”说，而刘师培却认为其“最重之义则在于讥世卿”，“世卿者，即西人所谓贵族政治”，“世卿之制度，则无门第阶级之风”，所以“《公羊》一书最重民权”。刘师培最推崇黄宗羲的《明夷待访录》，认为“其学术思想与卢氏同”，称之为“先觉之士”，“中国法理学”。[2]这种印证比附的做法，与康有为、谭嗣同的建构思想理论体系有所不同，但也是试图会通儒学与西学。

会通中西是一个长期探索和不断深化的发展历程，实际上也是对中西学进行分析、筛选、整合的过程，是新文化建设和发展的过程。因此，它客观本身存在着反复交融，主观上需要不断认识，不可能在短期内就完成中西学的会通融合，更不可能是一次性所能完成的。终晚清之世，会通中西学的问题自然谈不上已经解决，还只是初始的探索阶段。康有为、谭嗣同、刘师培等人对会通中西学都做了认真的探索，但都不能说是成功。康有为以儒学为主位，杂糅中西，而不是从时代和社会现

1　刘师培：《中国民约精义》，《刘申叔先生遗书》第 16 册，1936 年宁武南氏铅印本。

2　刘师培：《中国民约精义》，《刘申叔先生遗书》第 16 册。

实的需要出发，难免陷入困境。刘师培等则以卢梭《民约论》为依据，从中国书籍中搜寻摘录认为相关的文字，以为印证比附，实际上是认为《民约论》所说的，中国古代都已有之，难免失之于牵强附会。但他们的探索并不是完全没有意义，其经验教训值得我们认真地对待。

原题《晚清的儒学》，刊于《北京师范大学学报（社会科学版)》1992 年第 5 期。文字略有不同。

晚清西学的传播

一　由译介西方自然科学进而译介西方哲学社会科学

鸦片战争后，西方的学术文化逐渐深入中国，被称为“西学”。然而西学的传入和这一名词的使用，却早在明清间欧洲耶稣会传教士来华之时。

耶稣会士来华是为了传播天主教，但也带来了一些西方自然科学技术。他们在华期间，陆续撰译了一批书籍。徐宗泽据上海徐家汇书楼所藏部分，得出 215 种，其中属于宗教神学的约 157 种，关于自然科学、逻辑学、伦理修身等方面的 58 种。可以看出，耶稣会士的译著大部分是宗教宣传品，向中国人介绍西方科学的书籍为数不多，而且就在这为数不多的书中，缺乏介绍近代科学的成就，大多数是被近代科学所取代的对立物，已是陈旧落后。此外，他们总不忘记把科学摆在神学的奴隶地位上，鼓吹有一个造物主的上帝存在，上帝是全知、全在、全能的，“神化无量”，是万物存在的创造者，也是万物变化的主宰者。虽然如此，早期西学毕竟就这样传进了中国。

在耶稣会士的译著中，有的书径直以“西学”为名，如《西学治平》、《民治西学》、《修身西学》等。如书名所表明，这些书是用西方观点阐述修身、齐家、治国、平天下的。而《西学凡》

一书分为文、理、医、法、教、道六科，《四库全书总目》认为："所述皆其国建学育才之法"，"其致力亦以格物穷理为本，以明体达用为功，与儒学次序略似"。但又说，"特所格之物，皆器数之末，而所穷之理，又支离神怪而不可诘，是所以为异学耳"，实际是给予贬抑。不过，从这些冠以"西学"名字的书籍，以及《西学凡》的六科来看，所谓"西学"，包涵的内容颇为广泛。

雍正、乾隆后，清廷禁止耶稣会士来华传教，西学的输入也随之中断。1840 年鸦片战争以后，西学再次输入，而且远远超过明末清初。但是，在大约 20 年的时间里，人们除对基督教的传教反应强烈外，所看到的只是诸如"坚船利炮"之类的"器艺"的精良。及至 1861 年，冯桂芬撰《校邠庐抗议》，提出改革主张，其中一篇为《采西学议》，大致是"西学"一词的率先重新提出。魏源在鸦片战争后所编的《海国图志》中，主张"师夷长技"，即效法西方的技艺。而冯桂芬则不仅仅是看到技艺，而且注重其学问，认为"算学、重学、视学、光学等，皆得格物至理"，而算学是西学的基础，"一切西学，皆从算学出"。不过，冯桂芬所认识的西学，还只限于自然科学技术。正因为如此，他的"以中国伦常名教为原本，辅以诸国富强之术"，成为"中学为体，西学为用"的滥觞。

自 19 世纪 60 年代开始至 90 年代中期的洋务运动，历时 30 余年，人们对西学的认识，基本上没有超越前 20 年的框架。被时人称为最通洋务的李鸿章，认为"泰西之学，格致为先，自昔已然，今为尤盛。学校相望，人才辈出，上有世业，故能人人竟于有用，以臻于富强"[1]。洋务运动主持者所注重的西学，乃在于格致、天文、算学。其实，在此期间，与洋务派关系密切的所谓早期改良思想家，对西学的认识也不出此范围。郑观应在《盛世危

1　李鸿章：《西学启蒙十六种》序，光绪二十四年上海图书集成印书局本。

言》中列有《西学》专篇，加以议论。他说："泰西之学，派别条分，商政、兵法、造船、制器，以及农、渔、牧、矿诸务，实无一不精，而皆导源于汽学、光学、化学、电学。"[1]显然也是把西学归结为自然科学。

19 世纪末 20 世纪初，也就是戊戌变法前后至辛亥革命期间，人们对西学的认识有了明显的变化。洋务派张之洞在《劝学篇》中即认为，西学不仅是算、绘、矿、医、声、光、化、电这些"西艺"，而且还有学校、地理、度支、赋税、武备、律例、劝工、通商这类"西政"，要"政艺兼学"。应该说，他的西学范围，比曾国藩、李鸿章要大一些。当然张之洞还是鼓吹"中体西用"，主张讲西学"先以中学固其根柢"，"以孝悌忠信为德，以尊主庇民为政"。真正发生变化的，是维新志士和革命党人。例如严复，他在甲午中日战争后，接连发表文章，强调要"大讲西学"。对于什么是"西学"，他认为："今之称西人者，曰彼善会计而已，又曰彼擅机巧而已。不知吾今兹之所见所闻，如汽机兵械之伦，皆其形下之粗迹，即所谓天算格致之最精，亦其能事之见端，而非命脉之所在。其命脉云何？苟扼要而谈，不外于学术则黜伪而崇真，于刑政则屈私以为公而已。"[2]在严复看来，商政、兵法、造船、制器，乃至天算、格致，都不是西学的根本所在，西学的根本在于"于学术则黜伪而崇真，于刑政则屈私以为公"，也就是科学和民主。因此，随着人们对西学认识的发展，西学传播的内容也扩大了，不仅是自然科学，哲学社会科学学说的介绍也在增多。

社会科学学说传播的进展，在 20 世纪初尤为显著，成为译介的主要内容。这里比较一下《东西学书录》和《译书经眼录》所收书目的情况，就可以看出这种变化。《东西学书录》出版于

1　夏东元编：《郑观应集》上册，第 274 页，上海人民出版社，1982 年。

2　王栻主编：《严复集》第 1 册，第 2 页，中华书局，1986 年。

1899年，所收的书目为20世纪以前的，其中自然科学437部，社会科学80部。《译书经眼录》收录1900年至1904年所译书目，其中自然科学164部，而社会科学则为327部。另据实藤惠秀监修、谭汝谦主编的《日本译中国书综合目录》一书的统计，从1868年至1895年，中译日文书共有8种，而1896年至1911年，中译日文书增至958种，其中自然科学（含应用科学）172种，哲学社会科学786种。而在1900年至1911年，译自欧美和日本的各类书籍达1200种，平均每年100种，为数相当可观。

西方哲学社会科学学说的传播，主要通过报刊和书籍，较多是翻译外国的论著，也有中国人的撰述。对为数颇多的译著，不可能各个领域都谈到，这里举哲学和政治学说为例，以见一斑。

有关西方哲学的译介，19世纪末已有所注意，但数量不多，它的发展主要在进入20世纪后。“哲学”一词是从日本输入的。原来译名并不固定，有“心理学”、“心灵学”、“理学”、“心智之学”等多种译法。20世纪初，“哲学”一词使用增多，才逐渐固定下来。当时译介西方哲学的工作主要有两方面：一是系统地介绍西方哲学的原理、体系，一是介绍西方哲学的重要流派和哲学家。关于西方哲学原理、体系方面，如王学来译日本井上园了著的《哲学原理》（1903年日本闽学会印），师孔的《哲学纲领》（载《浙江潮》）等。这些译著的内容，包括哲学的定义、研究对象、基本原理和范畴、研究方法、哲学与其他科学的关系等。更多的是对西方哲学流派和哲学家的介绍，几乎涉及此前所有西方重要的哲学家和流派。1903年国民丛书社译日本东京文学士著的《哲学十大家》，介绍了苏格拉底、柏拉图、亚里士多德、培根、牛顿、孟德斯鸠、亚丹斯密、边沁、达尔文、斯宾塞等十位西方著名学者的生平、思想，其中大多数都是哲学家。1907年楞公编辑的《万国名儒学案》一书，其中第一篇为哲学，介绍了欧洲从古代至近世主要哲学流派和代表人物。

在20世纪初，中国人介绍西方哲学出力最多的当推梁启超。梁启超在他主持的《新民丛报》上发表了许多专题文章，介绍西方哲学家、思想家，包括亚里士多德、笛卡儿、培根、斯宾诺莎、霍布斯、达尔文、卢梭、孟德斯鸠，边沁、康德等的学说。他尤其推崇边沁和康德，称边沁为“乐利主义泰斗”，康德为“近世第一大哲”，集古今中外名家哲学之大成。对于德国另一位哲学大家黑格尔，当时也有人撰文介绍。1903年马君武撰《唯新（心）派巨子黑格尔学说》，1906年严复著《述黑格尔惟心论》。《万国名儒学案》也有介绍黑格尔的专门章节。而王国维对德国哲学家康德、叔本华、尼采的学说很感兴趣，尤其是对他们的美学，潜心进行研究。他说：“余之研究哲学，始于辛壬（1901~1902年）。癸卯（1903年）春始读汗德（康德）之《纯理批判》，苦其不了解，读几半而辍。嗣读叔本华之书，而大好之。自癸卯之夏以至甲辰（1904年）之冬，皆与叔本华之书伴侣之时代也。”[1]他先后撰写了《叔本华之哲学及其教育学院》、《叔本华与尼采》、《汁德像赞》等文，介绍西方哲学和美学思想。至于实验主义哲学，大约在1906年传入。是年，张东荪、蓝公武等在日本东京办《教育》杂志，创刊号上载有詹姆士的《心理学原理》，同时发表了一些介绍实验主义哲学的文章。不久，张东荪又发表了《真理论》，较系统地介绍了詹姆士的实验主义观点。

这里还需要提到与哲学关系密切的逻辑学。逻辑学的传播，在20世纪初曾风行一时。这与严复的推动分不开。1900年，严复离开天津水师学堂到上海，开“名学会”讲授逻辑学，并译西方逻辑学著作。他先后翻译出版了《穆勒名学》（上半部）和耶芳斯的《名学浅说》，影响很大。有人认为，“自严先生译此二书，论理学始风行国内，一方学校设为课程，一方学者用为治学

1　王国维：《静庵文集》自序，光绪三十一年铅印本。

方法”[1]。而王国维译耶芳斯的《逻辑的基础教程：演绎和归纳》，更书名为《辩学》，也于1908年公开出版。此外，当时还翻译了一些日本的逻辑学著作。据不完全统计，从1902年至1907年，约翻译出版了六部。这六部是：清野勉的《论理学达旨》，十时弥的《论理学纲要》，富山房的《论理学问答》，大西祝的《论理学》，高岛平三郎的《论理学教科书》和《论理学》。其中大多是教科书，侧重于介绍形式逻辑，而以十时弥的《论理学纲要》影响最大，多次重印，清末民初出版的中国人撰写的逻辑学，差不多都以此书为依据。

西学的传播也包括西方民权政治学说的传播。18世纪法国启蒙思想家卢梭的名字和思想，自19世纪60年代起，一些中文书籍中就有所涉及，不过只是片言只语，有的也不准确。1895年，严复在《论世变之亟》中宣传了“天赋人权”说。1898年，日本思想家中江笃介用中文译的《民约论》，由上海同文译书局出版，称为《民约通义》，内容为《民约论》的第一章。1900年底至1901年初，《译书汇编》连载了杨廷栋据日译本转译的《民约论》。1902年，杨廷栋全译了《民约论》，书名《路索民约论》，由上海文明书局印刷，开明书店、作新社等发行。法国另一启蒙思想家孟德斯鸠的《论法的精神》，也在20世纪初翻译出版。1901年秋，著名地学家张相文由日文本翻译《论法的精神》，1903年由上海文明书局刊行，称为《万法精理》。原著31章，该书只译了前20章。1909年，商务印书馆出版了严复据英文本翻译的《论法的精神》，取名《法意》。严译本共29卷，包括了孟德斯鸠原著的全部内容。英国约翰·穆勒的《论自由》，是19世纪资产阶级政治学说中的重要著作。此书最早的中译本是严复和马君武分别翻译的，严译本取名为《群己权界论》，1903年商务印书馆印行；马译

1　郭湛波：《近五十年中国思想史》，第246页，北平人文书店，1936年。

本名为《自由原理》，同年由译书汇编社出版。至于斯宾塞的《代议政治论》、伯伦知理的《国家论》等，都被译成中文刊行。

从晚清知识界对西学的认识、介绍和接受的情况来看，大致可分为两个阶段，即1840年至1894年为前期，主要是认识和介绍西学中的艺学；1895年至1911年为后期，由艺学进而认识和接受西学的政学，政艺兼学，不仅译介西方的自然科学和技术，而且大量译介西方的哲学社会政治学说。对于吸收西学的这种发展轨迹，跟当时日本的情况大致相同。19世纪上半叶，日本接受西方文化，开始主要是医学，进而军事、天文、地理、化学、物理等自然科学和应用技术，将“洋学”作为一种“技术”加以吸收。著名的洋学家佐久间象山即提出“东洋道德西洋艺”的主张，桥本左内也说了类似的话:“器械艺术取于彼，仁义忠孝存于我。”这种主张，与中国洋务派的“中学为体，西学为用”的态度是相同的。到了五六十年代，明治维新前，日本洋学蓬勃兴起，从吸收西方自然科学进而移植哲学社会科学，并用来解决政治问题。近代资本主义文明发生于欧洲，东方的封建国家落后了。它们还没有发展为资本主义社会时，就受到西方资本主义列强的侵略。西方的资本主义文化，伴随着侵略而来。对于东方国家来说，吸收外来文化所能认识和所能接受的程度，往往是从具体到抽象，从器到道，即从自然科学和应用技术到哲学社会科学。

或认为近代中国对西方文化的认识和接受，是从鸦片战争后至洋务运动时期的器物层面，进而从戊戌维新到辛亥革命的制度层面，再到五四新文化运动的思想层面。近代文化发展的三层面，一层比一层加深。梁启超提出过，陈独秀也曾经做了类似的归纳。他还认为辛亥革命之所以失败，原因在于没有思想变革，因此，思想伦理的解决才是“吾人最后的觉悟”。陈独秀的观点有其合理性，但也存在着片面性，不能完全以之为据。问题在于，不论辛亥革命这场政治运动，还是“五四”前夕的新文化运动，都起过伟大的历史作用，但也都没有解决中国的问题，即改变中国半殖民地半封建的社会地位和性质。此其一。其二，戊戌维新运动也罢，辛亥革命也罢，作为政治运动来说，都是要改变政治制度；但它们又都是思想文化运动，在批判封建思想文化、传播民权平等思想上做了大量工作，为“五四”新文化运动奠定了基础。思想文化的变革是政治运动的先导，没有思想文化的宣传，政治运动是难以开展和实现的。因此，把制度变革和思想文化变革截然分为两个阶段，并不妥当。

二　传播和吸收西学是为了救亡图存

西学虽然是伴随着西方的大炮而输入中国，但不能认为中国的传播和吸收只是被动的，是西方列强逼迫下不得不如此，而是一开始就存在着主动性，并且随着对西学认识的深化，这种主动性和自觉性愈来愈加强。这可以从传播西学主体的变化表现出来。

传播西学，一是翻译，二是著述。而翻译西方的论著，可更为直接地接触西学。就译书的情况而言，当时有人曾撰文谈到译书主体变化的情况：“前译书之人，教会也，朝廷也；前译书之目的，传教也，敷衍也。后译书之人，士夫也，学生也；后译书之目的，谋公利也，谋私利也。”[1]译书主体从“教会”、“朝廷”到“士夫”、“学生”，正是对这种变化的概括。我们还可以从译者的变化情况来加以具体说明，这种变化是，由外人翻译或中外合译为主变为以中国人自己翻译为主。在梁启超的《西学书目表》收录的鸦片战争后至1896年的西学译书341部中，外国人译的占139部，中外合译的123部，中国人译的38部，不著译者姓名的占41部。而顾燮光的《译书经眼录》收录1900年至1904年的西

1　张静庐编：《中国出版史料补编》，第62页，中华书局，1957年。

方和日文译书526部中，外国人译的只占35部，中外合译的33部，中国人译的415部，不著译者姓名的43部。从这些数字可以看出，大致在中日甲午战争前的前期译书中，出于外国人之手的最多，加上中外合译的，共占总数76%，而中国人自译的只占11%；而在战后的后期译书中，仅1900年至1904年五年间，由外国人独译和中外合译的仅占总数的11%，中国人自译的则占76%。前后的百分比正好颠倒，表明了传播西学的主体由以外国人为主变为以中国人为主。这一变化，也从一个侧面反映了掌握外国语言文字和科学知识的新的知识分子群的形成。这些译书的中国人，身份有留学生、教习、编辑、医生、科学工作者、革命家等。其中有不少是蜚声学界和社会的，如梁启超、严复、章太炎、蔡元培、马君武、王国维、张相文、丁福保、杜亚泉等人。应该说，西学的接受，是中国人根据时局的变化和社会的需要所作的一种努力。

值得注意的是，传播和吸收西学，包括翻译西方书籍在内，从一开始目的就很明确。这就是为了救国，为了中国的独立、民主和富强。魏源因鸦片战争的失败而编《海国图志》，目的在于让世人了解西方的情况，并得以学习它们的长处，所谓“师夷长技以制夷”。姚莹撰《康辎纪行》，也是为了“雪耻”。冯桂芬主张“采西学”、“制洋器”，目的在于自强御侮。他相信“中华之聪明智巧，必在诸夷之上”，“始则师而法之，继则比而齐之，终则驾而上之，自强之道实在乎是”。冯桂芬认为“夫而后可以复本有之强，夫而后可以雪从前之耻，夫而后完然为广运万里地球中第一大国”。严复更是大力鼓吹救亡之道在“大讲西学”，他说：“盖欲救中国之亡，则虽尧、舜、周、孔生今，舍班孟坚所谓通知外国事者，其道莫由。而欲通知外国事，则舍西学洋文不可，舍格致亦不可。”[1]他又说：“总之，驱夷之论，既为天之所废而不可行，则不容不通知外国

1　王栻主编：《严复集》第1册，第46页，中华书局，1986年。

事。欲通知外国事，自不容不以西学为要图。此理不明，丧心而已。救亡之道在此，自强之谋亦在此。”[1]民族危亡的感召，使新的知识分子自觉地把吸收西学与救亡图存、振兴中华的历史使命结合起来。辛亥革命时期，如前所述，报刊、书籍大量介绍西学，出现了一个新的高潮。一些刊物明确标明创办的宗旨，是“输入东西之学说，唤起国民之精神”[2]。在一篇题为《尚武说》的文章中也指出:“大家知道，我们不是十分爱他才学的，只是因拿着我们的老法子打不过他，故要拿着他的新法子打他。学他，不但是不足羞，只要能够打过他，真是一回大体面事。”[3]对于接受西学，孙中山说得很明确。他主张要“吸收世界之文化而光大之”，其目的是“以期与诸民族并驱于世界”。他还说:“革命的这种风潮，是欧美近来传进中国的。中国人感受这种风潮，都是爱国志士，有悲天悯人的心理，不忍亡国灭种，所以感受欧美的革命思想，要在中国来革命。”[4]孙中山的这段话，可以概括鸦片战争后的晚清吸收西学，变革社会，是为了“不忍亡国灭种”，是爱国志士“以天下为己任”而肩负起的历史使命，贯穿着鲜明的爱国主义精神。

正是基于这种爱国主义精神，一般说来，人们对西学的吸收是抱着分析、筛选的态度的。对于西方文化或其他外来文化的输入、吸收，不可避免地有一个要解决什么问题的问题。这就是说，输入西方文化需要有分析和筛选，不能好坏不辩，精粗不分，无选择地盲目输入。在历史上，中国人吸收西方文化是有着持冷静分析、筛选态度的优良传统的。明清之际的思想家方以智很注意吸收西学，所读西书约30种，200余卷。但他认为“万历年间，远西学入，详

1 王栻主编：《严复集》第1册，第49、50页，中华书局，1986年。

2 《湖北学生界开办章程》，《湖北学生界》，1903年1月第1期。

3 《第一晋话报》，1905年9月，第3期。

4 广东省社会科学院历史研究所编：《孙中山全集》第11卷，第266页，中华书局，1986年。

于质测，而拙于言通几。然智士推之，彼之质测犹未备也”[1]。显然，方以智对西学的态度是有分析的批判的接受。清初，著名数学家梅文鼎对耶稣会传教士带来的西学，也主张“深入西法之堂奥，而规其缺漏”，“技取其长，而理唯其是”。[2]鸦片战争后，西学大量输入，先进的中国人经过不断地反思、探索，感到中学存在着不足和弊病，西学有它的长处，应加以吸收。他们大都继承了明末清初方以智、梅文鼎等人对西学持分析、筛选的优良传统。例如严复、梁启超，他们反对传统文化的三纲五常，提倡民权、自由、平等。然而，他们都没有像西方有些人那样，把个人绝对化，鼓吹追求自我欲望的无限膨胀，而是将个人和群体、社会的利益结合起来，指出个人的自由不能离开群体的自由，不能侵害群体的自由，要有社会责任心、义务心、公德心，要有合群意识。他们对西学没有盲目地、不加分析地笼统接受，而是经过分析和筛选。

在对待西学或西方文化的问题上，孙中山的态度是有典型性的。为了“振兴中华”，为了使中国能“跟上世界的潮流”，孙中山反对闭关自守，明确指出“必须使我们的国家对欧洲文明采取开放态度”，“如果不学外国的长处，我们仍然退后”。但是，孙中山认为，学习外国必须保持民族的独立地位，从中国的国情出发。他说:“中国几千年以来社会上的民情风土习惯，和欧洲的大不相同。中国的社会既然是和欧美的不同，所以管理社会的政治自然也是和欧美不同，不能完全仿效欧美，照样去做，像仿效欧美机器一样。……我们能够照自己的社会情形，迎合世界潮流去做，社会才可以改良，国家才可以进步。”[3]从自己的国情出发去吸收他国的文化，这个基本原则无疑是正确的。也正是从这一基

1 方以智：《物理小识》自序，光绪十年宁静堂刻本。

2 梅文鼎：《晓庵新法》序。

3 广东省社会科学院历史研究所编：《孙中山全集》第9卷，第320页，中华书局，1986年。

本原则出发，孙中山对西学是经过了自己的独立思考，加以分析抉择，有所取舍的。如关于卢梭的民权学说，孙中山吸收了他的“主权在民”的思想，称赞他“提倡民权的意识，更是政治上千古的大功劳”。但是，对卢梭主张人权在于“天赋”的说法则不赞成，认为这种说法没有根据，推到进化历史上并没有这样的事实。他指出“民权不是天生出来的，是时势和潮流所造出来的”，并进而提出以“革命民权”来代替“天赋人权”。孙中山很称赞达尔文的进化论，认为是“时间上之大发明”，他甚至推崇达尔文的功劳，比世界上许多皇帝的功劳还要大些。孙中山的哲学思想，显然深受达尔文进化论的影响。但是，他对把“优胜劣败，弱肉强食”的生物进化论观点应用于社会则提出批评，认为“此种学说，在欧洲文明进化之初，固适于用，由今观之，殆是一种野蛮之学问”。这种学说已不能适用，“应主张社会道德，以有余补不足”，“相匡相助”。孙中山这一思想，是从克鲁泡特金的《互助论——进化的一个因素》吸收的。他承认“物种以竞争为原则，人类则以互助为原则”，实际上是融会两种学说，而以己意加以解释；虽然将人类社会仅仅归结为以互助为原则并不科学。

一个民族或国家对外来文化的吸收，总是从本民族、国家的现实需要出发，有所分析和选择的。不独晚清如此。18 世纪欧洲启蒙运动时，法国、德国的一些思想家如伏尔泰、孟德斯鸠、莱布尼茨、狄德罗等，都倾慕中国的文化。他们从启蒙运动的需要出发，以自己的理解，从中国文化、尤其是儒家思想中吸收了养分，成为他们所提倡的理性主义、人文主义的重要渊源之一。人们往往把日本划为“儒家文化圈”。日本是在本土文化的基础上融合了中国儒家思想等文化因素，但是，日本的儒教又不同于中国的儒家思想。基于不同的本土文化背景，日本在吸收融合儒家思想的过程中，对这些儒家思想做出了不同的解释和选择。

三　“中体西用”论和“西学中源”说

西学传入中国后，与中国固有的文化发生了接触。在西学和中学接触的过程中，既存在着矛盾和斗争，又是互相交汇融合。从历史的演变中来看，中西学是在反复矛盾的过程中不断地会通融合的。

在晚清西学传播的历程中，有两种说法值得提出来，一是“中体西用”说，一是“西学中源”说。这两种说法，到晚清终止一直流行。

“中体西用”说，可以说萌发于鸦片战争时期林则徐、魏源的“师夷长技”，明确于1861年冯桂芬撰《校邠庐抗议》所提出的“以中国之伦常名教为原本，辅以诸国富强之术”，流行于曾国藩、李鸿章、左宗棠、张之洞主持的洋务运动时期，而延续于清末的“新政”、“立宪”。其间，改良思想家、维新思想家也大都提倡此说。“中体西用”是希图以中学包融西学，这种以中国的“道”加西方的“器”，实际上不仅融合不起来，而且是矛盾的。

至于“西学中源”说，还在鸦片战争以前就出现，始于明清间耶稣会士来华时。其时，士大夫中即有人认为西学源于中国，康熙帝也有此说法。鸦片战争后，随着西学的传播，“西学中源”说又流行起来。在不同时期或不同的人中，“西学中源”说有不同的涵义。例如在鸦片战争时期，倡“西学中源”说者目的在于反对学习西方；而在洋务运动期间，主是说者则目的在于为采西学寻找依据。对有些人来说，认为西学渊源于中学，却是为会通中西学立论的。在他们看来，既然西学本源于中学，那么现在吸收过来与中学会通融合是顺理成章的了。

其实，中西学会通融合的思想，早在明清间就已经出现。著名学者和思想家徐光启曾说：“迩来星历诸臣颇有不安旧学，志求改正者。故万历四十年有修历译书、分曹治事之议。夫使分曹各治，事毕而止。大统既不能自异于前，西法又未能必为我用，亦犹二百年来分科推步而已。臣等愚心，以为欲求超胜，必须会通；会通之前，先须翻译。”[1]著名数学家梅文鼎也认为：“且夫数者所以合理也，历者所以顺天也。法有可采何论东西，理所当明何分新旧，在善学者知其所以异，又知其所以同，去中西之见，以平心观理，则弧三角之详明，郭图之简括，皆足以资探讨而启深思。务集众长以观其会通，毋拘名相而取其精粹。”[2]虽然徐光启、梅文鼎等人的主张会通只在天文历法和数学方面，但是这种不分中西新旧，“务集众长以观其会通，毋拘名相而取其精粹”的思想，不仅是正确的，而且是很可贵的，对于发展中国的科学技术有着积极的作用。可惜的是，由于后来清政府闭关自守，西学输入停顿，会通中西的思想也没有可能得到发展。

鸦片战争以后，在“中体西用”说盛行的洋务运动时期，由于主要是吸收西方的自然科学和应用技术，从而中西学会通问题也是从这里先提出来的。较早提出或实践中西学会通的，是数学、医学等领域。

原题《晚清西学约议》，刊于《近代史研究》1991年第2期。有删节。

1 王重明辑校：《徐光启集》卷八，第374页，上海古籍出版社，1984年。
2 梅文鼎：《堑堵测量》卷二，乾隆二十六年兼济堂刻本。

晚清中西文化交流述略

一

鸦片战争后，西方文化传入中国，并与中国传统文化发生了矛盾冲突。这首先是由于两种文化的形态不同、发展道路各异所造成的。中国近代文化与欧洲近代文化的发展道路有着很大的区别。欧洲的近代文化是在资本主义发生和发展的基础上兴起的。从 14 世纪意大利文艺复兴开始，15 世纪至 16 世纪进一步发展，17 世纪兴起科学运动，18 世纪法国开展了启蒙运动，之后德国又出现了以康德、黑格尔、费尔巴哈等为代表的古典哲学，欧洲的近代文化就是这样发展起来的。但是，中国近代文化的发生和发展则与此不同。鸦片战争以前，中国没有像欧洲那样的经济基础、政治力量，以及思想文化条件。中国是在逐步沦为半殖民地半封建社会的情况下，从西方移植来近代文化的。当西方文化传入时，支配中国文化的是儒学，是封建的伦理纲常，所谓君为臣纲、父为子纲、夫为妻纲的尊卑等级关系。这被认为如同“日月经天，江河行地”，是“万古不易”的。它同西方近代文化不是一个系统，一种类型。从已经凝固的文化心理、感情、观念出发，人们对西方文化是难以接受的。不敢面对已经变化了的社会现实，对西方文化既恐惧又排斥，这是一些顽固守旧的士大夫们的心态与抉择。他们强调传统的“夷夏之辨”，固守陈腐的封建文化，仍虚骄傲慢地“视四裔如魑魅”。他们反对学习西方，认为“师夷”是“失体孰甚”，只要依靠礼义忠信一类的儒学文化就足够了。如大学士倭仁所说的“立国之道，尚礼义不尚权谋；根本之图，在人心不在技艺”，鼓吹“以忠信为甲胄，礼义为干橹”。[1]他们一方面唯恐西方文化的输入会导致“用夷变夏”的后果，另一方面又一相情愿地梦想“用夏变夷”，利用中西通往和火轮舟车等近代交通工具的方便条件，将孔孟圣道输往西方各国，“大变其陋俗”，拯救西方人免于“沦为异类”。[2]

颇能反映士大夫对待西方近代文化的心态的，是在晚清流行的“西学中源”说。还在明清之际，欧洲耶稣会传教士来华传教时，“西学中源”说就已经出现了。鸦片战争后，随着西方文化在中国的传播，“西学中源”说又流行起来。林昌彝在《射鹰楼诗话》中说:“外夷奇器，其始皆出中华，久之中华失其传，而外夷袭之。”[3]撰有《海国四说》的梁廷枏也认为:“彼之大炮，始自明初，大率因中国地雷飞炮之旧而推广之。夹板舟亦郑和所图而予之者。即其算学所称东来之借根法，亦得自中国。”[4]可见，尽管是当时有见识的人，也仍然摆脱不了传统观念的束缚，“西学中源”仍然是他们看待西方文化的视角和心态。1894 年中日甲午战争后，“西学中源”说从西艺扩展到西政。戊戌维新运动的领袖康有为认为宪法、议院系创于中国，他说:“春秋改制，即立宪法，后王奉之，以至于今。……今各国所行，实得吾先圣之经义。”[5]“西学中源”说显然不是建立在科学分析的基础上，而是

1 《筹办夷务始末》同治朝，卷四七，民国十九年影印本。

2 李元度：《答友人论异教书》，《皇朝经世文续编》卷一，戊子仲夏图书集成局印，1888 年。

3 林昌彝：《射鹰楼诗话》，第 43 页，上海古籍出版社，1988 年。

4 梁廷枏：《夷氛闻记》，第 172 页，中华书局，1985 年。

5 康有为：《请定立宪开国会折》，《戊戌变法》第 2 册，第 236 页，神州国光社，1953 年。

一种牵强附会的主观臆断和比附。它否认人类文化是多元的，而从“天朝上国”的观念出发，表现出以我为中心的虚骄自大和自欺的心态。基于这种西学“实窃我中国古圣之绪余”的思想，有一些人是用它来作为可以吸收西学的依据，即所谓“礼失而求诸野”；而对另一些人来说，则是作为反对吸收西学的理由，认为既然西学是从中国所窃，那么也就没有学习西方的必要了。

在西方文化输入过程中，始终存在着影响和反影响、制约和反制约的矛盾和斗争，这也是导致晚清中西文化冲突的一个重要原因。晚清中西文化交流，不是在和平环境和平等关系中进行的，而是伴随着西方列强的大炮、商品和传教士而输入，是在中国沦为半殖民地的情况下输入的。这种文化输入或交流，实质上是西方列强对半殖民地、殖民地所实行的一种同化政策，就像英国在印度的“英吉利化”，法国在越南的“高卢化”。列强用西方文化来同化半殖民地、殖民地，以便于它们在这些国家和地区进行殖民统治，并使这些国家和地区成为它们赖以生存和发展的一部分。就是说，西方资产阶级要按照自己的面貌去改造世界，使东方从属于西方。列强对中国输入文化，并不是为了中国的独立、民主、富强，相反，是配合其军事、政治、经济侵略政策的。它们对中国输入西方文化，进行文化侵略，显然是主体，是主动的，而中国是被迫接受，是被动的。但这只是一方面，另一方面是，西方列强的侵略激起了中国人民不屈不挠的反抗斗争，并促使人们反复探索救国之路。晚清的社会现实，给中国人提出的课题是如何改变半殖民地半封建的社会地位，争取独立、民主、富强。这是时代的主题，是晚清中国文化的构建与抉择的出发点。正是为了挽救危亡，中国人开始主动学习西方文化，同时努力挖掘中国传统之精华，并对中西文化的弊端和糟粕进行反思、批判，以抵御西方的侵略。从这一方面说，中国输入西方文化，又并非完全被动而无选择的，而是具有主体性和主动性。

由此可以看出，晚清中国输入西方文化，具有二重性格。一方面是列强为了侵略中国的需要，对中国输入西方文化，企图按照自己的面貌改造中国，使中国殖民化，成为他们的从属部分。另一方面是中国人为了抵御侵略，拯救祖国，走上独立、民主、富强的道路，经历千辛万苦，向西方国家寻找真理，学习西方文化。这种输入西方文化的二重性格特点，跟西方资本主义国家独立、主动地吸收外来文化不一样，它是半殖民地国家特殊情况的表现。既然是二重性，就存在着又有联系又有矛盾和斗争。不论是被动输入还是主动输入，都是西方文化，就有相联系的一面。但是，二者的出发点不一样，前者是要使中国殖民化，必然要对后者施加影响和制约，将其纳入自己的轨道；而后者则是要救亡图存、振兴中华，无疑要反对西方殖民化“文明”的影响，摆脱其制约，维护自己的独立性和主动性。

二

在晚清中西文化的接触、交流过程中，既存在抵拒、排斥西方文化的一面，也存在学习、吸收的另一面。在吸收西方文化的过程中，大致可以1894年中日甲午战争为界，分为两个阶段。

鸦片战争发生后，以林则徐、魏源等为代表的有识之士面对现实，反躬自省，勇敢地承认了中国存在着落后与不足，并进而提出了“师夷长技”的主张，即效法西方的技艺。19世纪60年代，冯桂芬撰《校邠庐抗议》更明确地指出：中国“人无弃材不如夷，地无遗利不如夷，君民不隔不如夷，名实必符不如夷”。他不仅是看到“船坚炮利”一类的技艺，而且注重其学问，提出“制洋器、采西学”，认为“算学、重学、视学、光学等，皆得格物至理”，而算学是西学的基础，“一切西学，皆从算学出”。不过，冯桂芬所认识的西学，还只限于自然科学技术。正因为如此，他的“以中国伦常名教为原本，辅以诸国富强之术”，成为“中学为体，西学为用”的滥觞。

19世纪自60年代开始至90年代中期的洋务运动，历时30余年，人们对西学的认识基本上没有超越前20年的框架，被时人称为最通洋务的李鸿章认为：“泰西之学，格致为先，自昔已然，今尤为盛。”[1]洋务运动的主持者所注重的西学，在于格致、天文、算学。其实，在此期间，与洋务派关系密切的所谓早期维新思想家，对于西学的认识也不出此范围。郑观应在《盛世危言》中列有《西学》专篇，加以议论。他说：“泰西之学，分别条分，商政、兵法、造船、制器，以及农、渔、牧、矿诸务，实无一不精，而皆导源于汽学、光学、化学、电学。”[2]显然也是把西学归结为自然科学。

当时，在主张采西学的士大夫心目中，中国文化和西方文化有根本的差别，而这种差别从本源上就已存在，所谓“中国之洪荒，以圣人制度文物辟之；外国之洪荒，以火轮、舟车、机器、电报辟之”。这就是说，中国文化的本质是圣人之道，而西方文化的本质是器物技艺。薛福成把它归结为道与器，他说：“尝谓自有天地以来，所以弥纶于不敝者，道与器二者而已。……中国所尚者道为重，而西方所精者器为多。”因此，“欲求驭外之术，惟有力图自治，修明前圣制度，勿使有名无实；而于外人所长，亦勿设藩篱以自隘。斯乃道器兼备，不难合四海为一家。盖中国人民之众，物产之丰，才力聪明，礼义纲常之盛，甲于地球诸国，既为天地生灵所聚，则诸国之络绎所来会者，亦理之固然”[3]。这些言论，是薛福成在代李鸿章答彭孝廉的信中所说的。李鸿章阅后大加赞赏，评为“精凿不磨之作”。薛福成写此信时为光绪二年，

1 李鸿章：《西学启蒙十六种》序，上海图书集成印书局，1898年。

2 夏东元编：《郑观应集》上册，第274页，上海人民出版社，1982年。

3 薛福成：《庸盦全集文编》卷二，光绪二十三年上海醉六堂石印本。

越三年，即光绪五年，他撰《筹洋刍议》这部名著时，主张："取西人器数之学，以卫吾尧舜禹汤文武周孔之道，俾西人不敢蔑视中华。"这里所说，是要以西方的器来卫护中国的道。“中道西器”论与“中体西用”论实质上是一致的。

总之，这一时期文化领域的基本特征是：器唯求新，道唯守旧。尽管科学技术在冲击着传统文化，但并没有使之发生根本性的变化。吸取西方的科学技术是从保卫圣道出发，是从属于圣道的。当然，这并不是说这个时期仅仅吸取了西方的科学技术，没有受西方文化其他方面的影响，而是就其主导方面而言。

19世纪末 20 世纪初，也就是戊戌维新运动至辛亥革命时期，人们对西学的认识有了明显的变化。洋务派张之洞在《劝学篇》中即认为，西学不仅是算、绘、矿、医、声、光、化、电这些“西艺”，而且还有学校、地理、度支、赋税、武备、律例、劝工、通商这类“西政”，要“政艺兼学”。但是，张之洞还是鼓吹“中体西用”，主张讲西学“先以中学固其根柢”，“以孝悌忠信为德，以尊主庇民为政”。真正发生变化的，是维新志士和革命党人。例如严复，他在中日甲午战争后接连发表文章，强调要“大讲西学”。对于什么是“西学”，他认为："今之称西人者，曰彼善会计而已，又曰彼擅机巧而已。不知吾今兹之所见所闻，如汽机兵械之伦，皆其形下之粗迹，即所谓大算格致之最精，亦其能事之见端，而非命脉之所在。其命脉云何？苟扼要而谈，不外于学术则黜伪而崇真，于刑政则屈私以为公而已。"[1] 在严复看来，商政、兵法、造船、制器，乃至天算、格致，都不是西学的根本所在，西学的根本，在于“于学术则黜伪崇真，于刑政则屈私以为公”，也就是科学和民主。因此，随着人们对西学的认识的发展，西学传播的内容也扩大了，不仅是自然科学技术，哲学社会科学学说

1 严复：《论世变之亟》，《严复集》第 1 册，第 2 页，中华书局，1986 年。

的介绍也在增多。20世纪初，哲学社会科学学说的传播尤为显著。据1899年出版的《东西学书录》所收的书目，自然科学为437部，社会科学80部。而《译书经眼录》收录1900年至1904年的所译书目，其中自然科学164部，社会科学则为327部。

严格说来，中国近代新文化运动是在甲午战争后才开展起来的，在这之前只是它的准备阶段。这个文化运动，到1919年五四运动达到高潮，之所以说在甲午战争以后才有较完备的新文化运动的开展，不仅是由于它的活跃和繁荣，更重要的还因为有了质的变化。如前所述，甲午战争前虽然吸取了西方文化的某些成分，但是支配文化各个领域的还是传统的儒学。战后情况发生了变化，从维新人士到革命党人，都反对封建专制制度，主张君主立宪或民主共和；反对封建的纲常名教，提倡民权、自由、平等。进化论和民权、自由、平等思想逐渐成为文化各个领域的指导思想，而文化的各个领域也广泛宣传民权、自由、平等。事实上，在19世纪末以后，在知识界里有一部分人的思想主要方面已不是儒学世界观，更不是要用西方文化中的器去卫护中国的圣道，而是具有了民权、自由、平等的世界观，并以之与封建文化作斗争。这样，在中国大地上也就出现并逐渐形成一个新的知识分子群。正是这个新的知识分子群，在推进着新文化的发展。

三

西方文化在与中国文化接触过程中，既存在着矛盾，又存在着吸纳。中西文化是在矛盾和吸纳的反复中不断地会通融合的。任何一种文化如果置于封闭的环境中，不与其他文化接触、交流，仅仅自在自足、孤芳自赏，故步自封，其结局就必然是在一个封闭的系统里耗尽活力，逐渐萎缩、衰败。只有通过不同文化的交流，吸收人类一切优秀的文化才能富有活力，永葆青春。中西文化的会通融合贯穿在整个晚清，1894 年中日甲午战争后就更加明显了。

其实，中西学会通融合的思想，早在明清之际就已出现。著名学者徐光启、方以智、梅文鼎等在接触西方自然科学技术后，即主张中西会通。徐光启曾说："迩来星历诸臣颇有不安旧学而志求改正者，故万历四十年有修历译书分曹治事之议。夫使分曹各治，事毕而止，大统既不能自异于前，西法又未能必为我用，亦犹二百年来分科推步而已。臣等愚心以为欲求超胜，必须会通，会通之行，先须翻译。"[1]著名数学家梅文鼎也认为："法有可采，何论东西；理所当明，何分新旧，在善学者知其所以异，又知其所以同。去中西之见，以平心观理。……务集众长以观其会通，毋拘名相而取其精粹。"[2]这种不分中西新旧，"务集众长以观其会通，毋拘名相而取其精粹"的思想，是正确和可贵的，对于发展中国的科学技术有着积极的作用。可惜的是，由于后来西学输入的停顿，会通中西的思想也没有得到发展。

鸦片战争以后，西学又逐渐传播开来，在数学、医学等领域，人们较早提出或实践中西会通的思想。李善兰在任同文馆总教习时，以元朝李冶的《测圆海镜》为教材，并撰《测圆海镜解》，于其中的原题，"以代数演之，则合中西为一法"[3]。这就把中国古代传统数学的"天元术"，纳入到当时世界通行的代数学轨道中。李善兰曾与伟烈亚力合作翻译西方数学著作，在接受了自己翻译的西方数学后，他的数学著作大都是会通中西学术思想的研究成果。丁韪良在《算学课艺序》中曾评论说："合中西之各术，绍古圣之心传，使数学复兴于世者，非壬叔吾谁与归？"

在医学方面，最早提出中西医学会通的是李鸿章。他在为

1 《徐文定公集》卷四，宣统元年上海慈母堂印本。
2 梅文鼎：《堑堵测量》卷二，乾隆二十六年兼济堂刻本。
3 李善兰：《测圆海镜细草》序。

《万国药方》撰的序中说："倘学者合中西之说而会其通，以造于至精极微之境，与医学岂曰小补！"其后，著名中医唐宗海、朱沛文等人提出了会通中西医学的思想，在中医界产生了很大影响。他们反对歧视西医，认为中西医学各有短长，应该会通融合。这些医学家不仅有此主张，而且进行了实际探索。如唐宗海所著的《中西会通医经精义》（1892 年刊行），以西方脏腑图说证之于《内经》；朱沛文撰写的《华洋脏象约纂》（1892 年刊行），以脏腑体用原委证之于中西群籍，对当时西方解剖生理记述甚详，对历代中国医家有关论述也文征博引。

中日甲午战争以后，随着西学传播从艺学到政学的发展，中西学会通也成为具有更普遍的意义而被提了出来。戊戌维新运动时期，康有为就认为应当“泯中西之界限，化新旧之门户”[1]。严复则指出："必将阔视远想，统新故而视其通，苞中外而视其全，而后得之。"[2]辛亥革命时期，鲁迅在《文化偏至论》一文中认为，新文化应是“外之即不后于世界之思潮，内之弗失固有之血脉，取今复古，别立新宗”[3]。孙中山在概括自己的学说时指出："发扬吾固有之文化，且吸收世界之文化而光大之，以期与诸民族并趋于世界。"[4]可以看出，甲午战争以后，中西学会通已不是局限在自然科学的某一具体学科，而是从自然科学领域发展到哲学社会科学领域，以建立中国的新学或新文化为其出发点。

在 19 世纪末 20 世纪初之间，会通中西的一个明显特点，是力图融会中西学以建立自己的思想理论体系。“援西入儒”的康有为以孔子儒学——“仁”“元”为其理论体系的基点，同时又吸收了西方的民主、平等、博爱的社会政治学说，以及近代自然科

1 汤志钧编：《康有为政论集》上册，第 295 页，中华书局，1981 年。
2 王栻主编：《严复集》第 3 册，第 560 页，中华书局，1986 年。
3 《河南》，1908 年第 7 期。
4 孙中山：《中国革命史》，《孙中山全集》第 7 卷，第 60 页，中华书局，1981 年。

学如天文学、天体力学、地质古生物学等。他的“大同”乌托邦思想，也融会了西方的空想社会主义。正是在会通融合中西学的基础上，康有为建构了以“元—仁为本”的理论体系和“大同”乌托邦学说。谭嗣同所建立的“仁学”理论体系，也是会通融合了中西学。他借用了当时物理学的名词“以太”，把它作为构成世界万物的始基。而“其显于用也，孔谓之‘仁’，谓之‘元’，谓之‘性’；墨谓之‘兼爱’；佛谓之‘性海’，谓之‘慈悲’；耶谓之‘灵魂’，谓之‘爱人如己’、‘视敌如友’；格致谓之‘爱力’、‘吸力’；咸是物也”[1]。谭嗣同和康有为都是“援西入儒”，构成“不中不西，亦中亦西”的以儒学为主、中西杂糅的思想体系。

20世纪初民主革命兴起，民权平等学说日益传播。孙中山在建立他的“三民主义”思想体系过程中，既吸收了西方文化中的民权、平等思想和共和国方案，也从中国传统文化中继承了“民贵君轻”、“民胸物与”，明末清初顾、黄、王的民族思想，“原君”的民主精神，以及大同社会的理想等。当然，孙中山会通中西比康有为、谭嗣同等已有所发展。康有为等存在着明显的以西学附会中学的缺陷，而孙中山则是有着系统的西方社会政治思想，在此基础上来吸收中学，力图“集合中外的精华，防止一切的流弊”。

在民权平等学说的传播中，卢梭的《民约论》产生了很大的影响，同时也遭到了顽固守旧者的反对，“且以邪说目之，若以为吾国圣贤从未有倡期义者”。为了驳斥守旧势力的攻击。传播“民约”思想，刘师培于1903年与林獬编撰了《中国民约精义》一书，1904年刊行。该书辑录中国“前圣曩哲”的书籍中“言民约者”，起自《易》、《书》、《诗》，迄于鸦片战争前后魏源、龚自珍、戴望的著述，凡三卷五万多字。所及范围较广，但主要是

1　蔡尚思等编：《谭嗣同全集》下册，第293~294页，中华书局，1981年。

儒学各派的著述。刘师培等在各篇之后加了按语，以卢梭《民约论》的相关论点为印证，加以阐释，评论其得失。如《易》“革卦”说“汤武革命，顺乎天而应乎人”，与《民约论》所说的“君主背民约之者，则君民之义已绝”，“人君之阻力，人民当合群以去之”契合，“所谓革命者，非汤武一人之私谋，乃全国人民之合意”。这就将一般的反暴君暴政，诠解为人民反对君权专制，鼓动推翻清王朝的革命。刘师培一般都是摘取一个作者或一部书的某些观点加以印证，如对王阳明的心学，选择的是“良知”说。他把“良知”说和“天赋人权”相比附，认为“阳明著书虽未发明民权之意，然而即良知之说推之，可得自由平等之精理”，“良知即自由权”[1]。刘师培的这种推导虽不免于附会，但却起到了反对封建等级制度和传播资产阶级自由平等思想的积极作用。

会通中西是一个长期探索和不断深化的发展历程，实际上也是对中西文化进行分析、筛选、整合的过程，是新文化建设和发展的过程。孙宝瑄在《忘山庐日记》中写过一段颇耐人寻味的话：“居今世而言学问，无所谓中学也、西学也、新学也、旧学也、今学也、古学也，皆偏于一者也。惟能贯古今，化新旧，浑然于中西，是谓之通学。通则无不通矣。……号之曰新，斯有旧矣。新实非新，旧亦非旧。惟其是耳，非者去之。惟其实耳，虚者去之。惟其益耳，损者去之。是地球之公理通矣，而何有中西，何有古今？”[2]这段话的中心是一个“通”字，把中西、新旧、古今之学融会贯通，而会通的过程也就是分析、选择的过程，取其是、实、益，去其非、虚、损，即取其精华，弃其糟粕。

在晚清中西文化交流过程中，并不是所有人都能予以正确对待的，其间也曾出现过偏颇的、错误的思想主张。守旧势力认为，

1 刘师培：《中国民约精义》，《刘申叔先生遗书》第16册，1936年宁武南氏铅印本。
2 孙宝瑄：《忘山庐日记》上册，第80页，上海古籍出版社，1983年。

“我欲强我国，行我古代圣王之法而有余，不必外求，或但取其艺学”。而开新者则主张，“欲造新中国，必将中国一切旧学扫而空之，尽取泰西之学，一一施于吾国”。应该说，二者对待中国固有文化和西方文化都不是正确的态度。当时就有人加以批评，认为不论对中国固有文化和西方文化，都不应该一概接受或一概排斥，而要加以具体分析：“夫我国之学可遵守和保持者固多，然不合于世界大势之所趋者亦不少，故对于外来之学不可不罗致之。他国之学固优于吾国，然一国有一国之风俗习惯，夏裘而冬葛，北辙而南辕，不亦为识者所齿冷乎！然则对于我国固有之学，不可一概菲薄，当思有以发明而光辉之。对于外国输入之学，不可一概拒绝，当思开户以欢迎之。”总的原则应该是：“吸食与保存两主义并行”，“拾其精华，弃其糟粕”，而“于西学庶免食而不化之讥，于中学冀呈晦变明之象”。[1]显然，这是要“取东西而熔为一治”，以建设近代新文化。

晚清中西文化的交流是一客观的历史现象，有着其内在的规律，而人们对这一规律的主观认识和把握，则是经过了一个逐渐深化的发展过程，并留给后人以诸多的经验和教训。在即将告别20世纪的时候，对这段历史作一回顾和思考，将有助于我们以更加开放，同时又是更具理性的心态，去面对新世纪的挑战。

原刊于《炎黄文化研究》第5辑，大象出版社，2007年3月。

1 师薑：《学术沿革之概论》，《醒狮》，1905年第1期。

乾隆年间的反正统文化

一　乾隆年间的文化政策和泥古、执古的主流文化

18世纪的欧洲，继意大利的文艺复兴之后，在法国出现了一场广泛而深刻的资产阶级启蒙运动。伏尔泰作为这场运动的倡导者和领袖第一个登上历史舞台。“三权分立”的资产阶级政治学说，“社会契约论”和“人民主权论”的共和民主思想，自然神论和无神论的唯物主义哲学……百家争鸣，群星璀璨。启蒙运动者为反对封建专制制度和教会反动势力而顽强奋斗，把资产阶级思想发展到顶点。哲学革命做了政治变革的先导。1789 年爆发了法国大革命。

在亚洲的中国，时值清朝“康乾盛世”。但是，在“盛世”的内里却是严酷的封建专制统治。中国不像西欧，没有发生意大利式的文艺复兴，也没有掀起类似法国的思想启蒙运动。清朝统治者推行文化专制政策，控制思想。最突出的是兴文字狱和禁毁书籍。文字狱在顺治时已经出现，康熙、雍正间有增无已，至乾隆达到高峰。据统计，乾隆一朝兴文字狱达 74 次，罗织罪名，惨祸烈毒。龚自珍在《咏史》诗中说：“避席畏闻文字狱，著书都为稻粱谋。”既是嘲世，又是辛酸的伤叹。文字狱不单是“坑儒”，同时也“焚书”。清代禁毁书籍，乾隆时尤甚。孙殿起辑的《清代禁

书知见录·自序》说:“在于销毁之列者,将近三千余种、六七万部以上,种数几与四库现收书相埒。”清统治者禁毁书籍不是始于修《四库全书》,但修《四库全书》与禁毁书籍却是密切联系在一起的。四库全书馆不仅是书籍编纂机构,实际上也是检查、销毁、篡改的机构。尽管修《四库全书》对集中、保存大批珍贵图书在文化上有意义,然而销毁如此之多的古代典籍无疑是中国文化的一次大浩劫。鲁迅曾深刻指出:“单看雍正乾隆两朝的对于中国人著作的手段,就足够令人惊心动魄。全毁,抽毁,剜去之类也且不说,最阴险的是删改了古书的内容。乾隆朝的纂修《四库全书》,是许多人颂为一代之盛业的,但他们却不但捣乱了古书的格式,还修改了古人的文章;不但藏之内廷,还颁之文风颇盛之处,使天下士子阅读,永不会觉得我们中国的作者里面,也曾经有过很有些骨气的人。”[1]

封建统治者的文化专制政策,是统一思想,钳制言论。除采取高压手段外,同时以朱熹理学为官方正学,以“正人心,厚风俗”。而乾隆间考据学兴盛,与理学同为统治者所热衷扶植。理学以性理解经,考据以训诂名物注经,实际都是经学正统。考据之风形成于四库馆开,有人称四库馆为“汉学大本营”,此中情况颇耐人寻味。四库馆对于书承担着检查、禁毁、删削的任务,对于人则因考据学风而锢蔽思想。“家家许郑,人人贾马”,泥古复古蔚为风气,几乎整个学术领域都被纳入考据的轨道。虽然考据学对古代典籍的整理研究做出了较大贡献,但它导致人们避世、繁琐所造成的不良风气和后果不能低估。有人慨叹使“聪明魁异之士多锢于斯矣。呜呼!此天下所以罕人才也”。考据学风的盛行,是文化专制政策下的畸形产物。从中国文化发展的历史来看,它是自明中叶至清初思想文化领域活跃、有生气、有创造性的局面

1 《鲁迅全集》第6卷,第143页,人民文学出版社,1981年。

的逆转。这种僵化、无生气的学风，和当时法国波澜壮阔的思想启蒙运动，形成了鲜明的对比。

乾隆间，泥古、僵化的学风在文学艺术领域也反映出来。文学脱离现实，拟古的形式主义更为严重，毫无生气。诗文是文学传统结构中的主体。即以诗为例，在乾隆间诗坛有大影响的是格调说。格调说为沈德潜所提倡，主张诗要归于“温柔敦厚”，“怨而不怒”，要宗汉魏、宗盛唐。这种拟古论调，是和当时文化复古思潮的总体分不开的。另一个对诗坛有影响的人物翁方纲，主肌理说。他认为“为学要以考证为准，为诗必以肌理为准”，“考订训诂之事与词章之事未可判为二途”。他事实上是将经史考据的学问入诗，表现了考据学风盛行对诗坛的影响。艺术方面，如绘画，清初王时敏、王鉴、王翚、王原祁并称“四王”的正统派统治画坛，至乾隆间仍很有影响。“四王”对绘画鼓吹临摹古人的拟古思想，强调“日夕临摹”，“宛然古人”，做到与“古人同鼻孔出气”，“摹古逼真便是佳”。尽管他们对传统技法深有研究，也有所贡献，但其作品泥古僵化，缺乏生气。在戏曲舞台上，昆剧虽还占居主流地位，却因脱离生活现实，缺乏时代感和创新精神。

文化领域的泥古复古，死气沉沉，毫无生气，缺乏创造，是和“万马齐喑”的病态时代相一致的。鲁迅的描述既深刻又生动，他说:“这不能说话的毛病，在明朝是还没有这样厉害的；他们还比较地能够说些要说的话。待到满洲人以异族侵入中国，讲历史的，尤其是讲宋末的事情的人被杀害了，讲时事的自然也被杀害了。所以，到乾隆年间，人民大家便不敢用文章来说话了。所谓读书人，便只好躲起来读经，校刊古书，做些古时的文章，和当时毫无关系的文章。有些新意，也还是不行的。”[1]

1 《鲁迅全集》第 4 卷，第 12 页，人民文学出版社，1981 年。

二　反正统的思想文化

文化环境制约着人，但文化却是人创造的。由于社会的人存在着复杂性（如民族、阶级、阶层以至地位、身份等等的差别），表现在文化上就不可能是单纯的。乾隆间，脱离现实、泥古、僵化、平庸的正统文化居于统治地位，这只是一方面情况，并不是全部。值得注意的是，当时文化的领域还有非正统以至反正统的一面。

反对泥古是反正统的一个重要表现。针对当时统治着文化领域的师古、泥古的朝流，一些有见识的人士提出了异议和批评。章学诚认为"古今时异势殊"，"反复变更"，"三王不袭礼，五帝不沿乐"，因此要"知时"、"从时"，不能"拘于泥古"，不能"执古以概今"，"强今以服古"。他不仅批评考据学家的好古泥古，也反对文学的摹古因袭，指出"三代不摩唐虞之文，两汉不摩三代之语"，"文有一时体式，今古各不相袭"。[1]以郑板桥为代表的"扬州八怪"也反对摹古、泥古，主张"师其意，不在迹象间"，"学一半，撇一半"，"各有灵苗各自探"，也就是要根据自己的艺术道路来创造。这种反对泥古的思想，在诗人袁枚的言论中同样表现出来。袁枚和章学诚一样，都是以历史变化的观点来看待文学的。他说："夫诗宁有定格哉！国风之格不同乎雅颂，皋禹之歌不同于三百篇，汉魏六朝之诗不同乎三唐，谈格者将奚从？"[2]显然，诗无定格，随着时代不同而变化，当然不能盲目地去宗汉魏尊唐宋，而应是"不依古法但横行"。这是对统治诗坛的泥古的格调说的尖锐批评。反对泥古，贯串着"变"和"新"的思想，正如赵翼的名诗所说的："李杜诗篇万口传，至今已觉不新鲜。江山代有才人出，各领风骚数百年。"

1　《章氏遗书·外编》卷一，上海商务印书馆排印本，1936年。

2　袁枚：《随园诗话》卷一，乾隆五十七年随园刻本。

其次是反对经学的独尊。经学不论宋学、汉学，在乾隆间都是正统，诸子学没有地位，至嘉庆朝所颁上谕仍然认为："经学为学问根柢，自应悉心研讨。至诸子百家，不过供文人涉猎，已属艺余。"反经学正统、复兴诸子学的当推汪中。汪中除治《荀子》外，最受人攻击的是治《墨子》。他在《墨子序》中大胆肯定了墨子学说多救世之术，与荀子的学说"其意相反相成"。尤其是他将墨与儒并称"显学"，更是骇世之论。他说："世莫不以其诬孔子为墨子罪，虽然自儒者言之，孔子之尊，固生民以来所未有矣；自墨者言之，则孔子鲁之大夫也，而墨子宋之大夫也，其位相埒，其年又相近，其操术不同，而立言务以求胜，此在诸子百家，莫不如是。是故墨子之诬孔子，犹老子之绌儒学也，归于不相为谋而已矣。……其在九流之中，惟儒足与之相抗，自余诸子，皆非其比。"[1]在孔子为至圣先师、儒学为正学的时代，汪中公然把墨子、墨学提到与孔子、儒学并立的地位，这种反正统的异端思想，不能不遭到正统派的攻击陷害。翁方纲就攻击汪中"公然为《墨子》撰序，自言能治《墨子》，且敢言孟子之言兼爱无父为诬墨子，此则又名教之罪人"，主张"褫其生员衣顶"。[2]

汪中以"子"来对抗经学的正统地位，而章学诚则以"史"来贬低经学的权威。章学诚在《文史通义》中提出"六经皆史"、"六经皆器"、"六经皆先王之政典"的论断，有趣的是以诗人著称的袁枚也持类似之论。"六经皆史"说明显地不是将"六经"作为神圣的经典看待，而是承认它是"先王之政典"，是研究当时社会政治制度的史籍。如果联系"六经皆器"说，当更能明了"六经皆史"说的意义。章学诚批驳儒家将"六经"说成是"载道之书"，"而不知六经皆器也"。"夫天下岂有离器言道、离形存影者哉？彼舍天下事物人伦日用，而守六籍以言道，则固不可与

1 汪中：《述学》内篇三，同治八年扬州书局刻本。

2 翁方纲：《复初斋文集》卷一五，光绪三年刻本。

言夫道矣。”[1]认为“六经”是器，是政教典章、人伦日用的著述，道即存于器而无别出，并不是如儒家所说的是载圣道的经典，这种提法显然是背离了正统的。

反正统的思想从总体来说虽然是微弱的，没有形成一股强大的潮流，但它对正统的冲击和产生的影响却不能低估。戏剧领域的要求打破正统，也许表现得更为明显。被封建统治者称为“雅部”的昆曲走向衰落，而被鄙为“花部”的乱弹在兴起。“花部”与“雅部”的竞争，正是反正统斗争的组成部分，也是透露出文化思想、心理和风尚在发生变化的消息。在经学研究上卓有成就，有“通儒”之称的焦循，同时又是戏剧理论家，著《剧说》和《花部农谭》，颇耐人寻味。在《花部农谭》中，焦循认为昆曲“多无足观”，已不受群众欢迎，乱弹“其音慷慨，血气为之动荡”，为群众所喜爱。他极力称赞和提倡乱弹，冲击了戏剧界的正统保守思想。

三　性灵说：反正统思想的核心

反正统思想也提出了种种正面论断，而其核心当为性灵说。

性灵说不单是在文学艺术领域得到提倡，在学术方面也有反映。经学是当时居于统治地位的正学，泥古而凝固。考据学家一切以汉儒为断，“其同一汉儒也，则以许叔重、郑康成为断，据其一说，以废众说”，所谓“宁道孔颜误，讳言服郑非”。[2]焦循对这种泥古独尊的考据学风很不满意，针锋相对地提出了“无性灵不可以言经学”的主张，鼓吹治经要“以己之性灵，合诸古圣之性灵，并贯通于千百家著书立言者之性灵”[3]。以性灵言经，也就是要冲破泥古独尊的考据学风的束缚，尊重个性的发扬，重视

1　章学诚：《文史通义》内篇二，第51页，上海古籍出版社，1993年。

2　焦循：《论语通释·释据》，光绪五年木犀斋刻本。

3　焦循：《雕菰楼集》卷一三，1912年苏州文学山房大活字本。

思想性和创造性，即所谓“天下之知觉自我始”。

在文学领域，尤其是诗歌方面，性灵说很有影响。袁枚反对拟古泥古的格调说和以学问为诗的肌理说，主张写诗要抒发性灵。认为“从三百篇至今日，诗之传者，都是性灵，不关堆垛”[1]。他所说的性灵，其实也就是性情，“诗者由情而生者也，有必不可解之情，而后有必不可朽之诗”[2]；“诗难其真也，有性情而后真”[3]。诗要抒发性灵或性情，要有真性情，即“不失其赤子之心”。所以他强调“作诗不可以无我”，也就是要有个性的创造，这和焦循的主张是相同的。文学与经学互为呼应，显示出文化的时代特点。

当时一些不受正统束缚、追求创新的文人学者，都很重视真性情，或者说真气、真意、真趣。“扬州八怪”的绘画就很强调“一寓己意”，“笔情纵逸”，“自得天趣”。郑板桥一首题为《偶然作》的诗，有“英雄何必读书史，直摅血性为文章；不仙不佛不贤圣，笔墨之外有主张”四句，很能说明不受前人束缚，自辟蹊径的自我创造精神。

抒发性灵，表现真性情，在这期间的两部著名小说《儒林外史》和《红楼梦》有鲜明的反映。《儒林外史》尖锐地抨击科举制度，其所指实为揭露压抑个性、扭曲性情的残酷性。《儒林外史》塑造的正面理想人物并不成功，远不如《红楼梦》。《红楼梦》构筑了大观园这样一个理想世界，描绘了生活在这个世界里一群有真性情、干净无邪的年轻男女。尽管他们都以悲剧结局，但在对真性情的执著追求，要求解脱封建礼教的束缚方面，是有积极意义的。这部被誉为中国古典长篇小说最高峰的作品，所写的是对情和理的矛盾冲突，是对情被理扼杀的控诉。这是当时的文化思潮在小说创作上的反映。戴震在《孟子字义疏证》中曾说：

1 袁枚：《随园诗话》卷五，乾隆五十七年随园刻本。

2 袁枚：《小仓山房文集》卷三〇，乾隆五十五年随园刻本。

3 袁枚：《随园诗话》卷七。

“尊者以理责卑，长者以理责幼，贵者以理责贱，虽失，谓之顺。卑者、幼者、贱者以理争之，虽得，谓之逆。于是下之人不能以天下之同情、天下所同欲达于上。上以理责其下，而在下之罪，人人不胜指数。人死于法，犹有怜之者；死于理，其谁怜之！”他严厉谴责“以理杀人”，认为理存于情、欲之中，“理也者，情之不爽失也；未有情不得而理得者也”。以情反理，这是明中叶以后文化领域提出的一个尖锐的问题，表现了反对封建纲常名教、要求发展个性的进步潮流。

综观乾隆间文化的主体，在封建统治者文化专制政策的压制下，不可能出现百家争鸣的繁荣局面，而是缺乏生气和活力，充满着复古主义和形式主义。“康乾盛世”并不意味着必然伴随着文化的繁荣。从中国封建社会发展的历史过程来考察，文化的繁荣往往不是出现在王朝的盛世，相反倒是出现在衰世。这是因为王朝稳固，文化控制也严密，无声的社会只能产生类似《四库全书》和考据学（这里不存在否定它们本身的贡献）这种无声的文化；而在王朝走向衰落时，文化控制也相对松弛，思想比较自由、活跃，流派风格，争鸣齐放。

文化不是一个单一体，有居于主导地位的，也有非主导的，或者民间的。乾隆间出现的反正统的文化思想，虽不居主导地位，但是有进步意义。明中叶至清初的进步文化思潮，在乾隆间并没有中断，只是在文化专制主义的压制下由明显的繁荣变为潜隐的细流。乾隆间反正统的进步文化，正是继续了明中叶至清初的传统的。而这批文化人主要是生长、活动在南方，也表现出区域文化传统的继承性。这股细流却是“石破天惊”，它在呼唤着道光间文化转折的到来。到了中日甲午战争以后，又出现一个新的文化的繁荣。

原题《乾隆年间文化断想》，刊于《北京社会科学》1986 年第 4 期。文字略有不同。

清嘉道间汉宋学关系小议

乾嘉间，“汉学昌明，遍于寰宇”。宋学则趋于衰落，被贬抑。汉宋门户之见颇深，治汉学者与治宋学者互相诋讥，积不相能。嘉庆二十三年江藩刊《国朝汉学师承记》（后又刊《国朝宋学渊源记》），为清汉学家树正统。道光间方东树撰《汉学商兑》，予以驳斥，言辞尖刻，极尽讥讽之能事，于是有所谓“汉宋之争”。而若戴震、阮元辈，后世研究者称之为“反理学思想家”。嘉道间汉宋学关系究竟如何，似有可议之处。

第一，戴震曾说“天下有义理之源，有考核之源，有文章之源”，而“义理即考核、文章二者之源”。姚鼐则谓：“天下学问之事，有义理、文章、考证，三者之分，异趋而同为不可废。”[1]就此而言，汉学大师戴震与崇宋学的桐城文派大师姚鼐并无根本不同。虽然如此，汉学家与宋学家毕竟有异，汉学家重训诂，所谓“训诂明则义理明”，如戴震言“圣人之道在六经”，欲明其道，须是“由字以通其辞，由辞以通其道”。而宋学家则言义理，认为训诂明义理未必明，不应以训诂而遗义理。

第二，汉宋学家虽互相排斥，“为训诂之学者薄宋儒为空疏，为性理之学者薄汉儒为支离”，但也不能看得过于严重，不能绝对化。宋学衰落，汉学家多诟病其空疏，然而程朱理学毕竟是清政

---

1 姚鼐：《复秦小岘书》，《惜抱轩全集》，第 80 页，中国书店，1991 年。

府的官方哲学，他们因科举等缘故，与宋学不可能隔断关系。江藩《国朝宋学渊源记》云:“然本朝为汉学者，始于元和惠氏，红豆山房半农人（惠士奇）手书楹帖云‘六经尊服、郑，百行法程、朱’，不以为非，且以为法，为汉学者背其师承何哉!”[1]江藩之肯定以程朱为法，且作《国朝宋学渊源记》，乃因宋儒读汉儒“义疏之书，始能阐性命之理”，汉学家扬汉抑宋的立场明显。阮元《拟国史儒林传序》说:“是故两汉名教得儒经之功，宋、明讲学得师道之益，皆于周、孔之道得其分合，未可偏讥而互诮也。我朝列圣，道德纯备，包涵前古，崇宋学之性道，而以汉儒经义实之，圣学所指，海内向风。”[2]阮元甚而有为朱子辩解之辞，批评“王阳明诬朱子以晚年定论之说”。崇宋学者也不是完全拒绝考据，如前述姚鼐即主义理、考据、辞章。姚氏不满汉学家之“以专宗汉学为至，以攻驳程、朱为能”，甚至认为诋讪程朱者，如“毛大可、李刚主、程绵庄、戴东原率皆身灭嗣绝”，这已是人身攻击，但他也承认“汉人之为言，非无有善于宋而当从者也”，“博闻强识，以助宋君子之所遗”。姚鼐虽不满于程廷祚之非议程、朱，但也为其文集作序，称“绵庄之立言，可谓好学深思，博闻强识者”，以为“绵庄书中所论《周礼》为东周人书，及解六宗、辨古文尚书之伪，皆与鄙说不谋而合”。[3]夏炘崇尚宋学，以景紫名其堂，所著《述朱质疑》，纠陈建《学蔀通辩》谓朱子溺于释老在四十岁以前之误，经考核“断为二十四岁以前不废二氏，然亦格致之一助，并非溺志于虚无”；而《檀弓辨诬》，曾国藩誉之“发千古之覆，成一家之言，足与阎氏《尚书疏证》同为不刊之典”，其为学兼综汉宋，“由汉学之专勤，探宋儒之精粹”。

---

1 江藩：《国朝宋学渊源记》，《国朝汉学师承记》附录，第154页，中华书局，1983年。

2 阮元：《研经室集》上册，第37页，中华书局，1993年。

3 姚鼐：《程绵庄文集序》，《惜抱轩全集》，第206、207页，中国书店，1991年。

第三，阮元于《拟国史儒林传序》云："圣人之道，譬若宫墙，文字训诂，其门径也。门径苟误，跬步皆歧，安能升堂入室乎。学人求道太高，卑视章句，譬犹天际之翔，出于丰屋之上，高则高矣，户奥之间未实窥也。或者但求名物，不论圣道，又若终年寝馈于门庑之间，无复知有堂室矣。"[1]阮元既批评一些宋学家不从文字训诂入手，高谈圣道，实未能升堂入室；也批评一些汉学家"但求名物，不论圣道"，则不知堂室与否。不少汉学家于文字训诂很有成就，但仅止步于此，不及义理，这正是为宋学家所诟病者。即使汉学大家凌廷堪于其时汉学之弊病也不满意，指出："固陵毛氏出，则大反濂、洛、关、闽之局，掊击诋诃，不遗余力，而矫枉过正，武断尚多，未能尽合古训。元和惠氏、休宁戴氏继之，谐声诂字必求旧音，援传释经必寻古义，盖彬彬乎有两汉之风焉。浮慕之者，袭其名而忘其实，得其似而遗其真。……不明千古学术之源流，而但以讥弹宋儒为能事，所谓天下不见学术之异，其弊将有不可胜言者。"[2]汉学末流，支离琐碎，不能不引发变化，一是常州公羊今文学的兴起，一是戴震、阮元、焦循、凌廷堪等由训诂而明义理。当乾隆间汉学如日中天之际，纯考据者不仅诋讥宋学家之空疏，亦排斥戴震的义理之学。章学诚于《文史通义·书〈朱陆〉篇后》指出："时人方贵博雅考订，见其训诂名物，有合时好，以谓戴之绝诣在此。及戴著《论性》、《原善》诸篇，于天人理气，实有发前人所未发者，时人则谓空说义理，可以无作，是固不知戴学者矣！"[3]但也有认同戴氏之学者，其影响及于阮元、焦循、凌廷堪诸人。

第四，汉宋学家的分歧在一"理"字。于纯考据而诋义理之汉学家，可置不论。即便如由训诂而明义理的汉学家所言之义理，

1　阮元：《研经室集》上册，第 37~38 页，中华书局，1993 年。
2　凌廷堪：《与胡敬仲书》，《校礼堂文集》，第 206 页，中华书局，1998 年。
3　章学诚：《文史通义校注》上册，第 275 页，中华书局，1985 年。

与宋学家之义理亦有异。阮元在《书东莞陈氏〈学蔀通辩〉后》说:“朱子中年讲理，固已精实，晚年讲礼，尤耐繁难，诚有见乎理必出于礼也。古今所以治天下者礼也，五伦皆礼……且如殷尚白，周尚赤，礼也，使居周而有尚白者，若以非礼折之，则人不能争，以非理折之，则不能无争矣。故理必附乎礼以行，空言理，则可彼可此之邪说起矣。”[1]显然阮元是欲以礼代理。他对凌廷堪的《复礼》三篇，赞为“唐、宋以来儒者所未有”。凌氏精于礼学，于《复礼》上云:“夫人之所受于天者，性也。性之所固有者，善也。所以复其善者，学也。所以贯其学者，礼也。是故圣人之道，一礼而已矣。”《复礼》下云:“夫《论语》，圣人之遗书也。说圣人之遗书，必欲舍其所恒言之礼，而事事附会于其所未言之理，是果圣人之意邪?后儒之学本出于释氏，故谓其言之弥近理而大乱真。不知圣学礼也，不云理也，其道正相反，何近而乱真之有哉!”[2]凌氏以礼为儒学之中心，道德仁义皆以礼为依归。宋学家之义理言性命，凌氏以为以礼节性，以礼节情，“非礼何以复其性”，“如曰舍礼而可以复性也，必如释氏之幽深微渺而后可”。凌氏与阮元同，亦以礼代理。而宋学家之争亦在一“理”字。方东树《汉学商兑》言之最明，他说:“顾、黄诸君，虽崇尚实学，尚未专标汉帜。专标汉帜，则自惠氏始。惠氏虽标汉帜，尚未厉禁‘言理’。厉禁言‘理’则自戴氏始。自是宗旨祖述，邪波大肆，遂举唐宋诸儒已定不易之案，至精不易之论，必欲一一尽翻之，以张其门户。”[3]其所指责，在于戴氏及其流衍之“厉禁言‘理’”。

戴氏一脉病宋学之义理，重要一点为其受二氏之影响，以致“幽深微渺”，空说义理，圣人之道变味。戴震《孟子字义疏证》

1 阮元:《研经室集》下册，第1062页，中华书局，1993年。
2 凌廷堪:《校礼堂文集》，第27、32页，中华书局，1998年。
3 钱钟书主编:《汉学师承记(外二种)》，第259~260页，三联书店，1998年。

谓理者，分理条理之谓，“《六经》、孔、孟之言以及传记群籍，理字不多见。……自宋以来始相习成俗，则以理为‘如有物焉，得于天而具于心’，因以心之意见当之也”[1]。理在事物，处事物而当，合于人心之同然始谓之理，非得于天而具于心也。天理即存乎人欲之中，非以天理为正，人欲为邪也。程、朱“借阶于老庄、释氏，以理之一字易其所谓真宰真空者”，“杂揉傅合而成”，而《六经》、孔、孟之道亡。他们认为汉儒未受二氏影响，接近圣人本意，故回归汉儒者，乃在于复圣道本意，并非完全反理学，即如前引惠士奇所言，“百行法程、朱”。皮锡瑞《经学历史》云:“戴震作《原善》、《孟子字义疏证》，虽与朱子说经抵牾，亦只是争辩一理字。”皮氏之说得当。

2003 年

1 戴震：《戴震集》，第 268 页，上海古籍出版社，1980 年。

清嘉道年间的士习和经世派

一　衰恶士习的种种表现

“将萎之华，惨于槁木。”嘉庆、道光年间，清王朝已经进入衰世。正如龚自珍所形容的，它像将要凋谢的花朵，连枯树还不如了。

衰世的重要表现之一，是统治阶级的日益腐化。官吏们渎法贪冒，柔靡浮滑，风气败坏，道德沦丧。而作为统治阶级组成部分的士人，也不例外，当时的士习十分衰恶，“行险侥幸者众”，“毁方瓦合者多”。[1]在士人中，“道德废，功业薄，气节丧，文章衰，礼义廉耻何物乎，不得而知”[2]。士人的心志不是“学圣希贤”、“尊主庇民”，而是热衷“奔走于利禄之场”。难怪管同要发出感叹:“历观史传以来，士习之衰，未有甚于今日者也。”[3]

对于士习的衰恶，一些正直的、有见识的人士深感不满。他们对种种丑恶的现象进行了坦率的揭露和尖锐抨击。把他们的言论归纳起来，在衰恶风气弥漫下的士人，大致有这样几种情况：

一是标榜义理。这类士人“近于鄙俚而不免语录之习”[4]，他

1　陈寿祺：《上仪征公夫子书》，《左海文集》卷五，道光刻本。
2　姚莹：《师说》上，《东溟文集》卷一，见《中复堂全集》，同治六年刊本。
3　管同：《说士》上，《因寄轩文二集》卷一，光绪五年重刻本。
4　刘开：《上汪瑟庵大宗伯书》，《刘孟涂集·文集》卷四，道光六年檗山草堂刻本。

们“略窥语录，便自命为第一流人，而经史概未寓目”[1]。事实上是标榜理学，以盗虚名，猎厚赀，迂腐空疏，言行不一。

二是醉心考据。这类士人“东钞西撮，自谓淹雅，而竟无一章一句之贯通”[2]。他们大都是“疏剔字句小节，不能旁通其大义”[3]；既“不精求古人所以为学之本，而急于著作，捃拾唾余琐碎，动成巨帙，以此自炫炫人。后生小子为之目夺心惊，亦争希其所为”[4]，其结果是害己害人，“正己则失要，治人则无功，师友谬说，聪明锢蔽”[5]。

三是雕琢诗文。这类士人只会“猎古人之辞华”，“率琱琢无益之词，雍容揄扬，铺饰盛美”；[6]或是“各执一偏，非囿于形模，即裂乎规矩”[7]。

四是兼商兼吏。此种人“轻者兼商，重者兼吏。甚至导争讼事欺诈，挟制官府，武断乡曲，民之畏之若虎狼毒螫”[8]。

五是沉湎制艺。此类士人为数最多，前几种人也与之有关。科第进身乃猎取富贵的途径，因而“父兄师保，罔非以名禄气势理读书者”[9]，甚至“束发成童，即期以富贵。所尚者，非通经也，应举之文也；所求者，非致用也，干禄之术也”[10]。而其“无教之徒，束书不观，拾坊间唾余，摄取科第，有终身不知班马为何人，

1 沈垚：《与孙愈愚》，《落帆楼文集》卷八，吴兴丛书本。

2 沈垚：《与孙愈愚》，《落帆楼文集》卷八。

3 包世臣：《钱献之传》，《艺舟双楫》卷一五，见《安吴四种》，同治十一年泾县包氏注经堂重刻本。

4 姚莹：《与李兆洛》，见蒋彤撰《李申耆先生年谱》卷三，光绪十三年重刊本活字本。

5 包世臣：《赠方彦闻序》，《艺舟双楫》卷一〇。

6 李兆洛：《蔬园诗序》，《养一斋文集》卷二，光绪四年刻本。

7 刘开：《上汪瑟庵大宗伯书》，《刘孟涂集·文集》卷四。

8 管同：《说士》上，《因寄轩文二集》卷一，光绪五年重刻本。

9 潘德舆：《送苏生序》，《养一斋集》卷一九，道光二十九年至同治十一年刻本。

10 刘开：《贵齿论》，《刘孟涂集·文集》卷二，道光六年檗山草堂刻本。

表志为何书者矣”[1]。

以上种种士人，总的来说，主要特征有二：一是无实无用，二是唯利是求。

无实无用是其才。他们举凡“所谓经世之略可以备天下之用者，皆置而不讲”，“言经不适于用，言史又无裨于身”，[2]“询以家国天下治安之计，则茫无一得”[3]。班马、表志尚且终身不知其为何人何书，更不用说天文算数了，当时有人就感慨“天文算数几成绝学”。家国之事尚且视为无关休戚，一窍不通，对外国事务更是“坐井观天，视四裔如魑魅，闇昧无知”[4]。然而，他们对于“怀未然之虑，忧末流之弊，深究古今治乱得失，以推之时务、要于致用者，必迂而摈之，且以为狂怪”[5]。这也不足为奇，无实无用的人必然忌才，“见有才者嫉忌摧折之，惟恐其不败”[6]。

唯利是求乃其德，沈垚说:“当世所谓通士者，率皆冒于货贿，昧于荣辱……由是以之居家，则父子责利；以之处世，则势利相倾。”[7]包世臣也说士“竞为俗学以求售。其售者，上得以行其欺罔，下得以肆其朘削，则其以为能”[8]。把学术当成获取利禄的商品，只要能找到买主，卖得出去，是否有用又何必管它。其沉溺于利禄最甚的，则莫过于庠序科举之士。陈寿祺曾经鄙夷地指出，此类士人号称读圣贤书，居“四民之首”，却孜孜于利是求，其德

1 邓显鹤：《许莲舫先生史评赘序》，见《南村草堂文钞》卷四，咸丰元年湖南邓氏自刻本。

2 刘开：《上汪瑟庵大宗伯书》，见《刘孟涂集·文集》卷四，道光六年檗山草堂刻本。

3 刘开：《学论》上，见《刘孟涂集·文集》卷二。

4 姚莹：《康輶纪行》卷一二，见《中复堂全集》，同治六年刊本。

5 李兆洛：《蔬园诗序》，见《养一斋文集》卷二，光绪四年刻本。

6 沈垚：《与张渊甫》，见《落帆楼文集》卷八，吴兴丛书本。

7 沈垚：《与张渊甫》，见《落帆楼文集》卷八。

8 包世臣：《赠方彦闻序》，《艺舟双楫》卷一〇，见《安吴四种》，同治十一年泾县包氏注经堂重刻本。

行实还不如农工商贾。他说:“农以收获为利,然非力穑则无以食人。工以既廪为利,然非饬材则无以善事。商贾以奇赢为利,然非阜通则无以均输。彼其人之贤否,非有系于国家之重轻也。终日皇皇,固曰唯利是求。顾其所利者,犹皆以利天下之日用而不自私,是亦未尝不挟义以偕行者也。士则不然,其所业皆日从事圣贤之书,而所趣无异乎市井之行。其人皆国家所待之兴能兴贤以收股肱耳目之用者也,而自束发受经以迄筮仕,谬曰求名,而终日皇皇,鲜不为利而忘义,安望成德达材与夫气节功名有裨于世哉。”[1]陈寿祺显然是站在地主阶级的立场来看待农工商贾的,认为他们于国家无足轻重。然而他毕竟还是比较客观地来加以对比分析,承认农工商贾虽然为利,但于国计民生有益,是“皆以利天下之日用而不自私”,而士则“竭谋利之术”,“为利而忘义”,无所裨益于世。

无实无用和唯利是求,就是无才和缺德,两者互为表里。致力奔走于利禄之场,唯利是求的士人,必然是无实无用。而无实无用的士人,则更热衷于奔竞,以求利禄。士人风习,宜其日益衰恶。

二　士习衰恶的原因

士习的衰恶,跟随而来的是人才的枯竭。这对封建统治来说,无疑是一个严重问题。一些有识之士十分关注这个问题,因而去探究导致士习衰恶的原因。造成士习的衰恶,从根本上说,是由于封建制度腐朽没落的缘故,是清王朝走向衰世的衰风颓运的一种表现。当然,这些有识之士不仅不可能从封建制度本身去探求士习之所以衰恶,相反,他们恰恰是从拯救封建制度免于崩溃厄

1　陈寿祺:《科举论》,见《左海文集》卷三,道光刻本。

运的立场上来检讨这个问题的。尽管如此，他们却在“指摘时弊”上尽了他们的作用，触及一些封建统治的弊病所在。

在一些有识之士看来，士习之所以衰恶，是由于风气的败坏，尤其是吏治的腐朽。因此，他们在抨击士习衰恶的同时，必然要去揭露吏风的败坏。龚自珍指出:“官益久，则气愈媮；望愈崇，则谄愈固；地益近，则媚亦工。至身为三公，为六卿，非不崇高也，而其于古者大臣巍然岸然师傅自处之风，匪但目未睹，耳未闻，梦寐亦未之及。臣节之盛，扫地尽矣。”[1]官吏们习于媮、谄、媚，柔靡浮滑，庸庸碌碌，置国计民生于不顾，而自己却过着声色犬马的骄奢淫逸的腐朽生活。“都下衣冠之会，无一人言及四方水旱者，终日华轩快马，驰骋于康庄。翰林则谒拜阁师，部郎则进谒台长。公事则胥吏持稿，顾名画诺；私退则优伶横陈，笙歌鼎沸。其间有文雅者，亦不顾民生之艰难，惟有访碑评帖证据琐屑而已。”[2]一旦英国殖民者发动侵略战争，衮衮诸公“莫不惊心咋舌，罔知所为，相顾聚谋，惟以和夷为事。辱国丧师，不知愤耻。其有奋义讨敌者，反抑之以悦敌。……呜呼，此非衰敝极变之候乎”[3]。清皇朝在鸦片战争中的迅速失败，跟官场风习的腐朽是分不开的。

腐朽的官场风习，弊端很多，最主要的是什么？管同在《拟言风俗书》中指出:“今之风俗，其弊不可枚举，而蔽以一言，则曰好谀而嗜利。惟嗜利，故自公卿至庶民，惟利之趋，无所不至。惟好谀，故下之于上，阶级一分，则奔走趋承，有谄媚而无忠爱。”[4]这段话鞭辟入里，抓住了问题的关键。奔走趋奉，目的在保荣华，取富贵，所以好谀仍是为了嗜利。用潘德舆的话说，

1 龚自珍：《龚自珍全集》上册，第31页，中华书局，1959年。

2 沈垚：《与许海樵》，见《落帆楼文集》卷九，吴兴丛书本。

3 姚莹：《黄右爱近思录集说序》，见《中复堂全集·中复堂遗稿》卷一，同治六年刊本。

4 管同：《因寄轩文初集》卷四，光绪五年重刻本。

就是“天下之大病，不外一吏字，尤不外一例字，而实不外一利字”[1]。一切都是为了利，都是以利为转移，以至恃才不遇而潦倒病死于京师的沈垚，要发出愤闷的慨叹：“都下无一事不以利成者，亦无一人以真心相与者。如此风俗，实有书契以来所未见。”[2]

“钱神为贵，儒术道消。”这种唯利为重，唯利是求，上下交征利的腐朽吏风，既腐蚀、毒化了士习，也带来了对人才的扼杀。林昌彝对此深为感慨，他说：“官场中所重者声气，所尚者势利，真能爱才好士者实少其人。”[3]既然重利，人才能值几文？姚莹说：“今之用才者，不如其用舟车谷帛也。古之舟车，行而已耳；而朱轮华毂，画鹢飞凫，今之华十倍之。古之谷帛，衣食而已耳；而云罗雾縠，海市山错，今之富十倍之。至于人才，则苟简而已。进一人焉，惟其私也；匪是，则秦人之视越人也。退一人焉，惟其憎也；匪是，则妨塞贤路如未之见也。是何其爱才不如其爱舟车谷帛也。”[4]爱才不如爱舟车谷帛，这是封建官僚制度的丑恶，也是封建官僚制度的悲剧；而嘉道以来为尤甚。舟车谷帛，愈来愈华富，竞相讲求炫耀，而对人才却十分苟简，不问是否有才，惟问私人关系。归根到底，是惟问是否有财。“挟高赀入京师，科第固可唾手可得，名流钜公亦鳞集云附。无此妙券，而但挟学以求，殆矣。读书二字，今殆将绝矣。”[5]

以八股制艺取士的科举制度，是使士习衰恶的另一个重要原因。清代沿明制，取士仍由科举。科举制度的弊病，清初如顾炎武等人即已提出了尖锐的抨击。乾隆年间，吴敬梓创作了小说《儒林外史》，则以生动的艺术形象来激烈“攻难制艺及以制艺出

1　鲁一同：《潘先生行状》，见《通甫类稿》卷下，咸丰九年鲁氏自刻本。
2　沈垚：《与吴半峰》，见《落帆楼文集》卷一〇，吴兴丛书本。
3　林昌彝：《射鹰楼诗话》卷一七，咸丰元年家刻本。
4　姚莹：《通论》下，见《中复堂全集·东溟文集》卷一，同治六年刊本。
5　沈垚：《与张渊甫》，见《落帆楼文集》卷八。

身者”（鲁迅语）。嘉庆、道光年间，由于士习日坏，有更多的人对科举制度的腐朽性进行揭露批判。鲁一同说：“科举之取人，非果论才行也，特决于一日之文，一人之耳目。此一人者，果足凭耶，果不足凭耶？于是乎又决于一时之喜怒焉。……士大夫之出处，类取决于一人一时之喜怒，而士之不遇者，何由鸣其不平也哉！其遇者则曰是有术焉。得则利，失则否，吾见用是术而不遇者多矣。”[1]鲁一同只是指出了科举取士使许多有才者不遇，林昌彝则径直把人才日下归之于科举制，他说：“科举之法，以八股制艺取士，实不足据。况有司故事奉行，士子以腐烂时文互相弋取科名而去，此人才所以日下也。”[2]因为科举制度“驱天下尽纳于利禄之途”[3]，“举天下人才尽出于无用之一途”[4]。

科举取士系于八股时文，对科学制度的抨击，离不开要对八股时文败坏士习、锢敝人才进行指摘。吴敏树专门写了一篇《文敝》来揭露时文的为害，他指出：“村塾十岁之童子，粗诵章句，操笔而学为文，则其所言，莫非尧、舜、三代之故，孔子、孟子之为人，其实饮食之事皆无晓也。而时文以取士既久，四子书之言所用以为之题者，益乱且碎，语其种类，凡有数十，学者欲皆备之，则穷日之力而不足以给，又乌知其他。……是故入而事其亲，出而游于其乡，无以异于蒙不识字之人也，又恐不及也。及其一旦窃取科第而入官，乃始学为仕宦走趋之术，一切官府之仪状品式，而往充位焉。而今世法令所以待夫天下之事者，皆未之闻也。”[5]八股时文原是“蠢笨的产物”（鲁迅语），它引导士人以此作为追逐功名富贵的敲门砖，在科举道路上设置阶梯，让士子

1 鲁一同：《祭嵇佩之文》，见《通甫类稿续编》卷下，咸丰九年鲁氏自刻本。
2 林昌彝：《射鹰楼诗话》卷一二，咸丰元年家刻本。
3 陈寿祺：《科举论》，见《左海文集》卷三，道光刻本。
4 魏源：《魏源集》上册，第163页，中华书局，1983年。
5 吴敏树：《柈湖文集》卷一，光绪十九年长沙思贤讲舍刻本。

“舍着性命”往上爬。而其结果是桎梏士人，禁锢思想，摧残人才。魏源对此就深有感触，在《都中吟》中写下了这样的诗句：“借问开科得何士？项槁盐车悲騄骃。”[1]如果不孜孜于八股时文，虽有才学也是枉然。地理学家沈垚，当他还是诸生时就有名望，被称“学识为浙江第一”。但在何凌汉视学浙江，岁试时，湖州校官上报诸生的优行，却一再没有他的名字。何凌汉感到奇怪，问校官说，像沈垚这样有学识的人，为什么报优无名？校官们被问得瞠目结舌，因为他们根本不知沈垚何许人也。何凌汉感到好笑，说：“校官所讲者时文也，所急者贽礼也。沈生不攻时文而贽薄，宜校官之不识也。”[2]沈垚就是因为不攻时文，且无丰厚的贽礼，而被本郡的校官埋没了，如果不是何凌汉指名，他连优行也报不上，后来他“试南闱者六，试北闱者四”，始终没有考中举人，到死只是个优贡。

道光时，科举制度的腐朽变本加厉，连腐烂时文也不甚讲求，即文义亦不必甚通，而专尚楷法，“以能小楷为天下奇材”。更为甚者，“读卷诸公，评隲楷法，又苛求之点画之间”，“遂至一画之长短，一点之肥瘦，无不寻瑕索垢，评第妍媸……而士子举笔偶差，关系毕生荣辱”。[3]对于这种丑陋的弊病，杨彝珍曾作诗指摘：“时好日以颇，科法因之弊。下品置晁董，上第擢钟卫。谬种滋流传，波点竞妍媚，不知军吏徒，奚赞庥明治。”[4]魏源在他的《都中吟》诗篇中，也作了辛辣的讽刺：“小楷书，八韵诗，青紫拾芥惊童儿；书小楷，诗八韵，将相文武此中进。”[5]在这种情况下，“末学滥进，豪杰灰心”，士习无疑日以衰恶。

1 魏源：《魏源集》下册，第 676 页，中华书局，1983 年。
2 孙燮：《沈子敦哀辞》，《落帆楼文集》，吴兴丛书本。
3 陈康祺：《燕下乡脞录》卷一一，光绪七年暨阳刻本。
4 林昌彝：《射鹰楼诗话》卷七，咸丰元年家刻本。
5 魏源：《魏源集》下册，第 675 页。

以时文、楷法取士，仅是科举本身的弊病。至于科场中其他的弊端还不少，诸如关节、条子、枪手等等，不一而足，当时有人形容说，“罄南山之竹书罪未胜”。道光年间的一次顺天乡试，中式者多半是关节。虽有十八名因钞袭成文被革，“特百分之一二，且其尤小者耳”。大学士穆彰阿的儿子不入场而中试，被称之为“场外举人”。有人愤懑不平地说：“蒙蔽二字，至斯为极，无势力者尚求进取耶！”[1]《蒙古游牧记》的作者张穆，号称“渊博无涯涘，世以东方崔蔡目之”。这样一个有才识的人，应道光己亥科顺天乡试，却被监场者借故诬以怀挟，而遭摈斥。科场之弊又如此。

造成士习衰恶、人才日下的又一个原因，是由于乾嘉以来考据之风盛行，导致士人埋头于故纸堆中冥搜勾剔的缘故。他们的大多数，考于不必考之地，支离破碎，脱离现实，因而“术愈精而人愈无用”，又“专为谋利”。梁章钜说：“今之墨守汉学者，往往愈引而愈晦，抱残守阙，远证冥搜，每一编成，几于秦延君之释尧典二字二十万言，汉博士之书驴券，三纸尚未见驴字。吾友谢退谷所谓：诵记虽得，探讨虽劝，而一遇事全无识见，一举念只想要钱，不亦重可叹哉！”[2]潘德舆在给他儿子信中，形象地描述了无用的繁琐考据之徒耗人心血，害人不浅，他说：“方其学之也，群籍充栋，视如百宝，纷欲攫取，手猎目耕，晷促继夜，骈罗箸录，雕肝钵肾。矫为宏丽，冀惑庸士。铺润刻峭，惟恐不极。下及谰言，争相仿摹。血枯精耗，掌皲睫眩。内外薰剥，如刃如火。……名末大起，已病且死矣！”[3]姚莹甚至把鸦片战争的失败归之于考据的盛行所致，他说：“自四库馆启之后，当朝大老，皆以考博为事，无复有潜心理学者，至有称诵元明以来儒者，则相

1 沈垚：《与吴半峰》，《落帆楼文集》卷一〇，吴兴丛书本。

2 梁章钜：《退庵随笔》卷一四，光绪元年福州梁氏浙江书局刻本。

3 潘德舆：《论学示儿子》，《养一斋集》卷一三，道光二十九年刻本。

为诽笑，是以风俗人心日坏，不知礼义廉耻为何事。至于外夷交侵，辄皆望风而靡，无耻之徒，争以悦媚夷人为事，而不顾国家之奇耻大辱，岂非毁讪宋儒诸公之过哉！”[1]姚莹承其家学，受曾祖姚范和从叔祖桐城派大师姚鼐的影响颇深，崇义理，而于考据不无偏见，把鸦片战争的失败归咎于尊汉学诽宋学，当然言过其实。但是，繁琐考据之风造成士习恶劣，人才日下，“一遇事全无识见，一举念只想要钱”，却从一个方面反映了封建制度的腐朽，因而与鸦片战争的失败就不是完全无关的了。况且抨击考据之造成士习衰恶的，并不都是宋学尊崇者，他们不存在门户的偏见，而是切实痛感繁琐考据之危害。

三　挽救士习日衰的主张

士习的衰恶，人才的日下，群奔走于利禄之场，于家国天下治安之计茫无一得，跟着而来的便是人才来源的枯竭。“左无才相，右无才史，阃无才将，庠序无才士”[2]人才危机，成为清朝封建统治的严重问题。有的人感叹“内外无人才矣”，有的人疾呼“天下之务，莫急于人才”。如何改变衰恶的士习，造就人才，以使封建统治能够维持下去，一些人对此十分关切，并提出了解决的主张。

在一些有识之士的心目中，要改变士习的衰恶，最根本的莫过于正人心，挽风俗。而要正人心，挽风俗，首先必须明乎义利之辨。陈寿祺为教育书院诸生专门写了一篇《义利辨》，以为“诸生警心之助”。他认为“利者皆祸之穽耳，与六经之言岂不相背而驰哉”[3]，只有提倡明义，“义植其基而利绝其萌，义正其轨而利

1　姚莹：《与陆制军书》，《中复堂全集·东溟文外集》卷一，同治六年刊本。

2　龚自珍：《龚自珍全集》上册，第 6 页，上海古籍出版社，1999 年。

3　陈寿祺：《义利辨》，《左海文集》卷三，道光刻本。

塞其途”[1]。而要明辨义利，尤须先务知耻，“士不先务知耻，而可与适道者未之有也”[2]。“廉耻重而后有气节，礼让敦而后有法度，文艺科名抑其末也。”[3]龚自珍、姚莹等人也都主张要提倡廉耻之心。姚莹认为：“人才为天下之本，廉耻为人才之本。”[4]龚自珍说：“士不知耻，为国之大耻”，“士皆知耻，则国家永无耻矣”，所以必须“以教之耻为先”。[5]所谓义也罢，廉耻也罢，都是孔孟的儒学思想体系。他们没有什么新的思想武器可以充用，只能求助他们所熟悉和崇信的孔孟之道，以图挽回日益腐朽的世风人心。他们真诚地要作中流之砥柱，但没有也不可能认识到儒家的义利说、廉耻观对于已经十分衰恶的吏风士习不可能起到多少挽救的作用，更不可能认识到这种颓风是封建制度腐败的表现。不改变封建制度，就不可能从根本上改变这种腐朽的风习。因此，尽管他们大声疾呼正人心，挽风俗，而士习仍然日坏一日。

其次，要改变士习日衰、人才日下的局面，还在于先要改变腐朽的吏风。吏风不正，士习必然不端。一些有识之士要求改变沉酣于富贵利达，粉饰苟安，庸庸碌碌，阿谀奉迎，渎法贪污，唯利是求的腐败的官场风气，要求在位者改变“不知人才为何物，不知留意人才为何事，并不知其身所具之才果居于何等”[6]的浑噩状态。他们认为，虽然士习衰恶，人才日下，但天下不可谓无才，问题在于在位者“无求才之诚，复无知人之鉴”。“朝廷以阿顺为贤，宰相以直节为忌，群小盈廷”，不可避免地要使“人才野伏”[7]，“使奇才绝识沉沦困踬而无以自效”。姚莹还进一步提出如何鉴择人才

1 陈寿祺：《科举论》，《左海文集》卷三，道光刻本。

2 陈寿祺：《知耻说》，《左海文集》卷三。

3 陈寿祺：《示鳌峰书院诸生》，《左海文集》卷三。

4 姚莹：《复卜贞甫书》，《中复堂全集·东溟文后集》卷八，同治六年刊本。

5 龚自珍：《龚自珍全集》上册，第31页，上海古籍出版社，1999年。

6 卜起元：《救时切论》，《潜庄文钞》卷一，光绪五年刻本。

7 姚莹：《康輶纪行》卷七，同治六年刊本。

的问题，他认为："阔大者多疏，沉毅者多略，高明者多傲，英迈者多奇，观其病则其美可见也。"[1]姚莹把人的优点和缺点、长处和短处作为相互倚存的关系来看待，强调不能孤立地去看一个人的缺点，更不能因此而予以嫌弃贬抑，而要透过其缺点来发现其优点。这种识别人的观点，是合乎辩证关系的，是很有见地的。基于上述的看法，姚莹认为在位者鉴择人才，不应该用那些"委蛇俯仰，进退瞻徇"的人。这种人虽能以"妩媚取容"，博取欢心，但都是"阘茸之人"，不是有用之才。因此，"得人之法，莫妙于因材善使，无以常格拘，无以小行责"[2]，"无以毁誉惑听"，"有雄材绝智抱济时之具者，此其人类不能斤斤于言行称誉之间。……举世不觉，而独言者必有观时之识；举世共趋，而独不顾者必有经远之谋"[3]。对于这种有雄材绝智抱济时之具的人，就不要为常规为资格所拘，应当举而用之。姚莹关于人才问题的主张，无疑是为清政府的统治着想的，但却不失为"观时之识"，"经远之谋"。

对造就、取录人才的书院、科举制度作某些改革，是一些有识之士认为改变士习衰恶、人才日下的又一个办法。他们主张书院不应局限于课文，诸生也不以"能为科举之文，遂诩然自足"，更不应该使士子但知重科名而陷溺于利禄，而应"使学者服孔氏之遗经，鉴往代之正史，旁逮天文律历诸子百家之言，皆习而通之，以底于用"[4]，也就是"通经学古而致诸用"[5]。对于科举制度，他们也提出了某种改革主张。潘德舆指出，要救人才就要

1　姚莹：《通论》上，《中复堂全集·东溟文集》卷一，同治六年刊本。
2　姚莹：《复座师赵分巡书》，《中复堂全集·东溟文外集》卷二。
3　姚莹：《通论》上，《中复堂全集·东溟文集》卷一。
4　姚莹：《与吴岳卿书》，《中复堂全集·东溟文外集》卷二。
5　陶澍：《尊经书院课艺序》，《陶文毅公全集》卷三七，道光二十年淮北士民公刻本。

“重定取士之制”。其办法是“三场校士不必变”，而“变其所校者”：初场校以经义，“而经义不仅扫除有明所制八股文诸琐法也，命之多述汉至有明儒者之成说”；二场校以史论；三场校以时务策，“专问时事，审利弊，不远征古典，徒富考证者不录，必取其深切有经济足备当事采择者，虽极言时弊无从忌庰，则人必通世务，无迂阔泥古之失，且作其敢言之气，上之所闻，将亦无所壅矣”。[1]这就是说，科举取士制虽可不变，但考试的内容却要改变，废除八股文，而试以经、史和时事，使士子不再以八股、楷法为进身之阶，而以能明儒家经义，熟悉历代之治乱得失，并且通于世务为尚。这样，从学校到科举，从教士到取士，所贯串的一条基本宗旨就是通经致用，为封建王朝造就、择取有用人才，以济当世之务，而达久安长治。这种主张，在当时应该说是有眼光有胆识的，在“万马齐喑”的黑暗王国中透露出一线光明。

四　经世思潮与经世派

通经致用，这是嘉道年间一些有见识有作为的人士的共同主张。他们或说通经致用，或说明体达用，或说经世致用，或说经济世务，等等，基本上都是一个意思，就是要深究古今治乱得失，通家国天下治安之计，以为“济世利民”。包世臣说：“士者，事也。士无专事，凡民事皆士事也。”[2]其意显然，士的重要责任不在于工八股、楷法以博取科第，而在于通民事，即经济世务。姚莹认为要成为“通儒”，必须具备义理、经济、文章、多闻四要端，“四者明贯，谓之通儒”[3]。义理、经济二者中，姚莹还是将

1　潘德舆：《与鲁通甫书》，《养一斋集》卷二二，道光二十九年刻本。

2　包世臣：《赵平湖政书五篇叙》，《艺舟双楫》卷一〇，见《安吴四种》，同治十一年泾县包氏注经堂刻本。

3　姚莹：《与吴岳卿书》，《中复堂全集·东溟文外集》卷二，同治六年刊本。

义理列为首端的；而曾国藩在姚鼐主张的义理、考据、词章的基础上加进了经济，合为四科，并把经济放在义理之上，为四科之首。在强调经世致用，以挽救和维护清皇朝的封建统治方面，这些人的主张都是一致的。

这些主张经世致用的士大夫，不仅是言者，而且也是行者。他们自己就不再醉心于八股制艺、考据词章，而是悉心稽察历代的治乱得失，深究天下之利病。陶澍、林则徐、贺长龄等勇于做事的地方督抚监司，大抵都通于世务，关心国计民生，注重水利、漕、盐诸大政。而一些沉抑下僚或退而不仕的士大夫如龚自珍、魏源、包世臣、姚莹等人，都是熟于朝章国故，以经世自任的。龚自珍年轻时即写了严厉抨击时政的《明良论》，并对农田占有、西北边防、科举官制等提出了主张，鼓吹“改图更法”。魏源也是“善经世之略”，尖锐地揭露时政的腐败，提出了“变古愈尽，便民愈甚”的改革主张。他助贺长龄编《皇朝经世文编》，尤究心于水利、漕运、盐政等事务。包世臣少即“慨然深究天下之利病”，自负经世之才，著《安吴四种》，言水利、漕、盐，论农、礼、兵、刑。姚莹“弱冠时即以经世自任”、“为学体用兼备，不为空谈”，被林则徐称为“学问优长，所至于山川形势民情利弊无不悉心讲求，故能洞悉物情，遇事确有把握。前在闽省，闻其历著政声。自到江南，历试河工漕务，词讼听断，皆能办理裕如”。[1]他如汤鹏“慨然有肩荷一世之志”，作《浮邱子》指陈前代得失，通论军国利病、吏治人事；周济“少与同郡李君兆洛、张君琦、泾县包君世臣以经世学相切劘，兼习兵家言”[2]；张穆以文章经济自负，与徐松、沈垚、何秋涛等俱留心边疆地理，卓有成就；左宗棠年轻时即不专重制艺帖括，而求时务所急，贺熙龄《舟中怀左

1　姚莹：《十幸斋记》，《中复堂全集·东溟文后集》卷九，同治六年刊本。

2　魏源：《荆溪周君保绪传》，《魏源集》上册，第362页，中华书局，1983年。

季高》诗注称："季高近弃词章，为有用之学，谈天下形势，了如指掌"[1]，等等。在士习衰恶、人才日下的情况下，这些人不随俗浮沉，致力于讲求经济世务，倡导矫正时弊。正如龚自珍在诗中声称的："但开风气不为师。"他们是当时的开风气者，可称之为地主阶级中的"经世派"。这派人大都是隶籍南方，以苏、湘、皖为主。他们当中的情况不尽相同，有的思想较进步，有的还较保守；有的主张改革时政，有的则仅是关心世务。至于他们的学术所崇，也多有歧异。

鸦片战争前后，随着时代的变化，经世派中的一些人，开始把他们的视野从时务扩展到"夷务"。他们对鸦片烟流毒中国表示愤慨，主张禁烟；对英国殖民者进行的侵略战争，主张抵抗；对大臣们"惟以和夷为事，辱国丧师"，给予严厉抨击。为了抵抗外国的侵略，他们留心了解外国事务。林则徐在广州"日日使人刺探西事，翻译西书，又购其新闻纸"[2]。他还组织人翻译《四洲志》和《华事夷言》等，前者为明了外国情况，后者则是了解外国人对中国事务的反映。魏源则据《四洲志》及历代史志、明以来岛志和"夷图"、"夷语"，钩稽贯串，而成《海国图志》，主张"师夷长技以制夷"。《海国图志》成书后，深得姚莹的赞赏，称为"大获我心"。姚莹早年游幕于广州，为令于闽中，较早对外国事务有所见闻，他说："自嘉庆中每闻外夷桀骜，窃深忧愤，颇留心兹事，尝考其大略。"[3]他又开始从王大海的《海岛逸志》、陈伦炯的《海国闻见录》等书中了解了一些外国情况，包括英国殖民者以鸦片烟流毒中国的情况。他的《康輶纪行》虽较《海国图志》晚成，但目的很鲜明，在于"欲吾中国童叟皆习见习闻，知彼虚实，然后徐筹制夷之策。是诚喋血饮恨而为此书，冀雪中国之耻，

1 贺熙龄：《寒香馆诗钞》卷四，道光二十八年刻本。

2 魏源：《魏源集》上册，第174页，中华书局，1983年。

3 姚莹：《康輶纪行·自叙》，同治六年刊本。

重边海之防，免胥沦于鬼域”[1]。《康辅纪行》内容较杂驳，思想不够深邃。这个时期，在最早睁眼看世界、主张学习西方的一些士大夫及其著作中，成就较大而又影响深远的，当推魏源和他的《海国图志》。尽管见识有高低之分，成就有大小之别，但他们都不失为“创榛辟莽，前路先驱”者，是那个浑浑噩噩、两眼一片漆黑的时代的佼佼者。

到了咸丰末年，经世派的另一个重要人物冯桂芬完成了《校邠庐抗议》。这是一部带有总结性的著作。它实际上是吸取嘉道以来经世派们抨击腐败时政、主张改革和学习西方的思想，并针对现实存在的尖锐问题，以作者自己的见识，加以论议成书的。因而他在《校邠庐抗议》中，较之以往更系统全面地提出了改革主张，并明确地概括出改革的根本原则：“以中国之伦常名教为原本，辅以诸国富强之术。”《校邠庐抗议》结束了经世派们倡导改革朝政、学习西方的单纯议论的阶段，此后，历史的行程进入了实际的施行（这不是说没有议论）；而那条根本原则，不仅为早期改良思想家所承继，也是洋务派们鼓吹的“中学为体，西学为用”的滥觞。

改革朝政，学习西方，目的是为濒临危机的清朝封建统治者寻求新的出路。经世派们不是封建制度的“拆天”者，而是补天者。他们都以经世自任，自负“有才可去补苍天”。他们也都不是儒学体系的叛逆者，而是它的服膺者。在危机的面前，经世派敏感地觉察到不变不行，只有变才能挽救封建制度免于崩溃的命运。因此，他们认为这样做的结果，既可以外御强敌的侵略，又能够内制人民的反抗。经世派的地主阶级立场是坚定的，在他们身上深深打上了阶级和时代的印记。历史所赋予他们的只能如此，不这样，那倒是不可思议的。他们所师于西方的是器，而以儒学来抵拒西方的道。在农民起义爆发的时候，他们都毫无例外地抱敌

1　姚莹：《复光律原书》，《中复堂全集·东溟文后集》卷八，同治六年刊本。

视的态度，以至参与讨伐。林则徐、魏源、姚莹、朱琦、陈庆镛、冯桂芬、鲁一同、臧纡青等等，都程度不等地参与过镇压太平天国或其他农民起义，只是有的较早病故，有的牵涉较少，而有的则死于抗拒太平军的战争中。在这个根本方面，他们与湘、淮系的那些头面人物并没有什么本质的不同。如果要加以勉强区分的话，也不过是在镇压起义的过程中，有的扮演了悲剧的角色，有的则扮演了喜剧的角色。因此，从嘉道年间崛起的地主阶级经世派，其发展脉络是明显的，这就是以湖南、安徽为中心的湘系和淮系的一批人物。因为这个问题不是本文所要着重论述的，只能大略谈到。

原刊于中华书局编辑部编：《中华学术论文集》，中华书局，1981 年。

道光间文化的特点

道光年，在历史年代学上有其特殊意义。中国历史的发展，在这期间发生了一个根本性的转折。相应地，中国学术文化的发展，也在这期间发生了重大的变化。探讨道光年间文化的变化，是研究中国文化史所必需的，也有助于清史、近代史的研究。

一 汉宋调和与今文经学的复兴

作为观念形态的文化，它在产生并形成系统后，便具有稳定性、凝固性。但是，这种稳定性并不意味着一成不变，而是在稳定中产生变异。道光年间，中国文化系统的核心依旧是儒学。然而，儒学本身也有变化。清初黄宗羲、顾炎武等病明末士人不以六经为根底，束书不观，空谈心性，因而昌言通经以致用。康雍时，宗法程朱，理学盛行。至乾嘉间，海内竞尚考据，几乎家家许郑，人人贾马。于是尊汉尊宋，互相攻讦，视同水火。尊宋学者讥笑汉学为饾饤琐屑，而固守汉学者则攻击宋学为空疏无用。其实在越来越严重的社会矛盾和社会危机中，不仅是严重脱离现实的汉学已经不能适应地主阶级统治的需要，就是空谈义理的宋学也无力去解决面临的危机。儒学走上了穷途末路。它要继续发挥它的社会功能，就不可避免地要有所调整。道光间，出现了汉宋调和、汉宋会通或汉宋融合。汉宋调和是道光年间儒学的一个特点，也是风气的一个变化，凡是“恶夫以饾饤为汉，空腐为宋”，注意社会现实的有识之士，从李兆洛到陈澧，都主张汉宋调和。他们认为，汉学宋学“皆有功于圣人”，“皆各有所宜，不可偏废”。但同是汉宋调和论，却因其侧重点不同而显出了差异。大体上说，可以分别为三种情况。

一种情况是对汉学宋学无所偏倚，认为是“殊途而同归”，“譬之登山者，或自南或自北，其路之平易远近不能皆同，要皆望是山以行，不迷于所往，则固殊途而同归也”[1]。从李兆洛、张履、胡承珙等人的治学和言论中，可以明显地看出这种态度。李兆洛“论学无汉宋，惟以心得为主”[2]。张履主张“为汉为宋，则各从其说之长，而绝不参以成见”[3]。钱仪吉在为张履的《积石文稿》写的序中，称他是：“惟圣人之意是求，而不敢歧汉宋。”所以李璋煜评赞张履的说经是：“入汉人之奥窔，探宋人之理窟。”胡承珙曾以治汉学名，但他认为：“治经之法，义理非训诂则不明，训诂非义理则不当，二者实相资而不可偏废。”他还进一步提出：“治经无训诂义理之分，惟求其是者而已；为学亦无汉宋之分，惟取其是之多者而已。汉儒之是之多者，郑君康成其最也；宋儒之是之多者，新安朱子其最也。”[4]不偏于一家，不分门别户，而唯“求其是”，是这一种主张的特点。胡承珙以“求是”命堂名，或可见其一斑。

在汉宋调和论者中，有一些人则主张宗汉而不废宋。持这种意见主要是原治汉学的，如程恩泽、胡培翚、冯桂芬等。程恩泽在嘉道间声望很高，为京师文士所尊崇，交游多士林中有识见者，如张穆、龚自珍、俞正燮、魏源、沈垚等。他说经主“通训诂，

1　陆以湉：《冷庐杂识》卷七，中华书局，1984 年。

2　魏源：《魏源集》上册，第 361 页，中华书局，1983 年。

3　张履：《积石文稿》卷一四，光绪二十年刻本。

4　胡承珙：《求是堂文集》卷四，道光十七年刻本。

明义理”，“以为留心义理，推之事功，为有用之学”。不过，他对汉宋学不是平列对待，而是有主有从，有先有后，认为“凡欲通义理者，必自训诂始”，“训诂且不解，奚义理之有哉”。[1]胡培翚也认为：“汉之儒者未尝不讲求义理，宋之儒者未尝不讲求训诂名物。义理即从训诂名物而出者也。”[2]显然，他们是把训诂视为根本，义理从属于训诂，由训诂而衍生，即所谓“训诂通则义理明”。

与上述主张异趣的，是尊宋而兼采汉。主是说者，居多是治宋学的，如潘德舆、夏炯、戴絅孙等。卒于道光四年的刘开，在他所写的《学论》一文中，提出了“尊师程朱”，“兼取汉儒，而不欲偏废”。[3]刘开是桐城派大师姚鼐的“四大弟子”之一。姚鼐崇义理，但倡合义理、考据、词章三者为一体。刘开的主张，不无乃师的影响。而夏炯曾肆力于汉学，后转入于宋学，倡言“许郑程朱之学，皆确然不可易之学”[4]。但从他的一系列文章中可以看出，他是尊义理为首位，而把名物制度声音训诂看作是研经的手段。夏炯接近桐城，与姚鼐从孙姚莹为好友。姚莹曾为他的文集作序。或因声应气求，夏炯对汉学是较为低调的。比较起来，潘德舆对汉学的态度与夏炯稍有不同。潘德舆虽由宋学以入词章，但不废汉。他认为：“儒者有三（按指郑孔、程朱、陆王），圣一而已。诚以孔子之言为准则，三儒者皆可以相通而可以相救。……夫郑孔之诂名物，博雅详核，而不免于碎而杂；陆王之言心性，简易直捷，而不免于虚而浮，各得孔子之道二三而已。程朱之研义理也，持其大中，本诸心性，不废名物，其于人也，如日用之布帛菽粟焉，特其诠解群经，识大而略小，自信而好断，不能吻

1　程恩泽：《与湘皋书》，见邓显鹤《南村草堂文钞》卷九附录，咸丰元年湖南邓氏自刻本。

2　胡培翚：《研六室文钞》卷五，光绪六年刻本。

3　刘开：《刘孟涂集·文集》卷二，道光六年檗山草堂刻本。

4　夏炯：《夏仲子集·自记》，1925 年铅印本。

合乎经之本旨赫然有之，孔子之道殆得其五六焉。……学者诚能以程朱之义理为宗，而先导以郑孔，通其训诂，辅导以陆王，求其放心，庶有以捄程朱之小失，而道学之真可见。”[1]在儒学内部，不仅有考据、理学之分，理学又有义理、心性之别，各立门户。潘德舆所要调和的不独是汉宋，还有义理、心性，会三者为一，而以义理为宗。与潘德舆的见解类似的，有林则徐的门生戴䌹孙。他说：“以训诂之学入圣，十得其四五焉，其失也以凿。以程朱氏之学入圣，十得其八九焉，其失也窒。以陆王氏之学入圣，十得其七八焉，其失也荡。夫学之从圣，将以从于道也，去其失，取其得，则与道一矣。”[2]这些人的态度很明显，都把宋学视为根本，以宋贯汉，汉学是从属的。

以宋学为主而兼融汉学论者，一般来说，都是对乾嘉尊汉贬宋的状况不满意，从而指摘汉学末流的饾饤琐碎，提倡以明义理为根底。在汉学衰落的情况下，宋学有所抬头。而为宋学宗主的是唐鉴。唐鉴专主程朱理学，在一些士大夫中影响很深，如倭仁、曾国藩、吴廷栋、何桂珍、窦垿等都跟他“考德问业”。值得注意的是，这时的理学并不是康熙年间理学的简单兴复，而是随着时势的变化而具有不同的特点。这种特点是：“内期立身，外期辅世。”唐鉴在他的著述中就特别强调要“守道救时”，他说：“救时者人也，而所以救时者道也。正直可以慑回邪，刚健可以御强梗，庄严可以消柔佞，端悫可以折侵侮，和平可以息横逆，简易可以综繁赜，抱仁戴义可以淑身心，周规折矩可以柔血气，独立不惧可以振风规，百折不回可以定识力，守顾不重乎哉。”[3]要救时必须守道，守道则是为了救时。儒者要不尚空言，而以躬行实践为事，发为事功，期于辅世，所谓“礼乐兵农、典章名物，政事文

1 潘德舆：《养一斋集》卷一三，道光二十九年刻本。

2 戴䌹孙：《味雪斋文钞》甲集卷一，道光三十年刻本。

3 唐鉴：《清朝学案小识·守道篇叙》，上海商务印书馆，1935年。

章，法制度数，何莫非儒者之事哉”[1]，这也是文化思潮的一个变化。唐鉴启之于前，而曾国藩继之于后。

道光朝儒学的又一个变化，是今文经学的复兴。嘉道间，刘逢禄上继庄存与，下启龚自珍、魏源，开今文经学复兴的局面。而对近代产生深远影响的，则为龚、魏。龚自珍为段玉裁外孙，所与游者有王引之、顾广圻等，亲受汉学的影响，后从刘逢禄习《公羊春秋》，入于今文经学。魏源本自性理入手，道光二年，犹从躬践证道的宋学家姚学塽就正《大学古本》。姚氏告以“惟在致力于知本，勿事空言而已”。魏源很钦佩，“遂请执弟子礼，先生固辞，而心中固终身仰止矣”[2]。但魏源也从刘逢禄习今文经学，著《诗古微》、《书古微》。龚、魏为近代“今文学之健者”，流风及于康有为。

道光间这种思潮、风气的变化，就儒学本身来说，是在其走向穷途末路情况下内部的自我调节，也是自我拯救。但它没有能够造成儒学某一分支独盛的局面，而是各自在发挥作用。认为今文经学独盛的说法，并不全面，不完全合乎历史实际。这种情况，也反映出儒学只不过是日薄西山的余晖而已。

二　经世之学的兴起

文化的变化，有由于内部各组成部分的互相作用、矛盾和调节而发生。但是，文化是一种社会现象，是社会的文化，它必然要受社会的制约，并适应于社会。文化的变化，归根到底是随社会的变化而变化的。作为文化核心的儒学的变化，就与道光年间社会政治的变化分不开。

1　唐鉴：《清朝学案小识·自叙》，上海商务印书馆，1935 年。

2　魏源：《魏源集》上册，第 358 页，中华书局，1983 年。

清皇朝的统治，在道光年间已是衰世。林则徐曾经形象地譬喻说："今日之时势，观其外犹一浑全之器也，而内之空虚无一足以自固。"[1]严重的社会危机，不能不引起一些人的忧虑，迫使他们去思考，去探索。这些有识之士尖锐抨击时政的腐败，尤其是吏风士习的败坏。在他们的认识里，都把人才问题看作最大的问题。魏源在《圣武记叙》、《海国图志叙》中反复强调的，就是人心和人才，要去"人心之寐患"、"人才之虚患"。士人的无实无用，造成内外无人才，而其病则起于学术的不明。他们虽然没有能够找到社会危机的根本所在，但就其所指出的，却不失为一个重要的问题。

当时的一些有识之士，都敏锐地感到现实中存在着严重的学术与政事（或学问与经济）分裂的不正常的情况。如贺熙龄感慨说："夫学术至今日而益裂矣！其高焉者空谈心性，而不求诸实用；其卑焉者溺于训诂考据，断断于一名一物之微；又其下者剽窃词章，以图倖进，而皆置身心于不问。故其出而临民也，卤莽灭裂，以利禄为心，而民物不被其泽。"[2]即使号称"人文渊薮"的江浙地区，"经生甲海内，词客满天下"，然而"求所谓体用兼具，学问经济上不负国下不负民者，果何人哉"。[3]产生这种弊端，有制度、风气的原因，也有学术文化本身的问题。张履指出："其为学也，非所以为政也；其为政也，非其所学也。"[4]魏源也说："治经之儒与明道之儒、政事之儒，又泮三途。"[5]为了改变学术与政事分裂这种不正常现象，他们主张"学问经济无二事"，"贯经术、政事、文章为一"。

1 林则徐：《云左山房文钞》卷四，广益书局石印本，1916年。

2 贺熙龄：《寒香馆文钞》卷二，道光二十八年刻本。

3 卜起元：《潜庄文钞》卷六，光绪五年卜氏自刻本。

4 张履：《积石文稿》卷九，光绪二十年刻本。

5 魏源：《魏源集》上册，第23页，中华书局，1983年。

时势的变化要求学术的变化，以饾饤为汉、空腐为宋的学术状态，已不能适应道光间的时势，因而就出现汉宋会通、重事功之宋学、讲微言大义的今文经学的学术风气的转变，而其归结都在于能有所用于世。“学无大小，以适于用者为贵”，要在“归本于义理经济，以求为有体有用之需，斯可以名一家之学”。[1]

道光间，士大夫中出现了一批有见识有作为的人，如陶澍、林则徐、贺长龄、李兆洛、龚自珍、魏源、周济、姚莹、张际亮、潘德舆、汤鹏、包世臣、黄爵滋、沈垚、张穆、何秋涛……他们都主张经世致用，声应气求，互相砥砺切磋。道光六年，魏源助贺长龄编成《皇朝经世文编》，是这种风气变化的重要表现。此后，一些文士于京师慈仁寺建顾炎武祠堂，以为祭祀。由原来尊祀汉学大师郑康成改而祀顾炎武，是士林风气的变化，也是时势变化的征象。其于学术上，即在发扬顾炎武所倡导的“通经致用”的传统。对于“通经致用”，魏源作了具体的阐释，他说：“曷谓道之器？曰‘礼乐’；曷谓道之断？曰‘兵刑’；曷谓道之资？曰‘食货’。道形诸事谓之治；以其事笔之方策，俾天下后世得以求道而制事，谓之经；藏之成均、辟雍，掌以师氏、保氏、大乐正，谓之师儒；师儒所教育，由小学进之国学，由侯国贡之王朝，谓之士；士之能九年通经者，以淑其身，以形为事业，则能以《周易》决疑，以《洪范》占变，以《春秋》断事，以礼乐服制兴教化，以《周官》致太平，以《禹贡》行河，以三百五篇当谏书，以出使专对，谓之以经术为治术。曾有以通经致用为诟厉者乎？以诂训音声蔽小学，以名物器服蔽《三礼》，以象数蔽《易》，以鸟兽草木蔽《诗》，毕生治经，无一言益己，无一事可验诸治乎？乌乎！古此方策，今亦此方策；古此学校，今亦此学校；宾宾焉以为先王之道在是，吾不谓先王之道不在是

1 夏炯：《夏仲子集》卷一，民国十四年铅印本。

也，如国家何。”[1]“以经术为治术”、“通经致用”，这就是他们的共同宗旨。而经学，就是经世之学。

经世之学当然不只限于经学，还有史学、舆地、朝章国故等。也就是说，经世之学讲求的是“经国济世”的有用之学，具体是要解决当时所面临困境的漕、河、盐、兵、洋诸大政，解决人才问题，或探究边疆史地。总之，是为了“救时”，为了起衰振弊。

既然经世之学是为了解决现实的问题，是学以致用，那么它就和儒学正统有所不同，而具有自己的特点。儒学正统是言义不言利，所谓“正其谊不谋其利，明其道不计其功”。经世之学则讲功利，“利在天地间，原不禁正人拟议，彼畏利而讳言者，特小儒拘滞之见，而不足以探本也”[2]。显然，经世之学是以义与利，道德与事功相结合，以实用反对无实无用，如同颜元所改过的“正其谊以谋其利，明其道以计其功”。一字改动，其意义截然不同。

经世之学的兴起，引起了文化价值观念的变化。学术不是为了炫博以装饰门面，不是空腐无用，不是“干禄之术”，而是学政结合，学以致用，讲求功利、实用的价值。这种价值观念的变化，正是道光间文化转折的一个主要特点。

三　经世之学与学习西方

但是，鸦片战争前的经世之学，并没有超出儒学的范围，没有突破中国传统文化的藩篱，前引魏源阐释“通经致用”的那段文字，明显地表现出这种局限。当时提倡经世致用的有识之士，往往认为是在复三代以前之学，复清初顾、黄、王之学，是“复

1　魏源：《魏源集》上册，第23、24页，中华书局，1983年。

2　宗稷辰：《躬耻斋文钞》卷一，咸丰六年刻本。

古”。封闭的社会，相应的是封闭型的文化，它正像龚自珍所说的“药方只贩古时丹”，而没有能够找到新的思想武器。

英国殖民主义者发动侵略中国的鸦片战争，使中国沦为半殖民地半封建社会。战争的结果，也使中国的传统文化遭遇到西方文化的挑战。“满族王朝的声威一遇到英国的枪炮就扫地以尽，天朝帝国万世长存的迷信破了产，野蛮的、闭关自守的、与文明世界隔绝的状态被打破，开始同外界发生联系。”[1]

面对新的变局，士大夫中大多数人仍然浑浑噩噩，或醉生梦死，或顽固地坚守“夷夏之辨”、“用夏变夷”的信条。但是，也有像林则徐、魏源、姚莹这样一些代表着近代文化新趋向的有识之士。他们从传统文化的封闭体系中挣开了一条缝隙，开始注视西方的文化，并企图将某些东西纳入自己古老的体系里，加以吸收、改造。

林则徐到广州后，为了详细查明鸦片烟的输入、吸食情况和了解外国，除去延请一些留心海防事务的人士交谈外，还收集外国人出版的书刊，组织人翻译，并亲自向外国人询问西方世界的情况。当然，林则徐的目的在于“知彼”以研究“制驭之术”，但这种做法正表明是他的经世致用思想在起作用。他不以天朝大国的钦差大臣自居，而是抱着虚心学习的态度，在当时来说的确是难能可贵的。他提倡学习西方长技，对西方文化的某些因素也采取了宽容的态度，如他在日记里描述了在澳门的所见所闻，对西方的建筑文化流露出赞羡的神情：“夷人好治宅，重楼叠屋，多至三层，绣闼绿窗，望如金碧。”[2]在他主持翻译的《华事夷言》里，通过外国人对中西文化的比较，介绍了西方文化与中国文化的长短异同，其中如对于绘画艺术说：“中国之画，惟重写意，虚多实

1 《马克思恩格斯选集》第1卷，第691页，人民出版社，1972年。

2 中山大学历史系中国近代现代史教研组、研究室编：《林则徐集·日记》，第351页，中华书局，1962年。

少，不如西洋之工细。而洋画人物又是一片黑影，不独中国人嫌之，即西史载英国前代女王伊来西麻于写容时，亦不许写此黑影。”[1] 这些介绍，无疑有助于中国人了解西方文化，至少能开扩人们的眼界，启迪人们去重新思索。

姚莹对西方讲求实学有较深的体会，他说:“余尝至英夷舟中，见其酋室内列架，书籍殆数百册，问之，所言亦与国人相似，而尤详于记载及各国山川风土，每册必有图。其酋虽武人，而犹以书行。且白夷泛海，司天文算法者甚众，似童而习之者，盖专为泛书观星以推所至之地道里方向远近。必习如此，乃敢泛海舶纵所之也。”他们赞赏西方这种学以致用的精神和科学态度，而认为“吾儒读书自负，问以中国记载或且茫然，至于天文算数几成绝学，对彼夷人，能无泚然愧乎?”如果不因此而感到羞愧，奋起直追，仍然“视四裔如魑魅，阇昧无知”，固执“拘迂之见，误天下国家也”。[2]

在这些有识之士中，对转变风气最有影响的当推魏源。魏源提出了著名的“师夷长技以制夷”的主张。他还针对封建顽固势力的泥古不化、冥顽不灵进行了尖锐的抨击:“使有议置造船械、师夷长技者，则曰‘糜费’；及一旦糜费十倍于此，则又谓权宜救急而不足惜。苟有议翻夷书、刺夷事者，则必曰‘多事’；及一旦有事，则或询英夷国都与俄罗斯国都相去远近，或询英夷何路可通回部……”他提出:“欲制外夷者，必先悉夷情始；欲悉夷情者，必先立译馆翻夷书始。”[3] 这种新鲜思想，是以“开风气”为己任的经世致用思想家在西方资本主义侵略压力下找到的一条出路，比起“药方只贩古时丹”是一个变革性的进步。

林、魏、姚等主张了解西方、学习西方的开风气者，都是鸦

1 中国史学会主编：《鸦片战争》第 2 册，第 537 页，神州国光社，1954 年。

2 姚莹：《康辅纪行》卷五、一二，同治六年刊本。

3 魏源：《魏源集》下册，第 868 页，中华书局，1983 年。

片战争前经世致用的倡导者。经世之学成为在传统文化与近代文化之间起沟通作用的桥梁。没有经世之学的兴起，就文化发展的本身来说，就缺少近代文化出现的中介。经世思想家们之所以开启了近代文化，是因为他们主张务实，讲求功利，有较开明的思想。在西方文化的冲击下，能够敏锐地感到侵略者的坚船利炮，不是用夷夏之防就能抵御得了的。他们继续向前探索，终于得出了学西方的结论，开始促使近代文化的转变。

经世之学在近代有着深远的影响，它实际上包融了西学和“洋务”。光绪二十三年，梁启超主湖南时务学堂讲席时，为学生制订的《湖南时务学堂学约》第九项即以“经世”为目。《学约》规定:“居今日而言经世，与唐宋以来之言经世者又稍异。必精通六经制作之精意，证以周秦诸子及西人公理公法之书以为之经，以求治天下之理；必博观历朝掌故沿革得失，证以泰西希腊、罗马诸史以为纬，以求古人治天下之法；必细察今日天下郡国利病，知其积弱之由，及其可以图强之道，证以西国近史宪法章程之书及各国报章以为用，以求治今日之天下所当有事，夫然后可以言经世。而游历、讲论二者，又其管钥也。……今中学以经义掌故为主，西学以宪法官制为归，远法安定经义治事之规，近采西人政治学院之意，与二三子共勉之。”[1]经世之学列为学堂的一门功课，其内容已不是鸦片战争前仅限于经、史、舆地、掌故，而是中西学兼采。

经世之学在近代的影响，从各种“经世文编”的编辑出版，并盛行于世，也可反映出来。自道光六年《皇朝经世文编》编成后，进入近代，续编者接踵而起，先后刊出不下二十余种。这些续编虽然仍因循《文编》的体例，但由于鸦片战争后中外交涉频繁，洋务运动兴起，西学传播，原来的六政已不能包括，所以续

1 李华兴、吴嘉勋编：《梁启超选集》，第58页，上海人民出版社，1984年。

编者或别为外编，或增辟“洋务”一门。洋务或时务，逐渐成为趋时的学问。人们究心于此，固然有多方面的原因，但不可忽略的是为了谋求富强之道。

近代文化的构成有多种因素，而贯串于其中是强烈的爱国主义精神。这种爱国主义精神的始现，是与近代历史的开端紧密结合的。当时一些有识之士主张学习西方的科学技术、语言文学，是为了雪耻，为了“制夷”，“因其所长而用之，即因其所长而制之。风气日开，智慧日出，方见东海之民，犹西海之民”。[1]这里渴望中华民族强盛起来的情绪，正表现了他们强烈的爱国心。

爱国主义的思想感情，在文艺领域里也明显反映出来。如绘画方面，据英人宾汉的《英军在华作战记》记载，当时民间卖的版画中有《大贩鬼子图》。林昌彝绘《射鹰驱狼图》，表示对英国侵略者及助英为虐者的仇恨。文人学士为此图“题咏极多”，也是时代风气和思想情绪的反映。就遗留至今的作品来考察，当时以鸦片战争为题材的诗歌数量最多，爱国主义思想感情最强烈。如谴责英国殖民主义者以鸦片害人祸国的《阿芙蓉》（魏源），感愤于清政府腐败无能的《感事》（朱琦），愤怒揭露英军的侵略暴行，深切同情人民苦难的《东阳县》（张际亮），热情歌颂三元里人民抗击侵略者的《三元里》（张维屏），缅怀爱国将领、斥责投降派的《壬寅夏纪事竹枝词》（罗㬱），等等，都是爱憎非常鲜明的。爱国主义，是近代文化的脊梁。

四　盲目排外和崇洋

由经世之学而接受西学，是道光间文化的转折，体现了历史发展的趋向。但是，作为新的起点，并不意味着当时就居于主导

1　魏源：《魏源集》下册，第874页，中华书局，1983年。

地位，就具有广泛的社会影响和作用，而是从近代新文化发展的整体来考察的。事实上，道光间只是近代文化萌发的初型，是微弱的、幼稚的、简单的。一些有识之士呼吁学习西方，在相当大的程度上是被动的，是西方殖民主义侵略的迫使，是英国大炮的惊醒。他们没有可资继承的较长期积累的新的思想资料，没有较充分的思想准备，当他们还在从古人的药方中去寻找救世的灵丹时，一场“千古未有之变局”已经降临清皇朝统治的大地上。在被惊醒之后，他们的眼光也开始从古圣先贤转移到了西方。然而时局可以风云突变，文化却不可能。他们所注重的是西方的坚船利炮，所要学习的是西方的自然科学技术（而尤偏重于器物——技术）和语言文字。至于中国传统的文化体系，对他们来说是不可怀疑，也无用怀疑的。林则徐巡阅澳门时，可以赞赏西式的楼房建筑，而对西人的服饰、风俗则大不以为然，甚至是鄙视的："夷服太觉不类"；“婚配皆由男女自择，不避同姓，真夷俗也”。[1]这种观察事物的眼光和衡量的标准，不能不说是受中国传统的封建文化的价值观念和行为准则的局限。这不是林则徐个人如此，而是普遍现象。即如梁廷枏，他主张抵抗英国侵略，留心时务，重视了解、介绍西方的情况，并有所撰述，称得上是有见识的、开明的人物，但对“师夷长技”的主张却很反对，认为“天朝全盛之日，既资其力，又师其能，延其人而受其学，失体孰甚”[2]。

在传统的封建文化笼罩着的中华大地上，士大夫接受和传播的就是这样一个文化体系，对于吸取西方文化所遭到的强大的阻力是可想而知的。在一些具有爱国思想的人士中，如梁廷枏、林昌彝、温训等，鼓吹一种“西学源出中国”的说法。林昌彝在他所著的诗话中说："外夷奇器，其始皆出中华。久之，中华失其传，

1 中山大学历史系中国近代现代史教研组、研究室编：《林则徐集·日记》，第351页，中华书局，1962年。

2 梁廷枏著、邵循正校注：《夷氛闻记》卷五，第172页，中华书局，1959年。

而外夷袭之。”温训且作诗云:“西夷制器虽奇巧，半是中华旧制来。”[1]“西学源出中国说”，在19世纪后半期，在一些士大夫中一直沿袭流传。但主是说者的出发点，前后也有所不同。60年代后，洋务运动兴起，“采西学”、“制洋器”逐渐成为潮流，“西学源出中国说”正是为此找根据，无非是“礼失而求诸野”，不悖圣人之道。而在40年代，“西学源出中国说”则是为了反对学习西方，既然西方的自然科学技术都是得诸中国，那么中国“反求胜夷之道于夷，古今无是理”，干脆“他日洋烟绝其进口，并西夷所制器物勿使入内地”。

梁廷枏、林昌彝等在当时是号称有识见的人，尚且如此，至于那些闭目塞听、对世界大势暗昧无知的士大夫，毫无疑义更是文化上的保守主义者。而对西方文化的冲击，他们不分青红皂白地一味排斥，并不表明他们是强者，实际上是虚弱的。他们表现出来的心理状态，是既傲慢又恐惧。距鸦片战争二百多年前，耶稣会士利玛窦在他撰写的《中国札记》里有这样一段描述:“他们不知道地球的大小而夜郎自大，所以中国人认为所有各国中只有中国值得称赞。就国家的伟大、政治制度和学术的名气而论，他们不仅把所有别的民族都看成是野蛮人，而且看成是没有理性的动物。他们看来，世上没有其他地方的国王、朝代或者文化是值得夸耀的。这种无知使他们越骄傲，则一旦真相大白，他们就越自卑。”[2]利玛窦记述的虽然是明末士大夫的思想状态，但鸦片战争前后的士大夫与此并无二致。

虚骄与卑怯本是互为表里的。盲目排外和崇洋，也没有不可逾越的鸿沟。士大夫们虽然是拼命强调“夷夏之辨”，却也在滋长艳羡洋货的崇洋心理。陈作霖的《炳烛里谈》说:“道光年间，凡

1　林昌彝:《射鹰楼诗话》卷三，咸丰元年家刻本。

2　何高济等译、何兆武校:《利玛窦中国札记》上册，第181页，中华书局，1983年。

物之极贵重者皆谓之洋。重楼曰洋楼，彩轿曰洋轿，衣有洋绉，帽有洋篇，挂灯名为洋灯，火锅名为洋锅，细而至于酱油之佳者亦呼洋秋油，颜料之鲜明者亦呼洋红洋绿。大江南北，莫不以洋为尚。洋乎洋乎，岂非今日之先兆乎。”[1]这也许是在长期封建锢蔽下而进入半殖民地社会的中国士大夫的两重性格，在近代中国社会影响深远。

嗜洋货的崇洋心理并不是孤立的现象，它与当时士大夫的风尚分不开。确切地说，是士大夫风尚的一种表现。鸦片战争前后，风俗十分弊陋，人们用“好谀而嗜利”来概括这种状况。士大夫中因循苟且，奔走趋奉，柔靡圆滑，泰侈游荡，性躯逸乐，以至一场灾难性的战争刚过去，就“仍复恬嬉，大有雨过忘雷之意”。“官僚筵宴，无日无之。……士大夫中性躭风雅者，往往假精庐古刹，流连觞咏，畅叙终朝。”[2]即使取士大典，也免不了受这种风气的影响，但论小楷试律，因而“朝士风气专尚浮华，小楷则工益求工，试律则巧益求巧”[3]。

社会心理和风尚是文化构成的重要因素，它受其他文化因素的影响，又作用于其他文化因素。即如文艺，受社会心理和风尚的影响颇大。正是由于士大夫崇尚柔靡浮华，不能不影响书法艺术的格调，孙衣言曾指出:“嘉道以来，士夫好为姿媚。”[4]绘画也是趋向柔媚，少有生气，多因袭模仿，单纯追求技巧。诗歌则出现了学习宋诗的思潮，以温柔敦厚为旨，以模拟杜、韩、苏、黄唐宋名家为事，很少触及现实社会内容。小说创作虽趋冷落，但《品花宝鉴》却开了狭邪小说盛行的风气。这些事例，可以看出道光间文艺的思潮和面貌。从整体上说，是陈旧的，没有新的气息，

1　陈作霖：《炳烛里谈》卷上，宣统三年刻本。

2　朱彭寿：《安乐康平室随笔》卷六，中华书局，1982 年。

3　曾国藩：《曾文正公全集·奏稿》卷一，同治三年至十二年刻本。

4　孙衣言：《逊学斋文钞》卷一一，同治十二年刻本。

而且在走向衰落。

综观道光一朝，中国文化正处于由传统文化向近代文化转变的开端。传统的封建文化普遍存在着，依旧是这一时期的主体；但已经僵化而没有生气，走上了穷途末路。近代文化则刚萌发，还很微弱，影响有限，但却是新的事物，是向前发展的，代表了历史发展的趋向。近代文化既继承、吸取了传统文化，又承受着传统文化惰性的顽强阻力。近代文化就是在艰难曲折的历程中逐步发展起来的。

与孙燕京合作，原题《道光间文化述论》，刊于《福建论坛》1985 年第 6 期。文字略有不同。

戊戌新文化运动

提起新文化运动，人们很自然地会想到这是发生在五四运动时期的事情。它似乎已成为一个确定的专有名词。其实在中国近代历史发展的过程中，并不仅是五四时期发生过新文化运动，在戊戌变法时期（就文化的角度说，这个时期大致从 1895 年中日战争后到 20 世纪初年）也曾经发生过一次这样的运动。

毛泽东同志在《新民主主义论》中说："在'五四'以前，中国的新文化运动，中国的文化革命，是资产阶级领导的。"他还指出："在'五四'以前，中国文化战线上的斗争，是资产阶级的新文化和封建阶级的旧文化的斗争。在'五四'以前，学校与科举之争，新学与旧学之争，西学与中学之争，都带着这种性质。"显然，这是泛指旧民主主义革命时期文化的变革和它的性质，而不是具体地局限于五四新文化运动。在五四运动以前的新文化运动，就是资产阶级的文化运动。

与中国资本主义产生的具体情况相适应，资产阶级新文化的产生发展也有自己的特殊历程。中国资产阶级文化产生的情况与欧洲不同，它不是伴随着自己的资本主义经济和政治而产生发展，而是伴随着西方的商品、大炮和传教士传播进来的，是求进步的中国人向西方寻找来的。从魏源的"师夷长技以制夷"，到冯桂芬的"采西学"、"制洋器"，再到郑观应的"习商战"、"设议院"，标志着学习西方以求中国独立富强的思想的发展过程。可以说这是中国近代新文化运动的必经历程，是它的准备阶段。

在甲午战争以前，资产阶级文化的传播，一般来说，涉及的领域比较狭窄，主要是生产技术、自然科学和某些政治学说，而且偏重于个人的主张，缺少群众性和社会性，没有形成运动。资产阶级新文化由个人的传播发展成为运动，是在甲午战争以后的戊戌维新运动时期。这固然是因为有资本主义的经济基础，但更为直接的则是政治运动的缘故。正是由于救亡图存、变法维新的政治运动的蓬勃发展，从而在中国近代历史上出现了资产阶级文化运动。这次运动，不论在广度和深度上，都是前所未有的。

一　戊戌新文化运动的主要内容

维新派把变封建主义之旧、维资产阶级之新的政治运动和文化运动十分紧密地结合起来，梁启超当时就把他的变法主张归结为:“变法之本，在育人才；人才之兴，在开学校；学校之立，在废科举；而一切要其大成，在变官制。”[1]以开民智而育人才为变法之本，这是维新派的共同认识和主张。在他们看来，要开民智，育人才，必须兴学校、开学会、设报馆。从1896年到戊戌政变前，各地维新人士纷纷组织学会，创办学堂，出版报刊，有如雨后春笋。综计全国约有学会40多个，学堂十几所，报刊30多家。这些学会、学堂、报刊，都以讲求新学、开民智、育人才、图富强为目的，有一定的群众性，在社会上影响很大，使风气大开。

维新人士在探求救亡图存、富强之道时，认为“兵战不如商战，商战不如学战”，他们已不再满足于追求西方的“汽机兵械”，而是着力于探索其“命脉之所在”，亦即科学和民主两个方面。这是中国要致富强而不亡国灭种，就必须学会的“西方之

1 《饮冰室合集》文集之一，第10页，中华书局，1989年。

长”。因此，他们大力介绍传播包括哲学、社会政治学说和自然科学在内的西学。

成为维新运动的理论基础是进化论。达尔文的进化论，恩格斯称之为 19 世纪的三大发现之一，是科学上一次伟大的革命。它被系统输入中国，是从严复开始的。1895 年，严复在《原强》的开头就称赞达尔文的《物种探原》出版后，“欧美二洲，几于家有其书，而泰西之学术政教，一时斐变”；同时，他还翻译了赫胥黎的《天演论》。严复正是要用进化论的“物竞天择，适者生存”和“与天争胜”的原理，来批判封建顽固派的不变论，唤醒人们顺应天演的规律变法维新，以达到“自强保种”，胥免沦于亡国灭种的危险。《天演论》的发表和出版，对当时及其后的知识界都产生很大的影响，其意义就在于思想理论上突破了传统的变易进化观。

维新运动在政治上所要实现的是君主立宪。他们批判君权，宣传天赋人权、自由、平等。谭嗣同、严复大胆反封建君权，主张民本君末、君权民授、主权在民的理论，具有资产阶级民主主义性质。即如樊锥、毕永年、易鼐，也都阐发了类似的议论。毕永年在《存华篇》中指出:“人人皆承天地之气以为命，即人人皆有自主之权以立命。权也者，我与王侯卿相共之者也。国也者，非独王侯卿相之国，即我群士群民共有之国也。”他根据这种天赋人权的思想，强烈呼吁必须伸民权，“今日能贵民、重民、公权于民，而后国可保、君可存也”[1]。维新派从天赋人权的思想出发，进而提倡自由、平等。严复认为人人享有天所赋予的自由权利是不可侵犯的，“侵人自由者，斯为逆天理、贼人道”。谭嗣同则发出了冲决封建伦常之网罗的强烈呼声，表现了追求资产阶级平等、自由的精神。他认为“五伦中于人生最无弊而有益”，只有

1 《湘报》，第 34 号。

“朋友”一伦，因而伦理关系就要像“朋友”那样:“一曰‘平等’；二曰‘自由’；三曰‘节宣惟意’。总括其义，曰不失自主之权而已矣。”[1]维新人士很注重提倡男女平权，他们创办女学会、女学堂，出版《女学报》，这在中国是破天荒的。维新派强调个人“自主之权”，是资产阶级个性解放的观点，是在封建主义束缚禁锢下对人的新发现。

作为新文化运动，维新派不仅着力于社会政治学说的传播，而且也十分重视对自然科学的提倡。他们或创办《农学报》、《算学报》、《格致新报》一类以介绍自然科学为主的报刊，或在综合性的报刊上开辟“格致”、“算学”等专栏。务农会、舆算学会、算学会、测量学会、医学善会等学会也纷纷创立，以推进自然科学知识的传播和实际应用。南学会在这方面的活动，值得一提。谭嗣同等人在南学会举办的演讲会上讲述了关于九大行星绕太阳运转、地球的公转和自转、经度与纬度、两极与赤道，以及地震、日食等天文和地理知识，并组织群众用望远镜观测天体。这些都对传播近代科学、破除蒙昧落后起了作用。维新派对自然科学的倡导，比起甲午战争以前，虽然在内容上并没有突破，但在广泛性和普及性方面是有意义的。具有崭新意义的是研究的科学方法的提出。严复是这方面的介绍者和提倡者。他所说科学方法，包括归纳法（内籀）和演绎法（外籀）两部分，而二者反复运用，就能建立起各种科学。不过，二者之中，严复更重视归纳法，即由“实测”而推导出“公例”。这种归纳原理的科学观，成为严复批判旧学的武器。

由于变法维新的政治需要，由于新学的提倡和传播，导致了文艺领域的变革。这一变革的特点，是“诗界革命”、“文体革命”、“小说界革命”、“戏剧改良”等相继而起，形成广泛的文

1　蔡尚思等编：《谭嗣同全集》（增订本）下册，第350页，中华书局，1981年。

艺革新运动。资产阶级的文艺思想冲决传统文艺的网罗，成为近代文艺思想的主流。

针对当时诗坛笼罩着浓厚的仿古迷雾，梁启超、谭嗣同、夏曾佑等在戊戌变法前一两年，提出了“诗界革命”的口号，并试作“新诗”。所谓“诗界革命”，梁启超在《饮冰室诗话》中作了扼要的概括。他认为“堆积满纸新名词”不能算“革命”，“能以旧风格含新意境，斯可以举革命之实矣”。新意境，就是要反映新事物、新思想，对传统诗歌的内容和语言加以改革。当时在创作实践上成为“诗界革命”之翘楚的是黄遵宪，梁启超赞扬说:“近世诗人能镕铸新理想以入旧风格者，当推黄公度。”

与“诗界革命”比较起来，影响更大的是“小说界革命”。以1897年严复、夏曾佑的《〈国闻报〉附印说部缘起》为滥觞，至20世纪初，维新派发表了大量小说理论文章，其中梁启超的《论小说与群治之关系》是具有纲领性的。他们关于革新小说的理论，受到欧洲文学观念的强烈影响，归结起来有这样几点：一、提高小说的社会地位，把它从“稗官野史”的地位解放出来，尊为“文学之最上乘”；二、重视小说的社会作用，认为“小说有不可思议之力支配人道”，要救国就要从改良小说开始；三、强调小说为“改良社会，开通民智”服务，提出创作小说要能适合于“社会之情状”、“国民之脑性”，翻译小说必须择“有切于今日中国时局者”；四、阐述作为文学作品的小说与科学著作的区别，指出小说具有形象、有虚构和细节描写等特点，也涉及到现实主义和浪漫主义创作方法等问题。维新派发动的这场声势颇大的“小说界革命”运动，使小说创作和翻译空前繁荣发达，自戊戌变法到辛亥革命十多年间，许多文学刊物如《指南报》、《游戏报》、《新小说》、《绣像小说》等相继出版，创作和翻译的小说约达一千二三百种。

与小说同被封建士大夫视为不登大雅之堂的戏剧，也受到维新派的重视。“戏剧改良”虽在20世纪初才提出，但它是受整个文学改革运动的影响，是这个改革运动的组成部分。维新派很重视戏剧的社会作用，甚至认为戏剧比小说的作用更大，“虽聋得见，虽盲可闻”，“欲无老无幼，无上无下，人人能有国家思想，而受其感化力者，舍戏剧末由”。戏剧改良的提倡，影响及于京剧、川剧、粤剧等一些剧种，在舞台上出现了一批宣传爱国思想、改革社会风俗的剧目。

散文的发展也进入了一个新的阶段。梁启超提出过“文体革命”，这是因为宣传变法维新的政论文章需要冲破桐城派等传统古文的束缚，创出一种新体散文。这种新体散文号“新文体”，其特点“务为平易畅达，时杂以俚语、韵语及外国语法，纵笔所至不检束”，而“条理明晰，笔锋常带感情，对于读者别具一种魔力”。因而风靡一时，影响颇大，为晚清文体解放开辟道路。

文学改革运动不仅是内容的革新，也要求形式的革新。提倡文学语文合一而出现的白话文运动，是这一改革的表现。诗歌的“我手写我口”，小说的“与口说之语言相近”，散文的“务求平易畅达”等，都近于语文合一的要求。而提倡白话文最力的是裘廷梁。1898年，他在江苏无锡创立白话学会，并创办《无锡白话报》，认为“白话为维新之本”，主张“崇白话而废文言”，多办白话报以开通民智、传播新知。虽然前一年上海已创刊《演义白话报》、《蒙学报》，但《无锡白话报》则有较大的影响。湖南的《湘报》也曾登载一些用白话文写的文章，如皮嘉佑的《平等歌》、《醒世歌》和吴凤星的《大家想想歌》等。影响所及，1901年长江下游各省白话报纷纷出现。这场写白话文和办白话报的运动，虽没有取得代替文言文的地位，但它起了否定传统古文的作用，在语言形式上是一次解放，为五四时期白话文运动开辟了道路。

文学改革运动的发展，进而扩及于史学领域。刚跨进20世纪时，梁启超即揭橥“史界革命”的旗帜，并在理论上和实践上为建立资产阶级新史学做了努力。在《中国史叙论》和《新史学》两篇文章中，梁启超强调了史学的社会作用，认为“史学者，学问之最博大而最切要者也，国民之明镜也，爱国心之源泉也。今日欧洲民族主义所以发达，列国所以日进文明，史学之功居其半焉”[1]。他猛烈批判传统的封建史学，指出一部二十四史不过是二十四姓帝王的家谱，封建史家是为一家一姓的帝王争正统，这种史学只能奴化人们的思想，不能使人们“鉴既往之大例，示将来之风潮”[2]。他主张发动“史界革命”破封建史学，建立资产阶级史学。这种新史学，就是要“叙述人群进化之现象，而求得其公理公例”，使“后人循其理，率其例，以增幸福于无疆”。[3]“史界革命”的提出，为史学界开辟了一个新天地，结束了传统史学独占史坛的局面。

维新派还重视社会风俗的改革，主张禁缠足、鸦片等陋习。他们从人道主义出发，认为“缠足一事，贻害无穷，作俑千年，流毒四域”，使四万万同胞之一半成为废疾之徒，因而只有禁止缠足，才是“富国强种”的根本。当时上海、广东、福建、浙江、湖南、湖北、天津等地纷纷成立戒缠足会，得到社会上广泛的支持。湖南的不缠足会成立不到半年，报名入会的已超过万人，发展很快。维新派还主张婚姻嫁娶尚简省不尚铺张，鼓吹戒烟、禁赌博、戒游荡，提倡体育活动、讲卫生，甚至提倡工作、生活时间的条理化，注重工作效率，用西方资本主义社会的文明来改变中国封建社会陋恶落后的风习。

1　梁启超：《新史学》，《新民丛报》，1902 年 2 月第 1 号。
2　梁启超：《新史学》，《新民丛报》，1902 年 2 月第 1 号。
3　梁启超：《新史学》，《新民丛报》，1902 年 3 月第 3 号。

二　戊戌新文化运动的历史地位

维新派以大胆的创新精神，在戊戌维新时期掀起的这场新文化运动，几乎涉及文化的各个领域。它以资产阶级思想为指导，在冲决封建旧文化的网罗中建立和发展新文化，为中国文化增添了新思想、新内容、新方法、新境界，使中国文化步入了近代文化的领域。中国虽然没有出现像欧洲那样的文艺复兴，但就中国的特殊社会情况而言，它在中国历史发展上所产生的巨大影响，具有资产阶级启蒙运动的重要意义。正是以这场新文化运动为起点，资产阶级文化打破了封建文化独占文化阵地的局面，并发展成为主流，以儒学为中心的文化结构才发生了新的根本性变化。这是在春秋战国“百家争鸣”之后，中国文化一次全面的大变革。尽管传统的封建文化顽强抵制，但毕竟阻挡不住这滚滚向前的新潮流。

戊戌新文化运动跟当时变法维新的政治运动紧密连结在一起。它伴随着这场政治运动而发生，是由于政治运动的需要，并直接为其服务的。维新人士都特别强调文化要为变法维新服务，为改良社会、开通民智服务。在这种理论主张的影响下，文化实践活动繁荣发展，政治倾向性特别鲜明。总的来说，始终贯穿着强烈的爱国主义激情。他们所宣传的爱国主义，已不同于以往，而有自己的特点，这就是明确的近代资产阶级民族主义和国家观念。

戊戌新文化运动虽然极大地推动了文化的发展，但是它没有能使之形成一个完整的资产阶级文化体系，当时的新文化是不成熟的。这种不成熟性的表现，一方面是“新”的自身的幼稚、肤浅；一方面是旧的拖住新的，中西掺合，新旧回环交错。一定的文化是一定社会的政治和经济在观念形态上的反映，新文化的不成熟性，正是不成熟的资本主义经济力量和资产阶级政治力量所决定的。这是半殖民地半封建社会中国资产阶级文化的一个特点。

戊戌新文化运动不论存在什么不足和缺点，它在中国文化发展史上所具有的重要地位，是不可磨灭的。这场运动，不仅对辛亥革命时期的文化影响很大，而且为“五四”新文化运动开辟了道路。

辛亥革命与文化

辛亥革命从酝酿到推翻清皇朝，建立中华民国，前后历经十几年，在国内外发生了巨大的震动和影响。作为政治革命，它受到当时及后世的高度重视和称赞。但是，它在文化上的贡献如何，说法却很不一样，总的倾向是评价不高。有的研究者认为，近代80年的文化历程，经历了洋务运动的“中体西用”、维新思潮和新文化运动三个阶段，把辛亥革命时期的思想文化包括在维新思潮阶段，没有它的独立地位。有的研究者则认为资产阶级革命派忽视了思想文化，其贡献远不如维新运动和新文化运动。有的研究者甚至断言，辛亥革命只是打落中国最后一顶皇冠，别的毫无意义。究竟应该如何认识辛亥革命时期资产阶级革命派在思想文化方面的贡献及其历史地位，这是本文所要探讨的主要内容。

一　辛亥革命在文化上的贡献

辛亥革命无疑是一次政治革命，但同时也是一次文化革命，一次资产阶级新文化反对封建阶级旧文化的革命。革命的思想文化，是革命的先导；而革命的进程，又推动思想文化的发展。任何一次大的政治革命，都不可能是单一的，和思想文化分离的。辛亥革命也是如此。以孙中山为首的资产阶级革命派为了实现推翻清皇朝、建立共和国的目标，在从事政治、军事斗争的同时，也进行了思想文化的斗争。他们在维新派曾经垦拓过的文化土壤上，继续批判封建文化，发展资产阶级文化。戊戌维新运动在政治上很快就失败了，因而，它在思想文化上的贡献就相对突出起来。而辛亥革命也许是由于结束了两千多年君主专制皇朝的巨大成就，反而掩盖了它在文化上的意义，人们的注意力往往偏重于前者而忽视了后者。

“判断历史的功绩，不是根据历史活动家没有提供现代所要求的东西，而是根据他们比他们的前辈提供了新的东西。”[1]在评价辛亥革命时期资产阶级革命派在思想文化上的贡献时，我们不能要求他们比后来的新文化运动更多更大，而应当看他们比戊戌维新运动时期的维新派是否提供了更多的新的东西。就当时的历史实际来看，可以肯定，辛亥革命时期的革命党人比戊戌维新志士在思想文化上的贡献，不论在广度上和深度上，都有了新的发展。

出版革命书刊，是革命党人在思想文化领域所做的一项很有成绩的工作。革命党人十分重视报刊的宣传作用，以极大的热情创办报刊，自觉地运用这一舆论工具进行反清革命宣传。他们先后在国内外创办了约一百二三十种报刊，大大超过了维新派在戊戌维新运动时期所办的报刊数量。这些报刊都在于“灌输最新学说”，“传播革命思潮”，“鼓舞国民精神”。发行数量，最多的达到两万多份。革命党人在创办报刊的同时，还编印了大量宣传革命的小册子。据统计，从 1895 年孙中山发动广州起义失败后到 1911 年武昌起义爆发期间，革命党人共印发这类读物 130 种左右。其中邹容的《革命军》影响很大，出版后不到 10 年，先后印了 20 多版，发行达 110 余万册。

除去印发宣传革命的小册子外，革命党人还翻译介绍了大量西方的社会政治学说。1894 年中日甲午战争以前，国内翻译的西

1 《列宁全集》第 2 卷，第 154 页，人民出版社，1984 年。

学书籍大多是自然科学方面的，社会科学方面的为数很少。维新运动期间，西方社会科学的译介虽有所增加，但数量仍然有限。西方社会政治学说译介的大量增多，是在 20 世纪初辛亥革命时期。《东西学书录》所载 1990 年以前的译书，自然科学达 437 部，占总数 75.3%，社会科学 80 部，占总数 13.9%。而《译书经眼录》所载 20 世纪初年的译书，自然科学 164 部，占总数 19.6%，社会科学 327 部，占总数 60.9%。另据《日本译中国书综合目录》一书所统计，从 1868 年至 1895 年，中译日文书共有 8 种，而从 1896 年至 1911 年出版的中译日文书激增到 958 种，其中自然科学和应用科学 172 种，哲学社会科学 786 种。[1] 这些数字，都说明 20 世纪初年社会科学译书的数量增加很快。当然，从事译书者有资产阶级改良派，也有其他人士，不都是革命党人。但留日学生中革命党人不少，他们有许多人即从日文书籍中转译了西方的社会科学知识，或在报刊上发表，或成书出版。在从日文和西文翻译的书籍中，主要如杨廷栋译卢梭的《民约论》，张相文译孟德斯鸠的《万法精理》（严复译本称《法意》），马君武译斯宾塞的《女权篇》和约翰穆勒的《自由原论》（严复译本称《群己权界论》），蔡元培译保尔孙的《伦理学原理》等，宣传了资产阶级的天赋人权和自由平等的思想。

文艺是以艺术形象来感染群众，为群众所喜闻乐见，有很广泛的群众基础，又能够激发群众的革命热情。革命党人很注意运用文艺的手段来宣传革命思想。这主要表现在两个方面：一是利用原有的文艺形式反映革命的思想内容；一是创造新的文艺样式来表现现实斗争生活。利用原有的文艺形式，较多的是传统的诗词、戏曲、曲艺等。至于创造新的文艺样式，主要是吸收移植外

1 实藤惠秀监修、谭汝谦主编：《日本译中国书综合目录》代序，中文大学出版社，1981 年。

来的，如话剧、学堂乐歌、漫画等。不论旧的文艺样式或新的文艺样式，都表现了民主革命丰富多彩的内容和思想感情，生动形象地宣传了反对帝国主义侵略和反清革命的时代主题。而革命斗争的需要，又推动了文艺的发展，不仅使旧的文艺样式有了新的活力，而且增加了新的样式和品种，丰富和扩展了文艺的领域，成为后来新文艺运动的滥觞。

革命党人同样重视教育的作用。他们说："社会教育之不兴，我祖国其将不国矣。"[1] 基于这种认识，他们大力提倡"兴学堂，普及教育"，并利用学校进行革命活动，"以学堂为鼓吹之地"。当时，全国很多学校都受到革命党人的影响，有的就直接掌握在党人之手，如蔡元培主持的上海爱国学社，秋瑾主持的浙江绍兴大通学堂等。这些活动不仅培养了大批革命人才，而且传播了科学文明，冲击了守旧陋习，促进了近代教育事业的发展。

报刊、书籍、文艺、学校等各种文化事业，既是传播民主革命思潮的手段、阵地，也是近代新文化发展的表现。救亡、革命需要思想文化来为它服务，同时又促进思想文化的发展，二者相辅相成。不仅形式是如此，内容也是如此。

从文化的思想内容来看，革命党人除了通过书刊、文艺、学校等部门，揭露清政府腐败卖国和帝国主义侵略罪行外，着重宣传了以下几个方面：

第一，发扬民族主义精神，鼓吹爱国主义。资产阶级革命派所说的"民族主义"，包括两方面的内容：一是抵制西方列强的侵略；一是反对国内满洲贵族的统治。他们提出了"帝国主义"的概念，并对帝国主义的侵略本性有一定的认识，指出帝国主义"乃膨胀主义也，扩张版图主义也，侵略主义也"[2]，而中国成了

1　云窝：《教育通论》，《江苏》，第3期。

2　自强：《论帝国主义之发达及二十世纪世界之前途》，《开智录》，第2期。

它们争夺的“舞台之中心点”。处在竞争的时代，在帝国主义的侵略下，要想挽救民族危机，必须振作国民的民族主义精神，“非以我国民族主义之雄风盛潮，必不可能抗其民族帝国主义之横风逆潮也”[1]。他们认为中国之所以遭受帝国主义侵略，是由于清政府腐败统治造成的恶果，因而要御外侮就必须推翻清王朝。“革命排满”，成为革命运动中最容易为人们接受的口号。

第二，建立资产阶级共和国的方案。辛亥革命不仅要推翻清皇朝，而且要建立新的资产阶级共和国。戊戌维新运动效法的是日本明治维新、俄国彼得变政，而辛亥革命则是效法美国独立战争和法国资产阶级革命。他们编译了《美国独立檄文》、《美国独立史》、《法国革命史》等一些作品，极力称颂资产阶级思想家政治家卢梭、孟德斯鸠、华盛顿、富兰克林等人，认为美国独立史、法国革命史为中国革命提供了很好的借鉴，革命派主张照此办理，以达到“创立民国”的最终目标。

第三，提倡民权平等，反对封建伦理纲常。这不是辛亥革命时期提出的新问题，还在戊戌变法运动期间，维新派就鼓吹“天赋人权”、自由平等，批判封建的三纲五常，使之不仅与守旧派也与洋务派发生尖锐冲突。革命党人是在这个基础上来提倡的。但是，革命派与维新派在宣传民权学说上也有不同。维新派鼓吹民权，却尊崇君权，要“以君主之法，行民权之政”，并提出“欲兴民权，宜先兴绅权”的主张。而革命派提倡民权，则是要打倒君权，使国民成为“一国之主人翁”，反对改良派既讲民权却又要保护君权的主张。他们强调国民的性格、责任、权利、义务是立国的四要素，“国民”与“奴隶”对峙，“不为国民，即为奴隶”[2]。革命党人认为民权是最要紧的，“世界万国，以有民权而兴、无

1 邓实：《通论四：帝国主义》，《政艺通报》，1902 年第 5 期。

2 《国民日报汇编》第 4 集。

民权而亡者，踵相接，背相望”。中国“之所以能脱之、倾之、去之，除之、复之者，在种吾民革命之种子，养吾民独立之精神，而可一言以蔽之曰：民权而已”[1]。在民权问题上，革命派对女权的呼吁和争取是很突出的。他们提倡男女平权，认为“女权愈振之国，其国愈文明，女权愈衰之国，其国愈衰弱”[2]，倡言“二十世纪为女权革命世界”。这表明在提倡兴民权上，革命派比维新派不仅有更广泛的社会影响，而且在思想深度上也前进了一大步。

在批判封建三纲五常方面，革命派比维新派也有大的发展。他们痛斥三纲五常之毒害，提出非“扫荡三纲，煎涤五伦”不可，否则“欲提自由之空气，振独立之精神，拔奴隶之恶根，救民群之悲运，岂可得哉”[3]。在批判封建文化上，革命派比维新派最大的进展，是他们已将批判的矛头指向了孔孟，提出“三纲革命”、“圣人革命”。刘师培认为，“孔子之学，仅列周季学派之一耳”[4]，不能说他是“至圣先师”。有的说:“吾国学有渊源，非止孔孟一支，平其心，静其气，无所重轻，兼采众说，以求公理，则虽余固未能谓孔孟无可取也。唯强余以为至圣，沮人生之自由，禁学术之发达，再为第二汉武，定于一尊，则余不忍泯此良心也。”[5]把孔子的学说仅看作是当时的一个学派，这就否定了“圣人”和“圣学”的绝对地位。在一些革命党人所办的刊物上，更对孔子及其学说进行了批判。例如，《觉民》杂志上曾发表文章批判旧式的封建教育是奴隶教育，是“袭取孔子糟粕”，“摭拾程朱吐余”。孔孟的学说使中国的专制主义得以巩固，要革新中国，必须打破孔孟的纲常阶级之说。也有人撰文指出，中国“数

---

1 《辛亥革命前十年间时论选集》第 1 卷上册，第 69、70 页，三联书店，1960 年。

2 《辛亥革命前十年间时论选集》第 1 卷下册，第 924 页。

3 《伦理学平等卮言》，《经世文潮》第 2 期。

4 刘师培：《论孔子无改制之事》，《刘申叔先生遗书》第 45 册，1936 年宁武南氏铅印本。

5 凡人：《无圣篇》，《河南》第 3 期。

千年来，思想滞闵不进，学术陵迟”，是由于独尊儒术。孔子原非圣人，是由其后的当权者捧起来的，是“秦汉以降，历世相传有不可思议之一怪物”，认为要“破专制之恶魔必自无圣始”[1]，把孔子及其学说视为封建专制的精神支柱。陈君衍用白话写了《法古》一文，更明确地反对尊孔，指出“因为孔子专门叫人忠君服从，这些话都很有益于君的。所以那些独夫民贼喜欢他的了不得，叫百姓尊敬他，称他为至圣，使百姓不敢一点儿不尊敬他，又立了诽谤圣人的刑法，使百姓不敢说他不好”。“总而言之，孔子虽好，必不能合现在的时候了。我但望吾同胞做现在革命的圣贤，不要做那忠君法古的圣贤。”[2]有的则说，中国“历数千年无进取，孔氏之罪也”[3]。在无政府主义的刊物《新世纪》上，有人提出更为激烈的主张，直呼圣人之名，认为“孔丘砌专制政府之基，以涂毒吾同胞者，二千余年矣”，“欲世界人进于幸福，必先破迷信，欲支那人之进于幸福，必先以孔丘革命”。[4]从维新派标榜“孔子改制”的旗号，主张定孔教为国教，到革命派反对尊孔，这无疑是中国历史文化上的一大进步。这从维新派以孔子纪年到革命派以黄帝纪年，也可反映出这种发展变化。尽管革命派的反孔还是初步的，从整个宣传工作中所占的份量来说也是微弱的，但它是后来“五四”新文化运动评孔的开端。五四新文化运动时期，陈独秀、李大钊、易白沙等人对孔子的评论都不是完全否定的，而是既有批判又有肯定。他们反对孔教，批判三纲五常，认为孔子之道“不合于现代社会之生活”。但是，他们也肯定了孔子和孔学的历史地位和价值。不难看出，辛亥革命时期革命党人在对待孔子和儒学上，所持的态度和所涉及的问题，和五四新文化运动

1 凡人：《无圣篇》，《河南》，第 3 期。

2 《童子世界》，1903 年 5 月第 31 期。

3 帝召：《孔子秋祭之感想》，《民呼报》，1909 年 10 月 10 日。

4 绝圣：《排孔征言》，《新世纪》，1908 年 6 月第 52 号。

基本上是一样的，可以说是一脉相传。

第四，反对封建迷信、习俗，陶铸“国民新灵魂”。革命派在报刊上发表了大量文章，批判封建迷信和陋习，指出封建迷信毒害中国人太深，“事事归之于天，人人听命于神”。他们认为，要启蒙就先要破除迷信，即“革神”、“革天”，“天革神革而后民性革，民性革则命不革亦革”，[1] 这就把批判天道鬼神的重要性和改造国民性、革命的关系联系起来。他们在反对封建迷信时，涉及民间迎神赛会、崇拜偶像、求签问卜、风水厚葬等种种恶俗。对其他陋习，如包办买卖婚姻、缠足、蓄婢纳妾，以及卖淫嫖妓、吸食鸦片、赌博等，也作了有力的揭露和抨击。另一方面，他们宣传科学的道理，提倡尚勇、公德，提倡树立独立人格，不做专制君主的奴隶，不做外国的奴隶，也不做神佛的奴隶。革命派鼓吹“改铸女魂”、“陶铸国魂”，也就是改造国民性问题。

第五，西方社会政治学说的广泛传播。在 20 世纪的最初 10 年间，欧美主要哲学流派和代表人物，从古代到近代，都介绍到中国来，如苏格拉底、柏拉图、亚里士多德、笛卡尔、培根、斯宾诺莎、霍布斯、达尔文、卢梭、孟德斯鸠、边沁、康德、黑格尔、叔本华、尼采以及詹姆士的实验主义。政治思潮除民主主义外，五四运动前后在各种思潮中曾占有优势的无政府主义思潮，也是在此时被介绍到中国的，《新民丛报》、《东方杂志》、《浙江潮》、《江苏》、《民报》等报刊都刊载过介绍欧洲无政府主义的报道、评论。1907 年，革命派中无政府主义信仰者分别在日本东京和法国巴黎办《天义报》和《新世纪》，宣传无政府主义。无政府主义作为一种社会思潮，自有其基本的思想，但也存在不同流派，提出了不同主张。刘师培就认为无政府主义有三派，施蒂纳的个人无政府主义，托尔斯泰的消极无政府主义和克鲁泡特金

1 《瞢瞢之来简》，《民国日报汇编》第 10 集。

的共产无政府主义。三派中施蒂纳的太高远，只有克鲁泡特金的“自由结合”说最为得当。而刘师培就是吸收克鲁泡特金的无政府主义，结合自己的思想，形成了具有特色的平等无政府主义体系。克鲁泡特金的无政府主义思想，五四运动前后在中国思想界颇有影响。对中国产生伟大影响的并成为实践的马克思主义的社会主义思潮，也是在20世纪之初就介绍进来。革命派的报刊如《浙江潮》、《江苏》、《民报》等，发表了一些介绍社会主义学说的文章，其中以《民报》的贡献为大，朱执信的表现为突出。朱执信在文章中肯定社会主义社会是“最进步的社会”，并介绍了马克思的《共产党宣言》及阶级斗争学说。尽管他对社会主义的认识还很肤浅，乃至有所误解，但在当时来说却是很难得，很有远见的。资产阶级革命派对社会主义学说的介绍，当时虽没有产生什么社会影响，但其前驱的作用是不应抹煞的。

革命派宣传资产阶级新思想文化，反对封建思想文化，内容很广泛，远不止上述这些。但仅此也可看到革命派在进行政治革命的同时，在思想文化上的贡献是不可忽视的。正是资产阶级新文化的传播，成为辛亥民主革命的先导，迎来了武昌起义的胜利。

辛亥革命推翻了清皇朝，建立了资产阶级共和国，结束了2000多年君主专制制度，在政治上发生了重大变化，同时在文化上也引起了变革。如果说在武昌起义前，文化的发展是因为资产阶级民主革命的需要而宣传鼓吹，那么在推翻了君主专制政权，建立了资产阶级共和国的时候，文化的变革则是通过资产阶级民主政权的政策力量而实现的。首先是民主共和的观念在社会上产生了深刻的影响，帝制已被国人视为非法之物，袁世凯、张勋之辈虽一度倒行逆施，企图复辟，但只不过是昙花一现，短命而亡。其次，革除恶俗陋习，移风易俗，如剪除发辫，禁止吸食鸦片、缠足、买卖人口、赌博等，以及革新礼节仪式。再次，改革教育，废除清末忠君、尊孔的封建教育宗旨，提倡以培养德、智、体、美为主要内容的新式国民教育。《中华民国临时约法》还对人民权利和自由、平等做了一系列规定，使之条文化和法典化，在中国政治史上和文化史上都有着划时代的意义。由于南京临时政府采取了一系列改革措施，推动了近代文化的发展。这不仅表现在民主、平等观念的深入人心，新道德、新风尚、新习俗的发扬，而且各类文化设施也迅速发展。例如，1912 年，全国学校数目达到 87272 所，学生人数达到 2933387 人。其中初级学校 86318 所，中级学校 832 所，高级学校 122 所。[1] 全国报纸由 10 年前的一百多种，增加至近 500 种，总销数达 4200 万份。[2] 这是前所未有的。许多报纸议论时政，宣传民主、科学和各种社会政治学说。政党、社团也如"雨后春笋蓬勃兴起"。1912 年 10 月，仅在民政部立案的团体就有 85 个。据有的记载，政党、社团数目高达 300 多个。社团中，为数不少是文化、学术团体。这些团体集合了当时一批有志于研究学术和社会问题的知识分子和青年学生，创办刊物，举行讨论会、演讲会，邀请学者讲学，大大活跃了当时的思想界。戊戌"百日维新"虽也颁布施行一些有关文化的政策措施，但多未实行，政变后留下的成果仅京师大学堂而已。南京临时政府存在的时间虽也仅几个月，但在思想文化上产生的社会影响，却远不是"百日维新"所能比拟的。

二　革命党人对待中西文化的态度和主张

辛亥革命时期，文化现象上值得注意的一个问题，是关于对待中西文化的态度、抉择，以及由此引起的论争。

在近代中国，如何对待固有文化和西方文化，是一个长期存

1　舒新城：《中国近代教育史资料》上册，第 367、368 页，人民教育出版社，1981 年。

2　戈公振：《中国报学史》，第 178~181 页，三联书店，1955 年。

在而又关系重大的问题。实际上从鸦片战争后，关于中西文化问题的论争就已经出现。当时，争论的焦点，是承认不承认有不如“夷”之处，应不应当“师夷”。19 世纪 60 至 90 年代洋务运动期间，对中西文化的论争较以前广泛、激烈，主要问题是只靠礼义忠信就可以维持封建统治，还是需要辅之以“采西学”、“制洋器”？1894 年中日甲午战争后的维新运动时期，争论主要集中在是维护封建三纲五常、君主专制，还是提倡民权平等、君主立宪？而进入 20 世纪初的辛亥革命时期，当时的中国人，包括革命党人在内，对待中西文化的态度和主张，表现出更为多样化，争论的问题也有所深化。

在《辛丑条约》签订以后，封建顽固守旧势力在政治上虽然受到严重打击，但在思想文化上还有相当的势力和影响。他们仍然竭力维护封建文化，维护封建伦理纲常，鼓吹振作君权，反对吸收西方文化，反对民权平等，其论调与以前没什么变化。这种人在当时被称为“三纲五常派”。

“中体西用”论在这个时期仍颇流行。如果说在洋务运动时期“中体西用”论还主要是洋务派的指导思想，那么在辛亥革命时期“中体西用”则成为清政府的方针。慈禧太后在从西安回銮前所公布的谕旨，即申明“常经”是万古不易，而“治法”则是可变的，其实就是定下了“中体西用”的基本调子。清政府有势力的大吏大都持这种主张，如岑春煊在云贵总督任上曾提出：“民之智能技艺，可师仿他国，独至民德，则数千年文化之渐染，风俗之遗传，必就我所自有者修而明之，不能以彼易此。”“欲增进民德，必修明礼教……以中国之教育，成中国之学风，智能艺术，复兼师他国之长，庶儿有本有末，非掇拾依傍之比也。”[1] 张之洞在厘订学堂章程时，主张“以忠孝为敷教之本，以礼法为训俗之方，以练

1 故宫博物院明清档案部编：《清末筹备立宪档案史料》下册，第 975 页，中华书局，1979 年。

习技能为致用治生之具”[1]。在清政府颁布的“整顿学堂”的上谕中，强调要“以圣教为宗，以艺能为辅，以礼法为范围，以明伦爱国为实效”[2]。而在其宣示的教育宗旨中，明确提出“以中学为主，西学为辅”，并规定“忠君”、“尊孔”等。在辛亥革命时期，“中体西用”完全成为一种官方的指导思想，以此来反对资产阶级民主革命思潮，维护处于风雨飘摇的清皇朝的统治地位。

20 世纪初，中国社会还存在着一种“醉心欧化”的思想倾向。当时虽然还没有出现“全盘西化”这一概念，但实质上是一样的。所谓“醉心欧化”，其表现为，一方面对固有的民族文化采取虚无主义的态度，盲目否定一切，正如章太炎所说：“近来有一种欧化主义的人，总说中国人比西洋人所差甚远，所以自甘暴弃，说中国必定灭亡，黄种必定剿绝。因为他不晓得中国的长处，见得别无可爱，就把爱国爱种的心，一日衰薄一日。”[3]鲁迅在所撰的文章中，也批评这种轻薄自己民族国家的错误倾向，指出“见中国式微，则虽一石一华亦加轻薄”[4]。当时就有人主张把中医书籍“付之一炬”，鼓吹完全废除汉字，认为中国的国粹“已属过去之陈迹”，“尤当早于今日陈诸博物馆”。[5]另一方面是对西方的盲目崇拜，“尊西士为圣神，崇欧人为贵种”[6]，鼓吹“彻底输入文明”。在吴趼人的作品《上海游骖录》第八回中，通过一个知识分子的口做了描述：“此刻中国万事万物，都应改革，譬如一所旧房子，已经东倾西圮的了，若不是通身拆卸，重新起造，徒然换一两根庭柱，是断乎收拾不好的。……不如拆了中国房子，改一所外国洋房住，岂

1 许同莘：《张文襄公年谱》，第 180 页，民国二十八年铅印本。

2 故宫博物院明清档案部编：《清末筹备立宪档案史料》下册，第 1001 页，中华书局，1979 年。

3 《演说录》，《民报》，1906 年 7 月第 6 号。

4 鲁迅：《破恶声论》，《河南》，1908 年 12 月第 8 期。

5 反：《国粹之处分》，《新世纪》，1908 年 4 月第 44 号。

6 《论中国对外思想的变迁》，《警钟日报》，1904 年 6 月 21 日。

不舒服?”这虽然是小说，但却具体形象地反映了清末存在的醉心欧化的社会现象和心态。欧化主义者注意了文化的创新性和时代性，注意文化“五分于东西”，要吸收西方的新文明，但认为“万事当以进化为衡”，忽视东西文化各有创造，各有特点，从而抹煞了文化的继承性和民族性，陷于民族文化虚无主义。

正是和“醉心欧化”思想偏向的存在有关，20世纪初，中国社会出现了一股“保存国粹”的思潮，宣扬保存国粹的人，情况复杂，有封建守旧派，有“中体西用”的洋务派，有资产阶级改良派，也有资产阶级革命派。即以主张“中体西用”者而言，他们因为“道微文敝，世变愈危”，要“存国粹”，以“息乱源”。[1]他们要保存的“国粹”是什么?一句话，就是封建礼教，伦理纲常。他们把封建礼教捧为“万国伦理学之祖”，是“经世之具，至精至粹，至可宝贵者”。[2]显然，他们反对的目标是民权平等。从这点上说，他们和封建守旧派所要保存的国粹是一致的。

这里要着重提到的，是资产阶级革命派中一些主张发扬国粹的人，习惯上被称之为“国粹派”。他们的主张有两点值得注意：一是把孔子及儒学不是作为圣人和圣经来崇拜，而是作为历史人物和文献典籍来研究分析。就是说，儒学从独尊的统治的地位降为普通的学术流派。他们尖锐地批评了儒家和儒学思想。章太炎说:“儒学之病，在以富贵利禄为心”，“儒术之言，则在淆乱人之思想。”[3]刘师培认为:“孔子之学术，岂能尽美而无小失”，其主要缺点有四，即“信人事而并信天命”，“重文科而不重实科”，“有持论而无驳诘”，“执己见而排异说”。[4]国粹派在反对儒学独

1 许同莘：《张文襄公年谱》，第208页，民国二十八年铅印本。

2 故宫博物院明清档案部编：《清末筹备立宪档案史料》下册，第976页，中华书局，1979年。

3 汤志钧编：《章太炎政论选集》上册，第289、291页，中华书局，1977年。

4 刘光汉：《孔学真论》，《国粹学报》，1906年6月第17期。

尊的同时，提倡诸子学，弘扬明末清初黄宗羲、顾炎武、王夫之、颜元等的学说。诸子学的兴起在于乾嘉学派，汪中、王念孙、俞樾、孙诒让等都做了贡献。但是，诚如刘师培所说，他们的研究，“大抵甄明诂故，掇拾丛残，乃诸子之考证学，而非诸子之义理学也”[1]。章太炎、刘师培等人的研究诸子学，则是“诸子之义理学”。他们用新理来研究诸子学，章太炎撰《诸子学略说》，刘师培发表了《周末学术史序》，《国学振兴社讲义》第一分册也刊载了《诸子系统说》等。他们把发扬国粹看作是“复兴古学”，甚至比之于如15世纪欧洲的文艺复兴，而不是如封建守旧派和洋务派那样以保存国粹来维护封建礼教，要人崇拜孔教。二是针对“醉心欧化”者的民族虚无主义思想，要用发扬国粹来“激动种姓，增进爱国的热肠”，从中国传统文化中求得排满革命的助力。但是，国粹派中有些人把中国文化说成是“精神之学”，西方文化为“形质之学”。这种把精神和物质截然分开去界定一种文化的观点，无疑是不科学的，对后来也产生了不好的影响。正是由于他们往往过分强调发扬国粹，因而不可避免地偏重旧学而轻薄西学，有些人甚至把封建纲常名教当作“吾族之灵魂”加以颂扬。国粹派注意了文化的继承性和民族性，但忽视了文化的创新性和时代性，不能不表现出保守的倾向。

资产阶级革命派中一些人主张发扬国粹，尽管与守旧的封建文人有区别，但在提倡保存“国粹”的问题上，不能不混淆在一起，对于反对封建文化难免表现出软弱无力。有力地批驳封建守旧派保存国粹的鼓噪，是资产阶级革命派中更具民主主义思想的人们。有的文章把主张国粹说者分为经师派、名士派、举子派，分别给予批评，尖锐指出“国粹说之误解，足已驯至亡国”。他们都强调学习西

1　刘师培：《周末学术史序·总序》，《刘申叔先生遗书》第14册，1936年宁武南氏铅印本。

学的必要性，宣传资产阶级的民权平等思想，批判封建三纲五常。

顽固保守封建文化，或者只限于吸收西方的工艺；反之，完全醉心欧化，一切照搬西方，都不是正确对待中国固有文化和西方文化的态度。因此，资产阶级革命派中的一些人对偏颇的、错误的思想主张提出了批评，指出："闻之开新、守旧两派之言矣。开新者曰：欲造新中国，必将中国一切旧学扫而空之，尽取泰西之学，一一施于吾国。守旧者曰：我欲强我国，行我古代圣王之法而有余，不必外求，或但取其艺学。二家之见，所谓楚则失矣，齐亦未为得也。"他们认为，不论对中国文化或西方文化，都不应该是一概接受或一概排斥，而要加以具体分析："夫我国之学可遵守而保持者固多，然不合于世界大势之所趋者亦不少，故对于外来之学不可不罗致之。他国之学固优于我国，然一国有一国之风俗习惯，夏裘而冬葛，北辙而南辕，不亦为识者所齿冷乎！然则对于我国固有之学，不可一概菲薄，当思有以发明而光辉之。对于外国输入之学，不可一概拒绝，当思开户以欢迎之。"总的原则应该是："吸食与保存两主义并行"，"拾其精英，弃其糟粕"，而"于西学庶免食而不化之讥，于中学冀呈晦变明之象"。[1]他们对待中西文化的态度，是"合数千年吾国国学之精粹，各取其长，进行参考东西各科之新理，以求其是"，也就是要"融会东西之学说"。[2]或者如有的文章所说的："取东西而熔为一冶，发挥之，光大之，青青于蓝，冰寒于水，岂非由二者调和而生耶。"[3]融会中西文化，目的在于创造近代新文化。鲁迅在当时就明确指出，这种新文化应是："外之既不后于世界之思潮，内之仍弗失固有之血脉，取今复古，别立新宗。"[4]

1 师薑：《学术沿革之概论》，《醒狮》，1905年9月第1期。
2 凡人：《开通学术议》，《河南》，1908年6月第5期。
3 《叙论》，《湖北学生界》，1903年1月第1期。
4 《河南》，1908年8月第7期。

对中西文化持会通融合主张的，在当时不限于革命党人，资产阶级改良派的头面人物如严复、梁启超也具类似态度。严复说："统新故而视其通，苞中外而计其全。"[1]梁启超阐释"新"的含义时指出："一曰淬厉其所本有而新之，二曰采补其所无而新之。二者缺一，时乃无功。"[2]这里还需要提到不大为人注意的孙宝瑄的说法。他认为："居今世而言学问，无所谓中学也、西学也、新学也、旧学也、今学也、古学也，皆偏于一者也。惟能贯古今，化新旧，浑然于中西，是谓之通学。通则无不通矣。……号之曰新，斯有旧矣。新实非新，旧亦非旧。惟其是耳，非者去之。惟其实耳，虚者去之。惟其益耳，损者去之。是地球之公理通矣，而何有中西，何有古今？"[3]这段话颇有点哲理味道，中心是一个"通"字，把中西、新旧、古今之学融会贯通，而会通的过程也就是选择的过程，取其是、实、益，去其非、虚、损，即取其精华，弃其糟粕。

20世纪初，如何对待中西文化有各种各样的主张，并进行了论争和批评。在各种意见中，应该说融会中西以创造新文化的见解是有积极意义的，是符合文化发展的轨道的。像中国这样一个落后于世界潮流的历史文化悠久的大国，要想迎头赶上，独立富强，既不可能拒绝吸收西方资本主义文化，也不能否定自己的文化传统，全盘照搬西方文化，只能根据中国的实际，对中西古今文化取其精华，弃其糟粕，融会贯通，创造发展新文化。这实际也就是继承、吸收、筛选、改造、整合的过程。认为文化不能分精华糟粕，也分不清精华糟粕，只能整体移植或整体否定，在理论上和事实上都缺乏根据。20世纪初关于中西文化问题的各种主张和争论，为我们做了很好的说明，提供了经验教训。

1　王栻主编：《严复集》第3册，第560页，中华书局，1986年。

2　李华兴、吴嘉勋编：《梁启超选集》，第211页，上海人民出版社，1984年。

3　孙宝瑄：《忘山庐日记》上册，第80页，上海古籍出版社，1983年。

三 辛亥革命时期文化革新的历史地位和作用

辛亥革命推翻了清皇朝，建立了中华民国。但是，资产阶级的民主政权只是昙花一现，为时很短。资产阶级革命派既屈服于国内外反动派的压力，也天真地认为“中华民国”已经建立，“革命之事毕矣”，今后所当努力的是政治建设和实业建设，放弃了政治上的斗争，也放弃了思想文化上的斗争。几个月后，政府北迁，袁世凯窃取了政权，实行专制独裁统治，搞帝制复辟，《临时约法》被撕毁，民主被践踏，“民国”成了空招牌。

革命的失败，反革命复辟活动的猖獗，在思想文化上的反映，是出现了一股尊孔复古逆流。在历史上，每当一种新制度的建立，总是要伴随着新旧势力之间的反复较量。而在思想文化领域里，代表没落势力的旧文化，不可能因一场政治风暴而消逝，一旦政治压力放松时就要对新思想文化进行反扑。辛亥革命以后的状况正是如此。随着资产阶级革命政权的丧失，反对民主、自由、平等的喧嚣伴之而起。康有为就大肆攻击辛亥革命及南京临时政府所颁布的政策法令是“扰民害民”，是“礼坏乐崩”的颠倒大变。他说：“今天坛不祀，殆将经年，其他百神，殆将废祀，甚至孔子文庙，亦废丁祭，遂至举国礼坏乐崩，人心变乱……并五千年中国之礼教而去之，若尧、舜、禹、汤、文、武、周公、孔子而有知，应无不悼心而泣血也。”[1]这就不能不令人想起在此之前50年，曾国藩也曾撰文诅咒太平天国起义对孔子和封建礼教的冲击，发出了“乃开辟以来名教之奇变，孔子、孟子之所以痛哭于九原”的哀号。康有为这位戊戌变法时期的维新领袖，此时竟然连禁止

1 汤志钧编：《康有为政论集》下册，第827、828页，中华书局，1981年。

赌博、娼妓、迷信等恶习陋俗都横加指责，说什么“若必禁妓，则淫风更乱”，“是绝人道”。与此同时，封建遗老遗少们纷纷活动，鼓吹尊孔复古。在北京成立“孔教会”并创办《孔教会杂志》后，各地的孔教会、孔道会、尊孔会、经学会等反动社团相继出笼。帝国主义分子对这股反动文化逆流也加以推波助澜，一齐鼓吹尊孔复古，“保存国粹”，要“孔教”与“耶教”“携手合作”。袁世凯发布了《通令尊崇孔圣文》，在《中华民国宪法草案》里又规定“国民教育以孔子之道为修身大本”。已经被革命政府废除的尊孔读经，又死灰复燃。如果说辛亥革命前资产阶级文化与封建阶级文化作斗争，是作为资产阶级民主革命的舆论先导，那么在袁世凯窃踞大总统后掀起的尊孔复古逆流，则是为帝制复辟做舆论准备。

帝制复辟和封建复古主义的反动逆流，表明资产阶级政权连同它的思想文化一齐失败了。“这种资产阶级思想只能上阵打几个回合，就被外国帝国主义的奴化思想和中国封建主义的复古思想的反动同盟所打退了”[1]，这是很值得我们思考的。

辛亥革命虽然推翻了清政府，结束了帝制，但是帝国主义不仅仍旧操纵着中国的政治，而且仍旧操纵着中国的经济命脉，封建经济在社会经济生活中也依然占着显著的优势。对于旧的封建剥削制度的经济基础，辛亥革命并没有给它以有力的触动，更谈不上变革。中国仍旧沉沦在半殖民地半封建社会的苦海里。在这种历史条件下，反映着旧的经济和旧的政治并为之服务的封建主义旧文化必然大量存在，甚至比它所依附的基础还要固结，不是一次冲击就能解决问题。况且，这种封建旧文化又与帝国主义奴化思想结成同盟，顽固地反对资产阶级新文化，在文化战线的两军对垒中占着优势。辛亥革命后资产阶级新文化败阵的事实，正

1 《毛泽东选集》第 2 卷，第 697 页，人民出版社，1991 年。

是当时的新旧势力在总体力量上对比悬殊的反映。

在半殖民地半封建社会里，中国的民族资本主义是在帝国主义和封建主义的夹缝中产生并艰难地发展的，基础薄，力量弱，始终未能成为中国社会经济的主要形式。经济的软弱，表现为政治的软弱。民族资产阶级的软弱性是从娘肚子里带来的，是半殖民地的政治和经济的主要特点之一。他们对帝国主义和封建主义的软弱妥协，导致了革命的失败。同样，在思想文化上，资产阶级也表现得软弱无力。这种软弱性表现为：第一，中国资产阶级由于历史的局限性，既没有经过充分的资本原始积累，又缺乏充分的思想准备，因而未能形成类似西方早期启蒙思想家那样自成系统的思想体系，缺乏自己独立的理论形态。当中国资产阶级刚刚登上政治舞台的时候，就必须要和强大的内外敌人战斗。他们没有别的思想武器，不得不到西方前辈门下讨教，学来了进化论、天赋人权、共和国方案等。这些理论在当时中国的历史条件下具有反封建的意义，但中国的资产阶级革命派没有条件和能力对西方思想文化进行科学的分析、研究和消化，只是囫囵吞枣地把它们接受过来，这就导致了理论上的不成熟性和软弱性。第二，在资产阶级革命派中，相当多的人深受封建文化的熏陶。他们的头脑里既有资产阶级文化思想，又有封建主义的文化思想，有些人还相当浓厚。他们宣传“革命排满”，却带有浓厚的狭隘的大汉族主义思想。他们提倡“国粹”，固然有激励人们热爱祖国及其历史文化，树立民族自尊心的积极意义，但同时也宣扬了传统文化中的封建糟粕，有些人笼统鼓吹“孔子之学”，把封建纲常名教当作“吾族之灵魂”加以颂扬，鄙薄新学，崇拜旧学，阻碍了资产阶级新文化的发展，助长了封建复古主义的逆流。在辛亥革命后，他们中的一些人就与那股尊孔复古逆流汇合在一起。在资产阶级革命派中存在的封建主义毒素，本身就是软弱性的一种表现。第三，由于上述情况，资产阶级革命派在革命酝酿时期对封建思想文化的批判不得力、不彻底，而且他们主要的宣传阵地是在日本，在国内的影响不能不受到限制。辛亥革命后，南京临时政府虽然发布除旧布新的法令，但只是单纯宣布废除、禁止，没有系统地对封建文化进行批判，况且，这个政权本身寿命很短，就是那些法令也没有真正实行。有人说："1911 年 10 月 10 日的中国革命，不过是宗法式的统一国家及奴才制的满清宫廷败落瓦解之表征而已。至于一切教会式的儒士阶级的思想，经院派的诵咒书符的教育，几乎丝毫没有受伤。"[1]说儒学思想文化"几乎丝毫没有受伤"，这种说法虽有偏激，不尽符合实际，却可以反映革命派对封建文化的冲击的软弱无力。

辛亥革命的失败，不仅宣告了资产阶级政治革命的失败，同时也宣告了资产阶级文化的失败。在世界资本主义已进入帝国主义阶段的时候，民族资产阶级从西方前辈那里学来的思想文化，作为反帝反封建斗争的指导思想，企求在中国建立资产阶级共和国，结局是在帝国主义和封建主义的进攻下失败了。正是在这个意义上，我们说资产阶级思想文化败下阵来。但是，这并不等于说资产阶级革命派在近代文化上所作的努力是没有意义的，也不是说辛亥革命时期所发展的资产阶级新文化没有它的历史作用和深远影响。

在辛亥革命时期，资产阶级新文化曾经发挥了同封建阶级旧文化作斗争的革命作用，并为五四运动前的新文化运动创造了条件，开辟了道路。五四运动前的新文化运动，是对辛亥革命后出现的封建尊孔复古逆流的反击。它以"民主"和"科学"为两大旗帜，反对旧道德提倡新道德，反对旧文学提倡新文学，反对文言文提倡白话文，并把斗争锋芒指向维护封建制度的"孔教"。如果我们不割断历史，实事求是地加以考察，就不难发现五四前新

1 《新青年》，1923 年第 1 期。

文化运动所提出的主要问题，几乎在辛亥革命时期都已经提出来了。在上面的论述中曾涉及，这里仅就白话文的问题略作具体说明。五四新文化运动的一大贡献是反对文言文提倡白话文，此后白话文在社会上被普遍应用。但是，白话文运动并非始于五四运动时期，也不是象胡适自己夸耀的那样是他的新发明和首倡，在辛亥革命时期已经存在着白话文运动。清末完全用白话文的报刊，在戊戌维新时期已经被注意。从 1879 年至 1900 年间大约办了六七种。到了 20 世纪初，白话文报刊大量增加。从 1901 年至 1911 年，白话文报刊不下一百二三十种。其中多的年份，一年就创办了二十多种。几乎遍及全国各省，都创办白话报刊，甚至在边疆地区如西藏、新疆、内蒙古等地都办有白话报（《西藏白话报》、《伊犁白话报》、《蒙古白话报》)，可以说很是兴盛。这些白话报刊中，相当一部分是宣传革命思想的，也可以说是为了革命的需要而创办。白话文比文言文更易于普及和宣传群众，更能服务于革命。与此相关，白话报刊的创办还为了“开通民智”，认为“白话报者，文明普及之本也。白话推行既广，则中国文明之进行可推矣”。[1] 显然，正是辛亥革命推动了白话文运动出现第一个高潮；而白话文运动也为中国革命做出贡献，发挥了它的作用。进入民国，白话报刊仍然存在。除去白话报刊外，清末的白话小说、白话教科书等的传播也是不容忽视的。这就为五四新文化运动提倡白话文打下了一个广泛的基础。如果没有这样的基础，只是由于“五四”时期一个或几个人、一份刊物一提倡就想立即能普遍推行，是难以达到的。新文化运动的领导人和参加者，都经历过辛亥革命，受到革命的洗礼，甚至参加了革命运动。他们当中的一些人，也曾在当时的报刊上发表文章，宣传资产阶级思想文化，反对封建阶级的旧思想文化，做出了应有的贡献。这些人物中，

1 《论白话与中国前途之关系》，《警钟日报》，1904 年 4 月 25 日。

主要有陈独秀、蔡元培、鲁迅、吴虞、马君武、李大钊等。很明显，辛亥时期的文化革新者，也就是“五四”新文化运动的推行者，是同一批人，也是同一代人。这样说并不是要抬高辛亥革命时期的文化，贬低新文化运动，而是说明历史的实际情况，尊重历史的本来面目。“五四”前的新文化运动，应该说是辛亥革命时期“文化革命”的继承和发展，它坚决地对封建文化展开了最猛烈的攻击，其明确性和彻底性，在中国文化史上是前所未有的。正是五四前新文化运动猛烈地批判封建文化，为马克思列宁主义在中国的传播创造了条件。

当然，五四前新文化运动的指导思想还是资产阶级民主主义的。这正表明资产阶级思想文化虽然无力指导中国人民反帝反封建斗争取得胜利，改变半殖民地半封建社会，但并不意味着资产阶级思想文化失去了它的作用和意义。资产阶级思想文化在反对封建思想文化的斗争中，仍然发挥着它的作用。五四运动后，马列主义在中国传播，中国共产党成立，中国革命由资产阶级领导的旧民主主义革命变为无产阶级领导的新民主主义革命。中国民主革命的指导思想，也由资产阶级民主主义变为马克思列宁主义。这样，在五四运动以后的文化运动中，居于领导地位的是无产阶级新文化。资产阶级文化虽不居于领导地位，但它还是文化运动中的盟员，在反对帝国主义文化和封建主义文化的战斗中起作用。这从新民主主义革命时期中文化运动的实践历程可以表现出来。

从辛亥革命时期及其前后的文化运动的历史实际，可以看到，文化的变革和政治、经济的变革是紧紧联系在一起的，但文化的变革和政治、经济的变革又不尽相同，有其特殊性。政治的变革可以通过暴力革命去夺取政权，打碎旧的国家机器；经济变革如封建土地所有制，可以经过土地改革来加以改变；而文化的变革则不可能通过一次批判运动或革命就能解决问题。文化要受社会生产方式的制约，又有自己的发展规律。它是长期不断积累的，具有延续性。在它发展的过程中也发生变化，但这种变化不是靠暴力，而是由于社会生产方式、阶级、政治等的变化而引起变化，是由于自身新旧斗争而推陈出新。然而旧思想文化也没有因此而完全消失，而是在发展变化中积淀下来，顽强地存在着。那些不适于社会需要的旧思想文化的糟粕，不会自动消除，必须经过批判斗争。但是，它不可能经过一两次批判就能完全解决。从戊戌变法时期、辛亥革命时期到五四前的新文化运动，资产阶级新文化同封建阶级旧文化进行了三次斗争，一次比一次更广泛、深化，对扫荡封建思想文化的作用也越来越大，但都没有也不可能彻底消除封建思想文化；而且在经过批判之后，封建思想文化一有机会还会泛起蔓延。直到今天，某些封建主义和帝国主义的思想文化也还在社会上散发着腐朽的气味。可见清除腐朽的旧思想文化，是长期的、艰巨的任务，需要坚持不懈地进行斗争。

原刊于《历史研究》1989年第5期。

辛亥革命时期文化四题*

辛亥革命时期，是中国近代文化发展的一个重要阶段。虽然近年来学术界对此已给予了愈来愈多的关注，但是，其中一些问题还有必要做进一步的研究。本文将着重从文化的时代主题、中西文化的讨论、士人知识结构的转变、传统学术的转型四个方面，作一简要的论述。

一 鲜明的时代主题

近代中国的历史，既是中国人民受尽屈辱、灾难深重的历史，也是中国人民勇猛抗争、以鲜血涤雪耻辱的历史。列强发动的每一次战争，都使中国更深地沦入半殖民地的深渊。同时，每一次战争也使国人进一步觉醒，爱国主义精神日益增强，“救亡图存”、“振兴中华”之声成为时代的最强音。要救亡图存、振兴中华，就必须反对帝国主义侵略和推翻清政府的腐朽统治。反帝反封建斗争，争取独立、民主、富强，始终是中国近代历史的主题。近代中国出现的一切问题，无不与这一主题息息相关，近代文化的发展变化也不例外。

在辛亥革命时期，帝国主义与中华民族、封建主义与人民大

* 本文与宋小庆同志合写。

众的矛盾的展开和激化，都是空前的。就前者而言，经过了60年的殖民侵略，列强已逐步控制了中国政治、经济命脉。从一国的进攻，到八国的联合入侵，短短数十年中，国都竟然两度沦落，越来越多的国人对于“亡国灭种”有了切肤之痛。同时，清廷“量中华之物力，结与国之欢心”的媚外、腐朽，使越来越多的人对它丧失了最后一点信心，转而以武器的批判或批判的武器对其发起冲击。于是，这一时期文化的时代主题也就较之以往变得益发鲜明，即发扬民族主义精神、鼓吹爱国主义、提倡民权平等、批判封建主义等，被明显地凸现出来。

在20世纪初，中国人开始提出并比较普遍地使用“帝国主义”这个概念，并对帝国主义的侵略本性有了进一步的认识。他们指出帝国主义“乃膨胀主义也，扩张版图主义也，侵略主义也”[1]，“兼弱攻昧，为此主义之本领；利己损人，为此主义之目的；而内充实其国力，外张其权势，为此主义实行之顺序。其在外交台上，以诡秘出之；其对未开人种，以暴力压之。假文明之面，行野蛮之实……欧美日本诸强国，群奉此主义”[2]，而中国则成了它们争夺的“舞台之中心点”。时人认识到，面对帝国主义的侵略，要想挽救民族危机，就必须振作国民的民族主义精神，“非以我国民族主义之雄风盛潮，必不可能抗其民族帝国主义之横风逆潮也”[3]。

中国何以会积贫积弱，遭受侵略？就是因为有腐败的清政府的专制统治。这样，在人们以革命或改良的方式挑战专制政治的同时，对封建主义文化的批判也受到了前所未有的重视。无论是对天地鬼神的信仰，还是对祖先神灵的崇拜，都被视为违反科学

1 《论帝国主义之发达及二十世纪世界之前途》，《辛亥革命前十年间时论选集》第1卷上册，第53页，三联书店，1960年。

2 《时事漫论——帝国主义》，《译书汇编》，1902年。

3 邓实：《通论四：帝国之义》，《政艺通报》，1902年。

的陋习，必须予以清除；[1]一向神圣不可侵犯的君王如今也遭到了清算，即使是对当朝天子，不仅可以骂其为“未辨菽麦”的“小丑”，更有人公开发誓要以张良之铁锥、荆轲之利刃“直取国中专制魔王之首于百步之外”；[2]千百年来被人奉为至圣先师的孔子，由于教人忠君、服从，也被斥为“致胎中国二千年专制之毒、民族衰弱之祸”的“民贼”。[3]简言之，中国封建主义文化中的核心观念纲常伦理等，这时无不受到了批判。

鲜明的时代主题表现在文化的各个领域，从哲学、教育、史学、文艺，到体育卫生、社会风俗习惯等，都有所涉及。这里仅举数例，以具体说明。

“东亚风潮勤鼓吹，青年有责振神州”[4]，这时，许多诗人已不再热衷表现小圈子里的低吟浅唱，而是要触摸激越跳动的时代脉搏；他们不再满足于抒发阴晴圆缺、离愁别绪的个人伤感，而是要道出国家、民族的血泪故事。从秋瑾的“拚将十万头颅血，须把乾坤力挽回”，到罗仲霍的“忍见铜驼卧荆棘，神州遍地劫灰飞”；从高旭的《爱祖国歌》到马君武的《从军行》，那成千上万首荡气回肠的诗篇，无不表达了作者共同对民族危机日益加深的忧虑，对河山破碎的悲愤，和救国救民的豪情壮志。

“道故事以写今忧，借旁人而呼肤痛”[5]，昔日被统治者视为“不登大雅之堂”的戏剧，这时也成为革命者唤起民众、救国救民的利器。据不完全统计，从1903年到1912年，在革命报刊上发

1 导迷：《无鬼说》，《辛亥革命前十年间时论选集》第1卷下册，第861~862页，三联书店，1960年；真：《祖宗革命》，《辛亥革命前十年间时论选集》第2卷下册，第978页，三联书店，1963年。

2 吴魂：《中国尊君之谬想》，《辛亥革命前十年间时论选集》第2卷上册，第546页。

3 宁调元：《太一丛话》，第142页，山西古籍出版社，1996年。

4 杨天石、王学庄：《南社史长编》，第106页，中国人民大学出版社，1995年。

5 佩恩（陈去病）：《论戏剧之有益》，《辛亥革命前十年间时论选集》第1卷下册，第962页。

表的杂剧、传奇、京剧和其他地方戏等各类戏曲剧本，不下六七十种。其中，既有本国历史题材，也有外国历史题材，还有反映现实生活的，它们大都以反对帝国主义侵略和清政府专制统治、鼓吹自由平等为主旨，饱含着炽热的情感，慷慨激昂，动人心弦。

直抒胸臆的诗歌、戏剧如此，就是那些传统学问的研究者也不再是不问世事、心如枯井。“学亡则亡国，国亡则亡族”，“同人痛国之不立，而学之日亡也，于是瞻天与火，类族辨物，创为《国粹学报》一编”。[1]黄节道出的正是国粹派兴学以救国的初衷。至于史学这门古老的学科，也正是在这时以对旧史学的猛烈批判揭开了中国史学发展的新篇章。

西方社会科学学说传播的进展，在 20 世纪初尤为显著。其中，对中国思想界影响最大的，当属进化论和天赋人权学说。这是当时学界的新风，进步学人的心之所好。

反对帝国主义和封建主义，是为了实现国家的独立、民主和富强，这本是一个问题的两个方面。即使是对现实政治愤怒、哀伤、绝望到极点的时候，国人也没有丧失对国家、民族美好未来的憧憬和希望。看看这一时期创办的刊物和发表的文章，《二十世纪之支那》、《醒狮》、《新世纪》、《新广东》、《新湖南》、《新民丛报》、《中国新报》、《中国新女界杂志》、《新世界学报》、《二十世纪之中国》，等等，仅从标题观之，就可以强烈地感受到时人对于中华崛起于新世纪的企盼。“我中国不愤不发，斯亦已耳，如睡斯觉，如梦斯醒，于二十世纪而效法人十九世纪之所为，吾知风声所向，全球震惊，始而虎俄之专制为之倾覆，继而自由平等之实幸转移欧美，世界和平之极点，将起点于东方，二十世纪之中国，为民权之枢纽矣。”“苟吾国人人求为英雄志士，不肯居人下，不肯让俄人、英人、法人争先，则二十世纪之中国，必有振兴之一日，

1　黄节：《〈国粹学报〉叙》，《辛亥革命前十年间时论选集》第 2 卷上册，第 43、45 页。

必有与白种不两立之一日。为此事者，负此职者，非吾辈童子而谁？吾愿诸君，各用才力，以百折不回之气，而谋国事，则中国之兴，可翘足而待也。”[1] 此类内容，可谓比比皆是。

不仅要争取国家的独立、民主与富强，而且要创造出崭新的文化。在这个问题上，国人也有了更大的气魄和自觉。“今日者，乃吾学界中四千年未有之一大开辟也。绝亚洲大陆，横渡太平洋，涉美欧非澳诸区域，国殊教，人异俗，先二十周世纪，挟聪明智识之长，肆力于所见所闻，抽理于赜，断事必纲，网罗故实，摘英撷采，用学术为当时倡，通内外之邮，汇古今之全，风驰电激，薄影而飞，鼓自然之动力，借以操纵世宙，俾并出于一途。”[2]

上述事例表明，辛亥革命时期的文化全面、准确地反映了时代的主题，体现了时代主题的要求，并成为推动革命和社会进步的精神动力。

二 中西文化的论争

中西文化问题虽不是文化的时代主题，但在中国近代文化史上无疑是一个重要问题。如何对待中西文化，在近代中国一直是人们关注的问题，也是不断发生争论、见解歧异的问题。1902 年，杨度在《〈日本学制大纲〉后序》一文中指出：“欲于今日持欧化主义，则顺国民之感情而摇国家之基础，其弊也，舍己从人而外不知其他。欲持国粹保存主义，则亦不足以固国家之基础而先以阻国民之进步，其弊也，是己非人而外不知其他。”他认为：“欲求无弊，则莫如以日本之两主义后先相继者，吾以之同时并重……同

1 薛锦江：《二十世纪之中国》，《辛亥革命前十年间时论选集》第 1 卷下册，第 529 页。

2 陈黻宸：《〈新世界学报〉叙例》，《陈黻宸集》上册，第 528 页，中华书局，1995 年。

时并教，无所偏倚。”[1]

杨度对于欧化主义和国粹保存主义利弊得失的概括是否全面、准确，我们暂且不论。但是该文所揭示的“趋新”的欧化主义、“偏旧”的国粹主义，以及“无所偏倚”的中间路线，确实为这时在如何对待中西文化这个问题上很有代表性的三种思路。对此，学术界已有所研究，我们也不拟展开论述。这里，只想对几种思路的一些特点及其相互关系谈一点看法。

欧化主义者非常重视对西方文化的学习、传播，同时对中国传统文化持激烈的批判态度，这是大致不差的。但是，需要强调的是：其一，他们批判的矛头主要集中在封建的三纲五常、孔孟儒学。他们倡言“孔丘之革命”，是因为“孔丘砌专制政府之基”，[2]从而揭示出传统儒学与专制主义的内在联系。他们还宣传科学道理，反对封建迷信、陋俗。应该说，他们的批判实为当时新文化发展所必需，是为建设新文化而扫除障碍的。对此，他们有着一份自觉:“不将古来迂谬之学说，摧陷而廓清之，则新世界之文明无自而入。”[3]“欲昌明真道德，又不可不排斥伪道德。盖伪道德与真道德实有不能两立之理。”[4]其二，侧重对中国传统的批判，并不意味着就是对国家的未来丧失了信心。相反，他们坚信并致力于民族的复兴。主张努力吸收外来文明的马君武就充满信心地断言:“以中国飞扬突起于二十世纪，以中国优尚之人种，横行于此地球，何难之有！”[5]在进行文化批判的时候，他们是说

1 杨度：《〈日本学制大纲〉后序》，《杨度集》，第 72~73 页，湖南人民出版社，1986 年。

2 绝圣：《排孔征言》，《辛亥革命前十年间时论选集》第 3 卷，第 208 页，三联书店，1977 年。

3 《教育泛论》，《辛亥革命前十年间时论选集》第 1 卷上册，第 403~404 页。

4 愤民：《论道德》，《辛亥革命前十年间时论选集》第 3 卷，第 853 页。

5 马君武：《创造文明之国民论》，见莫世祥编《马君武集》，第 123 页，华中师范大学出版社，1991 年。

了一些过头的话，如认为中国的国粹“已属于过去之陈迹”，“尤当早于今日陈诸博物馆”。但是，恐怕这并非主流，况且这类说法往往是出现在以“动则称国粹”者为对象的、带有论争性的文章中，而且即使是在这类批评国粹主义的文章中，他们也还是肯定了周秦学术、两汉政治、宋明理学等“国粹”的历史价值，即当时“皆可超越一世，极历史之伟观，较诸希腊罗马未或下也”。他们只是强调随着社会的进化，应该创造新文明而不能临摹旧文化。他们之所以在论说中有所偏重乃至趋于极端，是因为他们更担心“若专是古而非今，尊己而卑他，标异于人，而以助国界之愈严明，梦想草昧，而使人群之退化”[1]。“醉心欧化”的人不能说不存在，但不应将主张学习西方者都归之为“醉心欧化”。因此，当时的论敌国粹派所赠的“醉心欧化”，不能说是对这一思路全面的、本质的准确概括。

当时的情况复杂，国粹保存主义者有封建守旧派、“中体西用”的洋务派，也有资产阶级的改良派和革命派。这里，我们只想针对其中的资产阶级改良派和革命派的情况强调两点。

第一，他们侧重挖掘传统文化的正面价值，有所谓“古学复兴”之说，但并非无批判地肯定。比如，他们也反对儒学独尊，提倡思想自由，不是把孔子及儒学作为圣人和圣经来崇拜，而是作为历史人物和文献典籍来研究分析，也就是说，要把儒学从独尊的统治的地位降为普通的学术流派。

第二，针对欧化主义者对本民族优秀传统重视不够的弱点，这两派有意识地用发扬国粹来“激动种性，增进爱国的热肠”，试图从传统中汲取推进社会进步的精神动力，同时对西学输入所造成或有可能造成的负面影响，提出批评与警示。在中、西学之间，他们确实偏重前者，但不能据此指责他们排斥了后者。1908 年，

1　反：《国粹之处分》，《辛亥革命前十年间时论选集》第 3 卷，第 193 页，三联书店，1977 年。

一些南社成员“悯国粹之陵夷，古典之不振”，在日本东京组织复古社，其宗旨是“专研究古学，以与新说相融合”。[1]实际上，此派中不少人都明白，要保存国粹，“欲救以学，则必揩拭双眸，盱衡六合，甄采老、墨，吸纳佛、耶，驱策化、电、声、光，观摩培、笛、达、赫，然后提挈儒术，互相衡量，醇疵毕见，始萃一炉，鼓铸既烈，精光四溢。斯国粹署名，乃其实克副。若摭拾琐碎，钩稽异同，株守片隅，重研哲理，纵缘新法比附，究属变相汉学，趣注末节，无俾本体，横流日甚，亦终必亡”[2]。正因为有了这等心胸和见识，此派中的一些人物才能够“以新理新法治旧学”，在传统学术的转型过程中做出独特的贡献。所以，正如同不应以国粹派的批评来论断欧化主义者“醉心欧化”，我们也不必根据欧化主义者的批评断言国粹保存主义为复古、排外。

至于调和论者，就表面观之，似乎他们也确实有超越欧化与国粹，调和古今和新旧的意愿。但究其实，他们实际上大都还是有所偏重的。这尤其需要研究者细心地考察和甄别。比如杨度，一方面如上文所引，他主张欧化主义与国粹保存主义“同时并教，无所偏倚”；另一方面，作为清末修律中的法理派的代表人物，他又明确提出:“礼教并不能谓之天经地义，不过治民之一政策而已。审时变之所宜，应以何种政策治其民者，即以何礼教治其民，一切政治、法律、教育，皆视之以为转移，无所谓一成而不可变者也。”[3]其重点是要以“新”代“旧”。反之，修律中的礼教派代表人物劳乃宣虽然对“偏于旧者”和“偏于新者”都有所批评，并且颇具辩证地提出“有古而后有今，今者古之嬗也。有今而后有古，古者今

1 杨天石、王学庄：《南社史长编》，第113页，中国人民大学出版社，1995年。

2 周祥骏：《答〈国粹学报〉胡仲明书》，见杨天石、王学庄《南社史长编》，第186页。

3 杨度：《论国家主义与家族主义之区别》，《杨度集》，第530页，湖南人民出版社，1986年。

之积也”。然而，究其实，劳乃宣是论“道则从古从旧，器则是从今从新”[1]。实质上，劳乃宣坚持的还是“中体西用”的路数，以维护封建礼教为出发点，反对法理派的变法主张。

顽固保守封建文化，或者只限于吸收西方的工艺；反之，一切照搬西方，都不是正确对待中西文化的态度。因此，当时也有一些人对偏颇的、错误的思想主张提出了批评，指出:“闻之开新、守旧两派之言矣。开新者曰：欲造新中国，必将中国一切旧学扫而空之，尽取泰西之学一一施于我国。守旧者曰：我欲强我国，行我古代圣王之法而有余，不必外法；或但取其艺学。二家之见，所谓楚则失矣，齐亦未为得也。”他们认为，不论对于中国文化或西方文化，都不应该是一概接受或一概排斥，而要加以具体分析：“夫我国之学，可遵守而保持者固多，然不合于世界大势之所趋者亦不少，故对于外来之学不可不罗致之。他国之学固优于我国，然一国有一国之风俗习惯，夏裘而冬葛，北辙而南辕，不亦为识者所齿冷乎？然则对于我国固有之学，不可一概菲薄，当思有以发明而光辉之。对于外国输入之学，不可一概拒绝，当思开户以欢迎之。”总的原则应该是:“吸食与保存两主义并行”，“拾其精英，弃其糟粕”，而“于西学庶免食而不化之讥，于中学冀呈晦而复明之象”。[2]他们对待中西文化的态度，是“合数千年吾国国学之精粹，各取其长，进而参考东西各科之新理，以求其是”，也就是要“合古今、贯东西而熔铸于一炉”。[3]这就是说，融会中西文化，目的在于创造近代新文化。鲁迅在当时就明确提出这种新文化应是“外之既不后于世界之思潮，内之仍弗失固有之血脉，取

1　劳乃宣：《论古今新旧》，《桐乡劳先生遗稿》，第 125、126 页，文海出版社，1974 年。

2　师薑（高旭）：《学术沿革之概论》，见杨天石、王学庄《南社史长编》，第 46 页，中国人民大学出版社，1995 年。

3　凡人：《开通学术议》，《辛亥革命前十年间时论选集》第 3 卷，第 344 页，三联书店，1977 年。

今复古，别立新宗”[1]。

在如何对待中西文化的各种主张中，应该说融会中西以创造新文化的见解是有积极意义的，是符合文化发展的轨道的。像中国这样一个在近代落后于世界潮流的历史文化悠久的大国，要想迎头赶上、独立富强，既不可能拒绝吸收西方资本主义文化，也不能否定自己的文化传统而全盘照搬西方文化，只能根据中国的实际，对中西古今文化取其精华，弃其糟粕，融会贯通，创造发展新文化。这实际也就是继承、吸收、筛选、改造、整合的过程。

三　知识结构改变

士人知识结构的改变，仍然是这一时期一个重要的文化现象。

儒学自从在历史上取得独尊地位之后，就逐渐成为士人知识结构的主体。以体用兼备、明体达用自诩的儒学，不仅关注个体的修养，更为王朝的统治提供理论支持和制度规范。“通经”便能“致用”的思维逻辑，一向为大多数人所认同。及至晚清，为了应对危局，统治者不仅主动兼采非儒学派，而且被迫接受了中体西用的现实。但是，观念的变革是有一个过程的。就知识结构的调整而言，无论是曾国藩的“孔门四科”说，还是张之洞的《书目答问》，基本上都还是在以儒学为核心的传统框架中为士子“指示门径”。

维新派则已有所不同。康有为曾指出：“昔者，大地未通，号称史学者，只识本国而已”，“今则环球通达，天下为家……援古证今，会文切理，一开口即当合万国论之，否则虽以钱、王之学，亦村学究而已”。[2]著有《廿二史考异》100卷的钱大昕，其博闻强

1　鲁迅：《文化偏至论》，《鲁迅全集》第1卷，第56页，人民文学出版社，1981年。
2　康有为：《日本书目志》，《康有为全集》（三），第702页，上海古籍出版社，1992年。

记一向为世之公认。而今康有为却是以西学为尺度，比量出前人知识结构上的不足，这一批评思路就有了新的特点。但是，受西学传播阶段性的影响以及自身知识结构的主观局限，康有为这时拟订出的施教计划，仍带有明显的过渡色彩，他虽然重视西学，但与对中学的如数家珍相比，康有为对西学的认识和介绍显然要粗浅得多，而且对中学内容的删减也缺少必要的力度。[1]到辛亥革命时期，情况又有了进一步的改变。那些以革命或改良的手段对清政府统治及封建专制主义发起正面冲击的人们，已开始自觉地清理、批判传统文化，这自不必言。撇开意识形态的考虑，单就学术本身来说，时人已明确地认识到：随着社会的进化，既不应该、也不能够再企图以一家之学、一人之力去包打天下。“西人所称一人万能之时代，乃野蛮之世，法简而事易治，群小而智力粗浅。若世界文明，必以分业协力之，愈繁赜而愈进化。……则学问但求专精足矣，不贵兼众人所长也。”[2]这时，一些知识分子开始明显地、有意识地将求知的重点从中学转到了西学。据对孙宝瑄读书日记的粗略统计，从 1901 年至 1906 年数年之间，他阅读的新书刊多达 60 余种。也许在对同一类问题的比较中，我们会更清楚地看到其间的发展与变化。如，同是讨论当代学术、品评前辈学人，南社成员周实的立论与前引康有为的说法就有所不同。周实指出：“夫当今时局，既为四千年来创有之时局，则此后学术亦当为四千年来创有之学术。”他认为在这个大时代中人们“应治之学术”，起码应包括政治、教育、实科、文科四大方面的内容，并且非常具体地开列出政治学、伦理学等 20 多门学科，并且强

1 如康有为在《桂学答问》中以“资质稍鲁者”为对象，以三四年为期，一口气开列出有关中学的古今著述 140 余种，另有西学的书籍 40 余种，不仅读遍，且有“熟读精考者”。他断言：“学至此，则圣道王制，中外古今、天文地理，皆已通矣。”显然，这套教学计划如果在实践中不是有所取舍的话，是很难操作的。

2 孙宝瑄：《忘山庐日记》上册，第 614 页，上海古籍出版社，1983 年。

调:“以上仅举其概，已浩如渊海，终身为之而不能尽。况乎一科又复千枝万派，不可屡述耶。回视乾嘉时所谓文人学士者，真可云井蛙辽豕也已。”[1]从字面上看，井底之蛙与村野学究无非都是形容人的学识浅陋，很难说有多大的不同。然而，在前面的引文中，二者的含义却是有着明显的差别：康有为以村野学究指乾嘉学人，只是嫌其知识结构有所不足，并没有否定该学派本身的价值；而周实的“井蛙”之说则不然，因为他根本就把乾嘉之学排斥在“应治学术”之外。又比如，关于对学生的教育，康有为的《长兴学记》、《桂学答问》所反映出的还是改良后的书院特色，蔡元培的《学堂教科论》所要构建的则已完全是近代的学科体系。当年，梁启超曾根据《长兴学记》及其亲身所受教育，把长兴学舍的教育内容归纳为义理、考据、经世、文字四大科目，17个子目。蔡元培则是按有形理学、无形理学、道学三大类，开列出40多个子目。而问题的关键还不在于学科数量的增加。这里，有两点尤其值得注意。其一，在《学堂教科论》的开篇，蔡元培就点明了其述作之旨：他是以曾沉溺旧学、终于迷途知返的过来人的身份，为来者指点迷津，以免他们重蹈覆辙，从而表现出强烈的弃旧从新的意愿。其二，那全部是“或采译语，或用日本人所定”的40余个科目，同时也就构成了作者心目中“今之学术”的基本框架和主要内容。[2]这也就决定了读书人日常的读书方向和内容。“凡修普通学者，宜以平日课程为本，而读书以助之。苟课程所受，研究未完，而漫焉多读杂书，虽则有所得，亦泛滥而无归宿。且课程以外之事，亦有先后之序，此则修专门学者，尤当注意。”[3]这已不再是大开书单，而是根据近

---

1 周实：《与部肃廷书》，见杨天石、王学庄《南社史长编》，第179~150页，中国人民大学出版社，1995年。

2 蔡元培：《学堂教科论》，《蔡元培全集》（一），第139、142页，中华书局，1984年。

3 蔡元培：《中学修身教科书》，《蔡元培全集》（二），第185页，中华书局，1984年。

代的学科建制，要求学子们有选择地阅读。康有为、蔡元培之间已有了明显的差异。如果我们再稍稍往前追溯一下，都是为修身而修学，在晚清岭南著名学者朱次琦那里，还只是“修身者，不读书不可也。读书之实五，曰：经学、史学、掌故之学、性理之学、辞章之学”[1]。蔡氏的修学却完全是围绕着近代的学堂教育而展开。民国初年，康有为指责“若废科举而用学校，则学者自听讲义课读本之外，束书不观”[2]，虽有失公允，但总还算事出有因。

除了进步学人主动追求新知之外，清廷的废科举、书院，兴学堂、奖励留学，也在更大的范围内对人们的知识结构进行着一种具有导向性、强制性的调整。

一般认为，清末教育改革推动了中国教育近代化进程，同时又依然保留着浓厚的封建色彩。前者主要表现为对西方教学方式、方法和内容有意识地引进，西学科目的明显增多、渐成体系等。而其封建性则突出体现在中体西用的指导思想，忠君、尊孔的教育宗旨，以及在课程设置方面对儒家经典的重视。然而，西学的传播与儒学的衰微，作为一个趋势并不会因为统治者的抗拒和固守而发生根本性的改变。这一点就是在清廷主持的教育改革中也可看出某些端倪。以下反映清末学堂读经讲经课程的表格，是根据清廷颁布的有关章程综合而成的：

学堂名称	周课时合计	约占总课时百分比
初级师范	45（5 年）	25%
优级师范	15（3 年）	13%
中等学堂	45（5 年）	25%
中等学堂文科	50（5 年）	28%
中等学堂实科	15（5 年）	8%
改订中等学堂文科	31（5 年）	17%
改订中等学堂实科	15（5 年）	8%

（见《中国近代学制史料》第二辑上、下册。）

1 简朝亮：《朱九江年谱》，《清儒学案》（四），第 171 页，中国书店，1990 年。

2 康有为：《中国还魂论》，《康有为政论集》下册，第 927 页，中华书局，1981年。

从上表可以得出这样几点认识：

首先，面对儒学衰微这一趋势，清统治者既有固守、抗拒的一面，也有被迫调整以顺应潮流的一面。作为癸卯学制的主要拟订者，张之洞很清醒地意识到改书院、变科举、兴学堂给儒学正统地位造成的冲击。他对经学课程的强调，就是对这种冲击的回应。“至于立学宗旨，无论何等学堂，均以忠孝为本，以经史之学为基。”——张之洞的这种想法发自真诚，他对儒学地位的捍卫亦是不遗余力。但另一方面，张之洞又是识时务的。他不愿意看到儒学的衰微，但却从未奢望还能以科举、书院来拯救儒学的命运。他所做的不过是防范在前（加强经学课程），以及补救于后（奏设存古学堂）。

其次，分科教育进一步减弱了儒学的影响。宣统元年，清廷批准学部所请，在中学堂实施分科教育。分科之后，经学在文科中的课时仅增加了 3%，但在实科中却被降为通习课，课时减少了 17%，而实科中的算学、外语、理化、博物等课程的分量则都有所加重，课时增幅在 3%~9%。宣统二年底，学部根据各方意见，又提出了分科教育的改订方案。虽然因清廷的灭亡而未及实施，但其间的变化仍值得注意。如文科的经学课时已经少于分科之前，程度也相应地有所下降。实科的经学课时虽未变化，但却取消了五年级的读经。

再次，专门学堂不设读经课程。较之分科教育，专业化潮流对儒学的冲击在大量出现的专门学堂里表现得更为明显。在专门学堂中不设专门的读经课程，甚至在清末最后几年发展迅速的法政学堂也同样如此，虽然这种学堂的宗旨是为朝廷培养专门的政治、法律人才。此类学堂的儒学教育，大都由人伦道德一科来承担，一般每周为 1~2 个课时，仅约占总课时的 3%~5%。

总之，虽然统治阶级这时仍然强调尊孔崇儒，坚持中体西用，但在实践中，则是对“用”日益重视，其内容也逐渐丰富，从实用技术到兼顾学理，由西艺发展到西政，甚至出现了以“用”压“体”的趋势。理学家的明体卫道之作和汉学家的解经注经，多被官方指责为空谈性命、空疏无用。在学校中，与“体”相关的课程不断被压缩，而讲授西学的课程则有大幅度的增加。官方正统儒学显现给世人的，主要是日益僵化且与专制王朝命运紧密相关的、以三纲五常为核心的道德学说，与社会的发展愈发脱节。

教育、考试体制的变革，对于人们知识结构的调整产生了很强的导向作用。被人轻视的出洋留学，成为了名利兼收之举。“今出洋求学可得富贵名誉，较之一秀才、举人、进士、翰林，不能必得，得之亦为侥幸，而又与学问无关系者，相去远矣。夫航洋可学、可贵、可富、可名誉”[1]，况且“自东国游学途辟，东学之输入我国者不少，新书新报年出无穷，几于目不暇给，支那人脑界于是不能复闭矣”[2]。反之，那些固守旧学之辈，则明显地感到了生存的压力。“自国家变法以来，校士皆以策论考试，所最重者外洋之法，凡能外国语言文字者，即命为学堂教习，束修极厚，故当时人士俱舍孔孟之学而学西人之学，以求速效。间有讲求孔孟之道，谨守弗失，不肯效俗趋时者，竟呼之为‘顽固党’，非但屏逐之，而且禁锢之。”他们自怜自怨，徒唤奈何。“时运之使然，无可如何者也”，“天意茫茫，令人难测”。[3]虽然清廷对经学在课程设置中的比重有具体的规定，但事情的发展有其自身的逻辑，而并不以清廷的主观意志为转移。所以，在教育实践中，突破清廷有关章程的规定，致使在学堂教育中经书废读，在当时已不是个别的现象，对此有大量的材料可以证明。不仅如此，时

1 《劝同乡父老遣子弟航洋游学书》，《辛亥革命前十年间时论选集》第1卷上册，第386页。

2 刘大鹏：《退想斋日记》，第739页，山西人民出版社，1990年。

3 刘大鹏：《退想斋日记》，第126、140、147页。

人已直接将批评的矛头指向了规定读经的章程本身。比如，张謇不仅撰文批评小学读经不切实际，而且在《呈学部文》中，对规定小学读经的章程公开提出批评。[1]还有人则是借日人之口批评小学读经："至经籍繁多，必不可令儿童背诵，以伤脑力；惟宜列为专门之学，以待学人之研究。若以列于普通教育，亦未见成童以下之学者真能治此也。"[2]停止小学读经，这对于改变知识结构可算是一种釜底抽薪的做法，其意义深远。民国年间，张謇以及曾主持湖北自强学堂的程颂万都"自悔前之失计"，转而重提小学读经，理由之一就是少不读经，"及其成年受室，则与旧书长绝"[3]，"一切经书不复寓目"[4]。学者钱穆则指出："民国以来，中国学术界分门别类，务为专家，与中国传统通人通儒之学大相违异。"[5]这从不同角度说明了清末知识结构变化的成效。

无论是得风气之先的知识分子主动的自我调整，还是按照政府导向被迫作出改变，都反映出这一时期知识分子的思想观念、知识结构已经发生了很大的变化。

四　传统学术的近代转型

从学术史的角度来看，传统学术特别是一家独尊的儒学，自道咸以来就已呈败象。两千年来，学者们把大量的精力投入到儒学研究中，仅据《四库全书总目》、《皇清经解》和《皇清经解续编》所做的不完全统计，围绕着总字数不超过 70 万言的 13 部儒

1　张謇：《学制宜仿成周教法师孔子说》、《呈学部文》，《张謇全集》第 4 卷，第 22 页、第 86~87 页，江苏古籍出版社，1994 年。

2　杨度：《支那教育问题》，《杨度集》，第 44 页，湖南人民出版社，1986 年。

3　李肖聃：《星庐笔记》，第 35 页，岳麓书社，1983 年。

4　张謇：《尊孔会第一次演说》，《张謇全集》第 4 卷，第 148 页，江苏古籍出版社，1994 年。

5　钱穆：《现代中国学术论衡》序，岳麓书社，1986 年。

家经典，人们就撰写了多达数千种、共 23000 余卷的著述。学者们不仅注释、阐发经典本身，而且还要注前人所“注”。然而，这种畸形的、表面的学术繁荣并不能掩盖其内在的危机。时至晚清，儒学汉宋两大主流派别的一个共同弱点就是多因袭而少创造，其研究的对象和判断是非的标准都是儒家的经典、先贤的注疏。“千古学术，孔孟程朱已立定铁案，吾辈只随他脚下盘旋，方不错走了路。”[1]这就是当时一位理学家所标榜的治学原则。至于清代汉学一系，正如蔡元培指出：“其实乃朱学尊经笃古之流派，惟益缩其范围，而专研诂训名物。又推崇汉儒，以傲宋明诸儒之空疏，益无新思想之发展。”[2]没有思想的解放和新方法的引进，包括儒学在内的传统学术已很难求得进一步的发展。对此，时人的不满和批评早已是不绝于耳。

辛亥革命时期的反孔批儒、提倡科学、新知，打掉了儒学身上神圣的光环，使人们能够尝试以科学的方法进行理性的研究，这就为整个学术的发展提供了必要的条件。

首先，张扬理性精神，反对文化专制。这时人们对儒学的抨击，已不再陷于狭隘的门户之争，而主要是从追求思想自由、反对专制主义的角度，对封建文化进行清理、批判。激烈批评孔学的凡人，其看法是有代表性的。他指出：反孔是为了“破专制之恶魔”、“谋人类之独立”、“立学界前途之大本”；孔学自整体观之，“适用于今时者殆寥寥无足取法”，况且传统学术又非孔学能独擅其美，墨子之兼爱，佛学之平等，黄老之清静，申韩之整肃，汉唐之清流、党人，乃至考据、训诂、杂家、小说，均有可取之处，今人正当“合数千年吾国国学之精粹，各取其长，进而参考东西各科之新理，以求其是”，“何必株守一家之言，不深图世界

1 贺瑞麟：《答蒋少园书》，《清麓文集》卷七，第 14 页，刘传经堂刻本，1899 年。
2 蔡元培：《中国伦理学史》，《蔡元培全集》（二），第 101 页，中华书局，1984年。

万世之业欤！”[1]还有人指出：专制政体固然可恶，而“学术之专制尤可畏”[2]；以正统自居、排斥新理新说的儒学“道统”，“即学术之专制也”，它使人“不能独辟思想”，“其狭隘之范围，阻滞学术岂浅鲜哉”。[3]

破除对古圣先贤的迷信，也就意味着对自身理性的肯定。翻阅这一时期的报刊，时常可以看到这类说法：“我之所见为是者，则断然以为是，虽一国非之所不顾也”[4]；“养成上天下地，惟我自尊、独立不羁之精神”[5]；“启明思潮横溢欧陆，其特色，一言蔽之曰：以理性主义与个人自由主义二者，仇君权教权，欲尽举旧有之制度文物而一新之也”[6]，等等。这反映出，伴随着政治斗争的开展和新思潮的传播，在一些具有新思想的知识分子当中，已出现了一种强调自尊、自立，张扬理性的趋向，并几乎成为一种时尚影响到了思想文化界。

其次，提倡科学、新知。这一时期人们对科学的理解、运用，已不再限于用来富国强兵的声光化电算之类的自然科学技术，除了上面提到的理性精神之外，科学开始被人视为人文学科的基础，并可用它品评学术，从而具有了方法论的意义。如留日学生陈榥批评儒家经典、古圣先贤的谈理论道“率诡异之言，杳杳冥冥，如空洞之有物。以斯为高，以斯为至”。所以，有着几千年历史的

1　凡人：《开通学术议》，《无圣篇》，《辛亥革命前十年间时论选集》第3卷，第267~268页、第344~350页。

2　陈黻宸：《经术大同说》，《陈黻宸集》上册，第534页，中华书局，1995年。

3　《道统辩》，《辛亥革命前十年间时论选集》第1卷下册，第738页，三联书店，1960年。

4　《教育泛论》，《辛亥革命前十年间时论选集》第1卷上册，第402页，三联书店，1960年。

5　邹容：《革命军》，《辛亥革命》（一），第352页，上海人民出版社，1957年。

6　旒共：《兴国精神之史曜》，《辛亥革命前十年间时论选集》第3卷，第299页，三联书店，1977年。

中华古国，“仍不免以无学见羞于五洲”[1]。所谓无学，他说得非常明白，就是指没有“科学”和科学的基础。其文贯穿的一种精神，就是强调以求真理为目的的学术研究，必须以客观事实为依据，而不能一味主观虚构。同样，蔡元培在分析中国伦理学千百年少有进步的原因时，也将“无自然科学以为之基础”列为首位。[2]马君武是把逻辑学视为“科学之科学”，是“求真理之第一要法”、“实一切学术之根源也”。[3]王国维是以“无系统”来批评传统史学“不可谓之科学”，他并且认为可以此衡量所有学术。[4]吴稚晖则指出：“科学之名词，不专属于物质，其表则名数质力，其里则仁义道德。凡悬想者为哲理，而证实者乃科学。道德仁义，不合乎名数质力者为悬想；以名数质力理董之者，是为科学。”[5]

这时，人们不仅从一般意义上推崇科学的价值，而且在学术研究中有意识地学习、借鉴西方学术的理论方法。即如以保存国粹为己任的人也认识到：“凡国学微言奥义，均可借皙种之学，参互考验，以观其会通。”[6]有人更进而断言：“未有西学不兴，而中学能兴者”[7]，“异日发明光大我国之学术者，必在兼通世界学术之人，而不在一孔之陋儒固可决也。……故今日所最亟者，在授世界最进步之学问之大略，使知研究方法”[8]。

1　陈榥：《心理易解》自序，清光绪初年版。

2　蔡元培：《中国伦理学史》，《蔡元培全集》（二），第 107 页，中华书局，1984 年。

3　莫世祥：《伦理学之重要及其效用》，《马君武集》，第 180 页，华中师范大学出版社，1991 年。

4　王国维：《东洋史要序》，《王国维文集》第 4 卷，第 381 页，中国文史出版社，1997 年。

5　燃（吴稚晖）：《书〈神州日报〉〈东学西渐〉篇后》，《辛亥革命前十年间时论选集》第 3 卷，第 476 页，三联书店，1977 年。

6　《拟设国粹学堂启》，《辛亥革命前十年间时论选集》第 2 卷下册，第 631 页，三联书店，1963 年。

7　王国维：《〈国学丛刊〉序》，《王国维文集》第 4 卷，第 367 页。

8　王国维：《奏定经学科大学文学科章程书后》，《王国维文集》第 3 卷，第 71、73 页。

思想的解放，治学方法的更新，使人们得以不囿于旧说，取得了诸多令人耳目一新的建树。如：文艺学方面，王国维的《〈红楼梦〉评论》、《人间词话》、《宋元戏曲考》；伦理学方面，蔡元培的《中国伦理学史》、刘师培的《伦理学教科书》；史学方面，梁启超的《中国史叙论》、《新史学》，曾鲲化的《中国历史》，夏曾佑的《中学中国历史教科书》，刘师培的《周末学术史序》，以及章太炎、刘师培对清代学术史的研究，等等，大多成为具有标志性的著述。它们突破了维新时期康有为等将中西学术作简单比附的局限，恰如时人所言："专以新理新法治旧学，故能破除旧时一切科臼障碍"，"以新理研旧学，精矣"。[1]可以说是开了一代新风。再从文化部门分类的变化来看，一是原有学科内容、体系在这时出现进一步改变，如经学衰落、诸子学兴起；资产阶级新史学的建立、白话文运动的开展，使传统的史学、语言学领域发生深刻变化。一是新领域、新学科的发展，如哲学、法学、政治学、社会学、经济学、逻辑学、伦理学等。学科体系的变化，打破了传统经、史、子、集的分类。可以明显看出，这一时期，传统学术已经在向近代转型。下面以史学和白话文运动为例，略作具体说明。

在辛亥革命时期，梁启超、章太炎、刘师培、陈黻宸、马叙伦等一批政治观点不尽一致的学者，却对史学的发展提出了倾向颇为相同的看法。他们的意见大致可以归纳为以下两个方面。

其一，对旧史学的批判。梁启超抨击旧史学有"四弊"："知有朝廷而不知有国家"，"知有个人而不知有群体"，"知有陈迹而不知有今务"，"知有事实而不知有理想"。他进而指出："四弊"存而"二病"生："能铺叙而不能别裁"，"能因袭而不能创作"。由于有了"四弊"、"二病"，以致皇皇二十四史竟成了"帝王将

1　前句为孙宝瑄自诩，后者是他对友人章太炎的赞誉。孙宝瑄：《忘山庐日记》上，第 529、566 页，上海古籍出版社，1983 年。

相家谱”、“相斫书”、“墓志铭”。[1]章太炎则把传统史学的弊病归纳为五点:“尚文辞而忽事实”、“因疏陋而疑伪造”、“详远古而略近代”、“审边塞而遗内治”、“重文学而轻政事”。[2]刘师培也指出:“中国史书之叙事详于君臣而略于人民,详于事迹而略于典制,详于后代而略于古代。”[3]

其二,对新史学的构想。就历史观而言,梁启超主张以进化论为指导,使历史学能够“叙述人群进化的现象而求其公理公例”。就史学范围而言,他们主张打破以帝王将相为主体的旧史学的格局,努力提高“民史”的地位,大大拓展史学研究领域,丰富史学内容。陈黻宸指出:“史者,民之史也,而非君与臣与学人词客所能专也。”他并且对外国史学“于民事独详”表示了肯定。[4]当时,无论是马叙伦提出的“史学大同”说,还是陈黻宸在《独史》一文中为新史学所拟订的纲目,都明显反映出欲突破旧史学体系束缚的意图。而梁启超、章太炎关于编纂中国通史的构想,就更是规模宏大、包罗万象,其视野之广阔,远非传统史家所能比拟。此外,在研究中有意识地借鉴西例、西法,以弥补传统史学的局限,这在当时也具有一定的普遍性。即如刘师培在《中国历史教科书·凡例》中所指出:“西国史书多区分时代,而所作文明史复多分析事类”,在历数了中国旧史的弱点之后,他明确表示“今所编各课其用意则与旧史稍殊”。

应该承认,这批学人对旧史学的批判和对新史学的构想与实践,虽然还有许多不甚周密的地方,但是对中国史学的发展,特别是史学近代化,还是起到了积极的推动作用,它标志着史学的

1 梁启超:《新史学》,《饮冰室合集》第9册,第3~4页,中华书局,1989年。

2 章太炎:《救学弊论》,《章太炎全集》(五),第102~103页,上海人民出版社,1985年。

3 刘师培:《中国历史教科书·凡例》,《刘师培全集》第4册,第275页,中央党校出版社,1997年。

4 陈黻宸:《独史》,《陈黻宸集》上册,第574、562页,中华书局,1995年。

近代转型。

关于白话文，这个问题在戊戌维新时期就已被注意，但当时在社会上的影响还比较有限。到1900年以前，完全用白话文的报刊仅有六七种而已。到辛亥革命时期，对中国文字繁难、言文相分的批评则日益增多，提倡白话文的呼声逐渐高涨。有人提出：中国“欲文化之普及”、“百业之兴起”，就必须将文字分为“应用”和“美术”两类，前者“代记忆、代语言”，为人人所当习，故不求高深，且可杂以俚语、讹字。而以“典雅高古为贵”的“美术之文字”，则被说成是专门之学，“不特非人人所必学，即号为学者亦可以不学，犹习工业者不必兼农事，习理化者不必兼政法也”。[1]张謇这期间自办教育时贯彻的就是这一思路。[2]刘师培一方面撰写《论中土文字有益于世界》，批评了无政府主义者废汉字之说；另一方面，在《中国文字流弊论》一文中，他也总结出中国文字的五大弊端，承认“言语与文字合则识字者多；言语与文字离则识字者少”。对此，他提出的解决办法是“用俗语”、“造新字”，特别是“宜仿《杭州白话报》之例，词取达意而止，使文体平易近人，智愚悉解”。[3]当时，刘师培、宋教仁、孙宝瑄、宋恕等人都不约而同地力图参酌中西，对传统的文字学加以改造，可见这个问题已在更大的范围内为人所关注。从实践上和社会影响上看，这一时期白话文报刊也大量增加。1901年至1911年，白话文报刊不下一百二三十种，几乎遍及全国各地。进入民国后，白话报刊仍然存在。此外，清末的白话小说、白话教科书的传播也不容忽视。可以说，如果没有这一时期打下的基础，那么，仅

1 高凤谦：《论偏重文字之害》，《辛亥革命前十年间时论选集》第3卷，第11页，三联书店，1977年。

2 张謇：《通海中学附国文专修科述义并简章》、《论国文示师范诸生》，《张謇全集》第4卷，第74~76页，江苏古籍出版社，1994年。

3 刘师培：《中国文字流弊论》，《刘师培全集》第3册，第245页，中共中央党校出版社，1997年。

靠五四时期一份刊物、几个人的提倡，白话文运动是很难立即得到普遍响应的。

对白话文的提倡，其意义绝不仅限于语言文字的近代化和新文学的产生、发展，它还关系到新思想、新文化的传播。“保存国粹主义，为今日一大问题。国粹者何？即本国之文字是也。”[1]有这种看法的人在当时不在少数。另一方面，也有人真切地感到：“今有中外大通，泰西之物多吾中国所本无，而中国乃以本有之字而借名之。丐词之生，从此始矣。此侯官严氏所以谓中国名新物无一不误也。”[2]可以说，白话文的普及，实为构建新文化、新学科所必需。关于这一点，到新文化运动时期就看得更清楚了。1920年，陈独秀在一次题为《我们为甚么要做白话文》的讲演中，不仅强调白话文具有的与文言文不同的“时代精神的价值”，非用白话文“不能达高深学理”（包括自然科学和社会科学两个方面），而且特别指出：“白话文与古文的区别，不是名词易解难解的关系，乃是名词及其他一切词‘现代的’、‘非现代的’的关系。”[3]

综上所述，我们可以得出两点认识。

第一，在中国文化史上，辛亥革命时期是近代文化发展的一个重要阶段。在这个阶段，孙中山为首的资产阶级革命派在从事政治、军事斗争的同时，传播革命的思想文化，进行反对封建旧文化的斗争，推动了思想文化的发展，这无疑是应该给予充分肯定的。但是，我们也应该指出：革命的文化毕竟不能等同于革命时期的文化。如果是从近代文化的角度去观察，那么就应该承认，这一时期文化的发展除了得益于革命者的努力之外，不革命的改

1 孙宝瑄：《望山庐日记》下册，第938页，上海古籍出版社，1983年。
2 刘师培：《中国文字流弊论》，《刘师培全集》第3册，第245~246页，中共中央党校出版社，1997年。
3 陈独秀：《我们为甚么要做白话文》，《陈独秀文章选编》上册，第497页，三联书店，1984年。

良派，乃至反革命的清政府也都起了各自不同的作用——这里面当然存在着主动追求与被迫调整的差异，以及主观意愿同客观效果的背离，这都可以而且需要通过具体的研究做出实事求是的估价，将革命派、改良派以及革命、改良的对象统治者均纳入研究的视野，惟其如此，才能愈发彰显出近代文化的发展作为一个过程、一种趋势所具有的不可抗拒性。

第二，在近代文化发展过程中，辛亥革命时期处于一个承上启下的阶段。戊戌维新时期提出的一些问题，这时得以展开；这一时期文化的进步，又为日后文化的发展开辟了道路、创造了条件。不仅如此，实事求是地加以考察，就不难发现，五四前新文化运动所提出的主要问题，几乎在辛亥革命时期都已经提出来了，包括一些偏向的产生，也都可以追溯到辛亥革命时期。

原刊于《北京师范大学学报》（人文社会科学版）2001 年第 6 期。

近代开风气之先驱魏源*

魏源是近代中国著名的思想家、学者，与其好友龚自珍齐名，时人并称“龚魏”。他们对近代中国思想的发展，产生深远的影响。戊戌维新运动主要人物梁启超曾给予很高评价：“自珍、源皆好经济谈，而最注意边事”，“故后之治今文学者，喜以经术作政论，则龚、魏之遗风”[1]，“数新思想之萌蘖，其因缘故不得不远溯龚、魏”[2]。

一

魏源，原名远达，字默深，又字墨生、汉士，晚年因信佛，自称“菩萨戒弟子魏承贯”。“默深”是他成年后依自己性格取的字，原意为“默好深湛之思”。清乾隆五十九年三月二十四日（1794 年 4 月 23 日）魏源生于湖南邵阳金潭乡（今属隆回县金潭乡）。魏源幼年时，家道中落，家庭生活困难。父亲魏邦鲁长期在江苏任地方佐杂小吏，曾做过海州惠泽司巡检、宝山县主簿等职，管理刑名、钱粮、水利诸事务。魏邦鲁勤政清廉，受到历任布政

---

* 本文选自《从林则徐到孙中山——近代中国十八先贤传》，中山大学出版社，1994 年。

1 梁启超：《清代学术概论》，第 55~56 页，中华书局，1954 年。

2 梁启超：《论中国学术思想变迁之大势》，《饮冰室合集》文集之七，第 97 页，中华书局，1989 年。

使林则徐、贺长龄、梁章钜和巡抚陶澍的好评和器重。这对魏源后来经世致用思想的形成有一定影响，也使他能较早结识一批当时注重国计民生的地方大吏。

魏源七八岁时入私塾学习，读书认真刻苦，常通宵达旦手不释卷。从小沉默寡言，喜欢独坐深思。15 岁开始研习明代理学家王阳明的心学，也爱好阅读史书。嘉庆十八年（1813 年），魏源 20 岁，被选拔为贡生。就在这年秋天，发生了一件震撼清政府的大事，天理教首领林清率领教徒在宦官的内应下攻袭紫禁城。这次天理教农民起义虽然遭镇压失败，但对清政府的统治是一个沉重的打击。它表明清皇朝已经衰落，社会矛盾尖锐激化。

嘉庆十九年（1814 年）春，魏源随侍父亲魏邦鲁入京。在北京的三年，他一方面以教书为生，一方面勤奋治学。为研究《大学》古本，魏源埋头 50 多日，弄得蓬头垢脸，当年在湖南选拔他为贡生的座师汤金钊以为他生病，亲自登门探望，见到后大为叹服："吾子勤学罕觏，乃深造至此。"[1] 在这期间，他结识了许多师友，或面请教益，或互相切磋，如向汉学家胡承珙请教汉儒家法，跟理学家姚学塽研习宋学，又师从今文经学家刘逢禄学《公羊春秋》，还同董桂敷、龚自珍切磋古文辞。对魏源的政治生活和经世之学深有影响的贺长龄、陶澍、林则徐等人，也是在这时结识的。所有这些，为魏源一生的学问奠定了基础。而在众多的师友中，刘逢禄对魏源的影响尤为重要。刘逢禄发扬外祖父庄存与复兴的今文经学，培养了龚自珍、魏源这样的大思想家。龚自珍发挥今文经学的"微言大义"讥刺时政，笔锋凌厉泼辣；魏源不仅以经术作政论，而且在后来著有《诗古微》、《书古微》、《西汉经师今古文家法考》、《董子春秋发微》、《公羊春秋论》等，在学术上为复兴今文经学作了建树。广泛的求学，刻苦的钻研，使魏源

1　魏耆：《邵阳魏府君事略》，《魏源集》下册，第 948 页，中华书局，1983 年。

的学问才华很快名满京城。

魏源在北京经过三年苦学后，于嘉庆二十一年（1816年）冬天离京探亲。先到江苏探望父亲，随后回到湖南。嘉庆二十四年（1819年），他二次进京参加顺天乡试，举人没考中，只中了副贡生。这年，陶澍授四川川东兵备道，出京赴任，魏源为其赋诗送行。他还参加胡承珙等名士宿儒组织的祭祀东汉经学大师郑玄的活动，被誉为“名贤雅集，一时盛事”[1]。次年，魏源自邵阳护送母亲及全家去江苏父亲任所，自此全家留居江苏。道光元年（1821年），他再进京参加顺天乡试，却仍然被抑置副贡生。尽管魏源才高名广，但功名却很不顺利，到次年，29岁，才以第二名的成绩考中顺天乡试举人。不久，应直隶提督杨芳的聘请，到古北口教其子弟读书。在教课之余，魏源于长城内外访求古代遗迹，考察山川形势、关隘险要，对研究时务、边务有所帮助。他在北京还结识了讲求经世实学的姚莹。姚莹对他很赞许，在后来写的一篇文章中追忆说：“道光初，余至京师，交邵阳魏默深、建宁张亨甫（际亮）、仁和龚定庵（自珍）及君（指汤鹏）。定庵言多奇僻，世颇訾之。亨甫诗歌几追作者。默深始治经，已更悉心时务，其所论著，史才也。君乃自成一子（按：汤鹏著有《浮邱子》一书）。是四人者，皆慷慨激厉，其志业才气，欲凌轹一时矣。”[2]姚莹对魏源的评论，是很有见地的。

二

道光五年（1825年），是魏源文章经世的重要年代。这一年，他应江苏布政使贺长龄的聘请，为其编纂《皇朝经世文编》。在搜

1 陈奂：《师友渊源记》，《邃雅斋丛书》，1934年刊印。

2 姚莹：《汤海秋传》，《中复堂全集·东溟文后集》卷一一，道光辛巳刻本。

集大量清初以来的经世文献的基础上，经过近两年严肃认真的编选，终于完成这样一部大书。全书120卷，分为学术、治体、吏政、户政、礼政、兵政、刑政、工政八纲编次，“凡文字足备经济，有关治世者，无不蒐采，洵称大观”，共收录文章2236篇，贺长龄和他本人也有文章收入。编辑经世文编一类书籍，魏源、贺长龄不是创始者，明末陈子龙等编辑了《皇明经世文编》，清乾隆年间陆燿辑有《切问斋文钞》。魏源编纂《皇朝经世文编》，承前人的遗规，而又有创新。这部书问世后，影响很大。晚清著名学者俞樾说:“数十年来，风行海内。凡讲求经济者，无不奉此书为槼矱，几于家有其书。”[1]对于编纂这类书籍来说，《皇朝经世文编》又是启后的。它成为编纂同类书籍的典范，开启了晚清至民国初年讲求经世致用的学风，后来接续编辑的有20种左右。《皇朝经世文编》的编纂，也使魏源进一步“留意经济之学”。

在此期间，他还结识了包世臣。包世臣对漕运、盐务、水利、币制等都很有研究，在当时卓有声望，魏源同他交往，在经世实学方面获益不少。江苏巡抚陶澍是一个注重国计民生的名臣，也常和魏源商讨海运、水利等政事。清代道光五年以前，没有进行过海运，南方漕粮运到北方，都是经运河，清政府设有漕运总督等一系列官员进行管理。到晚清，各级官吏把持盘剥，敲诈勒索，浮费名目繁多，都转嫁到人民身上。这时由于“高堰决，运道梗”，陶澍、贺长龄在魏源协助筹划下，改革漕政，经道光皇帝批准，漕粮改由海运。运粮船从江苏崇明入洋，运至天津，两次运输都顺利完成，共计运来150万石。海运前后，魏源写下了《筹漕篇》、《复魏制府询海运书》、《海运全案序》、《海运全案跋》、《道光丙戌海运记》、《复蒋中堂论南漕书》等文章。在这些文章中，魏源极力主张革除漕运的弊端，改由雇商船自海上运送漕粮。

1　俞樾：《〈皇朝经世文新增续编〉序》，春在堂全书本。

他认为海运由商人承办，不再以官府垄断，不经过河闸，免受层层中饱勒索，而于国计、民生、海商都有利。他称赞此次海运成功是前所未有，“汉、唐有漕运，无海运；元、明海运矣，而有官运，无商运。其以海代河，以商代官，必待我道光五年乘天时人事至顺而行之”[1]。

道光六年（1826年），魏源暂时离开江苏，进京参加会试，同考的有好友龚自珍。他们的老师刘逢禄是这次会试的同考官，对他们两人极力推荐，但还是都落第了。刘逢禄感慨万端，于是作《题浙江湖南遗卷》（也称《两生行》）诗以表示痛惜，“龚魏”并称由此开始。道光九年（1829年），魏源和龚自珍再次一起参加会试。这次龚自珍考中进士，魏源却还是名落孙山。前一年，他以举人捐资为内阁中书舍人[2]。这使他有机会得以“借观史馆秘阁官书，及士大夫私家著述、故老传说”[3]，大为开阔眼界，为以后著史理政奠定了良好的基础。内阁中书舍人中多“异才隽彦”，龚自珍以才名，宗稷辰以文名，吴嵩梁以诗名，端木国瑚以经术名，而魏源则以学名，时人誉为“薇垣五名士”。在京师任职期间，魏源著书立说之外，还和一些志切经世之学的文人学士交往，借诗酒之余互相切磋砥砺，其中有黄爵滋、龚自珍、张维屏、汤鹏、潘德舆等人。

道光十一年（1831年），魏邦鲁在宝山县主簿任上患重病。魏源得知后，即请假南归侍奉父病。几个月后，魏邦鲁病故，他居丧守孝。当时，陶澍任两江总督兼办理两淮盐政。清代食盐尚袭历朝办法，实行专卖。盐税是政府一大宗收入，与田赋并重。道光年间，清政府每年财政总收入约4000万两白银，而盐税即达750多万两。厚利所在，积久弊生，官僚管理的亏损，贪官污吏的

1　魏源：《海运全案序》，《魏源集》上册，第411页，中华书局，1983年。

2　魏源捐资为内阁中书舍人的年代所记不一，此处从齐思和《魏源与晚清学风》所引《内阁汉票签中书舍人题名》，魏耆的《邵阳魏府君事略》则为道光九年。

3　魏源：《圣武记叙》，《魏源集》上册，第166页。

中饱盘剥，造成盐价昂贵，产销停滞，以至国库亏损，百姓买不起盐，又致使贩卖私盐猖獗。两淮盐区的利益，在各盐区中居于首位，而积弊也最深，陶澍很想做一番改革，便延聘魏源入幕协助。魏源提出改行“票盐”制度的办法，其根本点在于降低官盐价格，使贩盐、食盐的商、民得到更多的实惠。具体办法是：官府在盐场设局收税，商人只要照章纳税，就可以领票采盐，自由贩卖。这样减少了中间环节各级官吏的层层盘剥，“特尽革中饱蠹弊之利，以归于纳课请运之商”[1]，盐价降低一半，商人仍有利可图，私贩自然不禁自绝。因此，在淮北推行后，收到了很好的效果，“每岁畅行，倍额溢课数十万，尽偿淮北之积逋，且剂淮南之悬引”[2]。盐政的改革，魏源做了很大贡献。他自己也兼做票盐生意，并写下了《淮北票盐记》、《淮南盐法轻本敌私议》、《筹鹾篇》等关于盐政改革的重要作品。陶澍于道光十九年（1839年）病逝，此后历任两江总督的陈銮、林则徐、璧昌、李星沅、陆建瀛等，遇有盐政要务，都常与他商议。

魏源也很重视水利问题，对治理黄河尤为关心。治理黄河，是清政府深感头痛的问题，设有河道总督专管黄河的疏浚堤防，辖文武数百员，河兵万数千人，“黄河无事，岁修数百万，有事塞决千百万。无一岁不虞河患，无一岁不筹河费”[3]，而河患依然如故。魏源专门研究黄河的治理，写了《筹河篇》。他认为黄河为患，有自然的原因，更有人为的因素。所谓人为因素，就是治河官员治理失误，侵吞贪污河工经费，以及地方豪强垄断水利。这些人，魏源称之为“食河之饕”。所以“欲兴水利，先除水弊。除弊如何？曰：除其夺水夺利之人而已”[4]。魏源指出，黄河下游，

1 魏源：《淮北票盐志叙》，《魏源集》下册，第 439 页，中华书局，1983 年。
2 魏源：《太子太保两江总督陶文毅公神道碑铭》，《魏源集》上册，第 329 页。
3 魏源：《明代食兵二政录叙》，《魏源集》上册，第 165 页。
4 魏源：《湖广水利论》，《魏源集》上册，第 391 页。

“今则无岁不溃，无药可治，人力纵不改，河亦必自改之”[1]。头痛医头、脚痛医脚的治标办法无济于事，白白耗费大量财物和人力，只有治本才能根治黄河的水患。他认为，根治黄河水患的办法，是不能让黄河南向夺淮入江，而应改修北道，使之流入大海。魏源治本清源的治河方案，在清政府已日趋腐败的状况下，无法实行。显然，那些趁黄河溃决的机会而贪污中饱的庸官冗员，即“食河之餮”无法消除，他们必然要阻挠反对。况且黄河人工改道，工程浩大，清政府财政困难，也无力承担。魏源研究治河、水利、堤防，写了多篇很有见地的文章，无奈生逢末世、衰世，致使他的才能得不到发挥。咸丰五年（1855 年），魏源去世前二年，黄河果然像他预料的那样，在开封附近的铜瓦厢大决口，改道从山东入海，给下游人民造成大灾难，损失惨重。

道光十五年（1835 年），魏源为了奉养母亲，以经营盐业所赚的钱，在扬州买了一所房子，构筑亭台楼阁，甃石栽花，养鱼饲鹤，取名“絜园”。内有“古微堂”书屋，他在此读书治学，著书立说。龚自珍、邓显鹤、何绍基等至交好友都曾来这里拜访魏源，留宿絜园。道光十九年（1839 年），两江总督陶澍去世。魏源和他关系至为密切，自称“受公知数十年”，为其撰写行状，上报史馆，并作墓志铭、神道碑铭。碑铭记叙了陶澍在改革漕政、盐政时遭到了种种非议和阻挠，但他“力犯群忌”，坚持不移，终于推行了海运、票盐，为“可垂久大者”，并企盼“后有来者，欲大苏东南之困，为国家筹百世利，非赓其绪而恢之不可也”[2]。

从道光五年到十九年，魏源崇尚的经世致用之学，在实践中充分发挥其作用，使他成为名闻一时的漕政、盐法、水法等大政的改革专家。这是和他主张为学以通经致用为主旨，学问必施于

1 魏源：《筹河篇·中》，《魏源集》上册，第 371 页，中华书局，1983 年。
2 魏源：《太子太保两江总督陶文毅公神道碑铭》，《魏源集》上册，第 330 页。

政事分不开的。魏源对乾隆中叶以来盛行的汉学流于繁琐破碎，脱离实际，提出尖锐批评，认为是“锢天下聪明知慧使尽出于无用之一途”[1]。对于吟风弄月的文士、空谈心性的理学家，魏源也深为讥贬。他指出：“工骚墨之士，以农桑为俗务，而不知俗学之病人更甚于俗吏；托玄虚之理，以政事为粗才，而不知腐儒之无用亦同于异端。彼钱谷簿书不可言学问矣，浮藻饾饤可为圣学乎？释老不可治天下国家矣，心性迂谈可治天下乎？”[2]魏源反对汉学、宋学的繁琐、空疏、无用无实，主张通经以致用。从而他批评一味拘泥于古法的庸儒，指出“善治民者不泥法”，“读黄、农之书，用以杀人，谓之庸医；读周、孔之书，用以谈天下，得不谓之庸儒乎？”[3]他认为上古三代与后世的天、地、人、物都不同，后世都在变化、进化，法令、制度也都随之发生变化，不能“执古以绳今”，对于不能为富国利用的弊政必须改革。他提出“变古愈尽，便民愈甚”的主张[4]，是很有胆识的。不过在鸦片战争以前，魏源的思想认识没有超出从古代经书中阐发其“微言大义”，以经术为治术，还是儒家思想体系。他虽然主张变革，但又认为“其不变者道”，也就是说封建制度及其相应的意识形态是不能变的。

三

道光二十年（1840 年），英国发动了侵略中国的鸦片战争。这一年，是中国历史转折的重要年代。中国从独立的封建社会开始沦为半殖民地半封建社会。这一年，也是魏源思想变化发展的

1 魏源：《武进李申耆先生传》，《魏源集》上册，第 359 页，中华书局，1983 年。
2 魏源：《默觚·治篇一》，《魏源集》上册，第 36~37 页。
3 魏源：《默觚·治篇五》，《魏源集》上册，第 49 页。
4 魏源：《默觚·治篇五》，《魏源集》上册，第 48 页。

重要年代。

鸦片战争爆发后，正在江苏治理徒阳河的魏源，赶赴浙江宁波前线，在钦差大臣伊里布军中参加审讯俘虏的英国军官安突德。从他的口供中，魏源对英国的情况有了一些了解。后来，他又旁采其他资料，撰成《英吉利小记》一文。由于清政府的腐败，军备废弛，六月，浙江定海被英军攻占。接着，英国舰队继续北上，来到天津大沽口外。清政府的一些官员惊慌失措，并散布流言蜚语对前年以钦差大臣身份前往广州查禁鸦片的林则徐，中伤攻击。道光皇帝态度也发生动摇，把战争的责任加到林则徐头上，将他革职，改派琦善为钦差大臣，到广州议抚。魏源听到消息后，作《寰海》诗 11 首，以表达他气愤的心情。道光二十一年（1841年），魏源又应代伊里布为钦差大臣的裕谦的邀请，到浙江镇海入其幕府，帮助筹办浙江防务。魏源在那里只呆了几个月，便辞归扬州。他在归途舟中写了几首诗，其中一首说："到此便筹归，应知与愿违。狼烟横岛峤，鬼火接旌旗。猾虏云翻覆，骄兵气指挥。战和谁定算，回首钓鱼矶。"[1] 魏源到定海不久便匆匆辞归，原因虽不详，但从这首诗中也可透露出一点消息。他亲身经历了抵抗英国侵略战争的前线，对敌我形势，清政府政治、军事的腐败，有更深的感受。

魏源回归扬州后，正在镇海军中协办防务的林则徐，又一次受到道光皇帝的处分，从重遣戍新疆伊犁。道光二十一年六月，魏源在江苏镇江和他相会。两位意气相投的挚友在长江岸边见面后，"万感苍茫日，相逢一语无！"当天晚上，两人对榻畅叙情怀，"聚散凭今夕，欢愁并一身"[2]。林则徐将在广州抗英时请人翻译的《四洲志》、《澳门月报》、粤东奏稿，及有关西方枪炮、

1 魏源：《自定海归扬州舟中》，《魏源集》下册，第 781 页，中华书局，1983 年。

2 魏源：《江口晤林少穆制府》，《魏源集》下册，第 781 页。

地理图样等交给魏源，嘱他编撰《海国图志》。

不幸的消息接二连三向魏源传来，在送别林则徐不久，他崇敬的前辈李兆洛逝世。他在撰写的《武进李申耆先生传》中，对李兆洛的治学很称赞："疏通知远，不囿小近，不趋声气"，"近代通儒，一人而已。"[1] 八月，魏源结识了27年、志同道合的知交龚自珍又辞世而去，给他带来了无限的悲伤和惆怅。过了两年，他按照和龚自珍的约定，为龚自珍编定遗著，成《定盦文录》12卷和《定盦外录》12卷两种，并撰写《定盦文录叙》。

次年，鸦片战争以中国失败而结束，清政府被迫签订了丧权辱国的《南京条约》。魏源对此表示极大的义愤、忧虑和不安。他感到清政府在鸦片战争中的失败，是因为吏治腐败，官吏昏庸，既虚骄自大，又畏敌如虎。他指出："承平恬嬉，不知修攘为何事，破一岛一省震，骚一省各省震，抱头鼠窜者胆裂之不暇，冯河暴虎者虚骄而无实。"[2] 他希望清政府能够改弦更张，励精图治，整军经武，以求长治久安。因此，他想通过研究清朝开国以来的武功及其兴衰历史，以期振奋人心，激励人们抵御外侮的斗志，以雪国耻，重振清朝声威。就在鸦片战争的炮火声中，魏源根据自己任内阁中书舍人以来积累的大量资料，发愤撰写了《圣武记》40余万言，于《南京条约》签订的当月完成。道光二十四年（1844年）、二十六年（1846年），他又两次修改重刊。《圣武记》全书14卷，前10卷历述清入关前统一东北至道光年间的对内对外的主要战争，后4卷是对有关军事问题的论述。书中所歌颂的"武功"，大都是清政府镇压农民起义和少数民族群众的反抗活动，对历史疆域等的叙述也有一些史实谬误。但是，这部书是完成于《南京条约》签订之时，魏源为反对西方资本主义国家的侵略，捍

1 魏源：《魏源集》上册，第359、361页，中华书局，1983年。
2 魏源：《道光洋艘征抚记·上》，《魏源集》上册，第187页。

卫祖国的独立和领土的完整，宣扬清初的“盛世武功”，希望清政府能转弱为强，有其现实意义，是经世致用思想在新的时代条件下的发扬。

鸦片战争以前，对于清皇朝的历史无人敢进行研究。魏源《圣武记》的出版，打破了清史研究的禁区，开了研究本朝历史、当代历史的风气。他撰写的、影响深远的《道光洋艘征抚记》，就是在鸦片战争刚过后就撰成的关于这一现实重大历史事件的文章。《道光洋艘征抚记》全文近两万字，分上下篇，系统、全面地记述了鸦片战争的全过程，总结了清政府在战争中失败的经验教训。在文章中，魏源对英国鸦片贩子毒害中国人民的鸦片走私以及英国侵略军对中国人民奸淫掳掠、杀人放火的种种罪行；对清朝统治集团，从道光皇帝到琦善、耆英、伊里布等大臣的虚骄昏聩、妥协投降等，都给予揭露和批判。而对林则徐的禁烟和防守广东则一再赞扬，对广大爱国官兵和三元里人民的抗英斗争，不惜牺牲，给予热情的歌颂。这充分表现了魏源爱憎分明的爱国主义立场。也许是由于他秉笔直书触犯时忌的缘故，这篇文章长时间以匿名传抄方式流传，魏源自己在 1846 年第二次修订《圣武记》时只列上目录，未收此文，直到光绪四年（1878 年）上海申报报馆排印此书时，才将该文收入。

道光二十二年十二月（1843 年 1 月），魏源实现了林则徐的嘱托，在扬州絜园完成了他的传世之作《海国图志》50 卷。所用文献资料，除以林则徐在镇江交给他的《四洲志》为基础外，“再据历代史志及明以来岛志及近日夷图、夷语”等，加以“钩稽贯串”而成。[1] 道光二十七年（1847 年）增补至 60 卷，咸丰二年（1852 年）又从葡萄牙人马吉士《地理备考》等著述中辑录了大量资料，扩展为 100 卷。《海国图志》是中国第一部较系统地介绍

1　魏源：《海国图志叙》，《魏源集》上册，第 207 页，中华书局，1983 年。

世界各国地理、历史、政治、经济、文化等内容的新书，有世界地图和各国分地图，有关于枪、炮、船、水雷、望远镜等的资料和图样，还有介绍地球、天文等自然科学的知识，而卷首《筹海篇》四篇，则是纵论对付侵略者的策略的。

在《海国图志》中，魏源明确表述了写作此书的目的："是书何以作？曰：为以夷攻夷而作，为以夷款夷而作，为师夷长技以制夷而作。"[1] 所谓"师夷长技以制夷"，也就是学习西方的科学技术以抵御西方资本主义国家的侵略。他批评了"夷兵不可敌"的畏葸妥协观点，也驳斥了把西方科技视为"奇技淫巧"的陈腐思想，指出"有用之物，即奇技而非淫巧"。他认为不向西方学习长技，必然要受西方国家的控制、侵略，只有善于学习西方的长技，才能抵御西方各国的侵略。魏源具体指出，要学习的西方长技"有三：一战舰，二火器，三养兵练兵之法"[2]。具体的措施包括：买进西方的坚船利炮，在国内设厂制造，学习西方技艺，翻译西方有关书籍，以及培养掌握西方长技的人才。魏源从鸦片战争中认识到中国失败的原因之一是缺乏"夷之长技"，加以当时他对西方所能达到的认识，把学习西方主要归结到军事工业技术上，是很自然的。

值得注意的是，魏源在《海国图志》中所表达的思想并不完全局限于军事技术，他认为军事工业除制造战舰、枪炮外，量天尺、千里镜、龙尾车、风锯、水锯、火轮机、火轮车、自来火、自转碓、千斤秤等等，"凡有益民用者，皆可于此造之"[3]。这就是说，军事工业的兴起，必然引发对其他工业品的需求，从而刺激、带动民用工业的创办。他还主张"沿海商民，有自愿仿效厂局以造船械，或自用、或出售者听之"[4]，不仅官办工业，而且允

1 魏源：《海国图志叙》，《魏源集》上册，第207页，中华书局，1983年。
2 魏源：《筹海篇·三》，《魏源集》下册，第869页。
3 魏源：《筹海篇·三》，《魏源集》下册，第873、876页。
4 魏源：《筹海篇·三》，《魏源集》下册，第873、876页。

许民间办工业，开始发出在中国兴办近代资本主义工业的呼声。魏源还通过介绍欧美资产阶级政治制度，隐约地表达了对西方民主政治的仰慕。他说，美国总统是公举的，四年任满便更换，“总无世袭终身之事”，“可不谓公乎”？他称赞西方选举、议会制度，认为“议事听讼，选官举贤，皆自下始，众可可之，众否否之，众好好之，众恶恶之，三占从二，舍独循同，即在下预议之人，亦先由公举，可不谓周乎？”[1]

魏源“师夷长技以制夷”思想主张的提出，不仅把地主阶级改革思想推向学习西方以抵御外侮的近代爱国主义新高度，而且开始打破了长期思想封闭的状态，成为近代中国最早睁眼看世界和维新变革思想的先驱者。近代中国早期维新思想家王韬说：“师长一说，实倡先声。”[2]魏源的“师长”思想，对洋务运动、戊戌维新运动都产生了深刻的影响。《海国图志》的编撰和出版，正如魏源自己说的，是“创榛辟莽，前路先驱”。它对国内有识之士开拓眼界、了解世界起了重要的促进作用。随后出现的同类书籍，有梁廷枏于道光二十四年（1844 年）刊行的《海国四说》，徐继畬撰成于道光二十八年（1848 年）的《瀛环志略》等。《海国图志》出版几年后，就传入日本，对日本的维新运动也有一定影响。

魏源在编撰《海国图志》时，从英国人的著述中搜集了一些有关蒙古、元代的资料，经过十几年的辛勤编撰，于咸丰三年（1853 年）成《元史新编》一书。他认为正史的史书中，以《元史》最为疏陋繁冗，缺失讹误很多，有必要重新加以编纂。于是吸收了前人的不少成果，就《元史》删其繁芜，补其缺漏，订其讹误，成为改编《元史》的第一部较为成功的著作。魏源编纂此书的目的，在《拟进呈元史新编序》中说得很清楚：“前事者，后

1　魏源：《外大西洋墨利加洲总叙》，《海国图志》百卷本，1876 年平庆泾固道署重刊本。

2　王韬：《漫游随录·扶桑游记》，第 202 页，湖南人民出版社，1982 年。

事之师。元起塞外有中原，远非辽金之比。其始终得失，固百代之殷鉴也哉！”[1]魏源生活于清朝走向衰落时期，清朝与元朝同是少数民族统治政权，更值得吸取其兴衰的经验教训。他编纂此书时，清朝已处于“鄂罗斯兼并西北，英吉利蚕食东南”的局面，一些有识之士为之忧虑，在史学方面就出现了究心于西北史地和元史的研究，而魏源的《元史新编》在近代则有开风气之功。

四

道光二十四年（1844 年），魏源已经 51 岁，好不容易考中礼部会试第 19 名贡士。但还是仕途坎坷，因试卷书写草率，被罚停殿试一科，次年才补行殿试，中三甲进士。魏源从 15 岁补县学生员，到 52 岁中进士，在科场的道路上跋涉了近 40 年，才得到个科甲正途出身，这反映了科举制度对人才的压抑。

这一年秋天，魏源奉命代理扬州府东台县知县。他第一次任地方官，为政勤勉，“士民悦服”。但不到一年，因为母亲去世，按照清朝制度，只好去官为母守孝。在他离任时，偏又遇到上司清查漕赋，结果把前任没有按额完交的漕赋都落到他的头上，赔补了 4000 两白银，使“全家数十口指日悬磬”，“其窘为生平所未尝”[2]。

大约在道光二十七年（1847 年），魏源离开扬州到岭南游历。他在广东番禺访问诗人张维屏，两人谈论诗文，很是投机，一连住了好几天才离去。他还拜访岭南名儒陈澧，主要是谈论《海国图志》。陈澧对书中不妥或讹误之处提出了意见，魏源听了很高兴，并据以修改《海国图志》。早已享有盛名的魏源能如此虚心听

1　魏源：《元史新编》卷首，光绪三十一年慎微堂刻本。

2　魏源：《致胡蕴之信》，《魏源集》下册，第 931 页，中华书局，1983 年。

取意见，使陈澧很感动，称赞“其虚心受言，殊不可及也”[1]。并且和他交为朋友。

魏源这次南行广东的一个目的，是要游览香港、澳门，亲身目睹外国人的生活状况。他参观了澳葡理事官（委理多）的花园，听演奏洋琴，并应主人的要求，作《澳门花园听夷女洋琴歌》一首留赠。随后，魏源乘船渡海前往香港，早晨船刚出港，看到了海市蜃楼的幻景。他很兴奋，认为是“扩我奇怀，醒我尘梦，生平未有也”[2]，于是赋《香港岛观海市歌》一首。北归途中，魏源历游了广东、广西、湖南、湖北、江西、安徽、江苏七省。他此次南行，收获很大，搜集的资料对修订《海国图志》很有帮助，他在所做的诗中说：“半年往返八千里，岂徒云山入卷中。”[3]

道光二十九年（1849 年），魏源被任命为代理扬州府兴化县知县。兴化地势低洼，靠近洪泽、高邮二湖，秋天湖水必涨，威胁堤防，而堤防又不坚实，管河官员怕担堤溃的责任，往往湖水刚涨就提早启坝放水，致使农民即将收获的稻谷全被大水毁坏，淮、扬七州县大饥荒。魏源到兴化上任，正赶上这一地区连旬大雨，湖水猛涨，河督急催启坝放水，农民担心将熟的禾稻被大水淹没，人心惶惶。魏源得知后，立即奔赴各坝，组织人力昼夜保护堤坝。但是，河督坚持要启坝放水，魏源官小力争无效，只好请求两江总督陆建瀛亲驻坝次，河督才不再坚执己见。这时正值西风大作，倾盆暴雨连下两昼夜，湖浪更加凶猛，情况很紧急，河督又要开坝，魏源冒着暴风雨，伏在堤上为民请命。老百姓很受感动，十几万人奋力抢险抗洪。傍晚风浪减弱，才渡过了险情。魏源的一双眼睛肿得像桃子一样，见到的人都被感动得流下眼泪。立秋后禾稻收割，获得大丰收，农民称之为“魏公稻”。魏源在兴

1　陈澧：《书〈海国图志〉后呈张南山先生》，《东塾集》卷二，光绪壬辰刊本。
2　魏源：《魏源集》下册，第 740 页。
3　魏源：《楚粤归舟纪游》，《魏源集》下册，第 814 页。

化县任上还兴修水利，培筑运河西堤，扩建书院，改建育婴堂。道光三十年（1850 年），他调任淮北海州分司运判，协助陆建瀛办理淮北盐务，收到很好的效果。

咸丰元年（1851 年），魏源补任高邮州知州。也就是这一年，洪秀全领导的太平天国农民战争在广西桂平县金田村起义后，挥师北上。咸丰三年（1853 年）二月，太平军攻克南京，改名天京，于此建都。同月，太平军又攻克扬州，离高邮州城仅 40 里。魏源组织了团练武装，巡防溃逃官军沿途骚扰掳掠，镇压了湖西太平庄响应太平天国的地方起义军。三月，他被督办江北防剿的杨以增以迟误文报奏劾而革职。不久，魏源奉调赴安徽，入安徽巡抚周天爵幕府参谋军务。因镇压宿州捻军有功，十一月奉旨复官。但这时的魏源，却“以年逾六十，遭遇坎坷，世乱多故，无心仕宦”[1]，辞归。

魏源在扬州的旧居絜园，城破时已被毁于炮火。他和家人侨居兴化，“不与人事，惟手订生平著述”[2]。他的今文经学的代表作之一《书古微》完成于此时，还对《诗古微》作了增订。这时，魏源的思想已趋于消沉，皈依于佛教的净土宗，自称“菩萨戒弟子魏承贯”，潜心研究佛学，会译了《无量寿经》，并辑《观无量寿佛经》、《阿弥陀经》和《普贤行愿品》，合为《净土四经》。

咸丰六年（1856 年），魏源出游至杭州，寄住佛寺，闭门谢客。咸丰七年三月初一（1857 年 3 月 26 日）病逝于杭州，终年 64 岁。魏源原配夫人严氏生有二子一女；继配谭氏无出。女名秀均，嫁湖南郴州陈家。次子昌耆，早殇。长子耆，候补同知，所撰《邵阳魏府君事略》，为研究魏源生平的重要文献。魏源的《古微堂集》、《古微堂诗集》及其他短篇著作，后人编为《魏源集》出版。

1 魏耆：《邵阳魏府君事略》，《魏源集》下册，第 958 页，中华书局，1983 年。
2 魏耆：《邵阳魏府君事略》，《魏源集》下册，第 958 页。

姚莹交游述略

姚莹，字石甫，安徽桐城人，清嘉庆十三年（1808 年）进士。早岁游幕广东，之后在福建、江苏任知县。鸦片战争时，官台湾兵备道，积极抵抗英军的侵略。晚年任广西按察使，参与镇压太平天国起义。咸丰二年（1852 年）病故。他是嘉庆、道光年间颇有影响的人物，平生交游很广，所交多系政治、学术、文学等方面的卓识之士。本文试对这些人作一探讨，不仅对研究姚莹是必要的，而且也有助于了解他们所处的时代。

一

1843 年 10 月初的北京，正当秋高气爽时节，但城郊的长辛店，却充满着一股抑郁愤世气氛。30 多名京官、名士，包括曾国藩在内，在此迎接被道光皇帝严旨革职拿问来京的台湾道姚莹。他们的举动，是对姚莹在台湾抗英的支持，也是对他被诬拿问的同情。

姚莹被革职拿问，在朝野上下引起很大震动，“一时中外作诗著论甚众，闺阁中亦多感咏，近传台人复有舆论之刻”[1]，许多人为之鸣不平。山阳鲁一同所写的《拟论姚莹功罪状》指出，姚

1 姚莹：《中复堂全集·后湘续集》卷二，同治六年刊本。

莹在台湾抗英，只“见其功，未见其罪”。英军在中国“焚杀淫掠，动以万计。就如逆虏失风被剿，送死东陲，亦足雪数年之深耻，偿士卒之冤痛”。如果“国家诛诸将以委城，而罪莹以敢战”，这就自相矛盾，失去“进退之义”，将使“边吏解体”，“东南之祸未有艾也”[1]。鲁一同激愤的言论，代表了要求抵抗外国侵略、对签订屈辱的《南京条约》不满的士大夫的共同呼声。

还在姚莹被逮问的消息传出之时，他的好友们就十分关心。建宁张际亮（亨甫）、同乡张绍专程到江苏清江迎候，陪随姚莹至京；张绍还偕姚入刑部狱，以为护持。著名学问家汪中之子汪喜孙（孟慈）在山东济宁得讯后，放声痛哭以至呕血，并致书“以千秋相勉”。汪喜孙死后三年，姚莹听汪的女婿管嗣复（桐城派古文家管同之子）讲到这件事，非常感动地慨叹：“嗟乎，交道之薄久矣，如孟慈、亨甫，其犹古人之风哉！”[2]

姚莹系狱时间不长，10 月 6 日入狱，18 日赦出。在短短 12 天里，人们纷纷为之奔走营救；不少人到狱中探望慰问，其中有户部郎中汤鹏（海秋）、翰林院编修何绍基（子贞）、御史刘位坦（宽夫）等。

围绕台湾之狱的斗争是激烈的。它是鸦片战争中抵抗派和投降派斗争的继续。夏燮《中西纪事》载：“台湾之狱，外则耆相主之，内则穆相主之。”军机大臣穆彰阿、两广总督耆英等投降派力主重办姚莹，甚至想将他杀害。冯桂芬在《姚石甫观察小像题辞》中说：“先生既抵京，忌之者不已，祸几不测。”[3]时冯官京师，稔知官场情况，所记当是事实。姚莹身后，其子姚浚昌所编年谱有具体记载：“粤督耆英致书京师要人，谓不杀台湾镇道，我辈无立足之地。”当时，“台谏交章论救”，清廷不敢做得过分，只好将

1　鲁一同：《通甫类稿》卷四，咸丰九年鲁氏自刻本。

2　姚莹：《中复堂全集·后湘续集》卷七，同治六年刊本。

3　冯桂芬：《显志堂稿》卷一二，光绪二年校邠庐刻本。

姚莹赦出，以同知直隶州知州分发四川了局。姚莹出狱后，朋友们大为兴奋，多次为之置酒庆贺。冯桂芬曾在居邸设宴，参与者有陈庆镛（颂南）、张穆、赵振祚、罗惇衍、庄受祺和潘曾玮。汤鹏宴于万柳堂，在座的有御史朱琦（伯韩）、陈庆镛、苏廷魁（赓堂），户部郎中梅曾亮（伯言）、马沅（湘帆）、主事王拯（少鹤），翰林院编修何绍基。“席间话台湾事”，朱琦慨然赋诗，题为《癸卯九月朔日集万柳堂宴姚石甫丈》。诗的开头就表示了“姚侯自狱出”，“忠愤得少泄”的心情。全诗凡五言 138 句，实记台湾抗英和冤狱事。另有《纪闻》八首，也是咏姚莹在台湾战守事。朱琦《怡志堂集》中记鸦片战争的诗还有多首。《感事》一首记叙战争的经过，“岂料坚主和，无复识国体”，“苍茫望岭峤，抚剑独流涕”等句揭露琦善之流的投降卖国，力主继续抗击英人入侵，抒发了爱国主义思想。姚莹称朱琦“不趋权要，虽举主无所阿附，亦不以攻讦见长，此真言官也，与晋江陈颂南庆镛同以亢直称”[1]。陈庆镛在 1843 年 5 月 3 日上《申明刑赏疏》，反对清廷起用鸦片战争中辱国的权臣琦善、奕经等亲贵，声称“直道未泯，公论可畏”。道光皇帝迫于舆论，只得收回成命。这篇疏文“直辞謇謇，字挟风霜”，远近传颂。陈庆镛因此名震一时，“都中虽舆夫厮养，皆愿争睹其人”[2]。

姚莹在京师往来冠盖，既有旧交，也有新知。朱琦、陈庆镛、何绍基、邵懿辰（位西）、王拯等，是姚系狱时或出狱后才结识的。翌年，姚莹从桐城寄信给朱琦说：“都门相识于患难之日，怀抱略抒。……而拳拳于友朋生死患难之际，始终不二，尤足感人心脾。”在这封信中，姚莹还对在京师会聚的好友作了评骘：“若乃伯言高文廉杰，力振一时；位西研道醇邃，志追千载；海秋之才

1　姚莹：《中复堂全集·康輶纪行》卷八，同治六年刊本。

2　戴䌹孙：《味雪斋文钞》甲集卷五，道光三十年刻本。

拓古今，颂南之诚贯金石；赓堂之宏敏任事，子贞之渊懿植行；湘帆英爽，鹤田（吕贤基）贞纯；少鹤矫矫而锐才，翰臣（龙启瑞）恢恢而抗志。此皆迈古为期，不失其守，洵吾党之杰也。”[1] 姚莹把他们引为“吾党之杰”，不仅因为他们支持抗英斗争，曾为冤狱鸣不平，还因为在吏风士习衰恶的境况下，在贪冒无已的鄙夫中，他们“文章气节，一秉坚贞”，诚一时佼佼者。

二

朱琦能诗，论者认为其诗“毅魄雄浑”。但姚莹的朋友中，以诗名者不只朱琦。姚莹少年即好为诗，宗汉魏盛唐。李兆洛说，他的诗“体兼质文，词必廉杰，不恌诡以害才，不傀丽以荡心”，“加以少鲜隐忧，长厄群忌，焦悴之音托于环玦，悲愤之思熠若风霜，诵者涕零”。这一评论，概括指出了姚诗思想内容和艺术上的特点，颇中肯綮。

姚莹的诗友中，应当提到吴嵩梁（兰雪）。吴困于仕途，浮沉于国子学及内阁且二十年，而“以诗名耀海内”。他是宋诗提倡者翁方纲的弟子，但其诗“体沿六朝，而规格则似唐之温、李”[2]。道光六年，姚莹为吴的诗集作序，称“兰雪才雄气酋，思沈学博，能状难绘之景，写难显之情”，与乾嘉间名诗人黄景仁（仲则）并驱，“殆一时之二杰”[3]，“所传《香苏山馆集》，人无不艳且诵之”[4]。吴的诗名远播朝鲜、日本，朝鲜友人称之为“诗佛”。不过，以诗享盛名，且能于诗中反映现实社会、表现积极思想者，当推张际亮和张维屏。

1　姚莹：《中复堂全集·东溟文后集》卷八，同治六年刊本。

2　《清史列传》卷七二。

3　姚莹：《中复堂全集·东溟文外集》卷一。

4　祁寯藻：《观象居古今体诗钞序》，《䜣亭集》，咸丰七年勤学斋刻本。

张维屏，字子树，号南山，广东番禺人。道光二年（1822年）进士，曾任知县。他关心民间疾苦，自谓“读书颇亦忧苍生”。龚自珍对他“心所敬慕”，高度评价他：“才之健似顾千里(广圻)，情之深似李申耆（兆洛)，气之淳似姚敬堂（学塽)，见闻之殚洽似程春庐（恩泽)。”[1]张维屏《听松庐诗钞》有翁方纲嘉庆十六年（1811年）序，提及张维屏《赠刘孟涂开，即送其归桐城》诗写到“新知忽向离筵遇”时，自注：新知“谓姚石甫、刘子仁”。姚莹游幕广州始于嘉庆十四年（1809年)，由此推知张、姚两人订交当在此时。姚莹很欣赏张维屏的诗，为其作《张南山诗序》。张维屏的诗有一部分是表达“忧苍生”的思想感情的，如“穷黎菜色纨袴饱，临觞不御悲填膺”。他还用谣谚体作《绳头篇》、《雀角曲》、《衙虎谣》等，揭露科场弊端和刁讼师、恶衙役的为非作歹。最为人称道的则是其有关鸦片战争的作品，其中，《三元里》一诗尤为脍炙人口，它歌颂了广州人民英勇的抗英斗争，描绘了英国侵略军在中国人民打击下的狼狈状，揭露了统治者妥协投降的丑态，诗中流露出作者的爱国主义思想感情。张维屏晚年思想却倒退了，他指责林则徐禁烟是“好大喜功”，把英国发动侵略战争说成是因“禁烟令下而边衅遂开”，甚至认为太平天国起义也是由此引起的。由此，他得出这样的结论：不必禁吸食鸦片，要像对待嗜酒者与不嗜酒者一样，各听其便，才得“相安无事，不亦善哉”[2]，真是十分荒谬。

比起张维屏，张际亮无疑更值得称道。张际亮不满于乾隆以来诗坛的风尚，认为“至今之为诗者，可悦人者多，可感人者恒少”，无非“以口角婉媚轻率之语，写目前琐屑猥俗之事”；“或以议论考订为诗，或则轻佻浅鄙，无与于风雅之旨”。他“一生足

1 张维屏：《花甲闲谈》卷六，道光十九年刻本。

2 张维屏：《松心十录·政治录》卷二，咸丰七年刻本。

迹半天下，道途遍历知民隐”，以“目之所见，耳之所闻，身之所阅历，心之所喜怒哀乐，口之所戏笑诃骂，一皆托诸诗”。[1]抒写怀抱，为不平之鸣。所以他的诗，不是形式主义地拟古，不去吟花咏月，不作无病呻吟，而有相当一部分是对嘉道年间腐败吏治、天灾人祸、民不聊生的社会现实的揭露。如“室有冻死骨，野有逃荒民”，“骨肉卖为奴，百钱聊救死”等句，就是对残破悲惨的社会生活的写照。

鸦片战争时期，张际亮以亲身见闻，写了大量反映战争的诗篇。还在道光十二年（1832年），他就写了一首被人称为“识在机先”的《浴日亭》诗，“毒土换黄金，千万去中原”，尖锐地揭露了西方殖民主义者对中国的掠夺，尤其是鸦片烟大量输入所造成的极大危害。后来，林则徐奉旨赴广东查禁鸦片，他赋诗表示支持：“夷艘亘出没，毒物流中原。自非用重典，何以清祸源。”英国发动侵略战争后，他又用诗歌来表达对侵略者在中国国土上烧杀淫掠的义愤，“可怜繁华土，流血满沟渎。吾闻起按剑，悲愤断肠续”；对琦善在粤向敌乞和作了鞭挞，“番舶珠犀照夜昏，传呼使相对开尊。兵戎玉帛交相见，土地金缯事忍言？”而对于坚持抵抗的爱国将领，则满腔热情地歌颂，如《陈忠愍公死事诗》颂陈化成英勇杀敌，为国捐躯，“嗔目死犹活”[2]。在这些诗篇里，张际亮爱憎十分鲜明，不愧是一位爱国主义的诗人。

“士先器识而后文艺。”张际亮的诗歌之所以能达到较高境界，首先在于他的思想品格。他鄙薄当时腐朽的吏风士习，不与流俗合。开罪于曾燠，即为一例。曾燠在京时闻张际亮诗名，请他饮酒。席间曾燠“以名辈显宦”高谈阔论，在座的“名士”们阿谀奉承，异口同声地表示赞服。曾燠吃瓜子黏在胡须上，有一人立

1 张际亮：《张亨甫全集·文集》卷三，同治六年刻本。

2 所引张际亮诗，参见张际亮：《张亨甫全集》、《思伯子堂诗集》。

即起身为之拈去。张际亮心里本来就很鄙视厌恶，见此情景，不禁放声大笑，表示蔑视，结果不欢而散。第二天，他又投书曾燠，严厉指责他“不能教导后进，徒以财利奔走寒士门下，复不知自爱，廉耻俱丧，负天下望”。曾燠大为恼怒，“毁之于诸贵人，亨甫以是负狂名”，张际亮差一点连举人都考不中。[1]后来，也是“沦落不偶”，穷困潦倒以至于死。

张际亮一方面不与权贵、“名士”同流合污，另一方面则与经世派的有识之士林则徐、龚自珍、魏源、黄爵滋、汤鹏、陈庆镛、朱琦等交往。他和姚莹关系尤为密切。姚、张订交约在嘉庆末道光初。他们多次会聚，并书信往还，以诗寄怀。对于张的穷困颠踬，姚莹不仅每每给予资助，且时予慰勉。他很器重张际亮，认为张为人“负奇气大节”，“尤留心当世”；诗则“感时纪事，沈郁雄宕”，“接迹放翁、遗山”。[2]鸦片战争时，姚莹函邀张际亮赴台协助筹划抗英事宜。张欣然就道，行至厦门，无法渡海，作《寄姚石甫三丈时将赴台湾海不果》一诗纪之。张际亮对姚莹也非常敬佩，称他“雄伟骏异，深明大略”[3]。在临终前为姚莹的《后湘续集》作序说：“余足迹遍天下。游处率当世豪士，然仅得近古豪杰一人，其惟桐城姚侯乎！”因此，他为姚莹的才未大用、长期“屈为一令”，深感惋惜和不平。1843年台湾冤狱兴，张抱病自清江护送姚入都，既是出于深厚的友情，也是对冤狱的抗议。姚莹出狱后，张际亮很兴奋，从姚寄居于明杨继盛（字椒山，嘉靖年间以劾权相严嵩论死）故宅。但此时张际亮病已沉重，一个多月后即去世。姚莹大悲，为鸠金还债，经理丧事，作《祭张亨甫文》和《张亨甫传》，感情沉挚，并非泛泛之言。林则徐在新疆戍所获悉张际亮病逝噩耗，作《哭张亨甫》诗，有句云：“修文定写

1　姚莹：《中复堂全集·东溟文后集》卷一一，同治六年刊本。

2　姚莹：《中复堂全集·东溟文后集》卷一四。

3　张际亮：《张亨甫全集·文集》卷三，同治六年刻本。

平生志，犹诉苍苍塞漏卮。”[1]何绍基为其撰写挽联：“是骨肉同年，诗订闽江，酒浇燕吏；真血心男子，生依石甫，死傍椒山”[2]，既称颂了张际亮的为人，也贴切地写出了他和姚莹的关系。

三

姚莹能诗善文，朋友中也多以文名于时。当时桐城文派因三祖姚鼐蜚声文苑而奠基，成为清中叶最著名的散文流派。姚鼐接续方苞、刘大櫆，对他们的古文主张加以发扬，提出义理、考据、词章三者合一之说，真正把桐城派的古文理论建立和完善起来。他的门生弟子很多，影响所及，扩大了这个文派的堂庑。姚莹是姚鼐的侄孙，曾从他学古文义法，为文一自抒所得，长于议论。汪廷珍称赞姚莹文“激昂慷慨”、“博辩宏通”。方东树（植之）评论说：“其义理之创获，如云霾过而耀星辰也；其论议之豪宕，若快马逸而脱衔羁也；其辩证之浩博，如眺溟海而睹涛澜也。”所以，姚莹文不像一般桐城派的文章过于追求“雅洁”，而失之拘谨、平淡与浮泛。在姚门弟子中，曾国藩著《欧阳生文集序》中称姚莹与管同（异之）、梅曾亮、方东树四人为“高第弟子”，而姚莹自己则说：“当时，异之与梅伯信、方植之、刘孟涂（开）称‘姚门四杰’”[3]，后王先谦《续古文辞类纂》也称姚鼐门下以此四人为最著。姚门四杰中其他三人跟姚莹都有交往。

刘开与姚莹同里，弱冠时即为文章道义之交。姚莹曾记述：嘉庆九年（1804 年）后，他和刘开、方东树、光聪谐（律原）等十数人游，“览城郭而眺山川，慷慨悲歌，俯仰一世”。刘开文集中也说道：“昔者吾党之人才盛矣，以吾与栗原、筐叔、石甫诸君

1　林则徐：《云左山房诗钞》卷六，光绪十二年福州林氏家刻本。
2　姚永朴：《旧闻随笔》卷四，民国八年铅印本。
3　姚莹：《中复堂全集·东溟文集》卷二，同治六年刊本。

之同聚乡里也，游谦之与俱，言论之与共，文章道义之相与磨砺而讲习，是岂不足以极友朋之盛乎！”[1]可见他们的交谊不同一般。

姚莹说，刘开“负大志，区画世务，体明用达”[2]。但刘开几次应南北乡试都未考中，“踬于诸生，身屯而道蹇”[3]。因而他比较了解民间疾苦，在《悲哉甲戌行》诗中如实地描写出农民的困苦：“禾苗枯死衣典尽，十户九户无朝餐。野藕锄罢汗流颊，更剥榆皮作生业。”他对人才寥落和窒息人才的八股制艺很不满，抨击士人“所尚者，非通经也，应举之文也；所求者，非致用也，干禄之术也”，举凡“所谓经世之略可以备天下之用者，皆置而不讲”[4]。刘开认为“天下无不变之道，无不坏之法，无不敝之学，虽以孔子之圣，皆有流敝”；因而主张“道与时为转移”，因时“变而通之”。但刘开是个“人治”论者，在他看来，能否无患，在于“得其人治之”，而“得人在乎造学”[5]。

桐城派古文讲求“有物有序”，但事实上能做到的人很少，一般文章往往流于空泛和贫乏。刘开论政、论学的文章，因时而发，气积势盛，称得上言之“有物”。阳湖派的陆继辂评论说：刘文具“清刚疏朴之气”；管同称赞“其文辞飘忽而多奇”，“辩博驰骋，光气发露，不可掩遏”[6]，说的都是刘文纵横刚健的风格。刘开作骈体文也有成就，现存《刘孟涂集》收有骈体文两卷。这部诗文集共四十四卷，是刘开道光四年（1824年）病故后，姚莹亲自去访得遗稿付梓的。

桐城文士中，与管同最早结识的是刘开，但终生仅得一见。

1 刘开：《刘孟涂集·文集》卷六，道光六年檗山草堂刊本。
2 姚莹：《中复堂全集·东溟文集》卷六，同治六年刊本。
3 管同：《因寄轩文二集》卷四，光绪五年重刻本。
4 刘开：《刘孟涂集·文集》卷二、卷四。
5 刘开：《刘孟涂集·文集》卷一。
6 管同：《因寄轩文初集》卷五；《因寄轩文二集》卷四。

其后，姚莹也与管同交游。管同，江苏上元人，姚鼐主讲钟山书院时管同曾从其学，肆力古文。《清史稿·管同传》："鼐门下著籍者众，惟同传法最早。"道光六年（1826年）管同北游京师，曾与姚莹晤，并应约为刘开诗文集作序。姚莹很称许管同古文的成就，请他为自己所作《邹忠公祠碑文》润色。管同对朋辈文章要求严格，首先看立论是否允当，而不仅限于文辞。他在一封信中说："立论终不能的实"，"此文欲改，须并其立意改之，是以未能下笔"。[1]同样，他对同里同窗好友梅曾亮初学为古文辞时的缺点，诚挚地指出："子之文病杂，一篇之中，数体互见。武其冠，儒其衣，非全人也。"[2]

管同关心世务，有经世之志，所作《拟言风俗书》等，传诵一时。他在此文中深刻地抨击世风："今之风俗，其弊不可枚举，而蔽以一言，则曰好谀而嗜利。惟嗜利，故自公卿至庶民，惟利之趋，无所不至。惟好谀，故下之于上，阶级一分，则奔走趋承，有谄媚而无忠爱。"[3]在《说士》中，他抨击士人热衷"奔走于利禄之场"，"历观史传以来，士习之衰，未有甚于今日者也"。[4]管同对洋货输入中国早就表示出担忧，在《禁用洋货议》文中论及国与民之所以并困，除"生齿日繁，淫侈愈甚，积于官吏而兼并于大商"等原因外，还由于"天下靡靡然争言洋货"。他看出这是"洋人""谋人国"的变相办法："洋之乐与吾货，其深情殆未可知。就令不然，而中国之困穷固由于此，则安可不为之深虑也哉！"[5]管同觉察到西方工业品输入对中国社会经济的影响，但是他没有也不可能看到国与民并困的根本原因还在于腐朽的封建制

1 管同：《因寄轩文二集》卷三，光绪五年重刻本。
2 梅曾亮：《柏枧山房文集》卷五，咸丰六年梅氏海源阁刻本。
3 管同：《因寄轩文初集》卷四，光绪五年重刻本。
4 管同：《因寄轩文二集》卷一。
5 管同：《因寄轩文初集》卷二。

度。他主张禁绝一切中外通商，正是他根植于封建自然经济基础的保守思想的反映。

管同的议论，发而为文，刚健纵横，与刘开风格相近。他论文力主阳刚之美，认为文章之至境要“浑然如太和之元气”，但实际上很难达到，往往不能无所偏，因此，“与其偏于阴也，则无宁偏于阳”；文章“孱弱无劲气，未得为佳”，而像“《公羊》、《国策》、贾谊、太史公皆深得乎阳刚之美者”。[1]管同关于文学风格美的观点，作为个人好尚，未为不可，但若作为衡文准则，是绝对化了。其师姚鼐虽认为刚胜于柔，但承认有“阳刚之美”和“阴柔之美”，承认风格的多样化。管同伸刚绌柔，未免失之偏颇。

道光十一年（1831 年）管同病故，年仅四十七。刘开死得更早，只有四十一岁。继姚鼐之后成为桐城文派中坚的是梅曾亮，号称“大师”。姚莹说：“伯言为户部郎官二十余年，植品甚高，诗古文功力无与抗衡者。以其所得，为好古文者倡导，和者益众。”[2]当时，京师治古文者，如广西朱琦、龙启瑞、王拯，湖南孙鼎臣，浙江邵懿辰，江苏鲁一同，山西冯志沂等，都向他学习义法。梅曾亮少年时喜好骈体文，后与管同从姚鼐学古文，才识班、马、韩、柳文的可贵，骈文不如散文之更能表达真情。但他并不完全排斥骈文，所选《古文词略》，悉依姚鼐《古文辞类纂》体例，除散文外，兼收辞赋，且增立诗歌类。他的古文也因得骈文之助，具有安雅妍美、清淡简朴的特点。梅曾亮对于古文也不泥守师法。他在陈用光的《太乙舟山房文集》序中说：“夫公之学，固出于姚先生，而文不必同。”[3]他认为“文章之事，莫大乎因时”，要“随时而变”，不仅文辞要“变异日新”，即内容也要反映时代，“虽其事之至微，物之甚小，而一时朝野之风俗好尚，皆

1　管同：《因寄轩文初集》卷六，光绪五年重刻本。

2　姚莹：《中复堂全集·东溟文后集》卷一〇，同治六年刊本。

3　梅曾亮：《柏枧山房文集》卷五，咸丰六年梅氏海源阁刻本。

可因吾言而见之”[1]。这些见解可取，但在他的文章中并未体现出来。他的文章一般缺乏现实内容，就思想性论，成就不大，不及刘开、管同。

四

桐城文派在学术上多尊程朱理学。姚鼐奠定这个文派的规模时，正当汉学盛极而将衰，他主张的合义理、考据、词章三者为一，无疑反映了这一时代的特点。姚鼐对程朱理学和许郑汉学兼收并蓄，但实际以宋学为主，用汉学为宋学服务。他说："汉人之为言，非无有善于宋而当从者也。然苟大小之不分，精粗之弗别，是则今之为学者之陋，且有胜于往者为时文之士。……博闻强识，以助宋君子之所遗则可也，以将跨越宋君子则不可也。”[2]姚莹承其曾祖范、从祖鼐的遗绪，为学以义理为宗，认为义理、经济、文章、多闻四者明贯，是为“通儒”。多闻，指的是考据。可见尽管姚莹指责考据家扬汉抑宋，但并不完全排斥考据。他的好友刘开、管同以至方东树，大致都是采取这种态度。当时吏风士习非常败坏，汉学也走向末路，支离破碎，脱离现实，“术愈精而人愈无用”，又“专为谋利”，不可能用来解决现实的弊端。要正人心、挽风俗，靠汉学显然无济于事，他们很自然要抬出能有功于风俗人心的宋儒义理，而辟汉儒的独尊。方东树的议论是有代表性的。

方东树与姚莹交往很密切，姚莹说他“著述虽富，而穷老不遇，言不出乡里”[3]。方东树论学，多见于《仪卫轩文集》等著述中，而具有代表性的是《汉学商兑》。先是，嘉庆二十三年（1818

1 梅曾亮：《柏枧山房文集》卷二，咸丰六年梅氏海源阁刻本。
2 姚鼐：《惜抱轩文集》卷六，上海古籍出版社，1992 年。
3 姚莹：《中复堂全集·东溟文后集》卷一〇，同治六年刊本。

年）江藩撰《汉学师承记》，为清代汉学家立传，并历述其学术渊源，是为汉学树正统，排斥宋学。同时，阮元编辑《皇清经解》，对于诸家著述，凡不关小学，不纯用汉儒古训的，概不著录。方东树于道光六年（1826年）撰《汉学商兑》，跟江藩、阮元针锋相对，对清代汉学和汉学家全面贬斥。概括说来，一是指责汉学家扬汉抑宋，“首以言理为厉禁，是率天下而从于昏也。拔本塞源，邪说横议，较之杨墨佛老而更陋，拟之洪水猛兽而更凶”，“名为治经，实足乱经；名为卫道，实则畔道”；一是指责汉学家脱离实际，支离破碎，“汉学诸人，言言有据，字字有考，只向纸上与古人争训诂形声传注，驳杂援据群籍，佐证数百千条，反之身己心行，推之民人家国，了无益处，徒使人狂惑失守，不得所用。然则虽实事求是，而乃虚之至者也”。方东树抨击乾嘉汉学不关身心修养，不关国计民生，而唯繁琐是务，确是说到了要害。但他所以不满汉学家，是因为他们排斥宋学，因而他极力为程朱理学辩护，甚至到了强词夺理、肆口诋讥的地步，这是不足取的。

尽管方东树不遗余力地攻击乾嘉汉学家，事实上并不完全否定汉学，他亦认为“训诂名物制度实为学者所不可阙之学”，“但义理、考证，必两边用功始得”。上面说过，姚莹、刘开、管同诸人大致都是这种主张，不过在他们心目中，义理和考据有“识大”和“识小”之别。刘开说得明白：“吾所以尊师程朱者，非党宋也，为其所论者大，所持者下，切于民彝，而裨于实修，可以维持风教于不坠也。其兼取汉儒而不欲偏废者，非悦其博也，将用以参考异同，证明得失，可以羽翼圣道也”；“宋之与汉，其学固有大小缓急之殊也，其交相为用一也，合之则两得，离之则两失”。[1]他们尽管标榜尊师程朱，但已不是也不可能简单地恢复康熙时的尊宋局面，只有“兼汉宋之长，而折中于孔孟”，即采取“折中汉

1 刘开：《刘孟涂集·文集》卷二，道光六年檗山草堂刻本。

宋”、“调和汉宋”的办法。

“调和汉宋”，是嘉道年间学术趋向的一个表现。与姚莹交游的阳湖李兆洛（申耆）、山阳潘德舆（四农），论学也都不祖汉宋。姚莹与李、潘聚会较多是道光十六七年姚在扬州权两淮盐运使时，后来他在《潘四农诗序》中忆及：

> 余之知潘四农也，因张亨甫。……余慕之，属生甫（毛嶽生）为书，延四农教子若婿。四农欣然至扬州，其从来者弟子吴君大田及其子亮弼也，于是丙申、丁酉之间朝夕聚处。……已而四农北去，李申耆偕其弟子与吴仲伦（德旋）、左石侨（德慧）及亨甫后先至，申耆弟子吴君儁为余作《谈艺图》，写诸君之貌甚工……[1]

李兆洛为学甚博，尤精舆地、天文。魏源甚推崇，谓“近代通儒，一人而已”[2]。李对于汉学、宋学有持平之论，他说：

> 为考证之学者，援文比类，据物索象，迨其说不能自还，则务繁征博引，以蕲必伸，其蔽也凿然，而考订精勤之功不可没也。为义理之学者，穷理必从其朔，其蔽也或至于穷高极远而无所薄，然而剖析理欲、教人践履之功不可诬也。归之大要，皆有功于圣人。[3]

潘的说法大体相同。他们都指出汉学、宋学各有其弊，也都承认两者“皆有功于圣人”，不可抹杀，最后都要归结到能够符合孔孟圣道，能阐明孔孟圣道。

1 姚莹：《中复堂全集·东溟文后集》卷九，同治六年刊本。

2 魏源：《魏源集》，第 361 页，中华书局，1983 年。

3 赵振祚：《养一斋文集序》，见李兆洛《养一斋文集》卷首，光绪四年刻本。

从汉宋之争到调和汉宋，不仅是儒学内部的门户意气之争、正统之争，也不仅是学术变化的动向，更重要的是时代趋向的反映。嘉道年间，清朝的封建统治已处于衰世，阶级斗争尖锐，财政经济危机，吏风士习败坏，社会弊病百出，悲风四起，大乱将临。面对这样的社会现实，地主阶级中的一些有识之士不能不思索如何来挽救危机。汉学已走向末路，不仅不能靠它挽人心、正风俗，而且那时所谓汉学家自己就是“一遇事全无识见，一举念只想要钱”。他们在传统的思想武库中找不出什么新武器，只能去捡起宋学，把宋、汉结合起来，而用宋学所阐扬的修、齐、治、平来维持风教。还有些人也在那里探索，如姚莹友人龚自珍、魏源则是撇开汉学、宋学，而从今文经学中寻求微言大义。然而，这仍离不开儒学传统。但他们毕竟与在故纸堆里讨生活的汉学家有所不同，历史潮流迫使他们面向现实，关心国计民生。

五

“汉宋调和”论者，有不少人讲通经致用，敦崇经世之学。经世之学的兴起，是嘉道年间学风变化的新趋向。姚莹及其友辈，则是这种学风转变的倡导者、开创者。

姚莹“不好经生章句”，“弱冠时即以经世自任”，“所至于山川形势民情利弊无不悉心讲求”。在与游朋辈中，不少人是致力于经世之学的，除上述李兆洛、潘德舆、张际亮、陈庆镛、朱琦、刘开、管同等外，如龚自珍、魏源、黄爵滋、汤鹏、冯桂芬都以究心时务名于时，汤鹏死后，姚莹在为他写的《汤海秋传》回忆说：

> 道光初，余至京师，交邵阳魏默深（源）、建宁张亨甫、

> 仁和龚定庵（自珍）及君。定庵言多奇僻，世颇訾之。亨甫诗歌，几追作者。默深始治经，已更悉心时务，其所论著史才也。君乃自成一子。是四人者，皆慷慨激励，其志业才气欲凌轹一时矣。世乃习委靡文饰正坐气苶耳，得诸子者大声振之，不亦可乎！[1]

姚对龚、魏等很赞许，认为他们不独是处委靡文饰的风习中而不屑随世浮沉的人，更是以“其志业才气欲凌轹一时”的振聋发聩、开风气者。

龚自珍思想敏锐，文辞峻峭凌厉，年轻时就写了《明良论》严厉抨击时政，并对农田占有、西北边防、科举官制等提出主张，鼓吹“改图更法”。魏源“善经世之略”，尖锐揭露腐败的时政，提出“变古愈尽，便民愈甚”的改革主张。他助贺长龄编《皇朝经世文编》，尤究心于水利、漕运、盐政等事。汤鹏“慨然有肩荷一世之志”，“以宗室尚书之亲贵，举朝所屏息者，而君倡言弹之，亦见骨鲠之风矣！”[2]他作《浮邱子》，指陈前代得失，通论军国利病、吏治人事。黄爵滋（树斋）不满于时政腐败，提出刷新吏治、惩治贪污、整饬军备等主张。他在道光十八年（1838 年）所上的《严塞漏卮以培国本疏》，力主严禁鸦片，成为禁烟运动的先声。冯桂芬，字林一，号景亭。从他的字号，可见他对顾亭林的仰慕，思有以承继其经世致用之学。所以，他“不屑以章句自囿，举凡天文、舆地、兵制、刑法、盐铁、河渠、钱漕、食货诸书，靡不极虑专精，务欲推究其本原，洞彻其微奥，隐然负拨乱澄清之志”[3]。

鸦片战争后，姚莹和魏源等开始把他们的视野从时务扩展到

1　姚莹：《中复堂全集·东溟文后集》卷一一，同治六年刊本。

2　姚莹：《中复堂全集·东溟文后集》卷一一。

3　吴云：《显志堂稿·序》，见冯桂芬《显志堂稿》，光绪二年校邠庐刻本。

“夷务”，致力于探求西方的知识。姚莹的《康輶纪行》、魏源的《海国图志》、冯桂芬的《校邠庐抗议》都是了解西方、学习西方的代表性著作。《海国图志》是“前路先驱”，《校邠庐抗议》有承先启后的意义。

值得注意的是，这些留心时务的经世之士的议论，不单纯是个人主张，而且表现为带有群体性的活动。《水窗春呓》记载说：

> 自来处士横议，不独战国为然。道光十五六年后，都门以诗文提倡者，陈石士（用光）、程春海、姚伯昂（元之，姚莹族兄）三侍郎；谏垣中则徐廉峰（宝善）、黄树斋、朱伯韩、苏赓堂、陈颂南；翰林则何子贞、吴子序（嘉宾）；中书则梅伯言、宗涤楼（稷辰）；公车中则孔宥涵（继鍱）、潘四农、臧牧庵（纡青）、江龙门（开）、张亨甫。一时文章议论，掉映京洛，宰执亦畏其锋。

嘉道年间，京师一些士大夫时常以文会友，诗酒唱酬。他们一般籍隶南方，有志用世，但或官位不高，或尚未一第，怀才不遇，愤世嫉俗，一般不满意时政腐败，心怀忧虑。他们在一起聚会，不纯粹是文人风雅，而往往带着“处士横议”性质，且使“宰执亦畏其锋”。据《水窗春呓》说，黄爵滋上的禁烟疏，是吴嘉宾、臧纡青、江开三人剪烛夜谈时起的底稿。如果联系上述陈庆镛的上《申明刑赏疏》、姚莹“台湾之狱”前前后后的反响，“处士横议”之出现并非偶然，而是一脉相连的。风气的变化，不仅表现在思想学术上，而且也表现在政治上。这种变化反映了清政府高度中央集权的力量已经削弱，在政权结构中一种离心力量在抬头，那种万马齐喑的禁锢窒息开始被冲破。鸦片战争后，经过太平天国运动，出现了地方督抚军政权力扩大的内轻外重局面，与这种政治力量和思潮的抬头是紧密相连的。

姚莹一生交游很广，本文对所涉及的人只能略作介绍，不是对每个人作全面评价，而是试图把他们作为群体来考察，通过这个群体在政治、思想、学术、文学方面的某些共同点来探究这个时期的风尚和趋向。

原刊于《北京师范大学学报》（社会科学版）1982年第5期。

刘开生平及其学术思想

一　生平事迹

刘开，字明东，一字孟涂，又字方来，安徽桐城人，生于乾隆四十九年（1784年）。幼年丧父，家贫寒，赖其母吴氏艰苦抚养。他从小好学，“吴理庵（士鼐）先生授经里中，先生贫不能从游，且甚幼，日于学舍外窃听讲论。理庵先生异之，询知其为孤儿也，召至家授读”[1]。14岁时，刘开上书桐城文派大家姚鼐，得到姚鼐的赏识，“因从事先生之门，得其学”[2]。于是刘开成为姚门高第弟子，姚莹在《惜抱先生与管异之书跋》一文中说，他与梅曾亮、方东树、管同并称“姚门四杰”[3]（一说“四杰”中无刘开，为姚莹）。

清代，桐城巨族名门颇名，文风也盛。刘开为人“落脱不羁，喜交游”，20多岁时先后结识了光聪谐、张聪咸、左筐叔、徐六襄、姚莹等人。“当时意气相许，以古人为期，岁过从，欢谦无间。”[4]据姚莹所记，这些里中英彦，常交游于方竹吾的北园。“嘉庆十一二年间，则有李海帆、朱歌堂、方植之、马元伯、左筐叔、徐六襄、张阮林、刘孟涂、吴子方、光律原、朱鲁存。此十

1　方宗诚：《记刘孟涂先生轶事》，《柏堂集·次编》卷九，光绪年间刻本。

2　姚元之：《刘孟涂传》，《刘孟涂集·传》，道光六年檗山草堂刻本。

3　姚莹：《中复堂全集·东溟文后集》卷一〇，同治六年刊本。

4　刘开：《张阮林传》，《刘孟涂集·文集》卷一〇。

数人者，皆以文章道义相取。余时年略少，每与往来，觞咏其中，以为竹林之游，无以过也。”他们在这里吟咏的诗，其后编为《北园谯集诗》，姚莹为之作序。嘉庆十三年（1808 年）后，“乃各散之四方，虽间岁颇有会者，卒寥落矣”[1]。留给刘开的，只是对当年的美好回忆和怀念：“昔者吾党之人才尝盛，以吾与栗原、筐叔、石甫诸君之同聚乡里也。游谯之与俱，言论之与共，文章道义之相与磨砺而讲习，是岂不足以报友朋之盛乎。”[2]

刘开家贫，“既无兄弟，独身养母，傭书四方，寒暑匪惮，啬衣食，绝嗜欲，文采之外，无他营焉”[3]。他曾入两广总督蒋攸铦幕府，“一日省城外下河火，相国闻报，曰：‘吾知其中必无孟涂。’盖下河故游士挟妓纵酒地也”[4]。这也说明刘开“绝嗜欲”的人品。

在广州，刘开与姚莹相晤。刘开在蒋攸铦幕府时，适姚莹也到广州。姚莹于嘉庆十三年得中进士，但以不工小楷，未入翰林，也未任官，遂至广东游幕。故人客中相逢，使刘开大为兴奋，作《喜晤石甫》诗，以表达其心情。在桐城朋辈中，刘开和姚莹感情深厚，在他的诗集中，有不少诗作是怀念姚莹的。他们还结识广东著名诗人张维屏，诗酒唱和。刘开有《赠南山孝廉》诗：

展我碧瑶笺，书君白雪篇。孤花艳春色，空翠点晴烟。此笔自今古，有人来海天。相逢无限意，留记暮云边。

痛饮不知醉，新交翻易愁。行藏看一别，邂逅足千秋。立志在霄汉，高文齐斗牛。迟回江上路，却是为君留。[5]

---

1 姚莹：《北园谯集诗序》，《中复堂全集·东溟外集》卷一，同治六年刊本。
2 刘开：《赠吴子方》，《刘孟涂集·文集》卷六，道光六年檗山草堂刻本。
3 陈方海：《刘孟涂传》，《刘孟涂集·传》。
4 姚永朴：《旧闻随笔》，第 197 页，黄山书社，1989 年。
5 张维屏：《花甲闲谈》卷五，道光十九年刻本。

刘开离开广州时，张维屏作《赠刘孟涂开，即送其归桐城》诗为送行，诗中称："刘郎下笔长河流，胸次直欲罗九州。"[1]其后送别姚莹，张维屏作《送姚石甫进士还桐城，并寄刘孟涂秀才》诗，以表达对刘开的别后怀念。

刘开为人直谅，"与人谈论，辄罄肺腑，言不少隐"[2]。他对朋友更是直言不阿。有一次姚莹有失检点，刘开知道后，在与姚莹、朱鲁岑对饮时，痛责姚莹。当时姚莹"已成进士，著书作文日有名"，不能忍受，忿然离去，但走至中途又返回。刘开更加痛责，如是三次。在座的朱鲁岑觉得刘开做得太过，刘开回答说："所贵乎友者，为能责善劝学也。今石甫成进士，著书作文日有名，年少气盛，其行不及检，苟无友以责之，异日将肆然在上矣，学业不自此隳乎，宁石甫绝我，我不可阿石甫也，且石甫亦必不我绝也。"[3]姚莹最终诚恳接受他的意见。可见刘开鲠直不阿的品格。但关于他是否钻名求利，有不同的评论。姚元之在《刘孟涂传》中称赞刘开"奔走四方，间无干谒之态，以故人争重之，四方贤士无不知有刘孟涂者"。然而，与刘开同为姚门"高第弟子"的管同，在《刘明东诗文集序》一文中则说，有人以为"明东学于姚先生，不务师训，而奔走公卿形势，朝上一书以求名，暮进一诗以钻利，此战国游士苏张之流耳，岂知道者与？"这显然是说刘开四外奔走于达官贵人之门，以求名钻利。对此，姚莹有所解释："不然，明东自负其才，欲为世用，踬于诸生，身屯而道塞，借势王公大人，思以振厉，彼所谓不羞小节而耻功名不显于天下者也，岂游士伦哉！昌黎韩公数干贵人，自言凡吾所为，小待将以具裘葛，养穷孤，大待将以同吾所乐于人。夫明东之志，亦若是而已矣。"管同固然

1 张维屏：《听松庐诗钞》卷五，嘉庆十八年刻本。
2 姚元之：《刘孟涂传》，《刘孟涂集·传》，道光六年檗山草堂刻本。
3 方宗诚：《记刘孟涂先生轶事》，《柏堂集·次编》卷九，光绪间刻本。

认为姚莹与刘开为至友，“其必有以得其深，而非他人所能识者”，但自己并没有认同，而是说“与明东踪迹疏甚，无以定其为人”[1]，态度客观。

作为封建社会的文人，刘开也是走科举的道路，“习举子业，试辄不利”，终生只是县学生员。道光元年，刘开应聘“亳州修邑乘”，寓于佛寺。[2]四年闰七月十四日（1824年9月6日），“陡得腹疾，委顿势不起”[3]，终于去世，年41岁。妻倪氏自缢；妾蒋氏生一子，名继，字少涂。母孤得姚莹、光聪谐、马瑞辰等分别迎养于家。刘开生前已有诗集10卷刊行，去世后，姚莹急造其家访遗稿，获得后集22卷，缺第8卷，文集10卷，骈体文2卷。姚柬之耽心时间长了会有佚失，于是捐赀刻印，由姚元之主持其事。道光六年刊刻，合为《刘孟涂集》。

二　宗程朱理学，主经世致用

刘开以文、诗名，于学术也颇关注。陈方海在给刘开所撰写的传中说，“说经之书及杂著皆未成”，可见他对儒家经书也有所研究。刘开自己说他治《论语》，撰有《论语补注》3卷，并写了“自序”。据方宗诚《刘孟涂先生墓表》所记，刘开还著有《大学正旨》2卷、《中庸本义》2卷、《孟子拾遗》2卷和《广列女传》20卷。《广列女传》稿存于张维屏处，刘继长大后取归，由方宗诚负责校勘刊刻，方撰《校〈广列女传〉叙》。

桐城文派多尊师程朱理学，刘开也不例外。但他对当时宋学存在的弊病并不回护，而是予以明确指出：“言宋者流为空虚固陋

1　管同：《因寄轩文二集》卷四，光绪五年重刻本。

2　姚元之：《刘孟涂传》，《刘孟涂集·传》，道光六年檗山草堂刻本。

3　卒年据方宗诚《刘孟涂先生墓表》，《柏堂集·前编》卷一○，姚元之《刘孟涂传》则记为“闰月十一日”。

之习”[1]；“治义理者则近于鄙俚，而不免语录之习”[2]。当然，他对汉学末流批评更多，指出“言汉者溺于琐碎纷纭之说”[3]，“详于名物度数，而或略于义理之是非。其后嗜古者益以博为能，以多为贵，而不顾理之所安。厌故而喜新，以功令所载为泛常，以先儒所言为迂阔。于是猎奇好异之习兴，而躬修心得屏而不论，因之以进取，加之以希时，纷华夺其外，利欲乱其中，而所谓学术者不可言矣”[4]。然而，不能因此认为刘开尊宋排汉。刘开虽然尖锐批评汉学末流的弊病，但并不排斥汉学，他认为“道无不在，汉宋儒者之言，皆各有所宜，不可偏废也”[5]。所以，他主张汉宋兼取，“取汉儒之博而去其支离，取宋贤之通而去其疏略”[6]。

尊师程朱而不排斥汉学，大致是当时桐城文派共同的学术倾向。不仅刘开，管同、姚莹乃至方东树都是这种态度。在桐城文派中，批评汉学最激烈的当数方东树。尽管他在所著《汉学商兑》中不遗余力地攻击乾嘉汉学家，以至于到了强词夺理、肆口诋讥的地步，但在事实上并不完全否定汉学，他也认为“训诂名物制度实为学者所不可阙之学”。桐城文派的三祖姚鼐，即主张合义理、考据、词章三者为一。姚鼐对程朱理学和许郑汉学兼收并取，其门弟子当亦遵守师门规矩。不过在汉宋学之间，姚鼐是有所侧重的，并不是二者同等看待。他是以宋学为主，用汉学为宋学服务。他说:“汉人之为言，非无有善于宋而当从者也。然苟大小之不分，精粗之弗别，是则今之为学者之陋，且有胜于往者为时文之士，守一先生之说而失于隘者矣。博闻强识，以助宋君子之所

1 刘开：《论语补注自序》，《刘孟涂集·文集》卷七，道光六年檗山草堂刻本。
2 刘开：《上汪瑟庵大宗伯书》，《刘孟涂集·文集》卷四。
3 刘开：《论语补注自序》，《刘孟涂集·文集》卷七。
4 刘开：《学论》上，《刘孟涂集·文集》卷二。
5 刘开：《学论》上，《刘孟涂集·文集》卷二。
6 刘开：《学论》中，《刘孟涂集·文集》卷二。

遗则可也，以将跨越宋君子则不可也。”[1]刘开的旨趣，无异于乃师，也认为宋汉学之间，有大小急缓、后先轻重之别。他说得明白：“吾所以尊师程朱者，非党宋也，为其所论者大，所持者下，切于民彝，而裨于实修，可以维持风教于不坠也。其兼取汉儒而不欲偏废者，非悦其博也，将用以参考异同，证明得失，可以羽翼圣道也。”[2]以宋学为主，汉学为辅，这就是刘开等人的基本态度。尽管刘开标榜尊师程朱，但宋学已趋衰落，不可能回复到康熙时尊宋的局面。所以，刘开又说：“宋之与汉，其学固有大小缓急之殊也，其交相为用一也，合之则两得，离之则两失”，而应“兼汉宋之长，而折衷于孔孟”。[3]这也就是“折衷汉宋”、“调和汉宋”，无论汉学、宋学，都要归结于阐扬孔孟之道。调和汉宋，是嘉道年间学术趋向的一个表现，也是士风的一个变化。

刘开虽尊师程朱，崇尚义理，但他对义理有自己的见解。刘开不是只讲义理，而是把义理与人情相对待，不仅讲理，而且讲情。他批评“后儒不顾人情所安，而以义理之言束缚天下，严之以仪节，多之以防闲。于是乎有操励之学，有专敬之功，论非不是，而人莫能久从，则是言理太密之过也”。他认为“情胜理则无节，理胜情则难行。义理与人情两不相胜，则人心平而天下安”。因而，他主张“义理与人情合而为一”[4]。刘开的“理情合一”说，应该说是突破了理学家的“存天理，灭人欲”，是前进的。但“理情合一”落后于其乡前辈戴震的以情反理，戴震严厉谴责“后儒以理杀人”，刘开则只是调和义理与人情，人情不能越出义理的规范。

调和汉宋，是对当时面临宋学流于空虚、汉学溺于琐碎的不良学风的一种调整，希图改变无实无用的状况，而臻于通经致用。

1 姚鼐：《复蒋松如书》，《惜抱轩全集·文集》卷六，中国书店，1991年。
2 刘开：《学论》中，《刘孟涂集·文集》卷二，道光六年檗山草堂刻本。
3 刘开：《学论》中，《刘孟涂集·文集》卷二。
4 刘开：《义理说》，《刘孟涂集·文集》卷一。

其时士习衰恶，人才日下，群奔走于利禄之场，“凡所谓经世之略可以备天下用者，皆置而不讲”，“言经既不适于用，言史又无裨于身”。[1]刘开对此很不满意，他批评“习俗日以浮薄。天下之士，能取科第者足以为才矣，而不通治术无伤也；有多闻博辨者足以称贤矣，而立身之有亏无损也。骤而语以忠信廉节之事，则惊愕而不欲闻，询以家国天下治安之计，则茫无一得”[2]。甚至“束发成童，即期以富贵。所尚者非通经也，应举之文也；所求者非致用也，干禄之术也”[3]。他主张经世致用，认为“古时士习六经，凡兵农刑政之事，无不推导致详，故内以资身心，而出可备天下国家之用。至记诵辞章之学兴，士溺文艺，不知经世之略”。他表示：“余固好言兵农刑政之事，而不甘于记诵辞章者也。”[4]刘开怀经世志向，姚莹在文章中也曾言及。他说，刘开“负大志，区画世务，体明用达”[5]。嘉道年间，讲求经世致用是学风变化的新趋向。提倡经世致用的人士颇多，不独刘开，如他的挚友姚莹，“弱冠时即以经世自任”。不过，刘开虽抱经世之志，但儿次应南北乡试都未考中，“踬于诸生，身屯而道蹇”，怀才不遇，不免愤世而嫉俗。

三　诗文的成就

刘开作为姚门高第弟子，以文名。他的文章既承师法，又有自己的特色。刘开主张为文在于“能夺其才力，倾其蕴蓄，出其陆离光怪，泄其悲愤幽郁，以自成一家之言”[6]。他不仅这样说，也是力求这样做。他说：“余抱简默之志也久矣，身遭困厄，内

1　刘开：《上汪瑟庵大宗伯书》，《刘孟涂集·文集》卷四，道光六年檗山草堂刻本。
2　刘开：《学论》上，《刘孟涂集·文集》卷二。
3　刘开：《贵齿论》，《刘孟涂集·文集》卷二。
4　刘开：《沈晓堂七十寿序》，《刘孟涂集·文集》卷六。
5　姚莹：《中复堂全集·东溟文集》卷六，同治六年刊本。
6　刘开：《复陈编修书》，《刘孟涂集·文集》卷三，道光六年檗山草堂刻本。

束于身心之累，外感于习俗之变，不得已而藉文以舒其悲愤之思。”[1]他对士习、学风、人才等议论的文章，都是因时而发，“藉文以舒其悲愤之思”的。因此，他的文章言之有物，气积势盛。阳湖派的陆继辂评论说，刘文具“清刚疏朴之气”；管同称赞“其文辞飘忽而多奇”，“辩博驰骋，光气发露，不可掩遏”[2]；方宗诚认为刘文“天才闳肆，光气煜爚，能畅达其心之所欲言”[3]，说的都是刘文纵横清刚的风格。

刘开作文，主要是散文，但也作骈体文，其集中即收有骈体文二卷。清代文坛古文发达，而骈文也颇流行，作者甚多，并先后出版多种骈文选本总集。古文、骈文的关系，是当时人们关注的问题。不能否认存在着崇古文者排拒骈文的情况，但也有一些古文家主张骈文与古文“相杂迭用”，即骈散融会。曾师事姚鼐受古文法、阳湖文派的李兆洛，于道光元年刊行所编选的《骈体文钞》，就是体现了这一宗旨。而刘开以桐城文派而兼作骈体文，不单纯是受时风影响，或个人的喜好，也是要兼采骈文之长，融会骈散。他在《与王子卿太守论骈体书》中说：“夫文辞一术，体虽百变，道本同源……故骈之与散，并派而争流，殊途而合辙……骈中无散，则气壅而难疏；散中无骈，则辞孤而易瘠。两者但可相成，不能偏废。”[4]就骈文而言，刘开也有其成就。陆继辂就很喜欢刘开的骈文，他说：“桐城刘开孟涂，姬传先生古文弟子也。然其文不尽守师法，故余尤爱其俪体。尝跋其后云：‘拾其片语，皆焦氏之奥词，检其数联，成联珠之妙制。而作者才思喷涌，用之如泥沙，非虚誉也。’”[5]在清人张寿荣所刊《后八家四六文钞》

1　刘开：《初学集序》，《刘孟涂集·文集》卷七。
2　管同：《因寄轩文初集》卷五；《二集》卷四，光绪五年重刻本。
3　方宗诚：《刘孟涂先生墓表》，《柏堂集·前编》卷一〇，光绪间刻本。
4　刘开：《刘孟涂集·骈体文》卷二，道光六年檗山草堂刻本。
5　陈继辂：《合肥学舍札记》卷五，嘉庆二十五年合肥学舍刻本。

中，刘开作为一家入选，与李兆洛等并列。

刘开不仅能文，也能诗，在44卷的遗集中，诗占了32卷。他的诗作也得到其师姚鼐指点，姚鼐曾指出其所寄赠的五言排律存在的缺点：一是“于杜公排律，布置局格，开阖起伏，变化而整齐处，未有得也”，这是诗境大处；一是“所用故事，都不精切，止是随手填入”，这是诗律细处。姚鼐认为，“二者得一，亦可谓佳，但非其至。二无一得，便是今日草头名士之诗。吾恐明东陷入其中，故须为详言之耳”[1]。这对刘开为诗当是有益的指点。

刘开身遭困厄，佣书四方，比较了解民间疾苦，具有同情心。而他的经世思想也蕴含着民本思想，认为“民者，地气风化之所系，国是人心之所存者也”[2]。因而在他的诗篇中，有一些是如实地描写了官吏腐败、百姓穷苦的。如嘉庆十六年秋，刘开在《喜雨歌》中反映了旱灾给农民带来的灾难：“禾焦土裂沙尘色，凄凉比户人无食。慈母牵儿夫别妻，仓皇走向道路啼。朝从朱门觅残粒，暮投古寺席地栖。苦甘今昔一梦毕，天明又各分路出。草间饿骨烂始收，后者招魂前者哭。哭声震天天下闻，可怜白昼无片云。”[3]嘉庆十九年，刘开在《悲哉甲戌行》中又描写了旱灾中农民的悲惨生活情景：“父老相见但流涕，悲哉今又逢恶岁。昔年疮痍未全复，如何旱魃更为厉？……禾苗枯死衣典尽，十户九户无朝餐。野藕锄罢汗流颊，更剥榆皮作生业。”[4]《食蕨叹》也是写旱灾中农村的，其中有句道：“昔闻力田能免饥，今见老农愁不死。出门四望面如灰，十户七闭三半开。亲里相见各无语，但问何处多野菜。”[5]

1 姚鼐：《复刘明东书》，《惜抱轩全集·文后集》卷三，中国书店，1991年。
2 刘开：《刘孟涂集·文集》卷三，道光六年檗山草堂刻本。
3 刘开：《刘孟涂集·前集》卷二。
4 刘开：《刘孟涂集·后集》卷七。
5 刘开：《刘孟涂集·前集》卷二。

天灾往往和人祸交织在一起，刘开的诗篇不仅描写天灾给农民造成的苦难，也揭露了在天灾之后百姓又遭官府催逼赋税之苦。在《催科吏》中写道：

妇女惊藏老稚走，望见旌旗逃恐后。借问逃者意云何？官领百人亲催科。追迫株连及比户，小民有口难言苦。非敢避官如避寇，自来畏役胜畏虎。官严役怒势莫当，生断人命如牛羊。忍将血肉换上考，鞭挞何碍称循良。如此用心尚何极，火煎日夜怜不得。但嗟旧岁禾为尘，人家所余唯一身。今春绝炊已累日，纵有枯髓锻不出。不出岂能使终止，官令如山违必死，明日街头鬻妻子。[1]

这首诗鞭挞了催科官吏穷凶极恶，如同虎狼，视百姓“人命如牛羊”；喟叹农家在经受灾荒后，“绝炊已累日”，还要完纳官府的科派，“官令如山违必死”，只好被迫在“街头鬻妻子”。百姓除完纳苛重的赋税，还要为官府服劳役。《力役谣》即描写了服劳役者的悲凄情景：“自嗟充役五十载，饥寒留得只身在。长途奔走无虚日，匆皇宁得顾家室。官钱十枚余在手，归来羞涩未敢出。老妻诟骂不绝辞，橐中米尽儿啼饥。”[2]百姓们生活饥寒交迫，而官吏们却是骄奢淫逸：“百金之费人所难，此辈掷同瓦砾看。梁肉腐臭浪弃地，路旁见者心为酸。”[3]《关下曲》揭露的榷官的奢靡生活，与之形成了鲜明的对照。

原题《刘开述略》，刊于《清史研究》2001年第3期。文字略有不同。

1 刘开：《刘孟涂集·前集》卷二，道光六年檗山草堂刻本。
2 刘开：《刘孟涂集·前集》卷二。
3 刘开：《刘孟涂集·前集》卷二。

夏炯和《夏仲子集》

一　生平事迹

夏炯，字仲子[1]，号卯生，安徽当涂人。生于清乾隆六十年（1795年），卒于道光二十六年（1846年），得年52岁。父夏銮，曾任徽州训导，“以理学实学为多士倡”[2]。兄弟四人，夏炯行二。兄夏炘，字心伯，号弢甫，道光五年举人，历任江苏吴江、安徽婺源（今属江西）等县教谕。夏炘“为学兼综汉宋，长《诗》、《礼》二经，而尤深于朱学之书”[3]，以景紫名其堂，著《景紫堂全书》17种81卷。叔弟夏燠，字叔安，号和甫，诸生，著《四声切韵表详校》。季弟夏燮，字季理，号谦甫，[4]道光元年（1821年）举人，由安徽青阳教谕改江西宜黄知县。夏燮以治史闻名于世，著有《明通鉴》100卷、《五服释例》20卷、《述均》12卷、《中西纪事》24卷、《粤氛纪事》20卷，又校勘《陶安学士集》、吴应箕《楼山堂集》、汪莱《算学遗书》、《汉书八表刊

1　夏炘《卯生和甫两弟行略》作仲文，见《景紫堂全书·文集》卷一三，咸丰五年刻本。

2　夏燮：《先兄仲子行状》，《夏仲子集》卷首，民国十四年铅印本。

3　徐世昌：《清儒学案》卷一五五，民国二十七年刻本。

4　在通行的一些著述中皆作“字谦甫，一字季理”，似误。按夏氏兄弟四人的字号排列，应是“字季理，号谦甫”。

误》，俱刊行；未刊者尚有《明史纲目考证》、《明史考异》、《谢山堂文集》等[1]。夏炯兄弟之间互相师友，切磋学问。他虽不及伯兄、季弟之以经学、史学名世，但也学有所成。

夏炯困于功名，道光元年曾赴顺天乡试，未考中，40岁以后绝意进取，以诸生终。他一生大部分时间，先是随侍其父于任所，"键户诵经，寒暑无间"；后居家著述，其间仅"馆于袁江二年，又馆于江左二年"[2]。夏炯为人，"性亢直，人有过，辄面斥，不少假"；"广交纳，多与贤豪长者游"，"虽贫而有时挥霍"，夏炘称其"性近狂"。[3]

少年时，夏炯因随其父至新安任所，得聆听凌廷堪、程瑶田、汪莱诸前辈的议论。凌廷堪深通《礼经》、乐律，程瑶田精于《仪礼》，汪莱长算学，都是安徽著名的汉学家。夏炯受他们的影响，稍稍有志于汉唐诸儒之学，并嗜读阎若璩、顾炎武、江永、戴震等汉学家的书。后来又获交俞正燮、江有诰、宋因培、温葆淳、余煌等人。俞正燮治经专宗汉儒，江有诰精古今韵学，宋因培邃于经，温葆淳究心六书金石之学，余煌通天文算学。夏炯兄弟与他们"每间日必聚，聚则论经史、论算、论六书音韵，各献其疑，以资集益"[4]。所以，夏燮在其《先兄仲子行状》中称炯"少年所得，亦自声音训诂人"。夏炯后专治诸经注疏，旁及六书音韵之学，而"于《三礼》研习最久"。他认为"圣贤之大经大法，具载于《礼》"，于是先研究郑玄的注义，次释孔融、贾逵的疏义，"以为《礼》虽散亡，得郑注旁通，可以补其二三，得孔融、贾徵文，可以补其七八，因为《礼志》一书"，以纠"厌孔、贾之书"之弊。《礼志》专就郑、孔、贾三家之说，穷源竟委，立为"通

1 何绍基：《重修安徽通志》卷二二七《人物志·文苑》，光绪四年刻本。
2 夏燮：《先兄仲子行状》，《夏仲子集》卷首，民国十四年刻本。
3 夏炘：《卯生和甫两弟行略》，《景紫堂全书·文集》卷一三，咸丰五年刻本。
4 夏炯：《夏仲子集·序》，民国十四年铅印本。

志”、“分志”、“杂志”三门，“务使三家之学，如肉贯串，若网在纲，庶不苦注疏之烦而难读”。[1]但因字数太多，稿本一时难就，其生前属草未定。夏炯还著有《群经异字同音书》，“以明古今韵之合一，以破诸家等韵不能合于古韵之说”[2]。

道光九年，夏銮以老归家，不久病故。夏炯居父丧期间，学术思想发生了变化。夏炯年轻时受其父崇朱子正学的训导，当他与俞正燮、江有诰等人议论经史、六书音韵，互相驳难时，夏銮即“时戒其涉于标榜，不肯收束身心”[3]，且其家中“藏书凡数百种，而理学书居三之一，其中宋、元、明三朝诸儒语录、文集，为四库馆所不载者亦三之一”[4]。夏炯居丧时阅读大量理学书籍，转而崇尚程朱理学。他自己说："三十以前，狃于训诂之习。"[5]"三十以后，乃始以次尽读理学诸儒各编，不觉解悟，灼然知读书门径原有大道康庄。"[6]在《与姚石甫署都转书》中他说："炯稍通文义后，即锐志于汉唐注疏、《毛诗》、《三礼正义》，且抄且阅，十阅寒暑。国朝说经之家，自惠、江、戴、孔而下，借读几遍。始颇以为学术渊海不外于是，既而尽读宋、元、明诸儒及国朝陆清献、张杨园、汤文正、孙夏峰、李二曲、魏敏果、张清恪、李文贞、蔡文勤之书，乃恍然若有所得，觉向时逐字逐句考核异同，不能脱唐人义疏陋习，其于身心家国之事，实无所裨。"[7]

夏炯在学术思想转变以后，编有《书程后议》一书，共七册。《书程后议》系仿元程畏斋的“读书分年日程”之意，详列应读之书，及先后缓急之序："首熟读之书，次精阅之书，次正学术之书，

1　夏炯：《夏仲子集·序》，民国十四年铅印本。
2　夏炯：《夏仲子集·序》。
3　夏炯：《夏仲子集·序》。
4　夏燮：《先兄仲子行状》，《夏仲子集》卷首。
5　夏炯：《再与沈鼎甫侍郎书》，《夏仲子集》卷六。
6　夏炯：《书程后议序》，《夏仲子集》卷一。
7　夏炯：《夏仲子集》卷六。

次益身心之书，次广证佐之书，次裕经济之书，终以扩闻见之书，末附一卷，专采宋、元以后诸儒之论所以读书之法。”[1]他认为“儒者之学，将以有用也。将以有用，则必读有用之书”。所谓有用之书有三类：一是经史，二是理学，三是经济。在这三类书中，“取其必当读者读之，则学之大本立矣。其余训诂、词章之书，以备闻见可耳，稗官小说之书，屏置勿观可耳”，以使“书为有用之书，学为有用之学，人为有用之人”。[2]夏炯为学宗旨，于此可见。

道光十四年（1834年），夏炯馆于袁江。长夏无事，即检其旧作整理，编为文集六卷，即后来刊行的《夏仲子集》。道光十七年，他作客扬州，时姚莹权两淮监运使，得与会面。同时在姚莹处作客的，还有李兆洛、毛嶽生。姚莹，字石甫，曾在福建、江苏任知县。鸦片战争时，官台湾兵备道，积极抵抗英军的侵略。他是桐城文派三祖姚鼐的侄孙，与管同、梅曾亮、方东树并称为姚门“高第弟子”。为学以义理为宗，并讲求经世致用，认为义理、经济、文章、多闻四者明贯，是为“通儒”。他是嘉庆、道光年间颇有影响的人物，所著编为《中复堂全集》。李兆洛，字申耆，论学不祖汉宋，学识渊博，尤精舆地、天文，被称为“近代通儒，一人而已”[3]，著有《养一斋文集》等。毛嶽生，字生甫，曾师事姚鼐，长于诗文，论学也不祖汉宋，著有《休复居诗文集》。夏炯以所编文集相质于姚莹、李兆洛和毛嶽生，得到他们的称许。姚莹认为夏炯的文集，持论与方东树的《汉学商兑》“若合符节”，且“更扼要立言”。[4]方东树，字植之，宗程朱理学。嘉庆年间，江藩著《汉学师承记》，为汉学树正统，排斥宋学。方东树于道光六年撰《汉学商兑》，与之针锋相对，抨击汉学脱离实

1 夏炯：《再与沈鼎甫侍郎书》，《夏仲子集》卷六，民国十四年铅印本。

2 夏炯：《书程后议序》，《夏仲子集》卷一。

3 魏源：《魏源集》上册，第361页，中华书局，1983年。

4 夏炯：《夏仲子集·再记》。

际、支离破碎之弊。夏炯于姚莹处得读《汉学商兑》，便致函方东树，谓与己“之见，针芥相投”，“幸同心有人，益得坚其所志”。[1]其后，沈鼎甫、李方赤、俞正燮等人也得读夏炯的文集。是书未刊行前，已有所传播。

二　学术思想

《夏仲子集》六卷，线装两册，1925年铅字排印本。卷首除夏炯自序、再记外，有姚莹所作的序，方宗诚的《夏仲子传》(收入《柏堂文集》)，夏燮的《先兄仲子行状》和《安徽通志·儒林传》的夏炯小传。卷末补遗文《陈应和太学传》一篇，同乡陈鹏飞于刊印时所作的跋。

文集的主要内容是：第一、二卷为读宋、元、明以来诸儒之书而述其心得；第三卷系针砭顾亭林、毛奇龄、朱彝尊、阎若璩、臧琳、惠栋、戴震、钱大昕、卢文弨、江声、王念孙父子、阮元等汉学诸儒；第四卷为说经的文章，以考证《礼经》为主；第五卷为读史、说文辨释、文集后跋；第六卷系议论时政的文章和论学书信。文集所包涵的内容，反映了夏炯的学术思想。他在“再记”中明确指出:“编中所列，大率奉宋儒为圭臬，而向时考核所得，亦未忍全弃。”

夏燮在《先兄仲子行状》中，对夏炯的学术作了概括:“仲子之学，推本于汉人之说经，而务治其大者远者；归本于宋儒之言理，而能汰其不精不详。”夏炯对为学也有明确的阐发，他说:“学无大小，以适于用者为贵。故义理为上，经济次之，经学、史学次之，诗、古文词又次之，至于名物、制度、声音、训诂，不过借以攻诗、古文词，备以考经史而已。诗、古文词

1　夏炯：《与方植之丈书》，《夏仲子集》卷六，民国十四年铅印本。

得其概矣，经史涉其门矣，是当归本于义理、经济，以求为有体有用之儒，斯可以名一家之学。”[1]所谓义理，也就是程朱理学，具体地说，即是三纲五常。这是体，“是大经大法，亘古不易者”[2]。所谓经济，也就是关系国计民生的学问。这是用，是可以因时而异的。

夏炯称“朱子为千古不磨之人，其学为千古不刊之学”[3]。为崇程朱理学以卫正道，他对清代考据学家作了尖锐的批评。夏炯指责顾炎武不喜欢读理学家的书，一味偏于考订，“其与人论学，必欲力诋心性，讥刺宋儒。且谓理学之名，自宋人始有之。古之所谓理学，经学也；今之所谓理学，禅学也。此论一出，以致风气日变，遂使训诂之编日增月益，程朱之学委之榛莽，则亭林不能不分其过矣”[4]。他对毛奇龄尤为诟病，认为“康熙年间，承有明诸儒讲学之后，理学甚盛。毛西河起而以簧鼓之舌，欲尽返乎宋儒之所尚，著书数百卷，意在专攻朱子，以崇考订，百数十年来之风气，从此而开。汉学之与朱子为难，毛氏尤其罪之魁也”。夏炯此议见《书毛西河全集后》，通篇对毛氏未赞一词，且斥其为人“居心太险，一味忌嫉，是其一生大病”[5]，不仅对朱熹“力肆讥评”，而且对顾炎武、阎若璩也加以攻难。

夏炯更为不满意的是以小学说经，认为这种学风始于惠栋，而启其先者为臧琳。他称许臧琳“好学不倦”，著《经义杂记》，“出而合辙，其心思锐入，精细无比”，而叹惜“终其身埋没于声音文字中”，不能于“治诸经既毕之后，以次尽读宋、元、明以来理学诸儒之书”，“故不知考订之外复有真实学问乎！不然，其所

1 夏炯：《乾隆以后诸君学术论》，《夏仲子集》卷一，民国十四年铅印本。
2 夏炯：《时宜说》，《夏仲子集》卷一。
3 夏炯：《书毛西河全集后》，《夏仲子集》卷三。
4 夏炯：《书亭林遗书后》，《夏仲子集》卷三。
5 夏炯：《夏仲子集》卷三。

造固不应于此也”。[1]对于惠栋，夏炯认为其《九经古义》“专在形声假借古今异同之处吹毛求疵，疏证一字至数行或十数行不等，积一二字之疏证以至百数十字之疏证，而其书裒然成集矣。是郑君（玄）一二句即了者，今则数十句尚不能了。此风一开，如响斯应”。他批评惠栋仅从书册上讨生活，“千言万语，毫无心得。此等学问，岂非支离破碎。名为治经，实则贼经；名为好学，同于不学”[2]。

夏炯不赞同戴震、钱大昕所说的“训诂明则古经明，古经明而我心同然之理乃因以明”[3]；“由声音、文字、训诂而得义理之真”，“义理即在训诂”[4]。他把这些斥之为“狂言”、“不通之论”。夏炯认为“训诂、义理灼然两截”，“训诂是小学之一端，义理为大学之实际，若谓义理即在训诂，《尔雅》释诂、释言、释训三篇已能括尽义理，何以曾子作《大学》、子思作《中庸》，必欲深究义理之旨，以垂天下后世”。[5]“义理虽具于古经，而欲深明其旨趣，洞悉其渊微，断非读宋儒之书无从入手。汉儒只解其字义，考其篇章句读，其于道茫乎未闻也。”[6]夏炯虽强调“读宋儒之书”，但指出训诂与义理有别，不能包容、等同，却说中了戴、钱的偏颇。

夏炯对乾隆以后在学术上名稍显著之人皆予以抨击，他说：“乾隆以后近百余年来，讲学之士，专为一节一句一文一字，盈千累百，刺刺不休，不特丝毫不适于用，且破坏碎裂，转为贼经。今就其稍著者论之：穿凿性理，故为艰深，勾股割圜改宣城之面

1 夏炯：《书臧玉林经义杂记后》，《夏仲子集》卷三，民国十四年铅印本。
2 夏炯：《书惠定宇九经古义后》，《夏仲子集》卷三。
3 夏炯：《书戴氏遗书后》，《夏仲子集》卷三。
4 夏炯：《书潜研堂文集后》，《夏仲子集》卷三。
5 夏炯：《书潜研堂文集后》，《夏仲子集》卷三。
6 夏炯：《书戴氏遗书后》，《夏仲子集》卷三。

目，六书音韵窃江氏之绪余，是休宁戴氏之学也；据此校彼，改异为同，明知无用之辨，好为小慧之行，是抱经卢氏之学也；生今反古，以篆代真，说《尧典》不让三万言之繁，诠《禹贡》独无一二端之得，是艮庭江氏之学也；炫博矜奇，以多为富，读史不镜得失，仅详某本或作某，《养新》萃为一编，令人味之无可味，是嘉定钱氏之学也；妄诞之邀宽典，著述仍窃虚名，汉魏之音掇拾前人所唾弃，传说诸作不明体而立言（如记杭大宗太史、武虚谷大令、汪容甫明经诸事，语涉鄙俚），是稚存洪氏之学也；考工何补匠氏，辨谷止算老农，资禀既愚，不能贯通经注，傅会不合，因而转驳郑君，是新安程氏之学也；割裂本经之句读，变易传注之原解，广雅一字，疏至千言，语助之词（谓《经传释词》），积成巨帙，是高邮王氏一门之学也；自知浅陋，依傍他人（谓依傍东原），著书亦觉其多多，鸣虫终诮其唧唧，是金坛段氏之学也。此数家者，皆近百年来名稍显著之人，试一一取其书平心而察之，何编足以发明义理？何帙足以裨经济。”[1]

夏炯对乾嘉考据诸家的评论，不无偏激，有些已涉人身攻击，因而其友人致书以为“排斥考据太过，恐开门户之见”。夏炯在复书中说明是由于考据学家“一唱百和，破碎支离，乃复沾沾自喜，攻驳程朱，若非大声疾呼，何以撤其蒙蔽”[2]。显然，夏炯纠弹考据诸家，不无矫枉过正。事实上，他对考据并不完全否定，在《论扩闻见之书》（《书程后议第七册弁言》）一文中曾说：“惠氏一门之《汉易》，王西庄之《尚书》，胡朏明之《禹贡》，陈长发之《毛诗》，江慎修之《三礼》，诸作皆大有功于汉儒，此不得遗者三也。六书至今日而益密，金石至今日搜罗而殆尽，此不得遗者四也。”[3] 也就

1 夏炯：《乾隆以后诸君学术论》，《夏仲子集》卷一，民国十四年铅印本。

2 夏炯：《与朱兰友宫赞书》，《夏仲子集》卷六。

3 夏炯：《夏仲子集》卷一。

是说，在夏炯看来，“考订何尝非读书之一端”[1]。他对于阎若璩的考据，作了充分的肯定，认为“阎氏《尚书古文疏证》、《四书释地》、《潜邱札记》等编，考据精深，辩驳详赡，信乎能实事求是者也”[2]。他对戴震虽驳斥尤力，但对其学识却很称赞：“考据家之深思刻入，能读人所不能读之书者，无如戴东原。其在四库馆校定各种，如海岛《算经》，五曹《算经》，张邱建、夏侯阳《算经》之类，皆精核无讹，使人易读。其校定郦道元《水经注》，于经注淆乱之处，一一分别显明，有功郦氏不浅。其自著《毛郑诗考正》、《考工记补注》等作，于训诂名物尤所专长，数十年来江、戴并称，海内翕然。”[3]他自编订的文集，其中卷四所收则为考证经书的文字。夏炯于考据家不满而纠弹者，一在考据家排斥程朱理学，倡言义理在训诂之中；一在考据家越来越“咬文嚼字，何益身心，何裨家国”[4]。

在《夏仲子集》中，除纠弹乾嘉考据诸家外，对陆、王心学也加以摒斥，首篇即为《陆王学术流弊论》。夏炯认为：“自金溪氏出，阴窃葱岭之旨，而阳托于圣人之徒，其所谓学，顿悟之学也；其所谓道，荡然扫除文字、专务收摄精神之道也。……至姚江，复以良知号召天下，其视陆学尤不胫而走。于是元、明以来，诸儒群乐其学之便，而趋之恐后。而朱子教人由博返约、循序渐进之旨，譬如一片荒土，无人垦辟矣！然试平心察之，朱子之学何等切实近道。陆王二家之学处处说心，语语言悟，何关实际。”[5]他把阳明心学称为“禅学”，斥之为“空寂”，而其流风，“鄙读书为口耳之事，以训诂为糟粕之言。而不读书不识字之人，苟聆

1 夏炯：《读学蔀通辨》，《夏仲子集》卷二，民国十四年铅印本。
2 夏炯：《书阎百诗尚书古文疏证后》，《夏仲子集》卷三。
3 夏炯：《书戴氏遗书后》，《夏仲子集》卷三。
4 夏炯：《与方植之丈书》，《夏仲子集》卷六。
5 夏炯：《夏仲子集》卷一。

其言而有所悟，遂可以附讲学之林，是率天下而灭经传子史矣”[1]。“其为吾道之害，视禅佛更有甚焉。”[2]以此，夏炯对黄宗羲的《明儒学案》也颇不满，认为“袒庇太甚，不特门户之见，为后人所窥破，而持论偏颇，有意用谲，亦殊有乖于讲学之道”，甚至说他“著书使名教破败决裂之至于是”[3]。

夏炯尊朱排王，与纠弹以训诂代义理同一用意，在于卫护纲常名教。因而他对清代儒者最尊陆陇其，认为“康熙年间，陆清献公陇其出，始大放厥词，专攻阳明，以崇朱子。譬如老吏断狱，迎刃而解，朱子之学乃昭然复明于世。是则朱子者孔孟之功臣也，清献者朱子之功臣也”[4]。他认为陆陇其“功过元、明以来诸儒”，因而私议升配十二哲。夏炯尊崇陆陇其，深受其父的影响。夏炘在《先考行述》中曾说其父“尝谓国朝理学惟陆清献公为朱子嫡传，其余虽笃实如汤文正，苦节如李二曲，皆未能尽脱姚江藩篱”[5]。

针对心学的空寂、考据的破碎，“无裨于家国，无益于一己”[6]，夏炯大声疾呼“明经济而阐义理，以救今日之失”[7]。他主张“所贵穷经者，将以致用也。用之于家，则自收束身心，整齐内外，以及人情物理，交接应酬，处处皆有实际之用。用之于国，则自农桑水利，风俗学校，以及奉公守法，洁己爱民，事事皆有实心。如是方可谓通儒，方可称学者”[8]。夏炯不仅批评心学、考据为无用之学，而且也批评八股取士。他指出：“有明以来，专以制艺取士；士遂穷年累月专向时文讨生活计，偶然得第入仕，自

1 夏炯：《说学上》，《夏仲子集》卷一，民国十四年铅印本。
2 夏炯：《陆清献公宜升配十二哲私议》，《夏仲子集》卷一。
3 夏炯：《书明儒学案后》，《夏仲子集》卷一。
4 夏炯：《陆清献公宜升配十二哲私议》，《夏仲子集》卷一。
5 夏炘：《景紫堂全书·文集》卷一三，咸丰五年刻本。
6 夏炯：《学术有用无用辨》，《夏仲子集》卷一。
7 夏炯：《说学上》，《夏仲子集》卷一。
8 夏炯：《书惠定宇九经古义后》，《夏仲子集》卷三。

谓道已在是，循官场之俗套，谋衣食以终身，其于国计民生，如坐云雾。内而倚劣幕为腹心，外而任猾吏之耳目，历官至数十年之久，经济无一二端之建，岂不重可惜哉。”[1]

夏炯注重经世致用，主张适时而变，批评考据家好古、泥古。他认为“习久则弊生，弊生则变化”[2]，除三纲五常“天地不变，斯道亦与永昭”外，“其余礼乐刑政，则五帝不能尽合，三王不能尽同”，“可以从宜从俗之处，不必泥古以自表异。微特封建井田为迂儒之谈，即寻常细故，苟返之于理无大背谬者，亦当仍之，未必古之所行皆是，后人之所行皆非”[3]。这种变易思想，在当时人来说是难得的。在这一点上，与崇今文经学的魏源有共同之处。

基于变易的思想，夏炯很关注现实问题，对选法、河事、盐政皆有议论，指摘弊端，提出改革意见。如关于吏治，他指出：“吏治之坏，非一日矣，千百人之中，无一二实心为百姓者，大抵全躯保妻子之辈居其半，执法行贿赂之人居其半，以农桑、学校为迂谈，视断狱明刑为利薮，人品之卑污无底止，赤子之涂炭无虚日。其弊将无由返乎？欲返其弊，莫如举选法而变更之。”[4]又如关于河事，除提出治河的办法之外，对河员的贪污腐败也予以指摘。他指出：“河员习气最为恶劣，近日州县奢侈已为异常，而河员更数倍之。大厅上下多至三四百人，小亦一二百人，除本厅上下日食外，此数百人养给家口及一切滥用，皆取资于此。试思一厅应得之廉俸，岂堪如此剥削。而其弊相习日甚，势不能不侵蚀岁料工需”，“是国家之帑项，乃厅员肥家之计”。夏炯认为河工要有转机，必须严惩贪污，改变河员的构成。具体的办法：一

1 夏炯：《书程后议第六册弁言·论经济之书》，《夏仲子集》卷一，民国十四年铅印本。

2 夏炯：《说学上》，《夏仲子集》卷一。

3 夏炯：《时宜说》，《夏仲子集》卷一。

4 夏炯：《选法私议》，《夏仲子集》卷六。

是“上游不吹荐一幕友，不勒用一家丁，然后厅员无可藉口，自然渐归约束”；一是对“捐班出身一概勒令休致”，因为捐班人员素质差，“庸恶陋劣，不晓文义……且该员等捐纳到工，即视河工为利薮……数十年来，捐班充塞，相习侈靡，工程一有漫溢，不惟不知忧愧，且深幸可以额外请帑，恣其侵蚀，其弊盖有不可胜言者”。夏炯对时政弊端改革的一些建议，有其见地。夏燮评论说:“其议论皆酌古沿今，期适于用。是则君虽未历仕途，而经济之蕴蓄可想也。”[1]评论平实，无溢美之词。

夏炯名虽不甚扬，但其学术有值得注意之处，它反映了嘉、道年间学术状况及其趋向，对研究嘉、道年间的学术史、文化史有助益。

原刊于《燕京学报》新四期，北京大学出版社，1998年5月。

1 夏燮：《先兄仲子行状》，《夏仲子集》卷首，民国十四年铅印本。

张之洞的儒学

一　晚清儒学各派的会通

在晚清督抚大员中，曾国藩和张之洞可以说有其独特之处。他们不仅为政，同时还做学问。这与李鸿章不同，曾国藩曾说，李鸿章“拼命做官”。曾、张为学崇尚不同，曾宗程朱理学，张尊考据学。但二人又有共同点，都主张汉宋调和，提倡经世致用。这不独他们二人如是，也是当时的学术风气。

鸦片战争后，西方国家入侵中国，西方文化也随之输入中国。同时，中国社会内部阶级矛盾和阶级斗争很尖锐，爆发了像太平天国这样大规模的农民起义。清政府内外交困，面临统治危机。而居于统治思想地位的儒学，在西方文化的冲击下，也面临危机。在这种情况下，儒学一方面出于本身的需要，要进行内部的调整；另一方面也需要发挥它作为官方统治思想来解决清政府面临危机的作用。因此，儒学在晚清发生了变化。

晚清儒学变化是多方面的，除去与西学的会通外，主要有以下两方面：一是息争、会通。儒学内部派别很多，今文经学、古文经学、汉学、宋学，宋学还有程朱理学、陆王心学等各种学术流派。这些学派之间，彼此门户之见很深，互相排斥，甚至互相攻讦。例如，嘉庆、道光年间就发生过汉宋之争。嘉庆二十三年，江藩著《国朝汉学师承记》，为清代汉学家立传，并历述其学术渊源，为汉学树正统，贬斥宋学空疏。宗宋学的方东树则著《汉学商兑》以为反击，指摘汉学脱离实际，支离琐碎。尊汉尊宋，争论激烈，视同水火。但道光年间即逐渐出现息争、调和的情况，鸦片战争以后这种趋向更为明显，儒学各派之间会通融合，诸如汉宋调和，程朱、陆王之间的兼容等。徐世昌的《清儒学案》卷一八○《心巢学案》中说："道咸以来，儒者多知义理、考据二者不可偏废，于是兼综汉宋，学者不乏其人。"这一说法，大致不差。另一方面是儒学各派都面对现实，讲求通经致用、经世致用。鸦片战争前后，魏源等人批评学术与政事分裂的状况，主张"学问、经济无二事"。曾国藩没有将理学与经世对立起来，而是认为"经济之学，即在义理之中"。康有为从今文经学接受"三统"、"三世"和"孔子改制"说，通经致用，以主张维新变法。章太炎则以古文经学"论治"，他绍述清代考据学开创者顾炎武的"经世致用"思想，宣传民族主义。张之洞的儒学就是在上述儒学变化的具体环境中出现的。

二　张之洞的儒学思想

24岁那年，张之洞写了一首诗："仁厚守家法，忠良报国恩。通经为世用，明道守儒珍。"这首诗大致反映了他的思想。

张之洞的学术倾向尊崇汉学，曾师从吕贤基等人。对于《易》、《礼》、《春秋》致力较深，曾留下一些札记，如《读聂氏三礼图札记》、《汪拔贡述学》以及《读经札记》中的《驳公羊大义悖谬者十四事》和《驳公羊文义最乖舛者十三事》等。但他不排斥宋学，主张治心宗宋学。张之洞反对汉宋学的门户之见，他曾说："近代学人大率两途，好读书者宗汉学，讲治心者宗宋学。逐末忘源，遂相诟病，大为恶习。夫圣人之道，读书治心宜无偏废，理取相资，诋諆求胜，未为通儒。”[1] 他还说：“学术有门径，学人无党援。汉学，学也；宋学，亦学也；经济、词章以下，皆学也，不必嗜甘而忘辛也。大要读书宗汉学，制行宗宋学。汉学岂无所失，然宗之则空疏蔑古之弊除矣。宋学非无所病，然宗之则可以寡过矣。”[2] 这是张之洞任四川学政时撰写的《𬨎轩语》、《创建尊经书院记》中阐述的主张，用来教导士子怎样做学问。

张之洞除调和汉宋外，对于理学内部的程朱、陆王两派也加以调和。他认为：王阳明学术宗旨虽与程朱不同，“然王出于陆，亦宋学也。尤如继别之后更分大宗小宗，不必强立门户”[3]，互相排斥。一般都认为张之洞崇古文经学，反对今文经学，这是事实。他在早年所作的《读经札记》中，就作了《驳公羊大义悖谬者十四事》《驳公羊文义最乖舛者十三事》等文。晚年在《抱冰室弟子记》中说：“平生学术最恶公羊之学……谓为乱臣贼子之资。”但是，也不能把它看得过于绝对化。在戊戌维新运动及其后，张之洞针对康有为以今文经学的“三统”、“三世”和“孔子改制”说鼓吹维新变法，对今文经学的批驳尤为严厉。他在《劝学篇》中说，讲《公羊春秋》者，“实有不宜于今日之世道人心者，如禁方奇药，往往有大毒，可以杀人”。此时张之洞对讲《公羊春秋》者的批评如此尖锐，虽不无学派间的门户之见，但更重要的还是由于政治的因素。也就在《劝学篇》中，张之洞告诫青年学子，“《春秋公羊传》，止读孔广森《公羊通义》”，因为“国朝人讲《公羊》者，惟此书立言矜慎，尚无流弊”。可见他并不绝对排斥今文经学。在戊戌维新运动以前，张之洞在一些著述中对今文经学并无特别恶感。如在《国朝著述诸家姓名略》中，将庄存与、刘逢禄、龚自珍都列入“汉学专门经学家”，认为“诸家皆宗汉人

1 张之洞：《𬨎轩语》，《张文襄公全集》卷二〇四，民国间刻本。

2 张之洞：《创建尊经书院记》，《张文襄公全集》卷二一三。

3 张之洞：《𬨎轩语》，《张文襄公全集》卷二〇四。

家法，实事求是，义据通深者”。

虽然张之洞主张汉宋调和、朱陆兼容，但他主要还是宗汉学，对于宋学等不是同等看待。他强调治经“以汉学为本”，要“从文字训诂入手”，尤其是清代的经学“为千古之冠”，“必以国朝人经说先之”。而宋学也必须以汉学为根本，才能明义理之意义，因为“性理之学，源出汉儒”。但是，张之洞不赞成繁琐的考证，他主张“经学贵通大义”，“会通贯串方为有益”。他的《輶轩语》、《书目答问》很有影响，尤其是《书目答问》，“翻印重雕不下数十次”。梁启超谈他年轻时读了这两本书，“始知天地间有所谓学问”。

张之洞将“经学贵通大义”归结为“通经致用”。他认为“读书期于明理，明理期于致用”。通经是“本”，是“根底”，但最终是“归于有用”。也就是说，通经的目的是为了致用。

就儒学本身而言，张之洞在晚清儒学史上有其特殊地位。

张之洞的通经致用有其根本点，这就是维护名教。辜鸿铭称他为“儒臣”，说:“当时济济清流……尚知六经大旨，以维持名教为己任。是以文襄在京曹时，精神学术无非注意于此。即初出膺封疆重任，其所措施亦犹是欲行此志也。洎甲申马江一败，天下大局一变，而文襄之宗旨亦一变。其意以为非效西法图富强无以保中国，无以保中国即无以保名教。虽然文襄之效西法，非慕欧化也；文襄之图富强，志不在富强也。盖欲借富强以保中国，保中国即所以保名教。”[1] 辜鸿铭在张之洞幕府达20多年，跟张关系密切，他的这段话揭示了张之洞深沉思想所在。

“保名教”的思想在张之洞《劝学篇》中即有明显的表现。《劝学篇》系统阐述了张之洞“中体西用”的思想，其中强调的是“中体”。他说:“今欲强中国，存中学，则不得不讲西学。然不先

1　辜鸿铭：《辜鸿铭文集》，第8页，岳麓书社，1985年。

以中学固其根底，端其识趣，则强者为乱首，弱者为人奴，其祸更烈于不通西学者矣。”所谓西学，即西艺、西政、西史；中学，即四书、五经、中国史事、政书、地图。他强调:“今日学者，必先通经，以明我中国先圣先师之教之旨。”以此为根本，“然后择西学之可以补吾阙者用之”。显然，西学是作为“补阙”而存在的，而且所可吸收者必须“无悖于经义，无损于圣教”。他在一些篇章中专门阐述“教忠”、“明纲”、“正权”，维护纲常名教，反对民权平等。他称颂纲常名教像日月经天，江河行地，是万古代存的，攻击“民权之说无一益而有百害”，“使民权之说一倡，愚民必喜，乱民必作，纪纲不行，大乱四起”。《劝学篇》得到有名的顽固派苏舆的称赞，说此书是“挽澜作柱”。而有维新思想的何启、胡礼垣则对此书作了有力的批评。

原题《略谈张之洞的儒学》，刊于《河北师院学报》（社会科学版）1997 年第 3 期。

姚莹研究·交游篇（遗稿）

姚莹是嘉庆、道光年间颇有影响的人物，平生交游很广，所交多系政治、学术、文学等方面的卓识之士。对这些人物的探讨，不仅对研究姚莹是必要的，而且也有助于了解他们所处的时代。

颇为集中反映姚莹交往的，是道光二十三年（1843 年）姚莹因台湾兵备道任上抵抗英国侵略而被诬革职拿问解京，30 多名京官、名士到城郊长辛店迎接。他们的举动，是对姚莹在台湾抗英的支持，也是对他被诬拿问的同情。

姚莹被革职拿问，在朝野上下引起很大震动，“一时中外作诗著论甚众，闺阁中亦多感咏，近传台人复有舆论之刻”[1]，许多人为之鸣不平。山阳鲁一同写了《拟论姚莹功罪状》，指出姚莹在台湾抗英，只“见其功，未见其罪”。英军在中国“焚杀淫掠，动以万计。就如逆虏失风被剿，送死东陲，亦足以雪数年之深耻，偿士卒之冤痛”。如果“国家诛诸将以委城，而罪莹以敢战”，这就自相矛盾，失去“进退之义”，将使“边吏解体”，“东南之祸未有艾也”。[2] 鲁一同激愤的言论，代表了要求抵抗外国侵略、对签订屈辱的《南京条约》不满的士大夫的共同呼声。

还在姚莹被逮问的消息传出时，他的好友们就十分关心。建

1 姚莹：《中复堂全集·后湘续集》卷二，同治六年刊本。

2 鲁一同：《通甫类稿》卷四，咸丰九年鲁氏自刻本。

宁张际亮（亨甫）、同乡张绍专程到江苏清江迎候，陪随姚莹至京；张绍还偕姚莹入刑部狱，以为护持。著名学问家汪中之子汪喜孙（孟慈）在山东济宁得讯后，放声痛哭以至呕血，并致书“以千秋相勉”。汪喜孙死后三年，姚莹听汪的女婿管嗣复（桐城派古文家管同之子）讲到这件事，非常感动地慨叹：“嗟乎，交道之薄久矣，如孟慈、亨甫，其犹古人之风哉！”[1]

姚莹系狱时间不长，八月十三日（10 月 6 日）入刑部狱，二十五日（18 日）赦出。在短短十二天里，人们纷纷为之奔走营救，不少人到狱中探望慰问，其中有户部郎中汤鹏（海秋）、翰林院编修何绍基（子贞）、御史刘位坦（宽夫）等。

围绕台湾之狱的斗争是激烈的，它是鸦片战争中抵抗派和妥协派斗争的继续。当时，“台谏交章论救”，清廷不敢做得过分，只好将姚莹赦出，以同知直隶州知州分发四川了局。姚莹出狱后，朋友们大为兴奋，多次为之置酒庆贺。冯桂芬曾在居邸设宴，参与的有陈庆镛（颂南）、张穆、赵振祚、罗惇衍、庄受祺和潘曾玮。汤鹏宴于万柳堂，在座的有御史朱琦（伯韩）、陈庆镛、苏廷魁（赓堂）、户部郎中梅曾亮（伯言）、马沅（湘帆）、主事王拯（少鹤），翰林院编修何绍基，“席间话台湾事”。朱琦慨然赋诗，题为《癸卯（道光二十三年）九月朔日（1843 年 10 月 23 日）集万柳堂宴姚石甫丈》。诗的开头就表示了“姚侯自狱出”，“忠愤得少泄”的心情。全诗凡五言 138 句，实记台湾抗英和冤狱事。

姚莹在京师往来冠盖，既有旧交，也有新知。朱琦、陈庆镛、何绍基、邵懿辰（位西）、王拯等，是姚莹系狱时或出狱后才结识的。翌年，姚莹从桐城寄信给朱琦说：“都门相识于患难之日，怀抱略抒。……而拳拳于友朋生死患难之际，始终不二，尤足感人心脾。”在这封信中，姚莹还对在京师会聚的好友作了评骘：“若乃

1　姚莹：《中复堂全集·后湘续集》卷七，同治六年刊本。

伯言高文廉杰，力振一时；位西研道醇邃，志追千载；海秋之才拓古今，颂南之诚贯金石；赓堂之宏敏任事，子贞之渊懿植行；湘帆英爽，鹤田（吕贤基）贞纯；少鹤矫矫而锐才，翰臣（龙启瑞）恢恢而抗志。此皆迈古为期，不失其守，洵吾党之杰也。”[1] 姚莹把他们引为“吾党之杰”，不仅因为他们支持抗英斗争，曾为冤狱鸣不平，还因为在吏风士司衰恶的境况下，在贪冒无已的鄙夫中，他们“文章气节，一秉坚贞”，诚一时佼佼者。

姚莹交往之人，相对而言，以家乡桐城和京师为多，以下分别列述。

张聪咸

张聪咸（1783~1814 年），字阮林，号傅崖，安徽桐城人。清嘉庆十五年（1810 年）举人，得觉罗官学教习，留京师，因咯血卒，年三十二。著有《左传杜注辨证》（又名《左传刊杜》）十二卷、《汉晋各家逸史》、《谢承〈后汉书〉》、《王隐〈晋书〉》、《经史质疑录》二卷、《傅崖诗集》四卷。

姚莹在《吴子方遗文序》中记述了昔日与张聪咸等人的交往：

> 昔者吾党之盛也，在嘉庆九年（1804 年）以后。维时海帆、歌堂、岳卿年最长，植之、元伯、筐叔、竹吾差次，其年相若而吾兄事之者为六襄、律原、子方、履周、阮林、明东、易卿，弟之者则子山也，后乃得鲁岑、小东、幼楮。此十数人者，皆以文章道义相切劘，吾所为左右采获以取益者也。子山最少，最先亡。后六年，阮林继亡，又八年而君（吴子方）亡。君之始亡，明东尝作传。未几，明东亦亡矣。自明东亡，而吾党益衰，诸人或困于饥寒，或牵于仕宦，学

1 姚莹：《中复堂全集·东溟文后集》卷八，同治六年刊本。

业往往中废，其卒能有成可传于后世者，盖不十人焉。……君久居京师，时方竞言考证，溺其学者，多与宋儒为难，君能辨其非，而欲从事于身心性命，庶几古之所谓志士矣！[1]

在《北园谳集诗序》中，姚莹忆记当年与张聪咸等人在北园谳集的情景：

北园者，桐城方竹吾之居也。环山带水，松竹郁深。投子龙眠，云烟苍翠接其外；广渊曲池，鱼鸟究脩然畅其中。近郊之胜，既无以逾矣！竹吾意气豪俊，文章书法尤善。故里中英豪咸乐游其地而交其人。嘉庆十一二年（1806、1807年）间，则有李海帆、朱歌堂、方植之、马元伯、左筐叔、徐六襄、张阮林、刘孟涂、吴子方、光律原、朱鲁存此十数人者，皆以文章道义相取。余时年略少，每与往来觞咏其中，以为竹林之游无以过也。戊辰（嘉庆十三年，1808年）后乃各散之四方，虽间岁颇有会者，率寥落矣！已而阮林、子方、孟涂相继丧殁，竹吾亦困顿出游，至者益鲜。今秋余自海外暂归，当日同游，独歌堂、鲁存居里中，而阮林尊甫守亭先生、季弟元谐及子方季父岳卿以时相见，辄复欷歔。[2]

《后湘诗集》卷一收有北园谳集诗《夜饮方竹吾北园偕左筐叔、徐六襄、方履周、光律原、张阮林诸君》诗：

平生非达者，浩荡塞其内。时对素心人，忘形宇宙大。兹园面群山，左右环溪带。中有万竿竹，苍龙偃松盖。方君

1　姚莹：《中复堂全集·东溟文集》卷二，同治六年刊本。
2　姚莹：《中复堂全集·东溟文外集》卷一。

乃居此，佳兴亦自迈。到门俦侣熟，况值暑初退。解衣纵清言，壶觞遂倾醉。流飚沁荷岸，飞雪漱石濑。日落万峰明，鸟声一林碎。须臾山月白，千里有微霭。攀跻巉岩颠，极目流光晦。众星苍然列，河汉横素界。应有羽衣人，乘空弄叆叇。吾将谢诸子，去探鸿濛外。

《后湘诗集》卷二收有《再酬张阮林京师寄怀之作》，时张聪咸教习觉罗官学。诗云：

教习禄虽薄，颇亦任王事。况闻勤著书，身世赖修治。自惭仍飘泊，出处两不易。勉强排俗愁，开颜复长喟。

嘉庆十九年（1814 年），张聪咸病故。时姚莹在广州，闻讯为之哀伤，并赋诗志哀，题为《九月二十一日（11 月 2 日）至羊城，谋归，忽闻故人张阮林殁于京师，惊哀有作，成七十四韵》。其中说：

甲戌（嘉庆十九年，1814 年）岁云暮，姚子理归策。呻吟病初愈，困顿怀空箧。海风苦侵人，稜稜砭肌骨。羊城复坚卧，十日未能发。忽闻北来语，我友京师殁。瞪目不能言，惊定一恸哭。殊疑此语误，遍访故乡戚。或云得家书，亡期果三月。急询不得详，大略为我说。自从入京师，日夜勤著述。书成逾百卷，辛苦尚搜葺。服、杜有异同，三传多缺失。诸家汉晋史，遗散犹可掇。不肯厌奇零，只字如异璧。中更耽嗆苦，精炼有奇癖。不顾世俗惊，那问鬼神泣。积思已沉瘁，力尽乃呕血。卧席曾几朝，溘尔成永绝。闻言信非虚，顿足肠欲裂。忆我识君初，年甫十七八。意气陵曹辈，高才一时出。我仅逾成童，稍亦见头角。偶然一朝遇，抗论江河决。君闻大惊叹，谓得所创获。颇悔平生文，未是千秋业。以兹尽捐弃，奋志希先哲。广读未见书，精思入幽赜。君才本精悍，其气尤雄拓。作为古诗歌，奇光竞腾发。吾家惜抱翁，谓此无与敌。海内数奇才，指不二三屈。我既得所契，君亦深相结。晨夕共讨论，风雨共饥渴。后乃得数君，一一人中杰。情亲君最先，疵颣互敦责。岁在丁卯（嘉庆十二年，1807 年）秋，同买金陵楫。我先龙门化，君才独点额。归来无怨嗟，顾我生喜悦。题诗送我行，看我车轮北。我从京师反，正满征途雪。抱出一卷诗，丹铅君所阅。君既去西湖，我亦向南粤。从此长相思，谁知遂死诀。闻君始得荐，遂上都门辙。文采满京华，声名一朝赫。缄书七千里，与我言契阔。谓此新知多，终不故人若。又言所著书，次第可剞劂。独有平生诗，待我与合刻。念君区区意，开缄泪沾臆。如何君死时，一言不相及。与君六年别，学各有损益。夙昔疑义多，安能共参决。尝恨道路长，书问徒相隔。君今去泉下，长此终缄默。君年今始壮，寿命一何促。修短固难期，天意无乃酷。昔君尝学仙，奇方试辟谷。家人苦相劝，我亦谓无益。又欲学金丹，华阳得秘笈。其说在运气，抱神固精液。我心知非谬，亦不为君祝。讵尔遂误君，此恨何由赎。[1]

姚莹赠、怀张聪咸的诗尚有多首。《后湘诗集》卷五有《赠张阮林》：

少陵千载后，学步总邯郸。君亦耽佳句，惊人语必安。疾风盘峻壑，大海舞回澜。郑重青松质，萧萧耐岁寒。

1　姚莹：《中复堂全集·后湘诗集》卷二，同治六年刊本。

《送张阮林不及》：

故人镜湖去，江上柳条新。忆我归来日，停车雪满轮。欢娱已迟暮，别恨又逢春。杳杳云中雁，何由追夕尘。

卷六《九月晦日偕方履周、张阮林、吴子山、家易卿登西山》：

西山秋尽白草平，北风初初行衣轻。绿柳红枫自点缀，暮烟落日相凄清。霜鸿肃肃急征羽，壄水溅溅回涧声。白发天涯几人在，有书不求涕泗横。

卷七收《有怀六襄、阮林》：

故人三岁住长安，书到南天掩泪看。念我江湖犹放弃，知君风雪正清寒。才名不信同昔辈，客路难忘是古欢。二十五弦天帝瑟，一从别后未曾弹。

卷八《张阮林自京师寄诗，慷慨慰勉，情溢乎辞，因伤久别，辄赋怀六十韵奉答，兼示徐六襄、光律原》：

北厥黄金地，南交赤道天。斯人犹契阔，吾计益迍邅。雕鹗难为主，蛟龙下在渊。博风曾九万，埋剑已三千。敢效穷途哭，羞从世俗怜。苍梧云叆叇，碧海石连蜷。废苑诃林外，荒台落日前。浮游尽炎瘴，回望极幽燕。葵藿心弥壮，金兰誓岂愆。每怀昭代圣，不忘故人贤。忆昔攀鸿侣，论交必凤轩。推君才巨手，惟我步随肩。同学师元晏，惊门讶仲宣。一时吾党盛，异代竹林传。气似风云上，文憯日月悬。

致身心耿耿，许国义拳拳。偶尔怀荆璧，何期著祖鞭。看余翻潦倒，同辈毕腾骞。京下才如海，群公望似仙。蓬莱真缥缈，羽盖自联翩。日丽翔风馆，花开种玉田。公车纷尺牍，独处惜婵媛。莫以微斑点，犹知乐事专。横经来胄子，接席珥貂蝉。却念昔方泰，回思夜揖眠。河堤成瓠子，闽粤下楼船。闻上司农计，频虚水府钱。四方仍旱潦，屡诏复除蠲。主德符尧俭，衢讴祝舜年。谁分宵旰虚，臣自涕洟涟。如尔能殊俗，逢人莫斗妍。平生羞汲引，何处报埃涓。别恨徒深矣，新诗独沛然。探骊珠每得，博象力能全。倒水流三峡，回澜障百川。悬知心惨澹，未肯足便嬛。自笑经营拙，惟期汗漫缘。出门怀宝玉，问俗饮贪泉。淫妇冲江雨，蛮童宿岭烟。芳洲春拾翠，胜地汉遗钿。碧挂桐华小，红垂荔子圆。鹧鸪啼树满，蜃蛤入云连。番鬼能通语，蠔诸强下咽。殊方经岁月，逆旅慎周旋。幕府狂容杜，诸生懒笑边。敢题鹦鹉赋，惟守罽宾毡。国有苍生望，昔逢盗贼延。杞忧戎莽伏，汉将出车还。杨仆威声重，卢循稔恶悛。可怜厌鼙鼓，从此罢戈鋋。荡析魂初定，苍茫眼欲穿。异乡悲路远，慈母正心牵。绝徼迷孤雁，空村数落鸢。地非秋浦别，客似仲翔迁。偶问曹溪法，曾通大鉴禅。牟尼行处照，蕉树是身坚。著论惟持白，穷经不草《玄》。是非询燕鹄，巧拙问夔蚿。安得乘风翼，相招绝海壖。春风将短鬓，相对劈华笺。

姚莹除与张聪威以诗唱和外，还以书信论学。《东溟文集》卷三所收《与张阮林论家学书》，颇能体现姚莹为学的思想。全文如下：

阮林足下：春间得书，知近治经史甚锐，著述宏富，为之企美。足下以英辨之才沉研古学，又处京师久，与名公时贤相砥砺，见闻广而采获勤，书成必有宏赡精确大过人者。仆倦游岭外，少师友之助，悄然块处，又得书甚艰，莫由稽考，辗转六年，无所成就。昔虞仲翔处广州穷愁，竟成《易传》，附圣经以自显。如仆者，远愧古人，近惭足下矣！大著《左传辨杜》刻否？亟欲见之。惟于命名之义，窃有未安者。左氏传自贾太傅始为训诂，刘子骏创通大义，后汉郑仲师、贾景伯、服子慎、许惠卿、颖子岩之徒皆有注。马季长谓贾君精而不博，郑君博而不精，已无可复加，但作三传异同说，则贾、郑之书可知矣。魏世王子雍亦有《左传解》，此皆通师硕儒之说也。至杜氏以为诸家皆肤引《公羊》、《穀梁》以释左氏，适足自乱，乃著《经传集解》，专修邱明之传以释经，其所论三体五例，详哉言也。又作长历，以推其岁时，撰释例以通其条辩。殚毕生之勤，成专家之业，大义举而训诂明，天文昭而地理核，自有左氏以来传注，未有若元凯者也，故南北学者皆为之疏义。刘光伯虽曾规其过失一百五十余条，未害其美。且随世诸家注传，尚多存者，光伯独为杜氏作疏，岂非其长不可掩耶！疏其书而规其短，乃光伯通见，足破疏家袒护之陋，非好攻之以为异同也。夫长短不容相掩，功过可以互明，贾、服、刘、马之异同并著其书，使后学者有所钻仰。自唐世奉敕修定正义，独用征南，而诸家注说如爝火辰星，荧然暗灭。此因当时学人之陋，亦孔冲远、颜师古之徒不能请闻于朝，兼存古训，故通人至今为恨。然以诸家之废而大不平于杜氏，此何说哉？亦犹朱子表章《六经》、《四书》，原令人先习注疏以通其训诂，其后学者不能见习，乃自放弃注疏，专治宋儒注义。今举世驳辨，咸谓宋儒灭绝旧注，徒言义理而废训诂，此何异盲人道黑白乎！《左传》补注之作，发端于元人赵汸，盖以杜为主，有不足，以陈傅良之说通之，非纠杜也。国朝顾宁人作《杜解补正》三卷，朱鹤龄作《读左日钞》十二卷、《补录》二卷，始有意正其阙误。而曰补曰钞，不居攻辨之名。近世惠定宇以左义名家，特搜辑服、贾之说，为《左传补注》。吾乡马器之前辈，慕惠氏之风，援光伯之说，亦有补注之作，意乃颇攻杜氏，向尝疑之。若惜抱先生，亦尝撰三传补注，在马氏之先，则又不过随所考证，其有未安，间为之说，并无意于长短之见。今足下书命名乃尔，无乃过乎？愿更详之。说经硁硁，贵渊通，不在攻击也。仆承家业，治经史，为诗古文之学三世矣。从祖惜抱先生，以诗古文鸣海内，学者多宗之。独先曾祖之学，久晦不章，一二钜公颇以不见遗书为撼，良由生平绪论见各书，未及撰录故也。昔顾宁人没，遗书得门人潘耒刊之，乃行于世；江慎修殁，遗书得乡人戴震表之，以闻于朝。矧为人子孙，而今先业荒坠，不肖兹甚矣。莹虽谫陋，敢不收罗缀辑，以质世之君子。而濒岁客游，不能以书自随，是以纂述久而未成。今具稿约五十余卷，百万言矣。族兄伯印以书来云，史馆修儒林、文苑二传，阐发幽隐，命仆以家集上诸公备采择。念书未成，惧不足以表章，然当国史谘求，而无以上闻，是没祖德也。不得已上《援鹑堂诗集》刻本及笔记稿本三卷，假伯印以致诸公。而汪瑟庵侍郎先见之，谓必当入传，惜不在史局，未知秉笔诸公以为何如耳？得足下书，始知惜抱先生有请附海峰入文苑传之语，此或别有微意。而足下以为先曾祖校论诸书，今时诸君子多未能窥见涯涘者，若仅以诗文入传，是以精深之学转为辞章掩矣。责仆于阐扬先人之大，舍本而存末，足下之言，岂不诚然哉！仆与伯印书亦未明言请入何传者，子孙不敢议其先祖之义，而于诗集列总目，又作后序，具述生平论学大旨，则仆意可知矣，足下想未之见也。足下于垂湮久佚之余，能推明前人不传之学而见其大，足下之诚宏矣。意在发扬幽隐，上佐国史，不为乡曲之私，不欲以辞章掩学问，足下之论公矣。数千里贻书故人，责其不能善扬先祖，足下之义笃矣。为人子孙，宜何如感愧乎！顾仆于此，窃有私中蓄之，久已不敢告人，今为足下陈之。莹闻君子立学，传于后世者道也，而不在文；功也，而不在德。道、功天下之公也，文、德一人之私也。道是以继先哲，功足以被来兹。若此者，已不必传天下。传之文者，载道以行，舍道以为文，非文也，技耳，技不足传君子。若夫德修于身，所以成己，非以为名，故曰：遁世不见知而无闷。先曾祖少孤，砺行孝友立于家，以教于孙，至今门内无敢惭德。忠信著于乡，以施族党，至今无间言。处身必恭以俭，接物惟诚以和，长老及见者至今称其风采，此德行之实也。先曾祖为文，根柢经史，怊渊思深，必得古人精意，不为放谲踳驳之论，取快一时。先曾祖之于文，可谓能载道矣！至其天资沈笃，强记博闻，自束发以终其身无间，故能淹通宏洽，不为拘墟孤陋之见，空疏无据之谭。其大者在笃信程、朱，以为非考证不足以多闻，而舍身心亦无以为学。汉儒谨守师法，训诂略备于前，宋儒讲论修明，义理大著于后，其道在守先待后，其功在风俗人心，学者当识其大，以体其微，去其矜心与其昏气，乃可以为学。俗儒务毁人以成已名，邪说好立异以乱是非，危言日出，贻害人心，亦何异乱法舞文之吏耶！此先曾祖生平兢兢不轻著述之微意也。其于道也，可谓不自矜矣。莹之生距先曾祖殁已十余年，家遭中落，藏书为人窃取几尽。又十余岁稍解读书，二十四岁编录遗集，又六七年，然后有以见先曾祖为学之实。窃谓先曾祖之可传者道也，而论道之言不可见，即所存著亦可得其大凡矣。若夫传之与否，则不系乎史，道苟不明，即空留姓氏何益。盖大元之作，百年后兴河汾讲道，《隋书》无传，古人之所重轻如彼。后有君子，将知人论世，亦以人光史册耳，岂能光人哉。此仆所以久蓄于中，惟惧道之不修，而不敢汲汲于史传也。足下又云，先生之学，可差肩于阎、惠诸君，窃以为骇。夫阎君断断博辩，以摘发前人自喜；惠君凿凿训故，以搜求古义专门。二君精博，均不可及。然其于圣人之道也，曾未望其藩篱，乃与宋儒为难，欲以寸莛破巨钟。若先曾祖则以考博佐其义理，于程朱之学见之真而守之笃，固与二君大异，今谓如此，毋乃非所敢安乎？宋人有好学者，千里寻师而遗其母，母使人谓之曰：子之学则成矣。如岁日荒，吾冻馁将死，何夫学成而母死，不如其弗学也。今之学人，不死其母者鲜矣！此先曾祖之所以大惧也。惜抱先生尝语莹编辑《援鹑堂笔记》，宜宽岁月为之，但取精，不敢速，不敢多也。先生手抄经部史部集部各一卷授莹以为式，今所编纂不惟表先曾祖已坠之书，亦以竟惜抱先生未成之志云尔。即惜抱先生孤立于世，与世所称汉学诸贤异趋，而海内学者徒以诗古文相推，于其说经论学罕有从者，风气使然，不能以一人挽也。三十年后，当有达者振兴，一辟榛芜而开之大道，莹与足下勉为其是书成以待后人之论定而已，足下戒之哉！毋夺于众咻，毋阍于正见，亦仆之所以望同志也。

姚莹曾为张聪咸作传，传文如下：

阮林名聪咸，一字傅岩，桐城张氏故太傅文端英之五世孙也。高祖工部右侍郎廷瑑，祖贵西兵备道曾敭，皆以甲科贵。父元位，副榜贡生，巴州州判。君幼颖悟，为祖父钟爱。家故世族，又自矜贵。未冠能文，有才气，好作骈丽之体，睥睨同辈。年十九，游从祖菉圃先生之门，见里人姚莹，与语大惊，悔其所作，尽焚之。曰：世固有不朽之学，此不可羞耶！是时阮林气方盛，有文章誉，莹乃最少，人以为难。

由是博极群书，以著作为己任。诗尤雄丽，取法汉、魏，而以少陵为宗，沈挚雄劲，一洗昔人肤袭之陋。惜抱先生主钟山书院，阮林以诗往质，先生复书，有奇才之誉。先生未尝以奇才许后进，独阮林与刘君开得称。刘亦甚推君诗。嘉庆九年（1804 年），乡试罢归，遇太仓某，与论音学，如夙契语，人多不解者，独莹能辨，竟习之，遂通古今声韵，著《音韵辨微》八卷，以传其学。十二年（1807 年）再试，又罢，乃之吴下。友人李宗传令浙中，召教其子，大携书往，卒成《左传杜注辨证》。金坛段若膺重之，以为左氏后不可少。十五年（1810 年）举于乡，试礼部不第，得觉罗官学教习。留都下三年，屏酬应著书，蒐辑汉、魏、晋、宋二十四家逸史，字淋漓几席，壁间皆徧。又兼治诸经不懈，以劳咯血。十九年（1814 年）二月卒，年三十二。闻者无不为之惜也！阮林性廉介，不妄取而好义，急人之难，如恐不及。与人交，诚笃有终始。学不趋时好，然书出虽异趣者亦服云。阮林在京日，尝自定其诗，致莹粤中，属与合刻，未至。及疾革，友人收其稿，得诗四百余首，杂文若干篇，《汉晋逸史》已成若干卷、未成若干册，《左传杜注辨证》十二卷，皆未刻。《经史质疑》一册，已刻。又《音韵辨微》、《六书正体》、《开宝诗品》数种轶。先是，《左传杜注辨证》成，以示姚莹。莹自岭外贻书劝之，以为杜学不可废，服、贾诸说虽存者不无善于杜氏，但当兼录，以俟折中，有所偏护则非。阮林乃易今名。临殁复语友人姚柬之：此书勿刻，其虚中又可嘉云。[1]

道光五年（1825 年），姚莹还为亡友张聪咸纂辑之《谢王二

1 姚莹：《中复堂全集·东溟文集》卷六，同治六年刊本。

史辑遗》作序：

谢承《后汉书》若干卷，王隐《晋书》若干卷，吾友张阮林聪咸之所纂辑也。嘉庆十六年（1811年）阮林会试不第，留京师专意著书，慨然有网罗放佚之志。既撰《左传杜注辨证》若干卷成，以为史书之善，如子长、孟坚尚矣。自蔚宗、承祚而下，不无讥焉。范书虽取材旧史，犹出一人之手，乖迕尚鲜。《晋书》则唐文皇命诸臣分采十八家晋史编录而成，踳驳殊甚。唐代官书行，十八家之业遂废。其中容有胜新书者。今世所传唐以前遗书，犹时时见之。后汉诸家记载，未必遂愈蔚宗。然如荀悦《汉记》及《东观汉记》，世已刊行。而李贤、裴松之注《后汉书》、《三国志》，亦多存别说，思欲併二代佚史表而出之，勇于成书，所在搜罗，不遗余力，日书细字，几壁皆遍，而谢、王二家书居然可观。乃先比次其巨者，他条纪繁碎，未及纂列，遂病且死，都中无人知其业者。吾族兄幼樯始终病事，见其用力之勤，怜而收之，归于其家。阮林之妻，吾族姊也，藏袭以待其孤。道光五年，吾由闽之京师，道里中，其家出示所藏，见此二书粗成卷帙，乃为之叙。呜呼，阮林之为此也，是所谓事劳功半者耶！古人之矻矻于著述也，非徒为身后名而已，以为道有所在，吾书所系大焉。至于史者，著一代兴亡之迹，为法戒于天下万世，苟非其人，书不妄作。故有敝毕生之精神而书卒不成，成而不及传，传而不能久者，亦视其书为显晦，未可遽以幸不幸借口也。且夫著述之难，史为最。岂不以求实事之难耶？一事甚微，已有传信传疑之异，况代历百年，人愈数十，一一始终论次之曰，吾于此盖无失焉，不敢必也。及乎此一言焉，彼一言焉，言者既多，吾上下栉比之，取其切于事而近于理者，亦曰庶几可折衷矣。比创者难为功，而因者易为述也。前者果善，后复何为。后人为之犹未尽，则仍以俟诸后。今必薄后尊先，不亦迂乎！顾前人创之之功未可殁，后人虽善，不能不考诸前，乃尽弃置，则过矣。并前后而两存之，不惟前人之善者见，即后人之善者亦逾见，此阮林之所矻矻也。吾独悲夫谢、王二君及十八家者，以当代近代之人求当代近代之事，已不能尽敝一世之精神，书幸成而传复不能久。阮林后千数百年，欲传已亡之书于千数百年以上，呜呼，阮林虽欲不敝精神而死，其可得耶！而书又卒不成也，此书幸而或传，后之览者亦略其文而哀其志哉！[1]

张聪咸于文字学亦有研究，曾与汉学家胡培翚讨论有关文字问题。胡培翚《研六室文钞》卷四《与张阮林论闑阈橛梱书》云：

尊著《闑阈说》，以许氏《说文》解橜闑，俱云门梱。而郑氏解闑为橜，解梱阈为一物，与《说文》异。乃援据《史》、《汉》及各书音义疏证其说，可谓博已。培翚请以其说求之于经，经曰：公事自闑西，私事自闑东。又曰：由闑右。闑有东西左右之称，则闑之为中央竖木无疑也。经曰：不践阈，不履阈。阈言践、履，则阈之为门下横木无疑也。《尔雅》曰：橜谓之闑。则橜与闑为一物，亦无疑也。惟梱之名，经无名征。然《曲礼》曰：外言不入于梱，内言不出于梱。梱言不出不入，是有限域之义。《仪礼》扬触梱复，注云梱复谓矢至侯不著而还复，是亦止限之义。故郑解梱为门限，与阈同（各经疏俱依郑氏义，云阈门限也）。许氏解阈为梱，而《史记》冯唐传阃以内、阃以外（阃与梱同），《汉书》阃俱作闑。窃疑闑阈二字，古人得通称梱。许、郑各述

1　姚莹：《中复堂全集·东溟文集》卷二，同治六年刊本。

所传，原可并存。但郑氏之说，尤与经合也。至《仪礼》古文之槷，与《周礼·匠人》之槷，皆为假借字，而义则殊。《周礼·匠人》之槷，与《尔雅》在地之臬，同谓于平地中树八尺之臬，以规识日景，非门中之阑，郑氏《考工记》注甚明。《尔雅》云在地者谓之臬，又云橛谓之阑，是臬与阑殊。郭氏以门橛释臬，则缪矣。《说文》槷作槸，字本义训为木相摩。《周礼》假槷为臬，而《仪礼》古文及《穀梁传》又假为门阑字。郑以《仪礼》今文作阑，其义较显，故注经从正字，不从假字。《说文》阈字，古文从洫，作閾。盖古字多假借，如《毛诗》筑城伊淢，亦是假借字。郑故从阈不从𨷖也。

胡培翚《研六室文钞》卷五另有《答张阮林论燕寝书》：

承辱惠书论燕寝，培翚反复细读，其中可疑者多，征信者少，已一一签附奉质，谨略举大者数事，断难合于经者，为足下陈之。足下之自立说，也谓郑氏路寝制如明堂之注为指小寝五，如明堂之五室而路寝仍有左右房。又谓小寝亦通名路寝，引《周礼》宫人六寝为证。按郑氏注《礼》，每云天子路寝制如明堂，有五室。其笺《诗》则云天子燕寝有左右房。《郑志》答赵商又以顾命是西都宫室承先公之旧，犹诸侯制未及改作。周公制礼，别立于天子制于洛邑，宗庙路寝皆如明堂。是郑解路寝小寝制度截然分明。足下以小寝为五室，以路寝为有左右房，显与郑背，非郑义，章章明矣。《周礼》宫人掌王之六寝之条注：六寝者，路寝一，小寝五。《玉藻》君退，适路寝听政，使人视大夫。大夫退，然后适小寝释服。《春秋经》或书公薨于路寝，或书薨于小寝，是路寝、小寝之名经中致为分晰，安得相通？此其不合者一也。

来书又引《说苑》、《史记》，谓《春秋经》公薨于高寝，高寝当为庙寝。按三传及各注俱无庙寝之说，详《说苑》及《史记·秦本纪》文义，亦并未以为庙寝人鬼异居，岂有疾疾之时反置宫中之大寝、小寝不居，而居于庙寝之理。夫说经者广而求之传记，必其经传不详，注解多谬，而传记之说确然有徵，乃始引以为据。若经师之说本自分明，虽诸子百家传闻或异，犹不可引以乱经，况传记又无明文乎。此其不合者又一也。足下之驳拙著，也谓不当解《士昏礼》之及寝门为燕寝门，经中凡称寝门者，皆正寝门。窃思正寝称燕寝，亦称寝，则燕寝之门与正寝之门同名寝门，奚不可。若以诸经所言寝门多属正寝，则燕寝之制经内本少，唯此经若备。且上文“期初昏陈三鼎于寝门外”，郑注明云:“寝，壻之室。”疏引父子异宫释之，则此妇至及寝门揖入者亦为壻之寝，而断不在父之正寝成礼明矣。来书又以拙著谓燕寝有北堂为非，按北堂非别有一处，即在房中半以北，燕寝既有房，安得无北堂？《诗》云:“焉得谖草”，言树之背传背北堂也。此为妇人思其君子而作，则所谓北堂者，当即指寝兴之地言之，而非必指正寝之北堂明矣。此非燕寝有北堂之明证乎？来书又以侧室不在君燕寝之旁，而在夫人燕寝之左右，即妾媵所居之东宫西宫。谓大夫、士以下皆有二侧室，与君同，若然，则《礼》所称君夫人三宫者，士之妻亦可云三宫矣，何太无差等耶。且侧室既为妾媵常居之所经，胡次云公庶子生就侧室耶？夫人生子居侧室之时，妾媵又出居何所耶？凡此诸谊，揆之于经，俱难协合，故不敢不献所疑，惟足下察之。[1]

胡培翚《研六室文钞》卷六《求是堂文集序》记述了与张聪

1 胡培翚：《研六室文钞》卷五，道光十七年刻本。

咸等人的交往：

余交于君（按，指胡承珙）廿年矣。君为人勤恳和厚，待友以诚。忆自癸酉（嘉庆十八年，1813 年）定交都中，余与君系出同宗而世远，各自为谱，行次不可考。君年长余六岁，以兄弟称。其时，余同年张阮林亦交于君，而君邸舍又与郝丈兰皋近，四人者盖无旬月不会晤，晤则必谈经义。一夕饮君邸，酒酣乘兴步月瑶台，四人相与高谈纵辨于月色空明莽墟无人之地，可谓意气之盛。未几阮林病殁，其遗书《左传》，余为校之。又十年，郝丈殁，余为校其《春秋》、《尔雅》，求梓于世。今又校君之书，回忆身世交游生死之际，其亦重可伤也已。

《研六室文钞》卷七则收录了《左传杜注辨证书后》：

嘉庆十有九年甲戌（1814 年）二月，桐城阮林张君卒于都城旅次。其卒之前数日，出所著《左传杜注辨证》（初名《左传刊杜》，段氏懋堂谓其过激，乃易今名，《经韵楼集》中有《左传刊杜序》，即是书也），授家编修墨庄（按胡承珙字墨庄），属为删订。编修写副藏焉，而原书仍归其家，以写本属余校字，余因卒读是书。乌乎，《左传》自当阳《集解》出，而贾、服诸家之注遂佚矣。先大父朴斋先生撰《左传翼服》，凡古义之异于杜者，一一引申其说，宋以前诸书引古注有与杜注同者，亦为录出，以明杜之所本。盖《集解》多承用旧说，其自出新意，则往往纰缪难通。阮林是编，愤杜氏之袭旧而不著其名，又如长历非法，短丧诬礼，皆大乖于经义，乃博采众说，纠正其失，征引繁富，诚治是经者考订之资也。君锐于著述，博闻多识，六经子史，罔不寻览。于诗专学少陵，遗貌求神，竭尽心力。卒以为学过勤，撄疾以终，深可惜已！君所著书，已刻者有《经史质疑录》一册，未刻者，是编外，有《汉晋各家逸史》，内谢承《后汉书》、王隐《晋书》，俱已辑有成本，又有《傅岩诗集》八卷。君之疾也，姚孝廉幼楮与偕卧处，躬候汤药者月余。其殁也，徐农部樗亭及孝廉经纪其丧，殡敛尽情，不辞劳瘁。夫《礼》，朋友无服，其吊服加麻而已。至皆在他邦，则服袒免，与宗族五世者同。良以远出在外而死，无为之主，悲悯尤深故制为袒免之服，以厚之。今徐姚二君之笃于友谊如是。庶几古人重友之义复明，以视世之酒食征逐诩诩笑语反眼若不相识者，其相去何如哉。君讳聪咸，字阮林，一字小阮。庚午岁(嘉庆十五年，1810 年)，与培翚同举于乡。在京师以力学相切劘，每有辩论，精悍之色见于眉宇。虽互相诘难，而论罢相说如初。

张聪咸同乡好友刘开在《与光栗原庶常书》中记述了与其交往之事：

君与余交有年矣，其经术之邃，学识之精，议论之卓越，余往时爱而畏之。而左君筐叔、张君阮林、姚君石甫皆后君而交者也。夫此数人者，各以古人砥砺而不甘于习俗。方其始之相得也，德业自期，贤豪自命，津津然唯恐不及相规以道义而勉以力学，盖不徒极谶游之欢，论说之敏矣。而余是时犹有疑焉，以为世不患无超世独出之才，而患无历物不渝之志，而少年负气之所期许者，恐其久有不可恃也。而诸子方励志勤行，固可无虑乎此。今者诸子之道已成耶，吾不得而知也。其或未成耶，吾不得而知也。独怪数年以来，各奔走于利禄，而困于身家之累，不闻有讲司之意，劝免之言，以为制举既得，遂可肆意而不必勉力也。[1]

刘开还为张聪咸立传，《刘孟涂集·文集》卷一〇《张阮林传》：

余友张君阮林之卒也，既为诔以哀之矣，今复总叙其家世生平而为之传曰：君名聪咸，字阮林，一字小阮，号傅岩。太傅文端公之五世孙也。祖贵西兵备道讳曾敭，父巴州州判名元位。张氏为吾邑巨族，世有达官才人，亦且不乏。而文辞能直追古人，则自阮林始。阮林怯弱如不胜衣，其笔力精悍无前，振厉风发，不可一世。所为诗宗法少陵，其深造者几欲神合，近时之善学杜者未有能或之先也。往时姚惜抱先生见阮林所作，叹曰：其文其诗皆有雄杰之气，可谓异才矣！先生不轻许可人，而赏识阮林如此。阮林于经通左氏，于小学通音韵，于史熟于汉、晋逸事，著有《左传杜注辨正》及《经史质疑录》。阮芸台宫保、王伯昇阁学、胡墨庄给谏皆深器之。余识阮林，在壬戌（嘉庆七年，1802 年）之冬，而识栗原也，先于阮林。后二年而得筐叔、六襄，又后二年而得石甫。当时意气相许，以古人为期，岁过从，欢谶无间。每当酒酣耳热，阮林则高歌杜诗，以泄其悲愤之怀。满座闻之，为之动容。自阮林殁，而盛会虚，吾辈虽有谶游，亦惨然不乐矣！阮林性简傲寡合，一时目为狂士。栗原尝谓余曰：昔嗣宗能为青白眼，今阮林亦是也。阮林既卒之三年，栗原、六襄皆赴官京师，石甫宦海隅，筐叔客豫州，余时自江右归里，经过旧游之地，俯仰徬徨，独增惆怅。回忆总角之欢，恍然在目。十数年中，故交云散，死别生离之感集于一时，

1　刘开：《刘孟涂集·文集》卷四，道光六年檗山草堂刻本。

而余年已及壮矣！阮林诗刊除浮艳，或不能悦众目，然思深力厚，精气盘结，神光外烛，必不终掩尘土之下，世固自有识者也。使天假之年，其所造岂复可量，而竟积劳以死！然阮林虽死，其诗之所就，已足以自传，传亦必得重名，但未卜时之迟速，要之历久论乃定耳。阮林中嘉庆庚午（十五年，1810年）科乡试，以考馆得八旗教习。娶姚氏，今伯昂编修之妹也。有子二，皆聪颖善读书，必能继其父志者。阮林卒时，年仅三十有二。[1]

刘开的骈体文《再与光栗原书》中说：

今之作者，海内竞雄，准之前修，里中称盛。昔石甫撷芳于义圃，阮林奋藻于文河，筐叔笃志于史裁，足下腾声于经术，并皆脱迹尘网，抗踪儒林。[2]

刘开有长诗怀念张聪咸等人，题为《南州客中，有怀旧游，寄左孝廉筐叔、光庶常栗原、张孝廉小阮、姚进士石甫四十韵》[3]。该诗说：

不挟南游策，安知楚越遥。人生原泛梗，欢宴敢终朝。玉宇惊摇落，瑶琴久寂寥。冥心吾土木，得路尔云宵。四子同登选，诸侯早见招（时石甫放赴粤东百制府之招）。姚、光方骋足，张、左亦连镳。特出名无负，离居恨未消。才华空草野，心迹自渔樵。忆昔追先典，相期出世嚣。有怀抱冰雪，得句走琼瑶。幽欲愁山鬼，高疑拂斗杓。争传名骥出，

1　刘开：《刘孟涂集·文集》卷一〇，道光六年檗山草堂刻本。

2　刘开：《刘孟涂集·骈体文》卷一。

3　刘开：《刘孟涂集·前集》卷八。

齐叹阿龙超。砚北书千轴，天南酒一瓢。纵谈河落坐，起舞剑横腰。意气原千古，遨游感六朝。大江曾泛月，建业共听潮。高馆朱霞起，华筵绛蜡烧。一时初进酒，两岸尽吹箫。彩树光偏满，流珠影欲跳。看人赠香草，独自拾芳椒。怀旧探溪曲，寻源到板桥。歌楼半零落，舞扇早萧条。露洗胭脂泣，波流翡翠漂。乌呼！奈何日月是可怜宵。胜景知难再，吾徒兴尚饶。鸾文腾白雪，蛟雨洒红绡。自谓穷佳日，那知触迅飙。天高嗟雾隔，人散各云飘。兰向霜前悴，桐从爨下焦。南州愁客路，北郭听刍荛。海鹤谁能畜，天龙我欲雕。三山舟不到，五岳笔空摇。感叹陈蕃榻，凄凉季子貂。一秋悲独处，两地此无聊。不惜相思苦，惟期令德昭。情虽同水月，思已极歌谣。纸贵元戎幕，星瞻使者轺。虚名空物望，前度忆风标。大雅今谁继，此心寒不凋。终须到霄汉，九奏续箫韶。[1]

《刘孟涂集·后集》卷一收有《左筐叔、光栗原、张小阮、姚石甫秦淮夜集》诗。诗中说：

薄酒不成醉，微风惊乍寒。高斋愁日晚，暝色起云端。坐久转无语，情深难尽欢。素心谁可托，憔悴楚江兰。[2]

张聪咸《左传刊杜》（《左传杜注辨证》）有段玉裁的序：

今张君阮林有《左》癖，蕴积既久，乃取自汉以来及于国朝诸儒说异杜者，参以已说，为《刊杜》若干卷。夫亦将

1 刘开：《刘孟涂集·前集》卷八，道光六年檗山草堂刻本。
2 刘开：《刘孟涂集·后集》卷一。

求其是以裨左氏，而非欲求胜于前人以要名者。[1]

该书卷末有胡培翚跋：

夫《左传》自当阳《集解》出，而贾、服诸家之注遂佚。……盖《集解》多承用旧说，其自出新意，则往往纰缪难通。张君是编，愤杜氏之袭旧而不著其名，又如长历非法，短丧诬礼，皆大乖于经义，乃博采众说，纠正其失，征引繁富，诚足为治是经者考订之资也。……君所著书，其已刊刻者有《经史质疑录》一册，其未刻者，是编外有《汉晋各家逸史》，内谢承《后汉书》、王隐《晋书》，俱已辑有成本，其遗稿俱存姚幼楷孝廉处。

马瑞辰

马瑞辰（1777~1853年）[2]，字元伯，一字献生，安徽桐城人。清嘉庆十五年（1810年）进士，选翰林院庶吉士，后任工部都水司员外郎等官。[3]道光二年（1822年）承办太庙工程，荐郎中，被罢职，发黑龙江效力，未几释归。卸任后又历江西白鹿洞、山东峄山、安徽庐阳等书院讲席。太平军攻陷桐城时，马瑞辰被逮而死。著有《毛诗传笺通释》三十二卷、《崇郑堂诗文集》。[4]《毛诗传笺通释》是马瑞辰的力作，自谓历时十六载，被认为是有关《诗经》的最有代表性的著作之一。

1　段玉裁：《左传刊杜序》，《经韵楼集》卷四，光绪十年秋树根斋刻本。

2　据何海燕《马瑞辰生卒年考辨》，《中国典籍与文化》2009年第3期。

3　此据中华书局《毛诗传笺通释》点校说明。但黄山书社出版的《桐城县志》为嘉庆十年（1805年）进士，选庶吉士，改主事，升工部营缮司郎中。

4　马瑞辰之父马宗琏，嘉庆六年（1801年）进士，历任合肥、休宁、东流教谕，通古训及地理沿革，所著有《左传补注》（收入《皇清经解》）、《毛郑诗训诂考证》、《周礼郑注疏证》、《战国策地理考》等，多散佚，鲜有传本。

《毛诗传笺通释自序》：

昔周官六诗并教，比、兴、赋义久不分；迨汉世四家叠兴，齐、鲁、韩多早逸。毛学显自河间，实词微而旨远；郑《笺》传由棘下，亦派异而源同。余幼禀义方，性耽著述；愧群经仅能涉猎，喜葩词别有会通。五际潜研，几忘流麦；一疑偶析，如获珠船。然策藏诸箧笥，未敢悬之国门。迨年逾弱冠，游宦春明；获问奇于子云，快咨事于伯始。辙有出门之合，戈无入室之操。志存译圣，冀兼综乎诸家；论戒凿空，希折衷于至当。然始则兼攻帖括，未获专精；继复沉迷簿书，无暇博览。四十以后，乞身归养；既绝意于仕途，乃殚心于经术。爰取少壮所采获，及于孔《疏》、陆义有未能洞澈于胸者，重加研究。以三家辨其异同，以全经明其义例；以古音古义证其讹互，以双声叠韵别其通借。意有省会，复加点窜。历时十有六年，书成三十二卷。将偏质之通人，遂妄付诸剞劂。初名《毛诗翼注》，嗣改《传笺通释》。述郑兼以述毛，规孔有同规杜。勿敢党同伐异，勿敢务博矜奇。实事求是，只期三复乎斯言。穷愁著书，用志一经之世守。道光十有五年四月既望，桐城马瑞辰识。

《毛诗传笺通释例言》：

一、《诗》自齐、鲁、韩三家既亡，说《诗》以毛、郑为最古。据郑《志》答张逸云："注《诗》宗毛为主。毛义隐略，则更表明。"是郑君大旨，本以述毛，其笺《诗》改读，非尽易《传》，而《正义》或误以为毛、郑异义。又郑君先从张恭祖受《韩诗》，凡《笺》训异毛者多本韩说，其答张逸亦云："如有不同，即下已意。"而《正义》又或误合《传》、《笺》为一。瑞辰粗研二学，有确见其分合异致，为《义疏》所剖析者，各分疏之，故以《传笺通释》为名。

一、《毛诗》用古文，其经字多假借，类皆本于双声叠韵，而《正义》或有未达。有可证之经传者，均各考其源流，不敢妄凭肊意。

一、《三家诗》与《毛诗》各有家法，实为异流同原。凡三家遗说有可与《传》、《笺》互相证明者，均各广为引证，剖判是非，以归一致。

一、《毛诗》经义流传，不无焉鲁。有可即《传》、《笺》注释以辨经文讹误者，鄙见所及，均各分条疏释。

一、考证之学，首在以经证经，实事求是。顾取证既同，其说遂有出门之合。瑞辰昔治是经，与郝兰皋户部、胡墨庄观察有针芥之投，说多不谋而合，非彼此或有袭取也。

一、说经最戒雷同。凡涉猎诸家，有先我得者，半皆随时删削。间有义归一是，而取证不同，或引据未周，而说可加证，必先著其为何家之说，再以已说附之。又有积疑既久，偶得一说，昭若发朦，而其书或尚未广布，遂兼取而详载之。亦许叔重“博采通人”之意也。

一、是书先列毛、郑说于前，而唐、宋、元、明诸儒及国初以来各经师之说有较胜汉儒者，亦皆采取，以辟门户之见。

《清史稿》卷四八二有《马瑞辰传》：

瑞辰，字元伯。嘉庆十五年进士，选翰林院庶吉士。散馆，改工部营缮司主事。擢郎中，因事挂误（按此事指宝源局匠人滋事，请罪其犯首，上官宥不罪，因同以“失政体”被议，发盛京效力），发盛京效力。旋赏主事，奏留工部，补员外郎。复坐事发往黑龙江，未几释归。……（卒）年七十九。……瑞辰勤学著书，耄而不倦，尝谓："《诗》自齐、鲁、韩三家既亡，说《诗》者以《毛诗》为最古。"据郑《志》答张逸云："注《诗》宗毛为主，毛义隐略，则更表明。"是郑君大旨，本以述毛，其笺《诗》改读，非尽《易传》。而《正义》或误以为毛、郑异义。又郑君先从张恭祖受《韩诗》，凡《笺》训异毛者，多本《韩》说。其答张逸亦云："如有不同，即下已意。"而《正义》又或误合《传》、《笺》为一，《毛诗》用古文，其经字多假借，类皆本于双声、叠韵，而《正义》或有未达。于是乃撰《毛诗传笺通释》三十二卷，以三家辨其异同，以全经明其义例，以古音、古义证其讹互，以双声、叠韵别其通借。笃守家法，义据通深。同时长洲陈奂著《毛诗传疏》，亦为专门之学。由是治《毛诗》者多推此两家之书。

姚莹与马瑞辰有书信往来，其《复马元伯书》云：

入夏以来，从福州寓中暨孙中丞所再得手书，知已还里中，又有粤东之行，既为之慰，转益怅然。此年亲朋多故，大半穷愁，弟失职居犹，兄亦谪外，又丧我祖姑，颠连之情，彼此相吊，何两人之重不幸也！莹之再往台湾也，非惟贫累，亦以笛楼先生故。力辞出省治，始就福清，复有忌者，遂至海外。盖在闽久，利弊稍悉，故远之，以免群疑。来书云，今日见功之地，即他时见过之端。微兄言固知之，所以避也。然诸公贤否不敢知，兴建沿革有关利害之大，若概不言，何以对吾师。如延平以上诸郡会匪中，当分别，不可一例捕诛。漳泉二郡之械斗，仓卒嚣聚，不可必得罪人。各属官盐课之困，宜量为调剂。噶玛兰初辟，田赋之重宜奏请减，则台湾戍兵不可改调遣为招募，诸郡县运台湾谷不能罢商运为官运。

营制军械不能坚利，宜责省治局中工料之私减。海外民食所系安危，宜稽各口米船之实数。凡所陈白，不过此类。或为说自陈，或告方太守议上，诸公亦未尝不以为是也。吾辈立志，本不在温饱，亦不畏权势，苟能一言一事于斯世有益，所获多矣。孔子曰：可与言，而不与之言，失人。笛楼先生忠清亮直，表里洞然，求治之诚，勤勤恳恳，且于弟有国士之知，失此而不言，则更无可言之人，得言之日矣。弟性疏放尚气，不自检束，是由赋秉使然。惟耿耿此心可盟天日。若夫遇合升沉之数，吉凶悔吝之日，殆有天焉，非人之所能为耳。昔者海防同知之摄，故总督董公以宠之也，然以失欢故太守，几得罪于方伯矣。噶玛兰通判之役，前兵备叶公以难之也，然以此行获盗，蒙恩于天子矣。由此观之，祸福岂人力耶。所自念者，生逢圣明之主，侧席响治，不能及时有所陈建，坐困于风尘忧患中，渐以衰老，为可悲耳！抑闻之，君子非无功之耻，而不德之羞。自省厥躬，实多愆咎，迩来痛自克艾，曰求寡过，以兹偪促，至于寤寐。前胡小东以书相规切，左筐叔亦以事上，不敬行己，不恭见责，因反求之事上。初无不敬，答书反复自明，若行己不恭，则未尝不深服其言，特为足下及之，以志诸君爱我之深也。呜乎，使我有三数直谅之友，落落宇宙间，得以时闻其过，我之幸大矣，虽诮责亦甚乐之，况如足下之婉而多风者哉！北上部署不易，岁内未必能归，明春得于里中面教，幸甚。[1]

姚莹与马瑞辰也多有诗作唱和。

《得马元伯书，喜得归里，闻又有岭南之游》：

1 姚莹：《中复堂全集·东溟文集》卷四，同治六年刊本。

马融不见十经春，海外开缄倍黯神。谪宦身从黑水塞，还家泪尽白头亲。虫鱼训诂存多少，薏苡明珠任赝真。底事远游能不惜，更披短褐向风尘。[1]

《次韵马元伯自黑龙江归里，与刘孟涂、朱歌堂小饮，寄怀之作》：

黑龙江外喜归来，赤嵌城边气未颓。念我风波穷海角，怜君风雪过云堆。殊恩再许金鸡放，绝域新从绛帐回（元伯在黑龙江将军奏主讲席）。莫便俜仃伤老大，致身终望出群才。孟涂几载无消息，苦忆歌堂白发催。闻道壮游曾五岳，可能得句尚千秋。人间不见刘蕡第，地下犹怜小阮才。生死别离无限忆，梦魂梁月傥应来。[2]

《再和元伯至京师见怀一首次韵》：

桓家两女乘龙日，为许声称共汝贤。中外一分歧路辙，龙蛇同厄去官年（余与元伯被议，俱以辰巳之岁）。南州名士思刘表，左氏遗经问服虔（元伯尊甫著《左传补注》，多辑服子慎说）。独有海东精卫恨，哀鸣常诵蓼莪篇。[3]

《赠马元伯》：

我之从祖姑，于君为大母。淑德耀女宗，钟、郝齐芳轨。君之闺中妇，伦鉴固无比。偶与祖姑言，黄裳负才美。我少

1　姚莹：《中复堂全集·后湘二集》卷一。
2　姚莹：《中复堂全集·后湘二集》卷一。
3　姚莹：《中复堂全集·后湘二集》卷一。

且贫贱，顾谓无妨耳。萝蔓接菟丝，论昏遂女弟。君才早卓荦，掞藻纷葩藹。翔步天衢间，谭经虎观起。十年历曹务，论事无谲诡。公卿动色嗟，左右手常倚。色盛见群嫉，誉高来众毁。谴谪何仓皇，穷边逾万里。冰天与雪窖，从古绝朱紫。丈夫身许国，慷慨自兹始。可怜笨薄车，间道归妻子。目断山海关，声咽桑乾水。天恩许孝养，感极翻堕泪。黑头喜君还，白发痛姑死。自惭沦下吏，微禄事甘旨。穷海轻风涛，长官凭怒喜。平生好謇谔，不解妄诺唯。信知赋命乘，牛马任鞭箠。宠辱良足惊，虚声尤自耻。蹉跎华发衰，忠信天日矢。常恐海水枯，更愁天杜圮。出入怀百忧，无宁恋棘枳。驱车更北征，眷言过桑梓。我本无儋石，门户几迁徙。停步问乡人，回头为我指。艰难见兄姪，揖嫂及姑姊。亲故半无存，挥泪那可止。且得近君居，两家不盈咫。见君孀母健，喜动深闺里。亭亭两男儿，骨相殊修伟。酒食时见名，情深沦骨髓。君从淮上来，握手话屯否。髭鬓讶我非，面目欣犹是。中堂坐剪烛，漏尽话未已。君言黄河漫，非复昔年似。土尽芦荻荒，不奈洪流驶。圣人罄金钱，莫救呼庚癸。薄海颂至仁，天心庶可恃。读君塞外诗，激壮含文绮。区区志忠爱，洒泪湿满纸。谁能动皇鉴，世事且波靡。郁郁涧底松，耿耿原上雉。松高寻斧斤，雉信罹罗矣。北风吹雨雪，长路方逦迤，久客厌舟车，故乡聊葺理。不恨远别离，惜此天中晷。人生几少壮，有酒为尽此。行矣勿复言，激昂愧知己。[1]

《平山堂下有作寄马元伯》：

园亭飒沓冻云收，晴入新年草渐柔。一经古松腾昼鼠，

1　姚莹：《中复堂全集·后湘二集》卷三，同治六年刊本。

四山残雪乱春流。阁梅待我犹朱蕊，塞客还家应白头。终是故乡行乐地，壶觞谁复共清游。[1]

《题马元伯后出关图庚寅岁所许今始补之》：

丈夫曾许国，慷慨赴王程。吏自持功罪，身惟仰圣明。黄云天外水，紫塞月中营。两度徒车熟，寒笳识旧声。黑头轻出塞，白发蚤还家。悲喜从驹隙，安危想兔罝。及倾寒食酒，同看故园华（是日逢寒食）。不负平生约，休为蜀道嗟。[2]

《三月十五日赴蜀前二日邀同马元伯、光律原、家兄伯符、弟绪周携濬昌游谷林寺微雨迟方植之不至》：

落尽杨华樱笋肥，寻僧有约一停骓。溪山胜处如留客，野水平时白息机。人散寺门微雨歇，日斜郚郭乱云归。荆吴蜀道还相望，三峡猿声泪独挥。[3]

《酬马元伯兼寿七十》：

谭经绛帐是家风，蚤岁才名翼北空。虎观自通申鲁说，郎官常济水衡功。画图出塞鸣笳壮，辽海还家得句工。不信龙眼山色好，看君七十少如童。[4]

《马小眉又白召植之、元伯、律原游玉屏山庄，翼日律原、存

1 姚莹：《中复堂全集·后湘续集》卷一。
2 姚莹：《中复堂全集·后湘续集》卷三。
3 姚莹：《中复堂全集·后湘续集》卷三，同治六年刊本。
4 姚莹：《中复堂全集·后湘续集》卷四。

之兄弟台同植之、元伯、鲁岑游邃园，未逾月，律原又有石庄观荷之约，将辞之，元伯手书来云，石庄本避暑之地，荷净又纳凉之时，勿辞，以诗柬元伯及诸君》：

本是崎岖患难人，得归非为乞闲身。四方蹙蹙吾何骋，每到清游一怆神。人言山水可忘忧，况对当筵稽吕俦。敢为清谭忘世事，几回举白复低头。相期荷静纳凉时，八九亲朋尽白髭，屈指坐中谁最少，高歌莫作洞仙辞。

《嘉庆乙丑（十年，1805 年）元伯使人图其象为小册，同好诸君题咏甚众。越三十九年，道光癸卯（二十三年，1843 年）暂过里中，许为作诗，旋去蜀未果。今又五载始归。元伯作图时年二十九，今则七十二翁矣，诗来索题。计君尝东之靺鞨，西至喀木，何意白首归来，犹得相从游咏，欣成一律奉教》：

迹去飞鸿不可求，时来晚景尚堪收。与君各到东西极，问貌休嗟黑白头。把酒清谭还入夜，寻山好句总宜秋。牙签万轴谁夸富，应其孙曾细校雠。[1]

《戊申（道光二十八年，1848 年）冬至日植翁作咏怀诗见示，积阴连日，诗到放晴，乃和其韵，兼呈元伯、律原》：

元云积处见昭阳，底事重阴闲草堂。岁月无痕深杳杳，日星移次远茫茫。如君潦倒贫非病，自古英贤弱胜强。世运乘除吾已了，几回噩梦角还张。[2]

1 姚莹：《中复堂全集·后湘续集》卷七。
2 姚莹：《中复堂全集·后湘续集》卷七，同治六年刊本。

《己酉（道光二十九年，1849 年）人日元伯以赠律原台饮诗见示，辄和兼呈植翁、元伯、律原，时各有春酒之约》：

九万里鹏经蚤化，三千年鹤亦同归。问君辽海沧波浅，何似天山雪草肥。纨绔漫驰金埒马，裲裆曾著铁戎衣。从容岁讌寻常事，盛世衰颜莫渐稀。[1]

《正月十日方兆青召同植翁、元伯、芃士、小石北园观梅，忆余乙酉（道光五年，1825 年）入都，竹吾与金鹤皋大今及周伯恬诸君觞饯者三十二人，一时极讌饮之盛，今罕有者。竹吾殁亦十四年矣，植瓮、元伯各有诗追念竹吾，怆成一律，即赠兆青》：

埋玉摧琴十四年，鸣驺解组亦云烟。苍松偃蹇龙仍卧，菉竹丛深鹭未迁。别处杨愔能济美，争名次道果称贤（兆青昔与竹吾异处，竹吾、器之语人曰：吾姪异时教授生徒，名当逾我）。朱梅数点还相笑，又见清狂入醉筵。[2]

《元伯、律原连日有诗见调，未答，适余小疾卧，植瓮召饮不能赴，两君来候，戏呈，因柬植翁》：

化金不作王阳术，经营复谢陶朱奇。几年服盐太行骥，一日曳尾泥中龟。春寒中人聊偃卧，有酒不赴空诞垂。新岁从君乞如愿，老大久任巢由嗤。[3]

《正月十九日植翁、元伯、耐园、砚峰、律原、小眉、存之

1　姚莹：《中复堂全集·后湘续集》卷七。
2　姚莹：《中复堂全集·后湘续集》卷七。
3　姚莹：《中复堂全集·后湘续集》卷七。

小集中复堂，席罢元伯有诗步其原韵，属诸君同作》：

马君诗才捷无敌，有如疾风吹我襟。俪古骈今善属对，熊蟠鸡韩宁赏音。春酒满壶诸老健，雄谭长城短语侵。平生未敢忘久敬，白酒相看束发心。[1]

光聪谐

光聪谐，字律原，一字栗原。家窭贫，少时曾借书，冬夜笼火读至天明。嘉庆十四年（1809年）进士。房考李宗昉校阅经义，惊其淹博，谓“卷末安徽，非婺源齐彦槐，即桐城光君也。”榜发果然。选庶吉士。简静自守，不事干谒，时人语曰：“冷何来？光聪谐。”改刑部主事，典试贵州，再迁郎中，外擢湖北荆宜施道。江水涨溢，灾民索赈，环知府噪，颇窘辱。光聪谐闻知，即屏舆从，自出慰谕，众情大欢。数年，江水复溢，决堤三百余丈，因请帑兴筑，自监视，堤工牢坚。光聪谐为人让退，由福建按察使再迁甘肃布政使。嘉庆帝说：“甘肃无巡抚，总督杨遇春武人，吏治汝好为之。”既至，虚心与杨遇春相处。后调直隶，遽引疾归。光聪谐性喜游览，曾登泰山、华山，又偕陈用光侍郎登福州鼓山㞧岃峰。博学，精天算，藏书三万余卷。著有《稼墨轩诗文集》十二卷、《笔记》十卷、《易图说》一卷。又尝搜集乡先辈撰著百数十种，为《龙眠丛书》，刊未竣[2]。

姚莹《别光律原》：

万里辞君去，愁心不可云。秋风更萧索，先我渡江渍。木落山横渡，天高雁叫云。白蘋与红蓼，随意各纷纷。[3]

1 姚莹：《中复堂全集·后湘续集》卷七，同治六年刊本。

2 据马其昶：《桐城耆旧传》，第384页，黄山书社，1990年。

3 姚莹：《中复堂全集·后湘诗集》卷五。

《寄光栗原》：

羽扇飘飘阆苑仙，无端谪去海云边。朱颜渐向人间改，大药难从天上传。一博当年投玉女，六何处钓沧渊。霓裳咏罢青鸾舞，醉后回思犹惘然。[1]

《闻律原客寿春》：

闻尔乘云出帝乡，八公山下辟书堂。召驯博传今来少，匡鼎谭经自昔长。白雪妖客迷下蔡，紫金故垒吊南唐。登临拾得淮王药，寄与炎天滞客尝。[2]

《丙子过钟山书院有作，寄陈石士编修、光律原刑部》：

钟阜依然讲帐空，凭将涕泗洒东风。谢公游屐穷山水，郑志遗编有异同。南国一时耆旧尽，西河群弟服勤终。人才后起知何限，深负贻书到阿蒙。

千秋学术太纷夸，谁识渊源尚一家。常恐时贤从末俗，妄持史论乞京华。韩、欧有道皆知重，汉、宋分门只自夸。文苑儒林君莫问，大江东去日西斜。[3]

《寄怀胡小东、光律原二比部兼呈族兄子卿五官正》：

星精几岁降东方，执戟何如画省郎。仙署白云春起草，

1 姚莹：《中复堂全集·后湘诗集》卷六。
2 姚莹：《中复堂全集·后湘诗集》卷七，同治六年刊本。
3 姚莹：《中复堂全集·后湘二集》卷一。

禁庭明月夜含香。翁归已见移京兆，尹铎犹闻罢晋阳。惆怅天南问遗逸，海山烟树独苍苍。

清峻犹怜光比部，三年不寄一封书，高楼白雪能吟否，故国青山入梦疎。结客近知门有雀，当筵休叹食无鱼。闻君网得珊瑚树，万里昆明返使车。

灵台百尺倚云宵，圣德时和玉烛调。五纬联辉珠作贯，一星临极斗回杓。官隆太史犹称汉，论著昕天本自姚。底事积尸侵织女，牵牛长恨夜迢迢（子卿时悼亡）。[1]

《寄光律原》：

我梦华山峰顶月，思君正在莲峰缺。我梦洞庭湖水深，思君日暮苍龙吟。水长山远君不见，元发萧条镜中变。闻君坐镇阛门雄，上游四达水陆衡。千艘万骑日夜过，清啸时落湘西东。我今扁舟彭蠡日，明月何人共栝酒。撑空突兀匡庐奇，想君胸次今安有。却忆刘暠入此山，新诗雕凿千巑岏。一从仙成弃我去，烟云翠霭空人间。君既不可见，故人亦已殁搔首狂哥欲为谁，荷锄独向青山哭。（孟涂昔游庐山，作诗甚奇，今亡三载矣）[2]

《荆州晤光律原》：

别君十五年，相思多苦辛。扁舟千里来，一见难具陈。淹留遂五日，日日形影亲。把酒复对床，絮语夜及晨。少时友直谅，同里非常伦。片言相砥砺，千载期扶轮。自从张、

1　姚莹：《中复堂全集·后湘二集》卷一。

2　姚莹：《中复堂全集·后湘二集》卷三，同治六年刊本。

刘死，余亦汩风尘。出处时事乖，大义无复申。平生蹇遭遇，八九君已闻。一官涉穷荒，宽猛惟固民。虽窃神明誉，愧无风俗淳。家室仍屡空，逋负满四邻。世情多丑直，面喜背则瞋。死灰今复然，实感吾皇仁。位卑言独高，得罪宁无因。事上必恭敬，吐辞当訚訚。奈何任婞直，举止犹天真。感君诚且泣，握手言之谆。古人有诤友，士以不亡身。自非骨肉爱，谁复怜沉沦。久矣不闻过，再拜行书绅。

我从武昌来，江水方洪流。男妇破釜甑，累累去满舟。问言巴东水，五月腾蛟虬。受淹及邻境，荆郡当其尤。复若秋潦淫，禾苗不得收。田庐既以没，乞食无干邸。幸免身作鱼，那计形如鸠。闻之心恻然，重以旅客愁。渐行入监利，弥望水四周。村墟漫舟过，不辨东西陬。水中见败屋，炊断风飕飕。坟墓穴鱼鳖，向日鸣鸺鹠。此邦本泽国，水患无时休。闻君请民命，大府方夷由。幸乃逮赈恤，稍慰民咿嚘。大府今代贤，民事宁不谋。欲言陈灾异，恐为圣人忧。今时实孔艰，水旱不一州。河北大地震，畿辅创未瘳。又闻天山下，羽檄星驰投。讨贼事未已，毋乃邦之羞。上报天子命，下为黎元筹。群公方济世，贱子复何求。[1]

《再呈光律原》：

古人守一官，或以终身世。量材而受职，非必皆显仕。所行即所学，出处总一致。嬴秦乱天纪，仕者惟师吏。儒生皆耻之，抱道守空器。学行与治术，此事遂为二。汉帝求遗经，腐儒不晓事。遂令英雄主，亦但虚延致。圣朝养士崇，学官普天寘。咿唔少及壮，宠禄眩所志。尚昧古是非，何知

1 姚莹：《中复堂全集·后湘二集》卷五。

今利弊。一朝幸通籍，世事仍聋聩。兵刑与钱谷，乃始问涯际。所以称贤能，往往今昔异。匪云论资格，道重在历试。君始学古先，人称好文字。及后作刑官，名法乃无滞。今兹察三郡，课绩君其最。长者嗜好殊，久淹亦非计。[1]

《酬光律原》：

黑发归田阅岁华，成书直欲满千家。输君终始神仙侣，老我迟回博望槎。自毁刘安鸣木铎，虚鲜郭璞笑兰葩。黄河灌溉空前语，何以朱明天半霞（昔尝与君书云：君如天半朱霞，云中白鹤，可望而不可及。莹则如黄河之水，千里一曲，虽渭流细滴，亦足以灌溉田园。而兼挟风沙中，不免于汙杂。[2]

《闲居一首呈光律原》：

漫言潘子赋闲居，差胜骚人得返初。老圃新从辨草木，后生时过问诗书。溪声带月僧房听，菊影经霜客座疏。文字欲抛浑未许，由来结习底难除。[3]

姚莹还与光律原书信往来。

《与光律原刑部书》：

律原足下：春初得去岁复书，悉眠食无恙。离群之感，彼此同之。至御河桥，鄙人足迹久没于车尘马矢间矣。而良友念深，犹步武相寻，其可感念何如？（来书云：尝与同辈

1 姚莹：《中复堂全集·后湘二集》卷五，同治六年刊本。
2 姚莹：《中复堂全集·后湘二集》卷四。
3 姚莹：《中复堂全集·后湘二集》卷七。

观月御河桥，各皆散行，余独周走桥上下殆遍，踵趾相接，不闲絫黍。人问其故，余曰：是昔与石甫游此中，疑有石甫足迹，冀步武有合耳。）大约古人之交，意气未有不合，而于其中有分量多寡存焉。莹在里门，时从诸君游，有见以相质，有作以相示，或然否否，不必尽合，亦未尝强合也。然仆尝语足下云：吾生平议论，与明东合者十之四五，与筐叔、阮林合者十之六七，与足下合者十之八九，此非仆之私言也。顾仆好为繁言费说，每众议蜂起，往复论难不休，而足下独默然不发一语。问其故，则曰：某之意，石甫已道尽矣。噫，此亦非足下之私言也！今不见足下四年矣，足下识趣议论有进于曩时否？回思昔时所共论者，合否又何如也。若仆则时见有不必合者，已非先后异致不能自坚也。觉向日意思，未免于声气标榜之习，如嘉隆七子、复社诸公所业所期，岂不甚善。然而近名之讥，吾不能为诸公讳。自今日论之，窃以为未然也。天下学术之坏，非一日矣。其始病于人心之不能无所苟，其苟也意有所贪，则汲汲以求之，求之不即得，然后乃为新奇以骇之，唱和以张之，谓夫不朽之业攘袭可成，振古之名标榜可得。然而求其实，或一有不副于是世之小人争媒孽其短，大声以倡于众曰：若所为皆如是耳。夫一二君子所汲汲以求立于天下后世者，名也。彼其人岂不尝具绝俗之智，怀慕古之思，慨然欲挽颓风，励气节，为中流之砥柱哉。然而名业未成，小人之祸已烈，至使无识之徒数世以为口实。呜呼，小人诚足畏，如诸君子者亦有以自误也。使求其实，不贪其名，深厚以植其基，广大以存其量，虚中以诱之，诚心以纳之，惟中无所贪，而后事无所苟也。我无所苟，而后人无所争也。争端不起，而后人心日底于平，乃可以从事于学。纵吾力未足以及人而自立者，不已坚而明公而恕乎。如是，则声气之说安所用之。夫名者，鬼神之所忌，况于人乎。天下未有投人所忌而能使人从之者也，然则吾辈今日所当从事者可知矣。足下骤闻斯说必骇，以为仆今昔之论何不合乃尔，俯看深思，必贻然笑，以为吾两人今日之合固如此也。御河桥足迹，往日之迹耳。吾今日过之，亦必有不合者，而足下求之如曩日，呜呼，吾何以报足下哉！[1]

《与光律原书》（癸卯（道光二十三年，1843 年）五月）：

隔海道远，军事倥偬，不欲以尘俗之辞上溷清高。然彼此消息，里中人往来无时不相通也。吾兄志趣高旷，意在物外，神仙中人，不可及矣。弟不自揣妄，意济世利人，增缴网罗，皆自离之，夫复何尤！生平多历崎岖，惟气未衰耳。顷以海外孤危，内抚不靖之乱民，外壤凭陵之夷寇，调辑文武，训励士民，幸众志成城，乱民数起，皆以时讨平之，夷五犯台湾，不得一利，两击走，一潜遁，两破其舟，擒其众而斩之，冀以上报国威，下雪众耻，庶几不负所志。而江、浙、闽、粤四省，事势已坏，夷不得志于台湾，乃诡辞肤愬，恫唱四省大帅，胁令上闻。

抵镇道罪；复有甘心为夷作证者。闽帅以台湾功不己出，久有嗛言，又恨前索夷囚不予，及奉查办之命，遂伯胁无知取具结状，以实夷言，弟与镇军惟有引咎而已。台中士民数千，赴大帅为镇道申理，惧犯众怒，阳许入奏，竟匿之。今已就逮北上对薄，虽曰时事乖迕，然不惜微躯以全大局，纾国家之难，亦其志也，夫何憾焉！独念以天朝全盛之力，绌于数万里外之丑夷，失人心，伤国体，竟至不可收拾，是不能无恨耳！闻吾兄去岁助刘世兄葬孟涂夫妇，洵可慰亡友矣。

1　姚莹：《中复堂全集·东溟外集》卷二，同治六年刊本。

弟向在荆州假二百金，原约为助孟涂之子，已全予之，实君赐也。植翁老而逾穷，其见道逾笃，言义理甚粹密，有过元明诸儒者，其书可宝也。弟每岁以百金资其薪水，今兹不能，未审兄能为谋否？吴正翁杖履无恙耶。迪先亡，其家不能无累老翁，吾乡典型状在此老，岂必以文章称耶。六襄撰《桐旧集》，未竣而殁，闻兄与小眉卒其业，已成否？其遗集亦吾辈事也，得兄整理排次，付之剞劂，岂非大妙。弟不得办此，负亡友矣！五月二十三日延平舟中。[1]

徐璈

徐璈（1779~1841年），字六襄，号樗亭。自幼勤奋好学，通晓经史，尤重经世之学。嘉庆十九年（1814年）进士，授户部主事。道光四年（1824年）选授山西阳城县知县，以迎养老母调授浙江寿昌县知县。开山种地，兴书院。旋迁临海知县。母卒，仍回山西任阳城知县。时蝗虫为灾，民畏蝗以为神，徐璈因而取食蝗虫，以示无畏，民乃敢捕蝗扑灭。居官六年，引疾归里。

徐璈为官清正廉平，所至访民苦，求民隐，兴利除害，与上官争是非。自谓："性不随时，才不周务，不堪世用也。"曾告诫左右说："去其太甚，毋为己甚；勿致废事，不可多事。"历主亳州、徽州书院，奖掖后进，识拔人才。热衷于收集整理乡邦文献，所编《桐旧集》四十二卷，选录乡贤先辈一千二百余人，共七千七百余首诗作，为研究明清两代桐城人文历史提供了珍贵史料。

徐璈善诗工文，一生著述不倦，除《桐旧集》外，著有《诗经广诂》三十卷、《牖景录》六卷、《河防类要》六卷，《黄山纪胜》四卷、《樗亭文集》四卷、《樗亭诗集》八卷，皆刊行。

姚莹有诗寄怀徐璈。

1　姚莹：《中复堂全集·东溟文后集》卷八，同治六年刊本。

《寄怀徐六襄》：

昔我初结交，君为天中月。棲我如蟾蜍，清辉相映发。今我久别子，遂为曙后星。三五斜在东，零落光荧荧。君既不可见，思亦不能已。代马南鸱鸪，迢迢七千里。

丹乌翩翩来，堕我明窗前。衔君一纸书，离思何缠绵。缠绵似春草，君在长安道。三月春风深，莺声上林晓。问君何所遇，著书勤闭户。寂寞太元经，荒淫子虚赋。献赋自有时，男儿自有期。努力爱春华，雨露方荣滋。

回风吹白日，独上粤王台。海水起大鲸，似驾三山来。扬鬐倾澒洞，鼓鬣乘风雷。蓬莱不可见，巨浪徒崔巍。龙女出海底，戏折珊瑚钗。鲛绡裹明珠，含笑投余怀。感此意念深，万古无嫌猜。东南寻赤水，珠树同衷回。[1]

《有怀六襄、阮林》：

故人三岁住长安，书到南天掩泪看。念我江湖犹放弃，知君风雪正清寒。才名不信同昔辈，客路难忘是古欢。二十五弦天帝瑟，一从别后未曾弹。[2]

《与六襄、律原饮松雪庵（在京师城内）》：

自别江南日日殭，东风三月未闻莺。眼前莫道无春色，流水潺湲出禁城。别思悠悠已不堪，故人相聚酒重酣。不知今夜归飞梦，为到江南复海南。[3]

1 姚莹：《中复堂全集·后湘诗集》卷一，同治六年刊本。
2 姚莹：《中复堂全集·后湘诗集》卷七，同治六年刊本。
3 姚莹：《中复堂全集·后湘诗集》卷九。

《寄徐六襄，时调临海令，余方客漳州》：

天台几岁访丹邱，坐领名邦亦小侯。文字蚤能精选理，政声时复到邻讴。休将久客嗟沦落，且喜同人得上游（谒律原、小东君家咏之）。闻道胡府好颜色，莱衣舞罢复何求。[1]

《杭州晤徐六襄》：

嗟乎樗亭发已白，潦倒一官称望赤。生无媚骨事公卿，枉用甘腴葄经籍。三千里外望魂远，十五年来江南隔。尽道青冥属上才，谁知黄鹄垂修翮。东风吹我岭外返，扁舟摇摇荡心魄。相逢颜色怪我苍，如此风尘岂能泽。忆初识子乡里时，意气文章镇相惜。望古常存屈、贾悲，感时欲上天人策。曾占出处龙在田，谁料升沉驹过隙。年来奔走厌舟车，羞向诸侯称上客。男儿饥寒何足道，湖上春光莫抛掷。一樽放艇作清游，千树梅华好铺席。[2]

姚莹还与徐璈通信论五代史书。《与徐六襄论五代史书》：

闻有补注欧《五代史》之意，甚善。近时诸侯多为汉、晋以上之学，足下独从事于此，何哉？窃谓此书体严义精，读者卒难得其要领，考博家漫谓其纪事疏略，不如薛书之详，为何叹也！盖公未作此书，先为《十国志》，原亦多取繁载，及与尹师鲁论之，乃大芟削，改并为正史，初与师鲁分撰，后独成之。公在夷陵与尹师鲁书云："开正以来，始以无事治

1　姚莹：《中复堂全集·后湘二集》卷四。

2　姚莹：《中复堂全集·后湘二集》卷五。

旧史，前岁作《十国志》，务要卷多，今若变为正史，尽宜芟削，存其大要。至于细小之事，虽有可纪，非干本体，自可存之。小说不足以累正史，数日检旧本，因尽芟去矣。”此可见公载笔之精义。又云：“师鲁所撰，在京师不曾细看，路中细读，乃大好。师鲁素以史笔自负，果然河东一卷大妙，修本所取法。为此传外，亦有繁简未中，愿师鲁亦芟之，则尽妙矣。”是公此书经与师鲁商榷，从其芟削者也。至云“修本所取法”，时公以文章自命，上追龙门，而虚心如此！至和二年，与徐无党书云：“《五代史》昨见曾子固议，今重头改换，未有了期，则又经与南丰商榷而改定之也。”又皇祐五年与梅圣俞书云：“闲中不曾作文，只整顿《五代史》，成七十四卷，不敢多令人知。”盖是书初成，人见其简，必多疑议之者，故不欲轻以示人，及后始从南丰说而自改定。然则此书以著五代之得失为本，其争繁琐无关法戒者，固非正史之所宜载。若夫典章制度，则有志在，纪传中不必淆入。而五代纷纷，为国日浅，制度盖无可言，故并不立志，世人浅见，喜广异闻，以为详备，可谓愦愦矣。乃谓公学《史记》，故为高简，不顾事实阙略，岂非不辨正史载记之各有体裁而轻议昔贤乎！今注称徐无党撰，或疑浅陋，然公与徐书已言作注之难，则未必后人之伪撰。世以为浅陋者，亦为其太略，不能旁证博考耳。安知非以公当日意在简严，即注亦无取其繁芜耶？然鄙意作注与著书不同，而注史尤与注经不同。盖注史病在芜杂，注经病在支离。注史者旁引广证以存事实，正可多引本书所不载，使人得以观其去取之意，抑何害乎？昔刘昭既注《续汉志》之外，以刘昉注蔚宗《后汉书》一百二十卷，仅及范书所见，乃更蒐广异闻，作《后汉书补注》五十八卷，可云宏富。而刘知几讥之，《史通·补注篇》云：“蔚宗之芟《后汉》也，简而且周，疏而不漏，盖云备矣。而刘昭采其所捐，以为补注，言尽非要，事皆不急。”知几此言，可谓精史体者。世俗纷纷争咎蔚宗、欧公之阙略，当以此说示之。而其责注家不当广引为非体，毋乃过乎！往在杭州刘金门先生学使署中，见彭芸楣尚书有补注欧《五代史》，大约以薛书割裂分系欧史每条之下，而于他书少所征引，稿本未竟，金门先生欲卒成之，延长洲王某属其事，因其人轻傲，不暇与论，故未深见其书。金门先生顷在都中，曾见此书否？足下补注大意，未审何似？云仿裴世期注三国之例，洵美矣。愿更深味欧公命笔之意以立其本，而于薛史外更博考别史载记，如王禹偁《五代史阙文》、陶岳《五代史补》、马令陆游《南唐书》、龙衮《江南野史》、陈彭年《江南别录》、张唐英《蜀梼杌》、钱俨《吴越备史》之类参比之，以存其事；蒐讨于诸家，如司马公《通鉴考异》、吴镇《五代史纂误》、《朱子语类》、胡三省《通鉴注》、胡一桂《十七史举要》及近代杭大宗、钱辛楣《廿二史考异》之类缕析之，以证其文，务揭所长，勿讳所短。尝阅袁文《甕牖闲评》，有议欧史二条，其一云：“《通鉴》载唐之亡也，杨涉为押国玺使，其子凝式谓涉曰：大人为唐宰相，而国家至此，不可谓无罪，况手持天子玺绶，与人虽保富贵，奈千载何？涉大骇。”夫凝式能出此言，可谓贤矣，而欧《五代史》不之及，何哉？莹谓文之言非也，凝式既知非义，乃不能强谏其必从，卒亦依违，历仕五代，徒以心疾致仕，出处之迹如此，何以责善于父，文乃强为之说曰：彼姑托此以全身，远害而已，非心疾也。夫苟欲图远害，则于押玺使何殊？且不全身于唐亡送玺之时，反欲远害于历事五代之后，此何义乎？一时之言，不能自践，存之适见乖煞欧公削之当矣。文又谓南唐后主既降宋祖，以其拒守久，封以违命侯，欧史凡说后主处，皆书违命侯。按，陈寿《三国志》于孙权直称名，至蜀则必曰先主、后主，盖寿本蜀人，以父母之邦故也。欧公吉州人，正属南唐，其祖父皆南唐臣民，而忍斥之曰违命侯乎？莹谓文此言谬妄尤甚。按公文崇公少孤，以宋真宗咸平三年进士及第，为道州判官，历泗、绵二州推官，又为泰州判官，而卒时公年四岁。崇公仕迹如此，《泷冈阡表》叙之甚明，乃宋臣也。其进士及第在真宗咸平三年，南唐亡在太祖开宝八年，相距已二十五年。崇公卒在祥符三年，公以景德四年生，距南唐亡三十二年矣。崇公之父早卒，未仕，今乃谓公父、祖皆南唐之臣，何不详考乃尔？且承祚身亲仕蜀，父又为蜀臣，后主正其故君，而所修之书则三国各自为史，不书后主而何？欧公既于南唐无君臣之义，而所修之书则《五代史》也，既周为正统，南唐当日又实已称臣，据周立史，而于僭国仍从其臣子之称，有此史法乎？是皆不可不辨者。凡如此类，幸审择之，勿轻信诸家排击之辞，漫以为是也。著书先观大旨，非有关是非得失之大，系乎人心世道之防，即文章犹不容轻作，况修史乎？以足下之精鉴，但宽岁月为之，即不刊之业也。胸中所欲论著甚多，一时坌集，转不知何处措手，近惟省察身心，思有以收其放躁。甚思足下辈为我攻其病，勿忘勿忘，相念岂有极也。[1]

姚元之

姚元之（1776~1852 年），字伯昂，号廌青，又号竹叶亭生，晚号五不翁，安徽桐城人。嘉庆十年（1805 年）进士，授编修，入直南书房。道光朝由翰詹简用卿贰，历户、兵、刑部侍郎，晋左都御史，以言事降补内阁学士。历主陕甘、顺天、江西乡试，一为会试同考，一督河南学政，又督浙江学，未终，内台。道光

1　姚莹：《中复堂全集·东溟文集》卷三，同治六年刊本。

末，海氛复起，即疏陈："广东形势可力战，请速弥巨患。"与总督林公则徐意合，柄用人臣或不便，遂告归。能诗会画，工于书法。年七十七卒。著有《竹叶亭笔记》十卷。

姚莹有诗怀姚元之。

《白印侍讲兄自京师有诗见怀酬之》：

苍茫万里长安道，寥落三年岭外身。南去鲲鹏方困水，北来负雁动经春。文章自分容疏贱，世事君能信屈伸。不奈池塘新句好，惠连忧患更伤贫。[1]

《伯印奉使盛京恭篆高庙玉宝还寄见忆之作》：

皇图三万括华夷，辽沈千年作旧畿。长白龙飞天下祖，混同神降古来奇。车征铭勒殊班固，小篆名高迈李斯。还忆惠连寥落甚，北风吹雪独题诗。[2]

《戊戌（道光十八年，1838 年）二月同伯印一兄学使谒七世祖德馨祠于西湖，又谒十二世叔祖昭感祠于萧山，两祠皆民思恩泽所建》：

丹书次第出枫宸，瓯越东瀛共一春。兄弟使车同岁发，祖孙祠庙隔江新。小臣被泽容延世，圣代旌贤励牧民。海内原多钟鼎族，清风直节是家琛。[3]

1　姚莹：《中复堂全集·后湘诗集》卷六，同治六年刊本。

2　姚莹：《中复堂全集·后湘二集》卷一。

3　姚莹：《中复堂全集·后湘续集》卷一。

《复鹰青一兄书》（丙午四月）：

顷自察木多回成都，得前冬月书，闻青海黑错寺进兵，首辅奏对达都统事，因及莹在台湾部署之善，具征敷奏之美，良深叹服。某公于莹意似厚，然感之而不敢谢也。忆前出狱时，某公亲诣吾兄告以弟事，深致殷勤，比有劝往谒谢者而不敢，盖某公尊贵，义在国家，不容私谢也。莹时未有受职之嫌，犹不敢谒谢，况今日乎。生平不为诡激，而常欲以义自持，相国潘公、尚书祁公皆十数年前旧识也，及有事则不往。祁公与有姻，故承枉顾，答以公在密勿，获咎之人，于义不当干谒，祁公深然之。旧相国萧山汤公尝属朱朵山、大司马仁和许公尝属吾兄，皆欲一相见面，自揆不可。冢宰陈公、大宗伯祝公、总宪魏公、仓督杨公皆以同年同乡置酒相待，然入蜀后未尝以一书通问，岂不知获咎于诸公，以此为人所深讶哉。《礼》曰：君子爱人以德。孟子曰：齐人莫如我敬王也。士大夫守身当如处子，若妄有干谒，是妄以身事人矣。愧无古人高深之行，优处邱园而浮沉外吏，数见黜辱，已自伤矣！然思柳下惠三为士师，陈仲弓为太邱长，皆不耻之，犹可以古人自解也。若无一日之故，无官守之责，奔走显贵之门则何为乎？张安世、王子明古之名相也，张以引荐之人私谒为恨，王以张师德三及其门为惜，盖古大人巨公为国进贤，不为私惠，不欲人之干谒，以示大公，其自爱爱人如此，莹虽不敏，何敢不爱其身复不以古大臣之义爱诸公乎？昔在嘉庆中未仕，尝见知于山阳汪文端公，以为众鸟啁啾，独见孤凤，生平知己，未有如公者也。然钱塘一见后，卒不复通一书。后公大用，益以自远。有问者，莹答云：公之知我，以为贤也，若因此时时自见，则乌在其能贤乎。要当勉自树立，俾知我者无失言之悔耳，岂在尺书通问哉。数十年中，此心未尝不如一日也。故窃欲报诸公之爱，莫如以古大臣敬爱诸公，而不嫌其自为疏远也。若必以通谒为敬，则作吏三十年，所事郡守及督抚监司众矣，其间岂必尽贤哉。然而属长之礼，未尝敢阙，盖分有当循，而义则有在焉耳。都下诸公倘见怪问，幸以此意白之。[1]

《鹰青诗集序》：

国朝诸公病明代诗复古之弊，乾隆、嘉庆以来多避熟就生，以变其体，大约不出苏、黄二公境中，究未能自开生面也。古今作者，文质相宜，繁简递嬗，要当抒轴性情，雕绘景物，风骨坚壮，才思高翔，格高体正，绝除卑俗，则其美也。若必以常见为非，力求新异，即明珠白璧等诸瓦砾，特牲太牢不登肴俎，此乃赋七之奇，岂复言志之旨。虽复自矜沈奥，及乎群辈为之，久更生厌，犹然炫烂之极归平澹耳。前后易观，何足深讥乎？吾家鹰青总宪，不以诗鸣，乃古近诸作，正复不少。谛观全集，雅托唐音，绵邈其思，俊逸其气，清辞丽句，不绝于篇，虽不同晋、楚称雄，亦屹然周、宋王者之遗矣。乙酉、丙戌间，读未卒业，莹以艰归，颇存胸臆。今兹蒙恩出狱，未敢即行，乃得以暇意读。知雅意攸存，不戾先哲，乃序论而归之，质诸海内作者，当不齿冷斯言。[2]

姚柬之

姚柬之（1785~1847 年），字佑之，号伯山，又号且看山人，安徽桐城人。曾受学于姚鼐。少游京师，应天文试，定亲王命录

1　姚莹：《中复堂全集·东溟文后集》卷八，同治六年刊本。

2　姚莹：《中复堂全集·东溟文后集》卷九，同治六年刊本。

为天文生。不久弃去就科举，道光二年（1822年）成进士，选临漳县知县。后因母病故，回籍守孝。服阙，改知广东揭阳县，迁连州绥瑶厅同知，主管肇庆府，升贵州大定府知府。因负才敢为，与上官不合，遂弃官归里。姚柬之为官，政绩颇著。初任临漳，正值漳卫、洹荡小涨，漳水东流，漫淹卫县，酿成巨灾。姚柬之不待上报批准，即运粮救济，有人担心他因此丢官，他说："弃一官，可全万人命，吾何悔？"后巡抚对此举表示赞赏，命承办灾务，他亲涉灾区，且勘且赈。其时大学士戴衢亨勘察漳河，有恢复黄河故道之议。姚柬之考察临漳全境均属黄河故道，改河易道，一县之地全废，因著《漳水图经》，力陈民生不可夺，故道不可复之理。广东揭阳县械斗仇杀时有发生，其中强者抗赋税、勒商贾，以致商不敢设铺，民不敢起集。姚柬之上任后，立下条教，当众宣示："吾治斯邑，不爱官，不爱钱，不畏死，有梗吾治者锄之。"乃亲入险境，查办首恶，不法之徒受到震慑，抗税者照章纳税，仇杀者互弃前嫌，市肆兴盛，四境安宁。姚柬之由此威名大震。在署连州绥瑶厅时，由于乾隆时始设官，置域不清，难以治理，因著《绥瑶厅志》四卷，明析了治理范围、权限和制度。著述还有《易录》七卷、《且看山人文集》八卷、《且看山人诗集》十卷行世。

方东树

方东树（1772~1851年），字植之，晚号仪卫，安徽桐城人。科举失利，遂专心治学。乾隆六十年（1795年）曾赴江宁（南京）就学于姚鼐。后治经史，于论亦有研究。与梅曾亮、管同、刘开并称"姚门四杰"。先后任庐州、亳州、宿松、廉州（今广西合浦县）、韶州（今广东韶关）等地书院讲席。嘉庆末，两广总督阮元在广州设学海堂，方东树客居其间。学海堂中人多尚汉学，而方东树宗程朱理学，于此著《汉学商兑》，针驳江藩的《国朝汉学师承记》。鸦片战争时期，方东树著《匡民正俗时，陈禁烟之道》，著《病榻罪言》，主张抗英，论御敌之策。其他著述尚有《昭昧詹言》、《书林扬觯》、《大意尊闻》、《向果微言》、《仪卫轩文集》等十余种传世。

徐子苓《桐城姚先生墓志铭》（《续碑传集》卷三五）记，他于道光末曾由桐城带方东树函至九江给姚莹，姚阅未毕即发怒说："咄，植之与我都老大，乃屡呵我如小儿。"

姚莹《〈汉学商兑〉题辞》：

> 研究大著，宏博渊通，沉精明辨，思群言之喙，区大道之途。书成一家，又综百氏，洵斯文之木铎，为正学之明灯。小师破道者，既以启瞶发聋；株守陈言者，亦足发挥旁达。盖周、秦以下有数之书，不仅捄目前之失而已。篇中辨汉学之诬，犹易见。至辨黄、顾诸君之失，程、朱、陆、王、儒释两家几微毫厘之差，字字如犀分水，使人昭然发蒙。孟子所谓"圣人复起，不易吾言"者也。此书有功圣道，其力量岂不越昌黎而上耶。姚莹识。

郑福照《方仪卫先生年谱》有关于方东树与姚莹交往事：

> （道光）十四年……二月赴常州。时同里姚石甫廉访莹为武进令，延先生编校其曾祖薑坞先生范《援鹑堂笔记》。
>
> 十四年，客姚公官廨中。时姚为元和令（按《考槃集》有《沧浪亭》诗，盖是岁作）。
>
> 十五年，姚廉访为淮南监掣同知，先生偕之往真州。……校《援鹑堂笔记》毕，其书后曰：……每编校一书，所费日力，即与自著一书等。是以独步迈俗，无愧雄向，准此而论，求之近人，惟惠氏定宇、何氏屺瞻、卢氏抱经、钱氏

竹汀四家识精鉴密，差足与于斯流。顾三家书皆整雅，惟独何氏之书休乖俗，殊乏裁制，前人以纸尾讥之，良为不虚。间取而衡之，似远逊后来钱、卢二家条理渊密，枝叶扶苏，精神焕发也。推寻其故，盖由钱、卢手自订著，何氏出后人汇次，不得其措注之宜故也。

十八年八月，刻《援鹑堂笔记》刊误……《汉学商兑》、《书林扬觯》刊行后，先生检其中尚有宜改正者，后观书有所获可以补入本条相发明者，随札记于本书之上下方，积久遂多，取而胁辑之，成刊误补义二卷，十月序而刊之。

十九年，著《昭昧詹言》十卷，论诗学旨要。

先生生平所与交游，皆一时宏才硕学，如上元管异之、梅伯言，宜兴吴仲伦德旋，阳湖陆祁孙继辂，宝山毛生甫岳生，祁门洪巽甫嘉木，建宁张亨父际亮，同里朱歌堂雅、马元伯瑞辰、徐六襄璈、姚石甫、光律原、刘孟涂、马公实树华诸公，皆最为缜密。阮文达公初与先生论学不合，晚年乃致书称先生经术文章信今传后，又极赞所撰《三年丧辨》，谓其解中月而，真能创获，实前人所未及。……姚石甫廉访称先生老而愈穷，见道愈笃，言义理粹密有远过元明诸儒者。又谓先生理究天人，贯穴古今，博大精深，无所不学。

《仪卫轩文集自序》：

昔吾亡友管异之评吾文曰：无不尽之意，无不达之辞，国朝名家，无此境界。盖昔人论文章，不关世教，虽工无益。故吾为文，务尽其事之理，而足乎人之心。……平生雅不欲存判，欲焚弃久矣。而友人毛生甫、姚石甫力谓吾不可弃之。[道光壬寅（道光二十二年）十月十日（1842年11月12日）]。

方宗诚识《仪卫轩文集》：

先生少承累世家学，宗法朱子，诗古文则尝受学于姚惜抱先生之门。然先生气质刚毅，生平以明学术，正世教为己任，研经考史，穷理精义，宏通详确，而一归于醇正。言必有宗，义必有本，不欲为无关系之文。故其文茂实昌明，而不尽拘守文家法律。

方东树《送毛生甫序》：

道光十三年（1833年），客吾友姚君石甫武进官廨。武进有文家曰张君皋闻，已前死，不及见，识宝山毛君生甫、宜兴吴君仲伦、吴江吴君山子。三子之文不同，要之与皋闻相上下，于是心窃怪而疑之。私谓文章虽小道，然求其作者命世，恒数百年不多人。今吾少在邑，则友孟涂、石甫，长游江宁，则交异之、伯言，后又得元和沈君小宛、阳湖陆君祁孙，今又一朝而得生甫三子。[1]

方东树《先友记》：

马宗琏，字器之，嘉庆己未（四年，1799年）进士。母姚姬传先生妹也。少学于舅氏，长游京师，改攻汉学，益治经，著《春秋左氏传补注》行世，最为仪征阮相国、高邮王尚书伯申所重。君性直率，东树已受室，君来犹呼东树乳时小名，近今无复此古风矣！君子瑞辰，嘉庆乙丑（十年，1805年）进士，官工部都水司郎中，著有《毛诗传

1　方东树：《仪卫轩文集》卷八，同治七年刻本。

笺通释》。[1]

方东树《敕授文林郎山西阳城县知县前户部主事徐君墓志铭》：

君（徐璈）与余居同巷，学同术，少小相知，及壮而反疏，则以升沉之途异，而踪迹遂以契阔。幸老而同归乡里，方将与君谳谈乐饮，朝夕过从，而续夫少日亲知之好，以补中年睽别之情，胡仅七十日，初服未及理，而桑户遽返于真。在日之善不可忘，既设之哀奚以塞。然则宜铭君者非余而谁让也。君少好学问，于书靡所不窥，矻矻钻研，期为不朽之业。伯兄眉以经行称于时，君少从受学，固已超出侪辈，及成进士，起家为京外官，宜以文学名，而君顾复以政事显。贤者不可测，君子不名一器，于君信之。其为户部主事，本司职兼漕务，君到部未久，勾稽出苏松积年蒙隐未能解银七十余万，咸称其能。凡官部曹，缺有定，而人众补，实恒稽迟，非十余年不得。然虽淹滞，固监司阶也，故士亦多乐留焉。君学习报满，当留部念亲老，独不顾，决辞而归，为近地游，以资菽水。历主亳州、徽州书院，固览黄山之奇，著《黄山纪胜》。旋以伯兄、仲兄皆没，亟谋禄养，乃乞收官，选授山西阳城县知县，以例改近省，授浙江寿昌县。寿昌距桐城非远，遂迎母太宜人于署，左右奉养者八年，年九十四终于署。服阕，仍补阳城。居阳城六载，年甫逾六十，遂引疾归。君性强植，不能与世俯仰，尤不善伺应长官，故不乐终仕。尝自称曰：性不随时，才不周务，不堪世用也。然居心仁恕，为政宽平不苛。其在寿昌也，劝民垦山地，与立书

1　方东树：《仪卫轩文集》卷一一。

院，修废举坠，事无滞者。在寿昌五年，调任临海。临邑狱讼纷繁，君处之裕如，反得以政闲著书。其在阳城也，邑有蝗，民以为神虫，弗敢扑。复有恶兽伤人甚众，民又以为神兽，而不敢捕。君吞蝗以示无畏，祷于神而捕恶兽，两害悉除。邑有析城山，即成汤祷雨处。山有神泉，旱岁祷之辄应。营卒牧马于山，汙神泉而蹂民稼，民苦之，不敢抗。君详陈其害于抚军，遂得禁止。故去官而民思之，生为立祠于山下。前去寿昌，民亦立祠云。君讳璈，字六襄，号樗亭。上世于元至正中由婺源迁桐城。十四世祖讳良佐，明初由进士仕至陕西左布政使，事迹载邑志。曾祖讳鋐，国子监生，妣石氏。祖讳志沅，赠文林郎、临海县知县，妣张氏，赠孺人。考讳之柱，赠奉直大夫、户部候补主事，加一级，妣王氏，封太宜人。君中嘉庆十二年（1807年）丁卯科江南乡试举人，十九年（1814年）甲戌科二甲进士，授主事，分户部云南司行走。二十四年（1819年），为会试弥封官。道光五年（1825年），在寿昌，为浙江乡试同考官。生于乾隆四十四年（1779年）四月日，卒于道光二十一年（1841年）正月日，享年六十二。配王孺人，生子二人，长某殇；次某，早世无子，以从兄子某嗣；女一人，适县学生叶某；侧室李，生一子，周晬而殇。君著《诗经广诂》三十卷、《牖景录》六卷：《河防类要》六卷、《黄山纪胜》四卷、《樗亭文集》四卷、《诗集》八卷，皆已刊行。又选乡先辈诗四十二卷，名《桐旧集》，刻未成而君没。其余所撰尚夥，未刻者六种，未卒业者四种，皆藏于家。

《仪卫轩文集》卷一一《管异之墓志铭》：

管异之卒后三年，其友人桐城方东树念异之孤贫于世，事迹无可述，独其文章震耀于当时，而可以不泯于后世，兼以平生游好之密，不可以不铭，乃从其孤嗣，复求得其遗书，因次其世，以为之誌。君讳同，字异之，江宁上元人。父文郁，祖霈，官颍上教谕，君以乾隆庚子（四十五年，1780 年）十月十六日（11 月 12 日）生颍上教谕之署。年九岁，祖与父相继没，母邹太孺人奉其祖母叶太孺人归里。邹太孺人贤，上事姑，下教子，其所以支持死丧，备极苦艰，卒成就君为名士。嘉庆初，姚姬传先生主钟山书院，君与梅君伯言最受知。其后，君苦力孤诣，学日以进，名日以大，四方贤士争欲识君矣。道光五年乙酉（1825 年），新城陈侍郎用光典试江南，力拔君，得中举人。陈固姬传先生弟子，既得君，不敢以世俗门生之礼待君，其文字苟有称，必曰丈。同邑中丞邓公巡抚安徽，延君课其子。后六年，偕邓公子入都，道卒于宿迁旅次，年五十有二。始余自推星命，不利卯年，君与姚石甫尝豫为挽诗，孰知君竟先余而逝也！乾嘉中，海内学者以广博宏通相矜放，而言古文独推桐城姚氏，自中朝搢绅及于乡曲后进无异辞。君与陈侍郎久亲指授，最承许，与侍郎贵仕于朝，名最显。君以穷士在下而与之抗，知者以为实过之。邓中丞暨梅君伯言为君梓遗集，读者亦是以知之矣。所著《孟子年谱》、《七经纪闻》、《大学说》、《文中子考》、《战国地理考》、《诗集》、《皖水词》存，俱未刻。

《仪卫轩文集》卷一一《刘君应台（刘开之父）暨夫人吴氏合葬墓志铭》：

孟涂生有异禀，始学为文，辄惊其长。老夫人虑其盈满弗进也，则教之事贤取友以自益。乡先达姚姬传先生文学为海内宗，孟涂上书自通。姚先生见而惊异，因授以文章义法，为之延誉，由是知名，一时名卿臣公及四方有声闻之士，咸与孟涂纳交。最后在亳州纂修州志，刺史任君尤所亲善，敬侍加礼，相洽甚欢。方以平生游好最兹称意，忽一日饮刺史署，归而无疾遽卒，道光四年七月也。

《仪卫轩文集》卷一二《先集后述》：

先人诗集六卷，道光丁酉（十七年，1837 年）夏六月刊于岭南，其赀则光方伯律原所资助也。

《仪卫轩文集》卷七有回复姚莹之函《答石甫书》：

忆自十一岁学为文之时，先子承海峰先生暨惜翁倡古文辞之学，仆耳而熟之，虽不能尽识，然亦与于此流矣。其后十八九时，读孟子书，憮然悟吾学之更有其大者切者，遂屏文章不为。性喜庄、老及程、朱、陆、王诸贤书，读之若其言皆如吾心之所发者。以观近时人文学，辄思其踳驳谬，□为不当……丁丑（嘉庆二十二年，1817 年）旅困江宁，自春徂秋，日求于人，以度时日。……先时为学，亦颇泛滥老、释、杂家，或为之撰述，近反求之吾身，所见似日益明，有所获辄札记之，名曰《待定录》，岁月既久，积至七十余卷，其心岂遂以为不得志于今犹望见于后世哉！亦曰富诚不可求，从吾所好焉耳。……知石甫秋间度台，台虽海外，然久被圣化，已与内地等。石甫所以治之者，为猛为惠为媿为厉为整齐，必有定见。然愚意则欲石甫以管子四维先之，使知尊亲也。东坡所谓欲为箕子留此意于遐荒者，石甫其可不念之哉。

《仪卫轩诗集》卷一《寄姚石甫》：

……几回邂逅逢闽叟，道君政声不离口。百年根株报仇杀，一朝解释蒙化诱。传道民间诵六条，古人继作今无有。

《仪卫轩诗集》卷五《寄姚石甫观察台湾》：

经济槃槃仰大才，天心笃倚障澎台。（石甫蒙睿念特简，由监掣同知超擢台湾道。顷遇英夷弄兵，又奉特旨，令其筹度全台事宜。）柙中兕虎关机伏，海上鲸鲵詟气回。（石甫内安游民二三万人，外备英夷，具有胜算，英夷不敢近。）疆理国家维名翰，楼船汉将纪杨推。（《史记》、《汉书》南越传，越船大于中国，楼船将军杨仆既得越船，因推而前，以挫越锋，以推锋功封将果侯。台湾道职兼缉理番民，稽查海船。）良书一卷参微管，怅望嗟乖缨弁陪。（石甫曩著《东槎纪略》一书，专言台事。）

《仪卫轩诗集》卷五《寄姚石甫》（石甫任台澎道四年，召募义勇三万余人，挫败英夷。英夷惮之不敢近，故连年浙、粤、江南皆丧地失守，而台独完。英夷忌恶之，诬讦致抵罪，被逮入都。）：

威名海外詟鲸鲵，岂谓论功亦数奇。抗疏盈廷天耿育，抚筝双泪感桓伊，敌情知喜长城坏，民志虚殷卧辙思。（台民数千人签呈，日诉于大府行台，涕泣保留，不准。）独恨遥途艰出饯，待寻初服话归期。

方东树《仪卫轩文集》卷五有《喜闻石甫释罪出狱用东坡西台诗句示伯符》、《哭张亨甫旅殡》、《悼汤海秋》等诗。

方东树有《仪卫轩遗书》，不分卷，系一些著作的选录，包括“未能录节录”、“进修谱节录”、“语心证璞节录”、“感应篇畅隐节录”。书为语录体，系对道、处世、修身、为政等的发挥。卷前有编者方宗诚同治十三年序，摘录如下：

（植之）尝以负荷至道为己任，其学网罗百家而确宗诸子，专以穷理尽性克己求仁为日用行习之功。乾嘉以来，诸儒学识之精博纯正，用力之刻苦笃实，未有能及先生者也。所著之书，多关世教，而晚年之学益以检心改过谨独慎宜，期至于孔子之明辨晢，周子之定之以中正仁义无欲为宗洵，所谓醇乎醇者矣。

方宗诚《仪卫先生行状》：

先生讳东树，字植之，姓方氏。……四十以后，不欲以诗文名世，研极义理，而最契朱子言。

书（指《汉学商兑》）将成，适阮文达公（元）总督两粤，广刻汉学书导世。时先生授经幕府，以书上之。文达始不悟，晚年乃致书，称先生经术文章信今传后。

咸丰元年四月二十四日（1851 年 5 月 24 日）卒，生于乾隆壬辰九月八日（三十七年九月八日，1772 年 10 月 4 日），享寿八十岁。

先生少补县学生，锐然有用世志。凡礼乐、兵刑、河漕、水利、钱谷、关市大经大法，皆尝究心。曰：此安民之实用也，道德义理所以用此之权衡也。

道光十一年（1831 年），桐城大水，邑令杨大缙贪婪虐民，民大噪。令遂以民变愬大府，将调兵。先生存抚军邓公幕，急以身家保。抚军素敬信，事得寝。十八年（1838 年）

客粤时，大臣请厉禁洋烟，下督抚议。先生著《匡民正俗对》，陈所以禁之之道，劝制军。邓公覆奏，不能从。英夷公司领事义律，桀傲不受约，居省城夷馆。先生力劝制军杀之，以绝祸本。制军虑启衅，谢不敏。

方夷人跳梁，东南大帅多退避。先生时时痛心切齿，泣涕如雨，作《病榻罪言》，论制夷之策，遣人上之浙江军门。以时方议抚，亦不用。

姚石甫廉访左迁入蜀，资数百金奉先生，为治生计。及闻廉访使乍雅，归券于其家。

先生之文醇茂昌明，言必有本，随事阐事，皆关世教。上元管异之同谓：古称立言不朽，惟先生近之。诗则穷源尽委，而沉雄坚实，卓然自成一家。宝山毛生甫嶽生、上元梅伯言曾亮、建宁张亨甫际亮，咸推为不及。诸君皆以诗文著海内者也。

姚廉访称先生理穷天人，贯穴今古，博大精深，无所不学。又谓先生老而愈穷，见道愈笃，言义理粹密有过元明诸儒者。

以仪卫名轩，故学者称仪卫先生。[1]

方宗诚《桐城文录叙》：

植之先生同时友，才最大者惟姚石甫先生。虽亲炙惜抱，而亦能自出机杼，洞达世务，长于经济。植之先生称，其义理多创获，其论义多豪宕，其辨证多浩博。而铺陈治术，晓畅民俗，洞极人情。先生自谓，其文博大昌明，诚有然也。[2]

1　方宗诚：《柏堂集·前编》卷七，光绪间刻本。

2　方宗诚：《柏堂集·次编》卷一。

方宗诚《校刊〈汉学商兑〉》叙（代）》：

永城刘虞卿先生著《理学宗传辨证》一书，以明辨陆王心学之非，桐城方植之先生著《汉学商兑》一书，以明辨近世宗主汉学之失。二书弗串群言，折衷至是，皆经霍山吴竹如先生校订，真闲道之书也。[1]

左朝第

左朝第，字筐叔，一字伟安，安徽桐城人。嘉庆十五年（1810年）举人，拣选知县。从学于姚鼐。曾主讲中州书院。熟于《明史》，晚兼习《礼》。所订家礼称《纳牖篇》，此外尚撰有《诗经纬》、《讲史衡》、《全桐纪略》及诗文集，罕有传本。

姚莹诗集中有关左朝第的诗有两首：

《夜饮方竹吾北园偕左筐叔、徐六襄、方履周、光律原、张阮林诸君》：

平生非达者，浩荡塞其内。时对素心人，忘形宇宙大。兹园面群山，左右环溪带。中有万竿竹，苍龙偃松盖。方君乃居此，佳兴亦自迈。到门俦侣熟，况值暑初退。解衣纵清言，壶觞遂倾醉。流飚沁荷岸，飞雪漱石濑。日落万峰明，鸟声一林碎。须臾山月白，千里有微霭。攀跻巉岩颠，极目流光晦。众星莹然列，河汉横素界。应有羽衣人，乘空弄叆叇。吾将谢诸子，去深鸿濛外。[2]

《赠左筐叔》：

1　方宗诚：《柏堂集·余编》卷三。

2　姚莹：《中复堂全集·后湘诗集》卷一，同治六年刊本。

堂堂忠毅骑箕去，亡国千年哭莫云。乡里儿童犹堕泪，子孙气节又逢君。新诗补史应传信（筐叔熟明季事，搜求忠烈之士有功吾邑者，各系以诗），竟日论兵得未闻。知尔捐躯能报国，请将书剑去从军。[1]

李宗传

李宗传，字孝曾，号海帆，安徽桐城人。嘉庆三年（1798年）举人，历权浙江丽水、平湖、瑞安、建德、平阳等县，补上虞县知县。所至求民隐，刈豪强，平反沉狱。初任丽水，结陈案未结者七百余事。助资河工，叙知府，除浙江督粮道。道光三年（1823年），杭、嘉、湖三郡大水，李宗传请奏减漕粮，建言："浙西诸水源出临安天目山，而其尾闾下注，实同汇吴淞江入海，必宜江浙两省通筹疏浚。"巡抚深赞同，奏请会办，水患以平。后历任湖南永州知府、四川成绵龙茂道、湖北布政使，卒年七十余岁。李宗传先后受学于其伯父及姚鼐，肆力于古文辞。著《寄鸿堂诗集》八卷、《文集》十卷。

姚莹诗文集中有关于李宗传的作品。

《得李海帆书》：

吾闻永州守，三载不名钱。邻郡添新债，故乡鬻祖田。讴歌犹满境，书到已经年。宣室何时名，应蒙圣主怜。（君清贫益甚，告贷于浔州孙少兰太守，先世遗田皆尽尝，被吏议甚严，永州之授，盖特恩也。）[2]

《嘉庆戊辰与李海帆宿理安寺，后三十年与左石侨、毛生甫再

1　姚莹：《中复堂全集·后湘诗集》卷六。

2　姚莹：《中复堂全集·后湘二集》卷五。

游寄海帆，时提刑山东》：

西湖楼殿锦云张，水面山容尽妙妆。一入理安空色相，四围峰立衮青苍。老僧床足经三换，高阁松声听未忘。等是卅年前过客，濯缨何日向沧浪。[1]

《赠李孝曾明府即题其海上钓鼇图》：

李侯文章不可学，但觉精光罗万象。却从慧海得纯肆，高浪长鲸驾漭泱。偶作诗歌更奇绝，鞭逐雷霆走夔魍。轩然入坐议论生，满堂动色不敢仰。群言意气似邺侯，岂止风流倾乐广。四十翻然去作吏，点检簿书事鞅掌。神明已闻动四境，竹箭东南饶篠簜。不谓才高就屈沦，辈中反觉独倜傥。手持钓鼇海上图，索我题诗穷想像。我初闻君未识面，李、杜、韩、欧日摹仿。二三朋辈导君来，坐使空斋慰遥想。是时里中多豪杰，一一志趣绝尘壤。读书但能与古今，力诎犹能屏群枉。小阁清尊入夜深，狂呼痛饮追欢赏。岩廓泉石不可知，歌罢几回天莽苍。君时在座意旷绝，扫尽尘凡世无两。昨同结驷问京华，马首春风弄晨沆。得失何殊一掷间，应官君反成孤往。蓟北风尘逐客来，浙中潮汐迎秋上。云龙信是常相从，又见天涯谭昔曩。岁暮聊倾北海尊，天寒更荡西湖桨。海门去此咫尺间，闻有巨鼇不可纲。假君百尺珊瑚钩，试结丝纶径千丈。掷向沧波最深处，日月翻动天摩荡。钓取蓬山十五户，归来使我神萧爽。[2]

1 姚莹：《中复堂全集·后湘续集》卷一，同治六年刊本。

2 姚莹：《中复堂全集·后湘诗集》卷三。

《湖上独酌寄李孝曾追悼张阮林之作》：

东风满江放春水，布帆横吹一千里。越孃打槳去西湖，故人昔年同醉此。西湖三月多好春，杨柳拂水如邀人。夕阳西叙更买醉，清波一洗襟边尘。几年我去游南海，湖上风光曾不改。故人聚散有死生，黄绶铜章喜君在。鸤鹚长杓日待君，江山如此当论文。阿咸死去君不见，倚栝痛哭西湖云。云深日斜忽已暮，新月娟娟濯纤素。照我东来访戴船，夜深独自乘潮去。[1]

《寄怀李孝曾、张阮林》：

我行向南粤，之子在西湖。秋水一时满，相思千里孤。明珠不可辨，艳色久知无。唯有空山里，朝朝闻鹧鸪。[2]

《武林喜见李孝曾》：

元龙豪气未能除，李汉文章亦有余。万里江湖停櫂日，三年琴剑论文初。投名我自悲怀刺，作吏君休悔读书。满眼孤山堪置宅，持竿终胜武昌渔。[3]

《与李永州书》：

海帆先生阁下：计到永州，已逾三月，政教被于所属，

1　姚莹：《中复堂全集·后湘诗集》卷四。
2　姚莹：《中复堂全集·后湘诗集》卷五，同治六年刊本。
3　姚莹：《中复堂全集·后湘诗集》卷六。

恩德洽乎士民，声施之美，卓越南土。湖南偏远，永又边郡，界近粤西，民风自尚淳朴，政刑亦当清简，以阁下经济文章，措施而润色之，上下之间，德业贞庬，庶几获睹名儒贤者治乎。方今天下生齿极繁，游食日众，物产凋敝，风俗狷偷，向所称富庶之帮，皆疲困不可支，惟赖此数郡县犹为国家保留元气耳。海内承平久矣，人心静极思动，亦必然之势也。幸天子圣仁，宵旰民事，内外臣工，皆循循谨慎，无敢纵佚。然土宇太广，财力竭耗，西域甫一用兵，中枢已形竭蹷，况四方水旱，偏灾不时，安危祸福之机岂不在于今日耶。夫天下治安，道在守令。守令者，不但为朝廷收养黎元，供其租赋而已，民间疾痛之浅深，良莠之错杂，见闻亨切，然后措施得宜。故尚弭乱于未形，防忧于先事，此其为用途甚密。变动不常，惟在乘机固势，岂彼此可以仿效，法令所能绳度哉。虽然，有八事焉：一曰结人心，二曰明威信，三曰蓄财用，四曰备凶荒，五曰安游民，六曰戢盗贼，七曰缮城防，八曰辑文武。此八者，当之急务也。窃见当世贤有司亦尝孜孜讲求吏治矣，而公私名实之间犹不能无憾，如劝农桑、兴水利、行保甲、励操守，何尝不善，然以云救时济世，则为迂阔而不切于事情，固知此事非可以浮慕虚名者耳。且世之言治者，至于湖南，莫不以苗族为重矣。自仆观之，苗民固当无虑，所急者仍在汉民。何以言之？苗性愚直无他，惟汉民侵陵而鱼肉之，或有司驱迫不堪，斯不得已而蠢动，苟非至极，固甚安也。惟汉人奸黠百出，自非威爱并施，固难保无叛服，此则所当措意矣。凡吾之言八事者，皆以治汉民也。汉民治，而苗尚有不安者乎？阁下仁怀，义质素重，江东治绩之美，大吏又已扬之于朝，固宜备天子股肱。今者降屈典郡，诚非所宜。然区区所欲进于左右者，则以时事孔亟，即使阁下复监司，秉节钺，与众贤令讲明而切究之者，舍此八事，无他术也。莹才识迂下，无以自异于常人，徒以位卑言高，动为当道所忌，至于偃蹇轗轲而不知悔。比岁入都，又为当事所扼，仰蒙圣明，特再录用。方期有所振厉，不幸又遭大忧，狼狈南下。嗟乎海帆，人生无多岁月耳！仆幼贫贱，备极艰苦，甫欲见伸，即重遭困踬，天之待我者可知。及此壮盛之年，而已神伤气沮，更历数年，境遇之穷益甚，精力尚堪用乎！生平抱此区区，不能自已。语曰：人之好差，谁不如我。阁下固夙所服膺而有同心者，又在都中尝有乞言之命，故以八事为献，忧惟留意采纳之，不惟永人幸甚，天下幸甚。[1]

刘开

刘开（1784~1824年），字方来，一字明东，号孟涂，安徽桐城人，幼孤，母吴氏于饥寒中尽心抚育。少时牧牛，常依书塾窗外傍听塾师讲课。塾师喜其好学，留馆就读。十四岁，以文章拜谒姚鼐，甚得其赏识，得以师从。与同乡方东树、上元管同、歙县梅曾亮并称“姚门四大弟子”。道光元年（1821年），受聘赴亳州修州志，道光四年（1824年）暴疾卒。殁后，姚莹至其家访得遗稿后集二十二卷，缺第八卷，文十卷，骈体文二卷。姚柬之将遗稿及已刊之前集一并付梓刊行。著有《孟涂诗文集》四十四卷、《骈文》二卷、《广列女传》二十卷、《论语补注》三卷。

刘开主张“义理与人情合而为一”，认为“三代而上，义理本乎人情，而圣人之言理也宽。三代而下，义理胜乎人情，而儒者之言理也密。夫情胜理则无节，理胜情则难行，义理与人情两不相胜，则人心平而天下安。圣人知人心不能即安于义也，故文武之道有张有弛，大学之法有藏有修，有息有游，凡以使

1 姚莹：《中复堂全集·东溟文集》卷四，同治六年刊本。

之安于教也。善则嘉之，不能者矜之，言不为过高，行不求至难，心不欲已甚，凡次便于人情也。后儒不顾人情所安，而以义理之言束缚天下，严之以仪节，多之以防闲，于是乎有操励之学，有专敬之功，论非不是，而人莫能久从，则是言理太密之过也。治天下者，法令简易，庶民安之，网逾密则奸伪愈生，君子之教学者，亦若是而已矣。夫孝悌忠信，节之大者也；起居动作，行之细者也。先其大而后其细，则学以渐而深，功以渐而严。今为学之初而即绳之以礼法，言笑不敢稍苟，动履不敢即安天下，于是始不胜其烦苦而决去之。苛求于一事，责备于一人，天下贤士亦无以深服其心，此皆理胜情之弊也。故义理与人情合而为一，而后为王者之道，圣人之学。措之于躬则心安，旋于天下则教行。”[1]

刘开认为事物是变化的，“天下无不变之道，无不坏之法，无不敝之学。虽以孔子之圣，皆有流敝。……故事无全利，亦无全害。变而通之者时也，推而行之者人也。因世变人心之不同，故道与时为转移焉；因缓急轻重之各有其宜，故法随人为得失焉。……古之所谓良法美意，亦就善之多者言之也，非谓其全无一失也；所谓久而不敝者，亦就其可继者言之也，非谓其永世无患也，能使永世无患，莫如得人。”[2]

刘开很强调学的重要性，撰《学论》三篇。他说：

> 天下人心风俗之所以转移者，无他，视学之明晦而已矣。夫学者修一室而措诸当世，成于一时而立于久远者也。政治之污隆，人才之升降，未有不自此出也。[3]

1　刘开：《义理说》，《刘孟涂集·文集》卷一，道光六年檗山草堂刻本。

2　刘开：《治术论》，《刘孟涂集·文集》卷一。

3　刘开：《学论》，《刘孟涂集·文集》卷二，道光六年檗山草堂刻本。

刘开与姚莹有书信来往。《刘孟涂集·文集》卷三有《与姚石甫书》。

姚莹《送孟涂归里》：

饮恨复何道，苍茫向落晖。六季吾尚客，三月汝先归。故里莺华梦，他乡薜荔帏。老亲如有问，辛苦寸心违。[1]

姚莹《寄孟涂》：

自余春天去，江南又早秋。海云双泪满，边月一人愁。不分依南斗，偏迟贯北舟。无情惟画角，夜夜近危楼。[2]

姚莹《喜晤刘孟涂》：

关河千里复万里，心事江南更岭南。久别尚期留壮发，相逢聊为驻征骖。眼前春色几今古，海内文章无二三。我自未除豪气习，夜深把剑欲眈眈。[3]

姚莹《答孟涂》：

故人天畔起高歌，闺梦乡心一夕多。十二楼中空镜匣，四千里外其关河。金城画掩芙蓉色，碧海春寒翡翠波。岁久曰归归未得，数烦书札奈君何。[4]

1 姚莹：《中复堂全集·后湘诗集》卷五，同治六年刊本。
2 姚莹：《中复堂全集·后湘诗集》卷五。
3 姚莹：《中复堂全集·后湘诗集》卷六。
4 姚莹：《中复堂全集·后湘诗集》卷六。

姚莹《题孟涂二集》：

东风作意到江城，岭外初归万里身。一笑故人欣健在，梅花输与六季春。

此日相逢尚黑头，樽前无那转烦忧。阿咸死去稽慵懒，断鹤槌琴我欲休。

文章千古寸心违，莫道生前识者稀。我有阿罗三种法，对君方悟比来非。

同是天涯负米还，楚南诗思独相关。海波一掬灵均泪，握手今朝看故山。[1]

姚莹《次韵马元伯自黑龙江归里，与孟涂、朱歌堂小饮寄怀之作》：

黑龙江外喜归来，赤嵌城边气未颓。念我风波穷海角，怜君冰雪过云堆。

殊恩再许金鸡放，绝域新从绛帐回。（元伯在黑龙江将军奏主讲席）莫便僝僽伤老大，致身终望出群才。

孟涂几载无消息，苦忆歌堂白发催。闻道壮游曾五岳，可能得句尚千杯。人间不见刘蕡第，地下忧怜小阮才。生死别离无限忆，梦魂梁月傥应来。[2]

姚莹《晓起有怀刘明东、朱歌堂》：

客久因循惯，园荒岁月侵。寒花依白日，黄叶下疏林。

1 姚莹：《中复堂全集·后湘诗集》卷九，同治六年刊本。

2 姚莹：《中复堂全集·后湘二集》卷一。

岂不故乡思，其如海水深。羊求书尚在，启箧见君心。[1]

刘开在《与光栗原庶常书》中提到与姚莹的交往：

君与余交有年矣，其经术之邃，学识之精，议论之卓越，余往时爱而畏之。而左君筐叔、张君阮林、姚君石甫皆后君而交者也。夫此数人者，各以古人砥砺而不甘于习俗。独怪数年以来各奔走于利禄，而困于身家之累，不闻有讲习之意，劝勉之言，以为制举既得，可肆意而不必勉力也。[2]

《刘孟涂集·前集》中有刘开有关姚莹的诗多首。
《客中怀石甫》卷四：

高城愁别日，江路问春分。行止频怜月，忧思独对云。吴山寒到客，粤海远怜君。应听歌船曲，题诗满练裙。[3]

《寄石甫》：

苦恨青山路，偏从客裹过。异乡唯尔我，远梦有关河。飞雁隔年到，秋声杂雨多。离情言不尽，各自慎风波。[4]

《重寄石甫》：

海云西走日东升，粤国珊瑚见未曾。风雨六年吾梦想，

1 姚莹：《中复堂全集·后湘二集》卷一。
2 刘开：《刘孟涂集·文集》卷四，道光六年檗山草堂刻本。
3 刘开：《刘孟涂集·前集》卷四。
4 刘开：《刘孟涂集·前集》卷五，道光六年檗山草堂刻本。

文章一事汝精能。路长骨肉寒秋夜，天近星河到客灯。岁久不归应自责，昔贤负米至今称。[1]

《楚中怀石甫》：

越王城畔楚山阳，两地昏晨各混茫。月併珠光摇岸白，沙乘云气入天黄。潇湘水草无文藻，岑海烟花自色香。久客不堪歌舞处，声华矜惜少年场。

烟霏暗树更江潭，落日连波影共涵。绝壑云根多湿翠，高冈风力断飞岚。一身探胜来天外，五载相知隔海南。独上高楼惊别久，几时霄汉看回骖。[2]

《南州客中有怀旧游，寄左孝廉筐叔、光庶常栗原、张孝廉小阮、姚进士石甫四十韵》：

不挟南游策，安知楚越遥。人生原泛梗，欢宴敢终朝。玉宇惊摇落，瑶琴久寂寥。冥心吾土木，得路尔云霄。四子同登选，诸侯早见招（时石甫方赴粤东百制府之招）。姚光方骋足，张左亦连镳。特出名无负，离居恨未消。才华空草野，心迹自渔樵。忆昔追先典，相期出世嚣。有怀抱冰雪，得句走琼瑶。幽欲愁山鬼，高疑拂斗杓。争传名骥出，齐叹阿龙超。砚北书千轴，天南酒一瓢。纵谈河落坐，起舞剑横腰。意气原千古，遨游感六朝。大江曾泛月，建业共听潮。高馆朱霞起，华筵绛蜡烧。一时初进酒，两岸尽吹箫。彩树光偏满，流珠影欲跳。看人赠香草，独自拾芳椒。怀旧探溪曲，寻源到板桥。歌楼半零落，舞扇早萧条。露洗胭脂泣，波流

1 刘开：《刘孟涂集·前集》卷六。

2 刘开：《刘孟涂集·前集》卷七。

翡翠漂。乌呼，奈何日月是可怜宵。胜景知难再，吾徒兴尚饶。鸾文腾白雪，蛟雨洒红绡。自谓穷佳日，那知觸迅飙。天高嗟雾隔，人散各云飘。兰向霜前悴，桐从爨下焦。南州愁客路，北郭听刍荛。海鹤谁能畜，天龙我欲雕。三山舟不到，五岳笔空摇。感叹陈蕃榻，凄凉季子貂。一秋悲独处，两地此无聊。不惜相思苦，惟期令德昭。情虽使者轺。虚名空物望，前度忆风標。大雅今谁继，此心寒不凋。终须到霄汉，九奏续箫韶。[1]

《怀石甫》：

三秋不见已兴悲，今我来思又未归。知尔采薇山路远，白驹行处雨霏霏。[2]

《左筐叔、光栗原、张小阮、姚石甫秦淮夜集》：

薄酒不成醉，微风惊乍寒。高斋愁日晚，暝色起云端。坐久转无语，情深难尽欢。素心谁可托，憔悴楚江兰。[3]

《得石甫手书，诗以答之，即送其公车北上》：

鸾鹤群中独少年，传来消息在云边。高秋谁惜刘蕡策，皇路先惊祖逖鞭。桃叶歌残人影外，杏花春到马蹄前。阿兄新筑瑶华阙，待汝归来月正圆（书中问余归期，故云）。[4]

---

1 刘开：《刘孟涂集·前集》卷八，道光六年檗山草堂刻本。
2 刘开：《刘孟涂集·前集》卷一〇。
3 刘开：《刘孟涂集·后集》卷一。
4 刘开：《刘孟涂集·后集》卷一。

《寄怀姚三石甫》：

欲随彼美捋苹花，怅望江天日又斜。别后云山空过眼，近来春思半离家。香消南国空芳草，人立西圜隔断霞。闻说星河高有路（时石甫捷南宫），天风容易送仙槎。

早年才笔走风霆，金峡琼台次第经。汉苑高华司马赋，蜀江萧瑟子云亭。天边瑶草怜新缘，雨后春山变旧青。知否关城杨柳曲，玉骢别去少人听。

大雷池畔水东流，日日烟波起别愁。千里梦魂长伴汝，一春心事倦登楼。尊前花落徒闻笛，冀北天寒易报秋。早拂征衣回故国，满江红树待归舟。[1]

《喜晤石甫》（按，当在广州）：

高天鸾凤久离群，惆怅江东日暮云。别去六年应念我，南来千里为寻君。故山花竹空明月，近海楼台变晓曛。高馆相逢须痛饮，挑灯好与细论文。[2]

《粤中杂咏》（按，共八首，录与姚莹有关者一首）：

百粤风烟极望开，满城名胜共登台（谓同姚石甫）。山穷不觉南天尽，地僻能令上客来。千载壮游悲往事，一时持节总多材。暮秋远别原无赖，幸有高筵北海杯。[3]

1 刘开：《刘孟涂集·后集》卷二。
2 刘开：《刘孟涂集·后集》卷五，道光六年檗山草堂刻本。
3 刘开：《刘孟涂集·后集》卷五。

《与石甫夜话有赠》：

积习来有自，独立难与争。飞观起云汉，百尺何峥嵘。其中富梁栋，宁资一木成。姚子执古谊，诗书发深情。志欲挽颓俗，不顾并世惊。所愿未能遂，先已飞谤声。云阴掩华月，新霄翻增明。言者自相煽，君意方纵横。论辩岂不伟，毋乃气未平。我有千日酒，愿与君同倾。饮之可长醉，浮沉任物情。黄河且昏浊，沧浪尔何清。[1]

《望远简石甫》：

城郭迷茫正晓曛，越台真上挹晴氛。地偏转自多春色，天远天边没海云。浊酒十千容我醉，客怀一半向谁分。薄游纵是飘蓬甚，放眼江山尚有君。[2]

《酒楼赠石甫》：

逢人动说归贯山，腰下时无沽酒钱。珠江城畔好风日，辜负眼前人少年。姚子邀我出门去，坐我粤秀山高处。啼鸟纷纷不知数，吊古苍茫生远愁。海日不见见红雾，归来直趋酒家楼。东风吹到楼上头，且饮美酒倾金瓯。怀抱纵横无处用，醉乡争长求封侯。楼前花枝娇欲语，春寒勒往未全吐。东君不为汝作主，一任玉颜经宿雨。客中芳意本阑珊，见此聊复舒笑颜。忆昔看花卧乡关，看弄青鸟招白鹇。今兹同客天海间，瘴云满身来偷闲。呼童命笔将愁删，此杯容易尽欢乐。我行别汝扁舟还，酒酣更访故人宅。醉歌月落话终夕，

1 刘开：《刘孟涂集·后集》卷五。
2 刘开：《刘孟涂集·后集》卷六。

肠中芒角生经尺。烟雨淋漓垂满壁。

《留别石甫》：

黄鹤胡为历九州，炎方烟景故多愁。风尘阅遍吾还拙，江海游穷汝独留。诗思入云犹上轶，归心阻水恨南流。临岐各自无他语，记取今番是黑头。[1]

《寄怀石甫》：

怪雨盲风苦梦思，故人作吏久天涯。全家渡海非吾意，万里腾声动主知。烟树瘴清春晓日，鱼龙气静夜谈时。可能豪荡还如昔，银烛高筵坐咏诗。[2]

《得姚石甫书诗以报之》：

闽越惊传一纸书，别来消息正愁予。几年梦隔鲸波外，两地春交雁信初。卧棘南天谁共语（时方丁外艰），种花瘴海旧何如。元戎奏记吾曹事，郑重风烟慎起居。[3]

《与姚石甫书》：

石甫足下：别子盖有年矣，玉石之助，岂惟念之，亦元望之。乡人自岭南归者，道子意气甚盛，令闻有加焉。然吾子所以自期者，当不止此。夫涂无险易，以至为贵；学无迟

1 刘开：《刘孟涂集·后集》卷六，道光六年檗山草堂刻本。
2 刘开：《刘孟涂集·后集》卷一九。
3 刘开：《刘孟涂集·后集》卷二二。

速，以成为归。白璧不琢，不可以为重器；美锦不制，不可以为丽服。是生质未足恃也，所以文之者，尽其饰也。故马或一蹶而终至千里，士或迅起而不能复振。何者？志溢于既获，功怠于垂成也。今习古先之训，而渐势能之荣；矜一曲之奇，而掩宏通之识。狃于情之所安，而昧夫义之所问，窃为有志者惜之也，子其慎之。夫盛时不可再，绝业无晚成。古人之叹息致慨，良有以哉，吾深自惭。[1]

《与姚石甫书》：

载别一岁，相思各天。流水无波，白云在望。以足下远托岭外，久羁海南，心热故山，梦寒异国，海气激荡，或形诸文辞，日精郁蒸，岂宜于居处。其间虽有香浦之流，花田之艳，异雀五色，奇卉千丛，围风则玳瑁之屏，贮月则琉璃之馆。翡翠角容于水碧，珊瑚斗采于霞丹。海国之香品十名，罗浮之竹围双抱。摇荡精灵，飞腾藻色。繁声离俗，殊状异心。祇足以乱游子之怀，增芬人之感耳。仆虽静优邱园，暂游江表，雨衣冒晓，云驷戒行，或与南皮之游，或陪西园之宴。繁星欲落，神飚自吹。然每念吾子，忽若忘言，匪直意气之合，抑亦襟期之密也。足下七载未归，一官尚阻。堂上切倚闾之望，闺中罢织锦之丝。如可稍慰冷欢，薄增尘色，即当翠旌北指，彩鹢东飞，慰风月以笑言，叙松菊之间阔。士生一世，感踰百端。风尘汩其素怀，日月促其元鬓。他物犹后，此身实难。闻粤中湿雾犯霄，海风干节。亦宜寡进茅酌，慎彼早寒，远慰鄙怀。亟图良晤，乐事重续，腾情不孤，想必可于今冬耳。言不尽意，开白。[2]

1　刘开：《刘孟涂集·文集》卷三。

2　刘开：《刘孟涂集·骈体文》卷一，道光六年檗山草堂刻本。

刘开《与光栗原庶常书》述及与姚莹之交往：

左君筐叔、张君阮林、姚君石甫皆后君而交者也。夫此数人者，各以古人砥砺而不甘于习俗。方其始之相得也，德业自期，贤豪自命，津津然唯恐不及相规以道义，而勉以力学。盖不徒谳游之欢，论说之敏矣。[1]

在《赠吴子方序》中也说：

昔者吾党之人才尝盛矣，以吾与栗原、筐叔、石甫诸君之同聚乡里也，游谳之与俱，言论之与共，文章道义之相与磨砺而讲习，是岂不足以极友朋之盛乎？居数年，而诸君各以事去里。又未几，而阮林卒。[2]

《张阮林传》又说：

余识阮林在壬戌（嘉庆七年，1802年）之冬，而识栗原也，先于阮林。后二年而得筐叔、六襄，又后二年而得石甫。当时意气，相许以古人为朝，岁过从欢谳無间。每当酒酣耳热，阮林则高歌杜诗，以洩其悲愤之怀，满座闻之，为之动容。自阮林殁而盛会虚，吾辈虽有谳游，亦惨然不乐矣。阮林性简傲寡合，一时目为狂士。栗原尝谓余曰：昔嗣宗能为青白眼，今阮林亦是也。阮林既卒之三年，栗原、六襄皆赴官京师，石甫宦海隅，筐叔客豫州，余时自江右归里，经过旧游之地，附仰徬徨，独增惆怅。回忆总角之欢，恍然在目。

1　刘开：《刘孟涂集·文集》卷四。

2　刘开：《刘孟涂集·文集》卷六。

十数年中，故交云散，死别生离之感，集于一时，而余年已及壮矣。[1]

《再与光栗原书》说：

今之作者，海内竞雄。准之前修，里中称盛。昔石甫撷芳于义圃，阮林奋藻于文河，筐笃志于史裁，足下腾声于经术，并皆脱迹尘网，抗踪儒林，挥六代之云英，味百家之渊旨。[2]

方宗诚《刘孟涂先生墓表》：

君姓刘氏，名开，字明东，一字孟涂，世居桐城孔城镇。祖庭灌，父应台，皆善士。君幼英异，母吴氏守节教养。君念母劬劳，矢发愤自树立。时乡先辈姚氏惜抱先生硕学高文，为海内宗。君年十四，上书自通。姚先生大奇之，挈之学，尽授以诗古文法。君既得姚先生为之师，又与当时豪俊交游，于是学日进，名日起，一时贤士大夫皆愿识君矣。君为人豁达不羁，与人谈论如悬河，游迹所至，争相延重。而君顾矜持士节，辞昌而气伸，所言皆文学治术，或以片词解其纷，或以数千言罄其委，折卒未尝稍溷以私。相国蒋公砺堂总制两粤时，君客其幕府。省城外下河火，蒋公闻报，曰：吾知其中必无孟涂。盖地故游冶宴乐之所也。事母最孝，每出游，辄依依木前不忍去，行数里犹瞻顾迟回。谓友人曰：吾乡多佳山水，使吾得菽水资奉吾母龙眠浮渡间，手一编，日夕讽

1　刘开：《刘孟涂集·文集》卷一〇，道光六年檗山草堂刻本。
2　刘开：《刘孟涂集·骈体文》卷一。

咏，不去吾母左右，其乐当何如，而顾为是仆仆哉！君诗文天才闳肆，光气煜爚，能畅达其心之所欲言。姚先生之门，攻诗古文者数十人，君与吾从兄植之先生、上元管异之、梅伯言名尤重，时人并称方、刘、梅、管云。乾嘉间治经学者，以博综为宗，好诋毁先儒。姚先生力障狂澜，戒学徒不得濡其习。君从姚先生久，故其治经不敢私逞己见。尝曰：今世穷经不弊，言宋者流为空虚谫陋之习，言汉者溺于琐碎纷纭之说，二者相反而不克相成，是以注释益广益离于经，考证虽繁无适于义。识者韪之。少补县学生，屡试于乡不售，一试京兆亦不售。道光四年闰七月十四日（1824年9月6日）卒于亳州志局，年四十一。妻望江倪氏，无子，君丧归，自经以殉，已旌表如例。侧室蒋氏，生一子，曰继，甫四岁，守节抚育，以至成人。君所著书，曰《孟涂诗文集》四十四卷、《论语补注》三卷、《大学正旨》二卷、《中庸本义》二卷、《孟子拾遗》二卷、《广列女传》二十卷。君卒后，友人姚伯山太守、光栗原方伯及君子继锓木焉。继葬君于掛车山，其赀亦光方伯助也。道光丙午（二十六年，1846年）里后学方宗诚表。[1]

方宗诚《记刘孟涂先生轶事》：

咸丰五年（1855年）春，余访朱鲁岑先生于龙眠寓舍。友人刘少涂邀余及先生饮，谈次及诸前辈懿行。先生因述少时与姚石甫及少涂尊人孟涂友善。一日，石甫失检，孟涂痛责之。时方三人相对饮，石甫忿而出，忽又反坐。孟涂又责之，石甫又忿而走，至中途，忽又反。孟涂责如初，加厉

1　方宗诚：《柏堂集·前编》卷一〇，光绪间刻本。

焉。是时，石甫已成进士，著书作文，日有名，年少气盛，被友责不已，不能忍，忿然出，曰：自今请与子绝交矣。遂去不顾。余谓孟涂曰：子不已过乎？孟涂曰：所贵乎友者，为能责善劝学也。今石甫成进士，著书作文，日有名，年少气盛，其行不及检，苟无友以责之，异日将肆然民上矣，学业不自此隳乎？故宁石甫绝我，我不可阿石甫也，且石甫亦必不我绝也。言未既，石甫果复反，笑而请曰：吾思之，子言良是，自今请再责我，我终不忍绝子矣。复坐饮，尽欢而散。余闻之，太息嗟乎，石甫先生之受善，孟涂先生之直谅，今岂得有此风乎！少涂又为余述其先君遗事。先生幼孤无依，随母吴孺人就育于外氏。时吴理庵先生授经里中，先生贫不能从游，且甚幼，日于学舍外窃听讲论。理庵先生异之，询知其为孤儿也，召至家授读，以女字之。女夭，又字次次者。先生用是得成其所学，为名士。理庵名士鼐，字待揆，能文章。前辈之怜才如命，曲为成就如此，亦可风也。孟涂先生年四十一卒于亳州，母老子幼，侨居望江。其友光方伯栗原自直隶谢病归，一日清晨造先生故庐，时光生季父卧未起。方伯直入卧室，问何人，自称曰光二来。盖方伯未贵时，朋辈相呼之称谓如此。先生季父大惊，急出见。方伯以白金四十请为先生母寿。徒步至先生厝室，哭尽哀，良久乃去，往反人皆不知也。后先生母自望江归，方伯同姚石甫廉访、马元伯水部迎养于家，事之如母。而依廉访家尤久，廉访妻方淑人事之如姑，而视少涂如诸子然。先生之葬也，亦方伯之力焉。是皆前辈之风谊，不可及也。余曩为孟涂先生撰墓表，未及知此，今固少涂言，补记之，以风世焉。亦以见先生之文章、直谅，信于友朋。故既殁，而人不忘之如此也。咸丰七年八月。

姚永朴《刘孟涂先生》：

刘孟涂先生（开）少贫。客游四方，尝献诗于长白英煦斋相国（和），相国悬于堂，语来客曰："此桐城诸生刘孟涂所作也。"人叹先生诗之工，未尝不以相国为好士。其后襄平蒋砺堂相国（攸铦）任粤督，先生在幕府，一日省城处下河火，相国闻报，曰："吾知其中必无孟涂。"盖下河故游士挟妓纵酒地也。[1]

张际亮

张际亮（1799~1843年），字亨甫，自号松寥山人、华胥大夫，福建建宁人。九次乡试落第。至道光十五年（1835年）易名亨辅，方得中举人。他愤官吏贪酷虐民，痛鸦片之流毒。道光二十年（1840年），其挚友姚莹时任台湾兵备道，邀他赴台主讲海东书院，因阻于风未能成行。次年，英军侵袭台湾，姚莹和总兵达洪阿率兵抗击。二十三年（1843年），英国诬其"冒功捏奏"，清廷将姚莹与达洪阿押京候审。张际亮闻讯痛愤，自江苏伴姚莹入京。同年十月，以劳瘁卒于松筠庵。何绍基挽以联云："是骨肉同年，诗订闽江，酒浇燕市；真血心男子，生依石甫（公字），死傍椒山。"[2] 丁晏《颐志斋感旧诗》称："近人之能诗者，此为巨子"，"姚石甫观察最称之"。

姚莹《后湘二集》中有与张际亮有关之诗作。

《游鼓山偕张亨甫、林梅友、汪铁崖三子，继光小疾，亦欣与焉》：

1 姚永朴：《旧闻随笔》，第196~197页，黄山书社，1986年。
2 姚永朴：《旧闻随笔》，第213~214页，黄山书社，1986年。

曰余厌尘袜，乘暇事幽讨。侵晨飞雨来，城郭烟微渺。野水既平陂，嘉和亦秀好。寻源策蒙翳，拾级盘磴道。涧篠郁葳蕤，石萝莽萦抱。不知行远近，苍翠满衣履。

迈言陟层巘，乃见青琳宫。不觉上方高，回首惟空濛。雨昏梵初唱，殿古灯微红。喃喃塔上铃，硙硙厨间舂。聊憩谢公屐，来叩元门宗。僧俗不可语，一笑闻斋钟。

振衣白云端，蹑足灵虬窟。蹬仄惜蓁微，崖深惊雾黑。阴林漱虚濑，绝壁垂倒石。云栖既未能，豹隐安可得。怀古缅前踪，题名半漫灭。独有灵源在，法师不容喝。

飘风动长壑，暮雨前山改。褰笼云雾归，僧房复青霭。山蔬何时熟，涧果余方采。浊酒开芳颜，清言得元解。晏公久已寂，晦翁不相待。翛然且尽醉，忽已忘千载。

禅床了无梦，寂寂寒宵深。沥沥雨飘涧，谡谡风吹林。槛危山鬼逼，帐冷石气侵。倦僮睡方酣，诸子寐何沈。眷言平生爱，杳杳不可寻。何必晨钟发，悄然憬我心。

初阳霁东壁，策杖凌高峰。途半力已殚，坐见全郡雄。峻岭蹲五虎，长桥蜿双虹。势绝瓯越外，气吞沧海东。乃知禹服隘，皇运无终穷。嗤彼王氏子，徒矜割据功。兹游既云疲，前胜方未毕。山光荡晴波，众帆滉朝旭。树暖远村烟，鸟断平芜目。僧邀观舍利，更启血经椟。事愚安足论，兴尽舆人促。遐哉二三子，遂起阿咸疾。[1]

《已丑十月，余将去闽，喜遇亨甫于福州，出示新诗，有感》：

慷慨同倾燕市酒，荒寒独赋渡江诗。谁怜憔悴如张绪，尚纵清狂似收之。万里关河倏来去，三年风雨隔欢悲。天南

1 姚莹：《中复堂全集·后湘二集》卷一，同治六年刊本。

买櫂未归得，为尔相逢敢恨迟。[1]

《别亨甫有作，兼示令兄怡亭》：

天寒腊尽吾去越，山桥倚舟未肯发。故人置酒作淹留，况复清歌当落月。张子三十才无俦，气压幽并千里鹘。连年垂翅反东南，海上苍烟时出没。独凭才调写孤愤，更婷醉华发。阿兄文章老不售，虚牝黄金叹空掷。对君诗思尚清豪，似我功名岂寂寞。严城黯黯断丽谯，朱户重重下帘幙。燕儿琵琶莲儿唱，木兰持栝翠褒薄。灯前倚醉惜殷勤，醒后挂帆嗟恍惚。佳人一宴情底深，老我二年行未歇。潭笑昔都熊黑军，意气今存硍磂骨。衡寒自觅西湖櫂，雪满孤山冰迳滑。江南有家不归去，燕赵征车行仓卒。天涯泪尽酒痕销，待汝明年响金阙。[2]

《柬亨甫、梅友时约游鼓山》：

故人偶有名山约，小雨何妨载酒行。直到白云最高顶，天风一鼓海涛声。[3]

《感怀杂诗》：

三百年来岭外诗，闽人何似粤人奇。眼中绝足张亨甫，不让前朝郑继之。（前明以来，闽、粤诗人无过郑继之、屈

1 姚莹：《中复堂全集·后湘二集》卷四。

2 姚莹：《中复堂全集·后湘二集》卷四。

3 姚莹：《中复堂全集·后湘二集》卷四，同治六年刊本。

翁山者，近惟建宁张亨甫际亮最为杰出。)[1]

《鹿春如召同张亨甫、张竹虚、陈梁叔、陆次山、家兄伯符集白公祠下，时方七夕》：

壮怀不减且婆娑，山色湖光足啸歌。青眼故人还纵酒，白头老将罢横戈。昔贤地回风流在，午夜星飞客感多。鼓乍林箫管急，银灯画舫几经过。[2]

《闰七月十二夜雨走峒峿驿和亨甫见赠原韵》：

秋风夜雨淮中道，白发青衣海外臣。幸见孤城存绝岛，敢嗟长路困征轮。故人应许鲲鹏化，老我难期尺蠖伸。山驿村沽聊共饮，陶然不负百年身。[3]

《途中读张亨甫近诗漫题》：

斗牛夜气千年剑，李、杜光芒万首诗。只觉浩歌天地满，独穷游屐海山奇。一时窜迹悲身世，几处惊心听鼓鼙。我正轞车君患病，秋风相对柳如丝。[4]

《梅伯言、马湘帆、汤海秋、王少鹤四农部，何子贞编修，陈颂南、苏赓堂、朱伯韩三侍御，叠次召余同亨甫为觞谳之乐，九月二十六日复集蒹葭阁，盖丙申年（道光十六年，1836 年）入都，

1　姚莹：《中复堂全集·后湘二集》卷四。
2　姚莹：《中复堂全集·后湘二集》卷二。
3　姚莹：《中复堂全集·后湘续集》卷二。
4　姚莹：《中复堂全集·后湘续集》卷二。

伯言、湘帆置酒处也。诸君各以诗文见赠，余行有日，成七律数章酬别》：

城南朝雨草霏霏，高阁增寒眺夕晖。胜地只堪埋马骨，轻尘何必涴人衣。青山红树诗情壮，白发黄华酒力微。壁上鲍、吴题句在，疏槐惨澹乱鸦啼。

余霞阁上曾同醉，龙爪槐前再举杯。此日登临欣健在，半生怀抱为君开。衰葭莽苍天无际，往迹销沈恨不回。明到江南如寄问，浮山岚翠扑人来。

江东俦侣半凋萧，日下耆贤久寂寥。何意海禽方铩羽，又逢秋鹗尽摩霄。壮怀力振回天地，抗论神飞见贾、晁。圣主已闻容直谏，封章频数莫辞劳。（颂南、赓堂、伯韩皆有直言见纳，少鹤亦著谠论。）

接迹纷纷闽、粤才，张郎巨笔独天开。豪情半向江山尽，病骨犹含今古哀。不信斯人尚沦弃，终应圣世起蒿莱。槛车伴我三千里，出狱临歧首重回。

诗尝避舍惟亨甫，天不余才又海秋。剑气盘回霜在匣，冰怀郎照月当楼。但须于越寻吴耻，不用新亭泣楚囚。抵掌闻鸣曾共寝，别来惟独著《浮邱》。

清言易理称平叔，俊逸诗辞爱信阳。把卷名贤空异代，闭门潜学又湖湘。艰难狱底惊相问，慷樽前意不忘。他日著书成绝业，白头千里独堪商（子贞初不相识，见访于狱中）。

梦魂何日忘楼船，直北传烽幸熄烟。犴狴未周三五夜（余以八月十三日入狱，二十五日蒙恩赦出），金鸡已放九重天。微劳岂意蒙恩诏，绝岛犹闻急赠钱（台湾人士闻余入狱，醵金寄助）。帝德民情有如此，几回搔首马难前。

相知新旧别如何，击筑当筵共放歌。月地怒闻金石裂，霜天哀感雁鸿多。分无宝剑酬燕士，那更悲风渡塞驼。班马萧萧从此去，暮云迢递阻浑河。[1]

《管小异言，癸卯（道光二十三年，1843年）五月在济宁，汪孟慈闻余被逮，大恸呕血，而余未知。孟慈尝言，以朋友为性命，不其信哉！君没今三年矣。小异，异之子也，孟慈是其妇翁，言当不妄。嗟呼，交道之薄久矣，如孟慈、亨甫，其犹古人之风哉》：

交道古所重，金石良不渝。岂惟意气合，道在德不孤。公义苟相取，好尚宁嫌殊。斯人有经术，常鄙轻薄儒。誓济天下重，慷慨陈嘉谟。不惜君门远，周道同驰驱。时会遘屯否，韬镤非一途。摧心更长恸，襟血已霑濡。诎信何足道，败绩嗟皇舆。长夜尔悠悠，愧我徒崎岖。剖方夙所耻，模稜恨不觚。完此贞白璧，何问瑕与瑜。[2]

张际亮《二十七日，石甫明府令婿张得生汇秀才招同岳青征君、蓉江明府、元伯水部、朱鲁岑道文秀才、左穗六星榖上舍、龙门秀才游龙眠山，留宿双溪草堂》：

东风昨夜雪欲消，山中积素寒犹骄。涧回谷转杳无路，溪壑暗响时萧萧。百年松老自岁月，数家日午纷渔樵。安知人迹不到处，尚有红萼垂冻条。春光如此为谁媚？荒榛怪石同昏期。归牛乍鸣西崦夕，幽禽对语沙水遥。固应退傅昔独往，父老共负田间瓢。（张文端公归老于此垂十年。）一杯岂异十载乐，身世万事共诙嘲。朝晖在窗我在榻，去梦那得追

1　姚莹：《中复堂全集·后湘续集》卷二，同治六年刊本。

2　姚莹：《中复堂全集·后湘续集》卷七，同治六年刊本。

来宵。兹游我自偶然耳，诸公何处还相招。林泉随地倏过眼，鬓丝笑杂云烟飘。且寻孙、李栖隐处，瀑泉碾玉崖樵峣。[1]

《石甫明府出示方植之东树先生诗题》：

李、杜不作韩、欧死，歌行作者世余几？纷纷侈口学四公，谁得其皮况骨埋。春风吹云在天际，变灭万态谁能拟？尘埃不见飞空仙，儿曹狡狯诧山鬼。吾闻积理复养气，意极深远毋浮鄙。要从沉郁得飞动，岂贵蹶张与剽诡。二百年来古调稀，何意方侯乃有此。方侯学本惜抱翁，著书百卷析经史。余事作诗遂绝伦，讬兴妙合风雅旨。同时亦有刘明东，其才自奇气已驶。我非违众苦轩轾，黄（仲则）吴（兰雪）难与兹并视。前年出都得单老，是其歌行最可喜。可怜老死世莫知，今念方侯泪如洗。此行于山失浮渡，于人复不遇夫子。青衫白发老将至，颇积苦贫惯迁徙。卷中诗在幸自误，世上浮名看流水。（单可惠，字芥舟，山东高密人，著有《白样山人诗稿》。其七古最工，然世无知之者。年六十余，以诸生终于家。余于章邱李月汀比部处，见其为李题便面诗，叹为大家。李因觅得其刻本与余，今往来皆携诸箧中，当俟他日专梓其七古行之。余与先生未识面，闻余将至，坐待二日。以事往安庆，闻欲于彼处觅余，不知余已就道来桐城也。）[2]

《舒城别石甫明府》：

1　张际亮：《思伯子堂诗文集》中册，第510~511页，上海古籍出版社，2007年。

2　张际亮：《思伯子堂诗文集》中册，第515页，上海古籍出版社，2007年。

冉冉尘埃共岁华，萧萧徒御各天涯。流莺南浦初杨柳，细雨东风又杏花。惯别不知颜鬓减，惜春惟觉酒怀加。即看子敬同高谊，转惜周郎未有家。[1]

《喜石甫明府得子》（五月廿五夜作）：

我年三十三，有子已十四。贫家虽废学，颇复识文字。姚侯天下士，不为一身计。盛年早释褐，壮年乃作吏。穷荒绝岛间，森然灵怪备。侯来绥靖之，鳞介不敢肆。黎老歌父母，儿童习孝弟。而侯竭精神，房帷无宠嬖。忆昨赋北征，哦诗聊见志。闺中妇自贤，（乙酉，明府将北上，有庆姬诗，盖却家人劝纳姬而作）奔走一官滞。今年四十九，得子室家慰。而我托交故，狂喜发深喟。侯昔宰剧邑，外威内慈惠。世人或责让，往往及遭际。升沉何足论，有后验天意。当世图治急，宽猛昧交济。盗贼闵东南，怯懦刑赏敝。贪鄙苦里巷，淫侈恋床笫。欷歔想谏诤，慷慨惜蒙蔽。姚侯位虽卑，天子知不次。再出感殊恩，报政当尤异。侯子与吾子，论交应世世。勉为贤父兄，飘零独滋愧。[2]

《什刹海酒楼同石甫明府观荷花》：

积水蔼朝晖，丛荷露未晞。一蝉移柳响，双鹭出花飞。岁月愁中过，朋游物外稀。夜来风色满，摇落楚臣衣。[3]

1 张际亮：《思伯子堂诗文集》中册，第 518 页。
2 张际亮：《思伯子堂诗文集》中册，第 532 页。
3 张际亮：《思伯子堂诗文集》中册，第 534 页，上海古籍出版社，2007 年。

《送石甫明府之江苏》（江苏水灾请员，奉旨发往）：

大江东下一千里，江岸无人但见水。常恐年荒起盗贼，民饥民溺今谁恃？却言天灾自古有，送君宜尽杯中酒。忍看黄河浪更高，淮湖涨天天不受。高宝二城闭如斗，一月传闻断行走。嗟君此去民其苏，君去莫使民亡逋。亡逋聚散不可诘，江湖迩日多奸徒。朔风十月水应落，民始痛定思田庐。看君尔时善筹册，侧闻长吏惟叹吁。平生胸有千卷书，意气慷慨了万夫。不逢盘错艰难日，谁惜人才与众殊。[1]

《次日雪中作寄石甫明府》（廿六日得九月廿九日淮上书）：

使君昔渡沧溟东，手剪鲸鳄愁射工。逶迟土牛逐流辈，经过竹马繁儿童。使君今饮黄河水，千樯万舸看飞驶。建言大计忧黎元，致身朝廷慕青史。人生祸福那得知，高才摧搓终不衰。三公傥能礼赵壹，南阳正须劳杜诗。可怜国家多事日，自古贤豪济时出。忧家独望淮阴台，梦里犹惊酒泉卒。忆昨幽州冰满天，酒阑歌罢哀祁连。槛车才送降王裂，铠弩仍残校尉迁。黄沙白骨金蒲路，鬼哭无声地灵怒。蛟龙跋扈吴楚骄，鸡犬流离黔粤暮。见君复在长安城，送君却向长江行。但看河水连江涨，谁识君心与我情。送时并骑京郭歇，夜中别去灯未没。忽思闽海饿归寒，燕儿琵琶泣残月。足兵足食事艰辛，海内英雄今几人？朔南雨雪年年泪，幕府秋风慷慨身。[2]

---

1 张际亮：《思伯子堂诗文集》中册，第 536 页。

2 张际亮：《思伯子堂诗文集》中册，第 577~578 页。

《十九日舟发常州，夜宿郭外，却寄石甫大令武进》：

少陵遇孙宰，宾石匿赵岐。古人重意气，感激岂复辞。曰余困贫贱，南北常奔驰。恭逢承平日，志士嗟何为。短褐避卿相，高论怀轩羲。举世厌其狂，侧足穷所之。十年识夫子，到今不我疵。慷慨出胸臆，扶持济颠危。常念此义孤，身受更不疑。忆昨渡江来，初三微月时。回首见圆缺，眷恋吾行迟。郭外风始寒，霜露惨已滋。怅然宇宙梦，独觉乃在斯。荒林带迴渚，暗鸟掠卑枝。夜灯落水次，野宿方无期。平生倍豪宕，来者冀可追。良恐死漂泊，内愧负妻儿。自非百世士，肯问寒与饥？[1]

《武进夜别姚石甫莹大令、陈伯游方海上舍》：

姚侯此为政，宾客复多贤。相送毗陵水，兴怀阳羡田。城鸦语秋月，夜火破江烟。壮岁徒飘零，凄凉促去船。[2]

《真州别石甫刺史》（乙未，道光十五年，1835 年）：

海内论文十数公，寥寥天地各飞鸿。虚名当世谁列表？豪气斯人自孔融。报国心孤终结主，著书才大亦称雄。江寒酒罢征帆远，回首难忘况病中。[3]

《以沈石田画卷寄赠石甫司马因系以诗（时权都转于扬州)》：

1 张际亮：《思伯子堂诗文集》中册，第 652~653 页，上海古籍出版社，2007 年。
2 张际亮：《思伯子堂诗文集》中册，第 704 页。
3 张际亮：《思伯子堂诗文集》中册，第 838 页。

故人远隔大江北，江上今来几春色。杜鹃开过乳莺啼，水远天长思无极。心知醉翁旧游处，风雨无人共叹息。寄将一卷画中诗，知我飘零正相忆。石田去今三百载，石态林光宛如即。当时富贵亦谁存，输与风流余翰墨。画中骑马乘船客，何似僧寮隐山侧。听泉看鸟久思归，奈我三旬难久食。烟花销尽芜城赋，梦里平山亦悽恻。但期老寿如是翁，手颤犹能图岝崱。是时丁酉岁三月，高咏冰轮仍未仄。应教千里接光辉，此画此情同不蚀。[1]

《扬州别石甫司马》：

岱宗不为高，沧海不为深。姚侯期我千秋心，感激发叹非黄金。黄金何可无？买山负土侯助诸。潜鳞岂无烧尾日，举额或报双明珠。寄书不到大江北，岁寒握手重太息。十年故旧半凋零，幸有余生共眠食。赵廉颇，汉伏波，老犹跃马思横戈。行将四十恐见恶，肯以文化娱蹉跎。登高怅望平山堂，琼花凋尽迷楼霜。石头流水金焦月，犹是英雄古战场。眼中飞鸟低山阳，钓台突兀淮阴亡。男儿不际风云会，便可垂竿老故乡。何为不贵复不贱，金门射策劳奔忙。诗书自谓报天子，纵督八州徒贵仕。萧规曹随古已然，读律术咸嗟老矣。可知七尺为谁死，衣锦昼行耀乡里。不然斯游可以已，朔方冰雪从此始。敝裘一笑仰向天，元明故阙烟沙里。去何所慕归何恃？贫到难言聊复尔。欲将怀土障黄河，偶爱庙食垂青史。以此忍垢复含羞，乞食行吟向蓟州。东南万里青山色，送我孤帆淮浦头。风高水脱叶满地，中有苍茫四海愁。相逢急索广陵酒，痛饮何妨三日留。吁嗟乎！贾长沙，陈同

1 张际亮：《思伯子堂诗文集》下册，第 951 页 。

甫，少年自託人妄许。迩来复爱申屠蟠，身同佣人屋因树。可惜躬耕半亩无，作达强语从龙虎。惟侯慷慨惜我生，谬以狷介来狂名。低头耻作曳裾客，举足如提出塞兵。同时知者黄（树斋鸿胪）与郑（云麓都转），死去离多空复情。正须坐听江城雁，别后惟闻河水声。[1]

《作书寄石甫廉访慨然缀一诗于后》：

姚侯去我沧溟远，燕市荒荒几酒徒？若上赤嵌看落日，青天万里片帆孤。[2]

《廿八夜阳湖舟中梦石甫廉访》：

湖水江流同到海，谁怜海外岁将除。十年岂信吾犹贱，一梦安知见久疏。彭蠡书迟失阳鸟，大荒日早照神鱼。会须径踏鲲身顶，谈笑东凌百谷墟。[3]

《寄姚石甫三丈时将赴台湾海不果》：

登高望四海，但见云飞扬。长空万里去鸟尽，嗟我欲渡仍无梁。使君远别须眉苍，赤手独捍鼋鼍乡。夜瞻南斗梦北阙，浩然气与天苍茫。君不见楼船百道来西极，横海波惟叹息。五月妖氛暗虎门，金戈玉勒无颜色。义民争自起山东，诸将嗟谁弃河北。白旗昼捲泣苍生，一老卧营空不食。使君孤愤当何如？鲲身骇浪骄龙鱼。盘盘万山错瘴疠，山精吐伙

1 张际亮：《思伯子堂诗文集》下册，第 990~991 页，上海古籍出版社，2007 年。

2 张际亮：《思伯子堂诗文集》下册，第 1027 页。

3 张际亮：《思伯子堂诗文集》下册，第 1060 页。

烧尾间。百年战争屡梦掠，千室困苦徯息苏。即今游闲已屏迹，坐恐狡寇还东趋。岂无兵防秋？亦有帅建旆。人生艰难际事会，智者忧危悍夫泰。圣主知深敢自安，斯民命重须无害。萧萧短发海风吹，骨肉回头隔天外。尺书频番来，待我脱剑休徘徊。我怀抑塞谁为开？亦欲倾倒海水酣一杯。盗多转凛垂堂戒，病久难言济世才。梦飞渡海见秋月，月落空床还自猜。昨宵故人归，能言使君事。一言频问讯，再言不得意。三言未终欲垂涕，力疾事无遗巨细。直看太守卧淮阳，颇惜将军加广利。惊波昼夜奔沧横流，滔滔身世安得平。功名自昔归竖子，壮士何足哀安平生。侧闻杨仆早奏捷，又闻娄敬能求成。宰羊刑马儿童泪，绝海沧江去住情。[1]

《过舒城是昔与石甫观察别处》：

芦蓬似月盖征车，春雨离亭怨杏花。一别十年更秋色，孤城残照各天涯。[2]

《是夜月明不寐感寄石甫廉访台湾》：

扶沟一片月，沧海故人情。独战持天地，千秋视死生。功名诸将有，（廉访拒逆夷，三战皆捷，皆归功镇将及僚属。）瘴疠几年更。永夜应吹角；相思寄剪鲸。[3]

《答姚石甫明府书》：

1 张际亮：《思伯子堂诗文集》下册，第1146~1147页，上海古籍出版社，2007年。
2 张际亮：《思伯子堂诗文集》下册，第1242页。
3 张际亮：《思伯子堂诗文集》下册，第1247页。

十月中旬曾奉一书，托伯昂詹争转寄，未知达否？前月二十六始接读九月二十九日清江寄书及诗，以执事匆遽之中，尤眷念鄙贱，无所不周，读之惆怅累日。

今天下人才衰矣！如执事之雄伟骏异，深明大略，盖李德裕、张居正之匹也。来诗慷慨沉警，在子建、少陵之间。文章、政事如此，此宜辅相朝廷，次亦宜为督抚大吏，庶尽其用耳。而屈为一令，此衰者之所以不振也。后此大用未可知。然前此十数年之遭遇，岂不可为天下人才惜邪？

亮京兆试复荐而被黜。廉峰太史惠以百金，令其于翠微山大悲寺读书，离京三十里，于十月六日入山。前月十日，以云麓观察将之粤东，一往送之，余未尝入城也。居间唯日夜浏览史籍，间取所作诗稍加删改。旧作虽气韵有未渊厚处，要其才情自杰然耳。若竟其所至，可比唐高、岑，宋苏、陆。就见在而论，亦国朝第三四人也。若闽中前辈，固欲争第一席耳。明年誊清本寄呈执事，幸为刻之，即据此为序，无不可也。与大稿合刻之尤佳，其板可存贵邑。

今天下诗派，唯贵邑与山东最正，作者尤盛。尝欲考选贵邑、山东国朝人诗刻之，此时无力，且俟他日也。

近细阅刘孟涂诗，近体大有佳处，惜古体不求神谷，而贪使才气。此由在道路日多，诗书之意少致然耳。深观海峰、惜抱二先生诗文，则孟涂诗文之缺失自见。亮之为此言，非薄孟涂，盖深惜其不遇，不得优游以尽其才。既惜孟涂，且以自惧。既自知之，且欲贵邑后来者知之也。

夫诗以道性情，此人人能言之，然而知之者少矣。所谓性情者，岂若辈以口角婉媚轻率之语，写目前琐屑猥俗之事之谓乎？夫固将郑重以出之，宛转以永之，抑扬顿挫以赴之，汪洋澹漠以禽之。其始也，如风萧然动于萍末；已而激荡振厉，沨沨然满于崖谷。飘飘然，飒飒然，扬江海之长波，荡白云，凄日夕；龙鸣虎啸，塞马之秋吟，百虫之夜作，笳管之鸣咽咿呕，咸令其气，以成其声。于是羇人迁客，嫠妇怨女，闻者悄然心动，茫然落泪，惨澹然天清而地寥，徘徊然昔来而今往，怅怅然不知其感之何从也。其或吹嘘林墅，月之欲晓，花之始春，房闼之既静，丝竹之毕陈，翔禽笼鸟之乍啭，亦咸会其气以流韵。于是天地昭旷，今昔澹忘，畅然而神怡，渺然而泪止，迟迟然不知其意之何以远也。故《三百篇》之作，首夫《风》，以“风”者动于天人之交，其声之自然而发者也。《雅》、《颂》则近于侈人事矣，然其志正而义高，故次焉。风人之作，大抵比兴为多。《雅》、《颂》则赋也。自唐诗之既衰，宋作者起而变之，风人比兴之义几息矣。故至今之为诗者，可悦人者多，可感人者恒少也。昔渔洋有见于此，故其五言古诗之选，止于六朝，于唐之陈、张、韦、柳，别为附录。非谓六朝胜于唐人，盖古诗之音节兴象，则至唐而一变矣。

亮尝谓杜诗如汉高祖，韩诗如楚项羽，自是三代后第一雄杰。若三代之英，别曹子建、阮嗣宗、陶渊明乃其人也。此三人者，亦得风人比兴之旨多耳。然岂可遂以此薄杜诗？盖由三代至汉而治道一变，由汉至今而治道不大变，亦天地自然因革之运。今日不因循汉后之治法，而仪井田、封建，其可行乎？要贵知三代为治之精意，则已耳。故学者贵会通，通于诗者，乃通于政。观杜诗，彼其所讽切陈述，可谓深通政体矣。而若韩、若李、若苏皆然。其学愈通者，其诗之成也愈远大。学有所蔽，则诗之所就者小。下焉者拾唾余而已，其中无所得，其志无所存，诗虽工，皆陈言也。

每观近人一集动辄千百，读之终卷，究莫名其为何等人也。亦有其桀黠者，知此意，则尝窃以其佽。然其言非诚于中，则终不沉痛透切。窃善观人者，常于其所忽；善观诗者，亦取其自然流露处耳。终日以民生国计号于人，曰:“吾其为杜诗也”，则不观杜于朋友、兄弟、夫妇、儿女、邻里极细碎事，言之无不恳挚乎?

执事诗之所以工者，亦以通于政体也。亮为人不能如执事之雄伟骏异，义婉笃耳。两人之诗，亦各如之，所以欲合刻之也。曹孟德不云乎:“天下英雄，惟使君与操耳!”使后世读者论定石甫、亨甫之诗，终当为一代之雄也。

又窃见近时贵邑科第不衰，而后生学问似少继起者，此亦宜有以启发之也。亮尝欲求为童子师，竟不可得。以生平懒于著书，一二所得古人之意，洞观当世之情，有非笔墨所能罄者，欲以发之，使弟子再传弟子，庶几异日有所述耳。

近与相知者言诗，唯进之以“积理养气”四字。又告之曰：凡为诗，须知神骨、才情、气韵。夫无神则骨轻，无骨则神漓；无才则情滞，无情则才浮，无气则韵薄，无韵则气粗也。诗之至者，曰“入神”，其骨重，则神愈永也；曰“雄才”，其情深，则才始完也；曰“真气”，其韵高，则气乃固也。六者俱备，此盛唐大家之诗也。骨、才、气有余，而神、情、韵不足，此宋大家之诗也。此其大概也。要无不本于积理养气，归于自得者。虽古人之微妙，在学者自以意得之，然即兹数言以治诗，或不至流为今人恶习耳。

亮苦于文未工，故言之常不词彻。执事其更以进于此者，启发后生，亦劝学之古谊也。

执事比在江南，曾新得佳士乎?到江宁，管异之遗书幸收拾刻之，闻邓中丞有刻之之意，若然，更佳耳。遇便尚望以一部先寄我。异之在日不深知亮，亮则知异之耳。龙门十月初三南归，四农亦于九月杪返山阳。今日连作答钟仰山侍郎、周小湖学使与光栗原臬使、陆心兰方伯、林少穆河帅五首，及此而大约万余言矣，幸精神如旧。内与少穆河帅书，录稿奉寄贵邑诸公。前月八日，连作八书奉谢。附去一诗，托伯昂詹事转寄，谅不浮沉。然有家信，幸问及。此信执事可留之。亮素草率，做字如此端正者少耳。

外附来诗一首，此与前送行之作皆略有达夫意度。迩来不欲为矜肆之诗，体成而情有余则止矣。又五古一首亦奉览，执事通人，定能言其得失也。相念甚，常通消息为望。小郎有乳否？念念。[1]

《答石甫明府书》：

石甫先生执事：三月初六日于伯昂阁学处奉到手书，并银二十两。远劳眷念拳拳，愧何可当！来信中云前两寄手书，而亮惟接一函，未知系别处浮沉耶？

亮自去岁腊月间，即觉心神不宁静，至正月益甚。每作一诗文，则头痛一二日。山中既不可得药，加以江二兄所荐旧仆日与寺僧为博塞，每日草草治二饭外，即瞥然鸟逝矣。而房租煤米一切，皆需现钱，不比城中尚可赊用，囊行罄矣。是以于二月二十九日搬入城中，暂寓烂面胡同莲花寺，俟会试者散后，仍归会馆耳。而何乾生自三月初七日即得病，亮至十一日始知之。嗣是侍疾五日夜，而乾生于十六日竟卒矣。蒙执事所惠二十金，即以助其身后事。以乾生于庚寅尝假亮番二十员，今其没矣，岂可不还之耶。而乾生同乡、同年、同姓官京朝者，竟无一人而周恤其后事。徒亮一穷书生，于其生为扶持溲溺，煎料药食，死后为计算棺衾殡殓，经营归柩路费。世情恶薄如此，良可感叹也！亮迩来惟汲汲借书读之，计今年不得举，当求扬州御书楼一馆，或浙之杭、宁二

1　张际亮：《思伯子堂诗文集》下册，第1335~1339页，上海古籍出版社，2007年。

郡有《四库全书》处一馆，以资著述。其他遇合，听天命而已。现在湖南瑶人滋事，闻广东连州亦渐蠢动。湖南已连毙一提督、一副将、一县令，伤参游以下官数员。有劝亮从军者，但亮念卢厚山、李广平皆非阔达大度，有深识远虑，可依倚之人，故不愿往。

然窃念现在惟宜先安集。去岁两湖被灾，流民毋使阑入瑶地，以助其势。然后募乡勇，筑碉堡，坚壁清野，使彼出无所掠，出则禽薙之，则瑶自然窜伏不出矣。其兵惟宜计核全楚之兵数，何县何郡此时不须兵防，则撤之以赴沿瑶境郡县，为守御追剿计，则国家不添一兵，不增一饷，其乱自靖可决也。瑶日损伤其种类，其丁壮复集亦需数十年，而岂能成事耶？昔舜之圣，不能尽灭三苗。其后马援亦卒于政蛮之之圣，诸葛亮征孟获，亦惟以智树怀优之而已。前史历历可考，今谋国者乃欲动大兵，请邻省之饷，期在灭此朝食，岂不误乎？

夫瑶地深山密箐，人不能并行，马炮更无所用之，则我兵断不宜轻入。前提督、副将之失利，以轻进也。既不能入其地，则纵而防堵之而已。而彼出入无时，大兵久留防堵，饷何以能支？故无如募乡勇，筑碉堡，调楚兵用之楚地之得计也。今之公卿督抚，平时既不延挽人才，及有事之秋，人才谁肯为用？即肯为用，而彼且不相信任，而欲张大其事，以为己功，不顾靡饷劳兵贼民者，又比比皆是也。时事如此，岂可复为投笔请缨之举乎？

前在山中作得诗百余首、文十数篇外，又成《黄垆录》一卷。此卷皆平日往怀故人及贵人之相识已死者。其中如孙平叔、曾宾容诸传，皆大有关系，俟改定后行奉寄。年逾三十，生平所怀抱者十不一试，讬诸空言，亦自惜耳。执事现在署武进，此地士习民风万许已甚，又多大族，值蘅途，甚为未便。闻本可补吴县，果尔，则较可喜。以吴人素柔，尚知好名感恩。虽多大族，而抚藩所镇抚之地，彼亦未便把持也。日夜望之，有便幸先以闻也。眷口来署否？小郎君有乳否？统希便示。此草草专谢，余容续报不一。[1]

姚莹之子姚濬昌撰《思伯子堂诗集后序》：

《思伯子堂诗集》三十二卷，建宁张亨甫先生所著也。

先生以道光癸卯（二十三年，1843 年）急先大父之难于京师。疾革日，自订诗稿，属朱伯韩侍御琦执笔为之勾乙。时已噤不能言，以首俯仰示意而已。既毕，先大父藏于行笥，将为刊行，属多故未暇。咸丰初，粤西乱起，先大父奉诏赴军，留是编于家，命濬昌慎为藏弆。癸丑（咸丰三年，1853 年），先大父见背，桐邑亦陷于贼。濬昌先世遗集及是稿，皆以预藏山中，得未焚毁。嗣是屡经丧乱，转徙烽烟间，所往辄以自随。前岁丙寅（同治五年，1866 年），既重刻先集于安平，将取斯编校梓，以继先大父未竟之志。旋值入都，未果。今年重涖安福，退食之暇，乃与友人郑福照容甫详加编校，付之手民，计诗三千五十一首。

先生集已刻者十余卷，板片毁于兵。同治丁卯（六年，1867 年），其门人李华峰云诰求全本不得，乃裒集散稿，刊于闽中。然多遗佚，字句亦颇有讹漏。辛丑（道光二十一年，1841 年）以后则全佚焉。而原本独藏余家，缅怀先友，抚览遗编，亟为流传，非濬昌之责也。集以“思伯子”名者，先生幼孤，赖伯兄资之，得力学有成，故名以志不忘也。

原稿嘉庆乙亥（二十年，1815 年）至道光甲申（四年，

1 张际亮：《思伯子堂诗文集》下册，第 1340~1342 页，上海古籍出版社，2007 年。

1824年）曰《松寥山人初集》，乙酉（五年，1825年）至戊子（八年，1828年）曰《娄光堂稿》，己丑（九年，1829年）至壬辰（十二年，1832年）曰《谷海前编》，癸巳（十三年，1833年）曰《豫粤游草》，甲午（十四年，1834年）、乙未（十五年，1835年）亦曰《谷海前编》，丙申（十六年，1836年）至庚子（二十年，1840年）曰《谷海二编》，辛丑（二十一年，1841年）、壬寅（二十二年，1842年）曰《谷海后编》。今每卷前不复标题，而附著于此。

原本缺己丑（道光九年，1829年）岁作，盖先生入都时未携入行笈，兹取李刻本补之。又癸卯（二十三年，1843年）岁诗二十余首原载别本，乱后佚去，故今所编讫于壬寅（二十二年，1842年）。凡稿中已删去之什，不复刻入；未删者，虽诗未工，亦仍存之。盖当时去取，容有深意，未敢以臆见厕乎其间也。原稿无总叙，谨以先大父所撰传弁诸简端。朱侍御七言诗一章，叙删订诗稿事甚悉，亦并录焉。

先生子诵芬，依先大父蜀中数年，旋归闽，卒。孙新魁，幼遭贼胁，逃归，贫乏不能自存。余闻，遣人往建宁觅得之，以其幼孤废学，令习贾，冀或有成，以延其祀。呜呼！先生负异才，坎壈毕世，赍志以没，子孙复式微若此，天所以厄之者亦云至矣。独遗诗迭经兵乱不至埋没灰烬，卒使流传人间，冥漠中若有呵护之者，殆所谓立言不朽，其光焰之莫可磨灭，实有以自致耶！

剞劂既竣，爰书校刊岁月颠末于卷首，以志弗谖云。同治己巳（八年，1869年）中秋，桐城姚濬昌谨识。[1]

1　张际亮：《思伯子堂诗文集》下册，第1451~1452页，上海古籍出版社，2007年。

邓显鹤

邓显鹤（1778~1851 年），字子立，人称湘皋先生，湖南新化人。历任宁乡训导及书院山长。勤于搜寻、编纂湖南地方文献，如《船山遗书》、《沅湘耆旧集》、《资江耆旧集》、《楚宝增辑考异》、《宝庆府志》、《武冈州志》、《安徽通志·艺文志》、《明季湖南殉节诸人传略》、《明季湖南南十三镇考略》等。

姚莹《东溟外集》卷三有《游白鹤峰记》，述及与邓显鹤等人游白鹤峰事：

白鹤峰者，桐城东南一邱壑也。去城百二十里，古枞阳地。汇桐城、潜山、怀宁、舒城诸邑水，潴为大泽。春夏盛时，白波漫空，一望无际，桐人名之塞湖。湖尽处，小峰十数，白鹤独耸。川流环出其下，以达于江，故虽不甚高，而有千里之观。东晋时，陶公尝令枞阳，后人筑亭其右，曰"惜阴"，比岘山焉。甲子、乙丑（嘉庆九年、十年，1804 年、1805 年）之间，里中同人颇盛，余尝一再游之，甚乐也。人事牵率，奔走于四方，不登此峰者二十年。今岁之京师，道出里门，昔时交游，仅有存者，每一置酒，辄忽愀然，登临之事，遂废甚矣，吾党之衰也。已而以事至郡，春麓侍御主讲院，往谒见，则谓曰：而知湖南邓湘皋乎？吾尝与言白鹤峰思一游，可偕往。余应之，而未果也。湘皋方修《江南艺文志》，寓院中，余亦假馆，三人相得欢甚，各出所作诗文相论辨。侍御又言，先世与吾家姻谊，自明季以来且二百年，子孙各有盛衰。余与侍御之弟岳卿及其子子方又知交最久，复聚于此，诚非偶然，而子方则既亡矣。相携登大观亭，吊余忠宣之墓，作诗而返。侍御又出史忠正书其五世祖母、余七世从祖姑姚太君事墨迹，湘皋亦出其乡邓子与挽某和尚诗，皆明季忠烈高士，各有题咏，感慨系之。余幸此行得二君子，相知之乐，几忘返矣。事竣将行，两君坚持不已，于是留郡一月，登车复止者再。侍御曰：不可以负山灵。遂订期买舟至白鹤峰下而登焉。夫宇宙间可喜可愕之事，当时称艳，境过辄如浮云太虚之逝者众矣。独古人山水所在，与友朋知己之盛，终身思之，岂淡泊之事果逾豪华哉。桐城山水之胜称龙眠、浮度，侍御及余乃睠睠于白鹤一小峰者，以陶公耳。即吾郡城形胜，枕龙山，面大江，为金陵上游，而汉、唐之势寂然。自余忠宣后，天下遂咸知有大观亭者，岂非山川得人之助乎？江山终古，人寿几何，岁月推移，而功名不立，并友朋觞咏登临之乐亦不可常。今余方入都，湘皋将之维扬，而侍御亦有去志，三人向后之会合且不可知，况更数千百年后登此峰者其人其事视吾辈又何如哉。余既应侍御之约将行，卒以事不及往，乃叙其事而为之记。[1]

邓显鹤《南村草堂诗钞》有关于姚莹的诗数首。

《八月七日，春麓侍御邀同姚石甫（莹）大尹登大观亭小集》：

缥缈凌空刹，苍茫倚槛身。涛声来树杪，秋色隐江滨。白鸟窥人远，青山阅世新。兴亡前代恨，振觸一伤神。

安抚幽明格，忠宣祠庙新。丰碑争嶱嶭，大笔自璘彬。隔岸青山宅，孤愤碧血磷。文章与节义，一例炳星辰。（云汀中丞书忠宣公传立石墓门，兼修太白涂祠墓。）

高节吴夫子，扶筇兴不孤。安危思往事，酬唱得吾徒。训俗婆心切，言诗道味腴。东南耆宿在，与世作师模。（春麓侍御时掌教敬敷书院）

有客来沧海，新经战伐余。惊心循吏传，流涕治安书。

1 姚莹：《中复堂全集·东溟文外集》卷三，同治六年刊本。

赤手还山后，狂歌识面初。艰难时事迫，西望一踟蹰。（石甫令台湾，出入重洋，擒斩渠魁无算。）

江左雄天堑，屏藩此上游。由来称重镇，终古借名流。歌泣千年事，行藏两鬓秋。凭栏惊岁晚，芦荻响飕飕。

信美非吾土，飘流又早秋。江山余我辈，风月几南楼。世自娴巴曲，谁犹念楚囚？唯应借汗漫，鹤背恣遨游。（时约为白鹤峰之游）[1]

《皖江送石甫北上》：

君官八闽我客粤，南海东海中隔绝。同心天遣一相逢，可惜逢时是离别。离怀黯黯况九秋，愁霖三日为句留。丈夫不洒别离泪，对子不觉光倾流。北风猎猎寒肌砭，黄河浊浪连天卷。东南方自亟才用，富贵逼人知不免。语君且莫愁颠碚，如尔人才岂易得。眉间黄气正飞扬，男儿未可轻量测。皖公山下一尊酒，骊唱在门鞭在手。野夫独坐听晨鸡，隔旦江头莫回首。[2]

《都门留别十首》，其一为《姚石甫大令》：

吊古伤春数举杯，皖公山畔又燕台。一官君已成孤注，十上吾犹剩死灰。汝不负丞丞负汝，才还需世世需才。似闻当宁知循绩，鬓发如今尚未摧。（石甫引见，有旨以县丞用，方谋捐复，又为部中所抑。事闻，寻奉特旨俞久）。[3]

1 邓显鹤：《南村草堂诗钞》，第 242~243 页，道光九年邓氏自刻本。

2 邓显鹤：《南村草堂诗钞》，第 246~247 页。

3 邓显鹤：《南村草堂诗钞》，第 264 页。

《过枞阳吊吴春麓侍御，兼简方石伍（于穀）、姚石甫、汪奂之（正荣）、厚之（正堃）兄弟》：

六皖经年共晦明，谆谆时事几盱衡。九原可作思随会，千里能来愧巨卿。泽国荒凉仍被水，穷边仓卒正筹兵。小同家祭应相告，地下犹闻太息声。

海内文章递主盟，此邦耆旧最知名。岂知隔岁同欢笑，重向荒江向死生。老去方干栖故里，耽吟姚合滞春明。石塘无数桃花水，忍忆汪伦送我情。[1]

《石甫官淮南日望余来，迨余至，而石甫已先一月赴台湾观察任矣，诗以寄之》：

高雯寺外瓜州渡，十五年前别君处。颠风吹我渡江来，可惜我来君又去。使君英雄天下才，诸罗绝岛亲手开。（开辟噶玛兰方略暨善后事宜，皆君手定。）帝知穷海服威德，故假节钺分巡来。（君由监掣同知超擢）大夫立功须域外，重洋况易惊烽燧。撑持绥辑可无人，期尔姓字凌烟绘。独怜参辰避若仇，颓波白尽老夫头。更欲相从待何日，东风吹泪过扬州。[2]

《得石甫扬州书兼示近刻，时已奉起用之旨矣。喜而有作》：

贾生痛苦救时策，管子羞称定霸才。相隔三千里路，俄惊二十五年来。著书已遍地中海，（石甫所著书，言地中海

1 邓显鹤：《南村草堂诗钞》第287页，道光九年邓氏自刻本。

2 邓显鹤：《南村草堂诗钞》第391页。

四天下甚详，多在魏默深《海国图志》未出之先。）阅世真探劫底灰。老我闭门闻见断，双眸今忽为君开。

今皇屡下求贤诏，公论同推拔乱才。鼎鼎台衡为时出，区区盐筴令公来。人间不少持筹策，世上犹多未死灰。已决余年见平治，预将笑口对君开。[1]

《见石甫〈后湘续集〉，始知汪孟慈死矣！作诗哭之，即简石甫（有小序）》：

（忆丙戌［道光六年，1826 年］出都，孟慈送我于南城外，大哭不已。问其故，则以其时二曲先生方格议瞽宗，而余见摈礼部，国人无有过而问者。余时笑其痴，不谓其言之痛也！今读石甫诗，述其被逮时，孟慈闻之，至大哭呕血，作出勉以千古。盖其生平以友朋为性命，风义如此，今不可得矣！）

记得驱车出国门，汪侯泣送古城垣。直将盩厔神明恫，并作潇湘哀怨论。生死音书淹岁月，浮沉身世信乾坤。因君更触无穷痛，凄绝唐衢泪眼昏。[2]

《石甫观察自长沙使人来邀会于永州，于是石甫别二十六年矣！欢娱之际，辄形于言，即送其之粤西戎幕（时石甫以湖北盐道奉命赴粤军。）》：

投书老竟渡湘水（石甫足迹遍天下，其渡湘实今日始也），作记今谁似柳州？辛苦三十年图一面，绸缪永夕话千

1　邓显鹤：《南村草堂诗钞》，第 478 页。

2　邓显鹤：《南村草堂诗钞》，第 478 页，道光九年邓氏自刻本。

秋。全消反侧凭杯酒（石甫过洞庭筴卜吕仙祠，有“反侧全消杯酒中”之句），尚有余闲到唱酬。隔旦征车又西发，不堪别泪问君流。[1]

《到永寓紫卿新宅，次日邀同石甫观察游柳祠，遍寻愚溪、铭鈷潭诸迹。赵秀才为具舟楫至朝阳岩，拟游绿天庵未果，返宿濂溪精舍，絮语达旦》：

城角斜通曲巷阴，一尘何必入山深。南邻地逼墙犹直，古井波寒气自沉。举室已哗儿女语，前荣未息斧斤音。孤踪落落谁堪并，来往愚溪一榫寻。

沿溪最近柳侯宅，数武即窥钴鉧潭。有客频经沦海外，居人遥指绿天庵。寻诗且溯元丰上，（朝阳洞有天禧、元丰诗刻）读易谁知吾道南。（余近取周子“闲坐小窗读周易”句，名所居为“读易窗”。）留与濂溪作佳话，怀文旧事莫轻谈。[2]

《永州得李石梧宫保凶问，诗以哭之，即呈石甫、紫卿》：

初闻屏息待雷霆（“惟有屏息，以待雷霆之至。”公家书中语），又报高原殒大星。回首城南如昨梦（前岁城南之会，公诗兴最豪），伤心堂北有衰龄（太夫人在堂）。未能灭贼含犹视，见说移营节未停（四月初二日移营武宣，十二日即薨于舟次）。独使至尊思将帅，谁将特笔纪勋铭？

雍容儒将踵文忠（林少穆先生薨于军，得谥文忠，公实踵其后也），群盗如毛满粤中。人望出关同狄帅，帝思平蔡籍

1 邓显鹤：《南村草堂诗钞》，第484~485页。

2 邓显鹤：《南村草堂诗钞》，第485页。

裴公。孤裘岂料违初愿，马革真教裹敝衷。勋业未成身已逝，似闻天语谅元戎。[1]

《冷水滩行别紫卿，兼简姚石甫观察桂林，何子贞编修道州，时约游九疑未果有引》：

（五月朔日离家，紫卿拉舟送我于冷水滩，时石甫先一日赴粤，子贞尚留滞道州。余以故人在系，仓皇告归，为赋《冷水滩行》，兼寄二君，不自知其言之长也。）昨日朝阳洞，今日冷水滩。冷水滩头湘水冷，照我两人湘影单。两翁孱影冷于水，中有万古冰雪之心肝。相别一何易，相会一何难；世路况多阻，时事况多艰。浯溪之约今几年，我来君去相避然（昔年与紫卿订会于浯溪于遇）。前年会城南，欢悰未毕烽烟传（城南之会极盛，以闻新宁警报而散）；去年会东岭，贼徒虽溃师未班（去岁紫卿访余邵州，信宿东岭，其时夫夷之役尚未竣也）；今年来愚溪，兵气狱气徒纷缠（时粤氛甚恶，邵中又兴大狱）。旦送昆仑去，夕瞻贯索还。不知冷云疑岭在何许？但闻冷水呜咽声溅溅。水溅溅，思漫漫；哭无泪，笑无端。何时冷水滩化作热水滩，浇我冰雪心胆寒；一洗兵甲湔烦冤，普天四海皆安澜；使我胸中郁积抑寒不平气，化作千岩万壑之云烟。九疑联邈重华攒，窈窕濯影修痕斑。君乘虬驷我骖鸾，左拂玉琯右云鬟。下瞰苍梧九点浮云端，大呼姚合何点同跻攀，区区五岳咫尺间！[2]

《寄严仙舫观察，时同石甫赴粤先后过家，未及见也》：

1　邓显鹤：《南村草堂诗钞》，第485~486页，道光九年邓氏自刻本。

2　邓显鹤：《南村草堂诗钞》，第486页。

几年不见严夫子，对面无缘接啸歌。二使偕来占益部，三台明处动星河。来牛去马参辰避，藤峡梧关枕席过。旦晚姚崇同擘画，好开岭瘴待镌磨（仙舫名正基，时以淮海奉命通石甫从军）。[1]

《闻姚、严两君子新授广西按察使、右江道之命》：

吾生结识两贤杰，晚岁同为百粤行。共道将军重揖客，岂知帝意响书生。备兵陈臬衔新命，决胜持筹仗老成。已觉英谋动岭外，相公亲驻象州城。[2]

邓显鹤《后长沙秋感十首（有序）》，其一为叙姚莹事：

涨海连年苦用兵，沿边列戍少坚城。波光荡日朝无色，蜃气浮空夜有声。稍喜偏师能杀贼，似闻公论狃输成。书生两耳如棉塞，独为孤军抱不平（英夷犯台，石甫擒斩黑白夷最夥，竟以是被逮）！

管同

管同，字异之，号育斋，江苏上元人。道光五年（1825 年）举人。嘉庆初，姚鼐主讲钟山书院，管同师事之（学为古文），被称为“姚门四杰”之次。刘声木《桐城文学渊源撰述考》认为“其文雄深浩达，简严精邃，曲当法度，规模庐陵。”著《因寄轩文初集》十卷、《二集》六卷、《补遗》一卷、《七经纪闻》、《孟子年谱》、《文中子考》、《战国地理考》、《皖水词存》。管同

1　邓显鹤：《南村草堂诗钞》，第 488 页。

2　邓显鹤：《南村草堂诗钞》，第 491 页，道光九年邓氏自刻本。

还撰有《禁用洋货议》，认为“凡洋货之至于中国者，皆所谓奇巧而无用者也”，主张“宜令有司严加厉禁，洋与吾商贾皆不可复通，其货之在中国者，一切皆焚毁不用，违者罪之”。所作《拟言风俗书》认为“今之风俗，其敝不可枚举，而蔽以一言，则曰好谀而嗜利”。

姚莹诗文集中有关于管同的作品。

《赠管异之》：

管子贞静人，亦褎苍生志。怀挟千秋文，梦想天下事。壮哉蓬蒿中，暮偃风云气。金陵龙虎都，兴废六朝事。悼古怀幽情，高歌发奇致。可怜南厢叟，亲见铜驼旧。济世得异人，艰难识天意。方今圣明代，事与古先异。莫以诗书光，而忘猛士寄。郑重青松心，孤生保忠义。[1]

《管异之紫芝图》：

异之携图索我诗，自言近岁家产芝。光艳郁郁茎干好，肉色凝紫如凝脂。贫家何从得瑞异，天命祸福心狐疑。可怜秋来一领荐，先生自喜傍人嗤。由来神物不忍亵，或恐辜负皇天慈。绘图远携到京国，君门欲献还迟迟。升平无人识祥瑞，先生报罢芝何衰。我为子歌芝莫悲，凤凰麒麟未有时。道高不惜徇世俗，矫矫龙性或为蛇。荒江老屋风雨坏，此中足梦宣尼师。劝君携图且归去，造物未必空灵芝。况闻诸侯已征聘，厚币聊复忘寒饥。[2]

1 姚莹：《中复堂全集·后湘诗集》卷二，同治六年刊本。

2 姚莹：《中复堂全集·后湘二集》卷三。

《复管异之己丑（道光九年，1829年）》：

异之足下：远承惠问劳苦愁寂之中，如亲笑言。又以仆起复有期，虑其好热闹而不节用，甚非今世所宜，恳恳谆谆，诲所不逮，非相爱之深，不能为此言者。顷得左筐叔书，亦谓近日士大夫多饰小节，以为进取。而光栗原亦以谦谨相戒。三君之言，何其若合符节也。三复规箴，感叹不已！仆今年四十五矣，读书二十年，游历仕途崎岖忧患者又二十年，不应愦愦然，亦窃有微衷，请为足下言之。夫志士立身，有为成名，有为天下，惟孔孟之徒道能一贯，其他盖不能以同趋弈。为名计者，谨言行，饰廉隅，此乡曲自好之好求也。自东汉以虚声征辟，天下争相慕效，几如今之攻举者。孟子所谓修其天爵以要人爵也。当时笃行之士固已羞之。明季东林称多君子，天下请议归焉。朝廷命相，至或取诸儒生之口，固宜宇内澄清矣。然汉、明之季，诸君子不能戡定祸乱，反以亡其身者，无亦有为天下之心而疏于为天下之术乎？天下大矣，不可以一言几也。有开创之天下，有承平之天下，有艰难之天下。开创人才无论矣，承平者务在休息教养，士大夫言论从容坐镇，风俗斯谨饰，文雅之儒所以垂休声也。及乎承平日久，生齿繁而地利不足养，文物盛而干盾不足威，地土广而民心不能靖，奸伪滋而法令不能胜，财用竭而府库不能供，势重于下，权轻于上，官畏其民，人失其业。当此之时，天下病矣，元气大亏，杂症并出，度非一方一药所能瘉也。今夫求马者于冀北，蓄蚕者于江南，稼问农，蔬问圃，天下艰难宜问天下之士，而与乡曲自好者谋之，其有济乎？奇才大略不世生，必不在修饰边幅中也。汉、明之季，诸君子所为，视今何如，吾犹不能无憾，又况其下焉者哉！且世之善为修饰者，初亦何能自好，不过视时所尚为之，上以是求，下以是应，犹之夫攻其举业云尔。立身求已之实，盖未究心焉，尚谓有恫瘝于天下乎？夫谦谨者君子之美德，然既爱人之爵，宜忧人之忧；食人之禄，宜任人之事。今于爵禄，则取其大者厚者，而于天下事，则为其微者细者，曰是能谨慎供职，吾不知所职又何事也。呜呼，一生谨慎，武侯语也，乃以为趋时之具，无怪孔光、张禹者流比迹于千古，是亦大可痛矣！且夫举业趋时者，可以数变其文体，为人而趋时数变，将何以立身？盖通塞者命也，好恶者人也，吾之赋命有定，而人之好恶难齐。命苟塞矣，阔略者固非，曲谨者亦可罪也。今日阔略，明日曲谨，不且两失之乎？吾愧道不足以济世，才不足以救时，乃其志则不欲曲谨求名，聊存其面目于百折崎岖之后而不敢变者，意亦有所羞也。异之责其好热闹，夫好热闹者必热中，热中者必慕势，异之视仆亦尝慕热否耶？三至京师，足不及权要之门，三为县令，未尝降志于督抚，所热闹者，海内节义文章之士，贤豪 弛之人耳。数厄当道，郁塞困顿，或跌宕于诗歌酒肆，以发其无聊，此学问不能养气耳，岂好热闹哉？若夫节用之说，固尝思之，然以家无儋石之人，生平结交当世贤豪，以此赡其父母妻子，以逮五服三党数十口无冻馁者二十余年矣。生平无声色服食珍玩起居之好，尝负官责巨万，然在官未尝妄取民间一钱，及罢职去，士民辄争为代偿，卒亦无锱铢之负国家，人之于我何其厚也！我尝厚取于人，而我之于人必用节焉。丰之入而啬之出，得毋为鬼神怒乎。吾尝少也不能悦人，今老矣，而涂脂泽粉以事后生，异之谓老能之乎？虽然，君子者求反正以可常，不诡僻以立异，三君勉我以中庸之道，将使之改过迁善，则闻命矣。勉以宜时，则私衷有所未安，敢尽区区，惟鉴教之。[1]

1　姚莹：《中复堂全集·东溟文后集》卷六，同治六年刊本。

《惜抱先生与管异之书跋》：

惜抱先生之管异之书六通，皆在钟山书院日，异之客山左所得者，中言诗古文法甚精，益深喜异之所为而言之。逾数年，先生亡，不及见异之后来进境，所传《因寄轩集》，岂不胜于秦鼂之在苏门耶！当时异之与梅伯言、方植之、刘孟涂称“姚门四杰”，然孟涂、异之皆蚤卒，植之著述虽富，而穷老不遇，言不出邻里，独伯言为户部郎官二十余年，植品甚高，诗古文功力无与抗衡者，以其所得为好古文者倡导，和者益众，于是先生之说益大明。今异之往矣，地下有知，能无愉快乎？伯言之道既大行，告归江宁，先生之风于是乎在。而异之有子小异，能世其业，方极困穷，有以重价欲购此卷者，笑而不答，可谓有守矣！道光二十九年十月侄孙莹谨跋于江宁博山园。[1]

管同文集中有关于姚莹的文章。

《送姚石甫序》：

吾师姚先生为予言，桐城之士曰方植之、刘明东。予首识明东，与一见，论《尚书》，别去。而植之来江宁，与之游特久，植之因为予言，吾乡之士不上明东已也，有左筐叔者，子苟见，必敬之。不一年，筐叔至。明东之为人，吾未能知之，其文辞飘忽而多奇，吾而爱之矣。植之意欲穷理尽性，厄于穷，而不能自振也。拟彼可云有志者与。至于筐叔，则吾尝称曰“忠信”。天之生才也不偶，其生异才也尤不偶。桐城一县，数十年吾求其才而得者如是，则安知天下之必无才

1　姚莹：《中复堂全集·东溟文后集》卷一〇。

哉，患在不求而用故也。才何由出？虽然如吾师及三君，彼其才诚未易见，其诸师友渊源之有渐者乎？抑潜霍司空长江之流灵秀雄奇钟于是而不可多得者乎？及今姚石甫来，乃知又有姚石甫。接其人爽而直，读其书辨博而驰骋。甚矣，桐城之多才也。然石甫殊石自足，而慊然求益于吾侪。吾侪之陋，奚能益石甫哉。孟子曰：友一乡之善士。又曰：思友天下之善士，犹不足，故尚友古之人。宁筐叔之忠信，穷植之之性理，兼明东之文辞，廓而大之，精而深之，虽学圣至吾师犹不止，吾之益石甫者如是。石甫为予言，吾乡同志有十人，今之存者五人而已。四人者，植之、明东、筐叔、石甫也。其一人者又何人也，吾愿因石甫以见之。[1]

《答姚石甫书》：

见示邹忠公祠碑，欲同删润，反复玩之，觉其立论未惬鄙意。忠公于易后一事，不争之未易之先，而争之于既易之后，此为成事始说，遂事始谏，玉山主人问对责之本不为苛也。及至徽宗召还，索其谏草，公对曰：已焚之矣。陈忠肃闻之，以为公祸始此。既而奸人果伪为疏，忠公由是再得罪。是事也，正见忠公爱君切，宅心忠，无避患之思，无沽名之念，视忠肃之以祸福为言者，诚过之矣。大抵邹、陈二公志完见事迟，而了翁当机警，故公为奸人所困，而忠粟得祸虽酷，终不能以暧昧伤之，此其分也。吾辈为碑文，于易后一谏，固不能贬其失几，如当时人所说，而于谏草之焚，似当极力发挥，则论允而文字精。当石甫之作，专归重于谏易后，而于后事反置不言，是以甚费翰旋而立论终不能的实，如云“未为不近人

1　管同：《因寄轩文初集》卷五，光绪五年重刻本。

情”，又云“善处君臣骨肉之间，此明欲为公弥缝其失，而要之情事正相违矣”。此文欲改，须并其立意改之，是以未能下笔。鄙见如此，未识以为何如？敬复不具。[1]

李兆洛

李兆洛（1769~1841年），字绅琦，更字申耆，号养一学者，称养一先生。乾隆三十四年九月二十四日（1769年10月23日）生，道光二十一年七月八日（1841年8月24日）卒，年七十三岁。是年，宜兴吴仲伦德兼、宝山毛生甫嶽生并以九月十一日卒，浙江龚定庵鞏祚、福建高雨农树然亦卒。李兆洛是江苏阳湖人。嘉庆十年（1805年）进士，曾任安徽凤台县知县。后主讲敬敷书院、江阴暨阳书院等。道光十二年（1832年），姚莹任武进令，寄赠姚范、姚鼐著作四种及所著《东槎纪略》。擅长舆地之学。

姚莹任扬州护盐运使时，曾致书李兆洛邀其至运使署中聚会。书中称赞说：

> 莹常为人言，东南讲席，为先生一人而已，非谀言也。今之拥皋比称山长者，无不为束修计，其以文章道义古哲是程者，未之有闻。而阁下不惟无升斗之望于书院，且出其所有以养士，教导诸生以古为式，表章修述，仡仡穷年，由此观之，非先生其谁与归乎？

李兆洛《姚石甫文集序》：

> 《东溟文集》六卷、《外集》四卷、《后湘诗集》九卷、《续集》五卷，桐城姚君石甫著。桐城气节文学高于江左，薑

1 管同：《因寄轩文二集》卷三，光绪五年重刻本。

坞、惜抱两先生，经术文章闳深简要，为世硕儒。石甫服习传绪，扩以通敏，性识淳完，内外不越。洎乎筮仕，益慎推行，烛奸止邪，肃若蓍蔡，兴利除害，亟于嗜欲，度务宽猛，胥孚惠威，频霸渤遂，蹈道则未求艺赐达，从政何有？是以陈事由其几深，尚论该乎通变。凡所指画，考其成功。无有幽遐。若握符券，岂独以是存其谟猷，示信后世而已。夫古之学者，莫不有天下己任之量，所以副其量者，莫不有尧、舜斯民之心。六艺垂教。圣哲之著书，贤宰相百执事之抗奏持仪，皆若是已。《诗》曰：古训是式，威仪是力。《易》曰：君子以言有物，而行有恒。石甫亮悫，获我心矣。至于咏歌性情之作，雕绘景物之篇，体兼质文，词必廉杰，不佻诡以害才，不瑰丽以荡心，下视辟绩，犹莲楹也。加以少衅隐忧，长厄群忌，憔悴之音托于环玦，悲愤之思憯若风霜，诵者涕零，恻其幽眇，作者顺息，归诸和平，斯尤合志骚人，上溯《小雅》者也。诗文初刻于闽中，去年来权敝邑，简书有暇，乃裒前后所作，损益次序，复刊于江阴。兆洛获与宾从，校第篇目，辄为条其指要云尔。道光十三年八月。[1]

李兆洛《以丁南羽十八高行用贻石甫都转，都转转属识其年月，因原奉贻之意以为之辞》：

随缘示应真觉超劫，单然精明而念不起，泊然灰槁而照不灭，是名神通，讵假出力。[2]

李兆洛《与姚石甫》：

---

1 李兆洛：《养一斋文集》卷四，光绪四年刻本。

2 李兆洛：《养一斋文集》卷六。

春中见伯恬，极道才猷斡济，冠绝流辈。而盛得懋行，落落然追踪于古人，企慕之私，旦夕不释。徒以息阴蓬荜，守野畦之分，不敢冒昧抠衣。乃荷赐书奖饰，并颁先集及大著，循涯揣分，感悚交并。伏读端恪公奏疏，荩谟硕画，与道权衡，康济斯民，垂法后世。薑坞先生诗文笔记，辉光夺目实兼而有之，沾被无穷，俟圣不惑。明府君嗣有今绪，宜其明体达用，时措咸宣矣。大著坐言起行，万化在手，太和为心，所谓物至而应，事起而办，命世应期，天下之福兆也。兆洛庸下，学无绝诣，用不适时，赖师友教督。不至为小人之归耳。马齿渐衰，不能自策，校刊载籍，事等遣闻。附去数种，每种各工，一以饷植之先生。甚不足观，徒尘清座。曩交周保绪、包慎伯，以为足应时需，不意盘盘之才，正在孔迩。植之先生复相左右，干城吾道，大庇群伦，当吾世而幸遇之，其为庆慰，岂一人之私也。敬问起居，无任系仰。[1]

毛嶽生

毛嶽生，字生甫，江苏宝山人。少从姚鼐习古文，尤长于诗。擅元史，著有《元后妃传》、《元公主传》各一卷。另有《休复居诗文集》十二卷。

《与姚石甫都转莹、潘彦辅金山放舟，宿焦山松寥阁，明登绝顶，二君有诗，用酬是篇》：

江流渺吴楚，海月生幽巇。孤光导元窗，松栝森匽扆。气通井络永，险扼瓯闽罙。危登揽群动，夐想悬遥曦。坎孚彻境野，急流如有期。元化慨迁谢，至理畴仳傂。先民葆土穴，烈士残戈铍。贞素径卒坦，复性形靡亏。与君异出处，白发天风

1　李兆洛：《养一斋文集》卷一八。

吹。自来用世者，不废鸡鸣思。鹏骞恢逸志，蠖屈修真仪。滔腾塞孤蹇，窈冥藏初熙。多言岂道要，磐石跻忘疲。[1]

《题海门庵壁同彦辅并序》：

彦辅志意悫直，学既明粹，尤善为诗歌。余前赠诗云：草堂鼓清瑟，江汉生微澜。其敻穆何如哉！比石甫约同游焦山，既登绝顶，辄赋诗属余。明日日出，余与彦辅至海门庵。庵在山北，尤遐僻，竹木禽石皆若与世相忘幽藏于山海间者。彦辅益有会，余前诗嗟叹其旨，因念古人隐居求志，所以婆娑于万物表者，岂仅是文词然哉。石甫仕方显，彦辅行亦将出，二君德业，都未可穷量。独余衰迟山泽，有违出处，为可愧也。用赋是诗以纪，并邀石甫同作云。

日毕散洲渚，门掩峰蜸苍。岷峨山尽处，江渔藏虚堂。古人述作旨，乐忧通行藏。谁为黄鹄举，莽露争微光。斯文久烟塞，老我悲亡羊。百代隐居学，寥泬徒相望。石间数丛竹，澹若尘区忘。他年风雨夕，应忆龙吟长。[2]

《松寥阁晨起有作，简石甫、彦辅，寄邓湘皋长沙、申耆先生江阴》：

高阁无炎歊，敻曦乱潮景。江海水分初，青苍峡峤永。浮生几荡潏，六合喻茗颖。川流视万里，性定意姑骋。颇思穴处乐，畴伤疾攻猛。知止云山辉，有道邱园静。濯缨七泽幽，晞发五湖回。兹山旧屐凿，十载苔发冷。肥遯诚悠悠，

1 毛嶽生：《休复居诗集》卷六，道光二十四年嘉定黄氏刻本。

2 毛嶽生：《休复居诗集》卷六。

孤漂行怲怲。松飚鼓龙鬣，崖溜喷鹤顶。念深甫沉杳，怀澄复光炯。寺古殷鸣钟，榭敞闲煮茗。瓜李午易谋，巾履晨可整。永啸闻涛声，余事真土梗。[1]

《题饭牛山人募驴图并序》：

饭牛山人，罗氏，名牧、善绘事，以老疾，募买一驴，魏叔子为作疏，吴梅林、朱竹垞、韩慕庐分赠米钱茧䌷。先是，罗文上以书一部准钱，他赠米钱者复十一人，其知名者若杨以任、陆仁庵、释子童、砚忍衣，其米至多者不过一石，钱则不过一千，少至五十。山人之狷介，诸贤之贫乏，可略见。题诗者为梁北潭清标、汪钝翁琬、陈香泉奕禧，跋者为符曾与释子大汕。大汕以童硕助米为非，复云梁大司马出此见示，则此图先藏北潭家矣。石甫得于扬州，属李申耆先生及余赋诗。时石甫适权转运使，而官私清贫倍甚，不独如余旅食者，因戏及之，为书于李先生诗后。

饭牛空山中，分无驷马驰。区区买一驴，亦醵良友资。米绢与旧书，准钱助券剂。保富说多善，救贫策无奇。储药非不夥，疾痌聊暂治。纵殚百夫力，何术纾衰羸。昔贤偶濡墨，艰苦寓笑嬉。应增旅食感，庶免博士嗤。[2]

《戏题石甫相马图》：

支公、伯乐识堪夸，争似蒙庄见道奢。阅尽腾骧千万匹，不知身尚困盐车。[3]

1 毛嶽生：《休复居诗集》卷六，道光二十四年嘉定黄氏刻本。
2 毛嶽生：《休复居诗集》卷六。
3 毛嶽生：《休复居诗集》卷六。

《残腊与石甫兵备、杨季子亮往江宁，过燕子矶，欲登未果，夜泊遣兴》：

冬暖天微雪，危矶啮晚涛。沙晴明雁羽，云洁养溪毛。海国新持节，江城久卖刀。笑谈见真性，酣醉去邪蒿。

绮丽文无质，雄奇句未醇。几人穷造化，善学弃纤鳞。衰病惊讥揣，开怀对绝伦。老兵头欲白，松雾喜沾巾。[1]

《上元后与石甫别于仪征，由山入海，夕泊月河闸下数十里，念石甫将远宦台湾，仆思退耕江野，出处不同，间隔伊迩，中夜感叹，寄赠是篇》：

万山逐江走，蜿蜒数千里。山尽江不尽，入海去天咫。潮回汰沃遥，气通溟涬始。暄景遂群生，微云丽中沚。欲暝尚夷旷，入夜复清美。黄浊遗外形，高朝悟真理。皓月潜生风，浩浩靡所止。合沓奔碕隈，瀺灂声中征。乘流将安归，离群慨难已。宙合几古贤，江海两畸士。沧溟更东下，蛟蜃供驱使。麾幢诸国瞻，耕凿众獠喜。化威破天靳，形神奚室迩。楼台敞名郡，木石阕荒涘。中原望孤岛，落日鱼尾紫。窮歌增角鸣，宣风亟弦弛。悠悠猿鹤怀，業業屏郭峙。勉旃抗夔鹭，寥落慕黄绮。圻沙烂疑贝，髡柳茁行荠。匹练垂吴门，鼓枻酒重酾（石甫约重见于苏州）。[2]

《明日与石甫、左石侨广文（德慧）复游理安，由杨梅岭至龙井，仍逾翁家山观水乐、石屋二洞，久憩虎跑寺，夕归舟中，闻

1　毛嶽生：《休复居诗集》卷六，道光二十四年嘉定黄氏刻本。

2　毛嶽生：《休复居诗集》卷六。

潮声，简石甫，并寄李申耆、姚子寿二君》：

阴晴川谷润，栖迟复幽境。濯乎法雨清，登楼月轮回（寺有法雨泉，阁南一峰名月轮）。春秋日夜分，月出辄当顶。道恒协圆灵，性正湛内景。奥奇间未窥，明秀憩久领。彻冥松涛翻，聆善竹风静。与君久江海，险阻意常警。及兹旷穆中，无我复奚骋。山僧契沉默，瓶拂见修整。欲起为徘徊，夕日在西岭。

深山忠事稀，茶种偏空曲。鸡鸣墟落静，白云起岩腹。湖光与石气，寂灭荡洄洑。洪纤声迭应，水石媚幽独。阴窦谁雕嵌，窍穴波纹蹙。云根燥泾清，苔发古今缘。德潜于已忘，名蹊今世辱。物坚近且然，质脆乃纷逐。吾何信硁硁，遐骞缅穹谷。

松枞列数里，篁竹复间之。幽泉奔空翠，寥夐生华滋。久知化人居，不系尘中思。太虚绝纤翳，白云与我期。上方钟磬寂，冬花堕方池（时山茶犹开）。儵鱼性亦定，潜伏不与嬉。穷通有至乐，乐匪巨细遗。行生渺宙合，畴会无言师。微风过岩壑，吾意良在兹。

多生眩名誉，文学滋争议。老以道自湔，怀抱慕荒邃。竭来陟嵺峨，步步生幽思。岂知大海中，仍作稊米计。箕毕瞻云萝，荞麦悟霜畷。自来重岩穴，伊谁显晦异。我家不由人，君仕岂违义。古人慎出处，患匪缺经济。所患经济间，张已余治世。樗栎老空山，未尽天所弃。且姑酌石泉，崖峻江湍霁。

坤维囿圆象，海潮充四隅。寒精应地底，月出涌与俱。往复环无端，百岁成须臾。微生寄漏景，乃复迷步趋。斯文通活忽，白首空为儒。座无人天学，孰与明盈虚。岛雯共岑峤，亹赭连越吴。悠哉云雾窟，邈矣山泽癯。因君访死生，默慨风轮驱。昔年客福州，与山阴胡寄山、鄞县李蕴垒数游宴，二君皆高亮杰士，睽隔几二十余年，爱不可见，辄感叹云。[1]

《送石甫至泷中，登东西台，赋此为别》：

泷流隐峰壑，合沓疑无前。石台屹穷峻，松柏皆窗然。人生日迁变，汩汩悲流泉。险夷贞世运，行藏通昔贤。山川悦我性，邃古惟清坚。明惜子当发，岭海窥汹悬。何人更歌啸，萝壁扪苍烟。风轻仁义术，秋洁鱼龙天。正已瓢饮乐，任世尊传。简书复奚畏，聊止邈绵。苍啼夕景，绯桃余昨妍。东海行持帆，宵梦空云巅。[2]

《桐庐道中雨作，重寄石甫》：

穷通等行役，离别悲风雨。亭苕众山色，出没渺云渚。桃李嫣宿霏，峰断见平楚。嵚崎复涧壑，杳霭俄墟坞，禽鸣不越山，松静自太古。而我白发垂，草庐尚无所。维君开济材，与世作楼橹。经略出缜密，胸怀剧扬诩。尚念当熙明，无始为进阻。龙山极神秀，崖巘晻江浦。峭壁潭洞奇，月溜互吞吐。渡海非幼安，誓墓岂怀祖。感激触所遇，泉石久共伫。兹观雨蓑出，乐不异吾土。耦耕老可遂，谷口听桑扈。凄其久蹭蹬，敢更耻忠圃，饥溺任有人，元田意空怃。[3]

1 毛嶽生：《休复居诗集》卷六，道光二十四年嘉定黄氏刻本。
2 毛嶽生：《休复居诗集》卷六。
3 毛嶽生：《休复居诗集》卷六，道光二十四年嘉定黄氏刻本。

《姚石甫文集序》：

昔之学者所以修其德业，达乎理道刑政之原，功烈明钜，不皆勤纂述以文学自任也。然文章制作之盛，则自汉迄今必皆属之闳通俊伟不世出之材。余友桐城姚君石甫，器识深远，亮确善断，其于古今隆替兴坏通塞之理，既洞悉缓急，又自六艺传记儒墨兵家阴阳医药卜筮之书，靡不综贯。为文章驰骋，论辩雄骏通辟，浩博知要，穷隟摧蔽，皆曲中理势，可见诸实用，其材洵不世出者也。夫文章衰盛，盖不一世矣。言之简洁赡雅，不剽窃者，其视险诐缴绕，固有间矣。然条甚义类，明其体要，高下鸿杀之不遗，是直沾沾于文也。至于习夸大之词，逞刻核之智，反复考校于经世之务，以及今昔制度名物蕃俗诡变之迹，文或奥衍瑰异，其实乖离析乱，究所陈施，鲜弗偾败，则甚矣，文章之害于事也。今石甫所以成其器识，治于内者皆极醇悫，而文之雄骏通辟，曲中理势，可见诸实用者如此。往仕闽中，因俗任法，以威信平其犷悍，以诛纵挫其劫杀。后在台湾，绝盗贼之根株，靖番氓之斗叛，争戍募之更易，凡所设施，咸切利害。今官江南，乃一意惠爱，浚川渎，亟流冗则，以仁恕诚笃之谊，辅其刚肃沈敏之资，此治行之所由善，抑其文之所以盛也。石甫于古贤中尤慕贾生、王文成二人，以其所言，考其所行，或庶几有合矣。然以二人之伟抱闳识，而皆不免于谗嫉。文成又说性道过高，学者颇病。其后之舛驰，至猖狂恣睢。则凡论议之立，虽巨细隐显之不同，何可不慎其终极哉。闳通俊伟之材不易得也，而文之适于用者尤寡。事势参错，岁月殊异，士之功业学行欲求合于古人，知其得不可不防其失也，防其失矣乃益以审其通变焉。《易》曰：言出乎身，加乎民；行发乎迩，见乎远。石甫言行，久加乎民、见乎远矣。则文之

见于实用，而胥达于张弛之宜者，卒何以矣哉。道光十三年七月二十二日庚寅（1833年9月5日）[1]

《焦山诗录序》：

古人行役登临，义类所触，托意诗歌者众矣。夫欢哀之发，性术各殊，而达于渊深悠然宙合之表，则岂昔贤雕缋奇侈之辞所能仿佛哉。余数往来焦山，今年六月，石甫邀余与彦辅同信宿山中，二君都有诗，雄概玮识，涛奔山立，要为不违于风骚，强余和之。余以沈忧堙郁，亦假是抒其哀思。时从游者，诗率奥美，清河吴稼轩凡录得二十四首，为刻于扬州。余固不得止焉，又以嘉其志之专一，而相从于寥阒之涂也。稼轩名大田，与桐城张德生、元和陈梁叔皆彦辅弟子；元直、鎣青则彦辅、石甫子也。道光十七年七月宝山毛嶽生生甫书于东溟寓斋。[2]

《跋姚先生惜抱与子寿书后》：

姚先生惜抱，学行文章，深醇简洁，务以理道见诸平易，海内知者多矣。而于书法亦然，少喜学董思翁书，盖尝有诗云：太仆文章宗伯字，正如得髓自南宗。其功力深可见，然脱去思翁柔靡习气，即率尔笔札，皆有儒者游艺气象。此又存乎学养之粹，非徒力追险绝复归平正意也。嘉庆间，子寿翁自蜀归，从游先生时，有书往复，颇残佚，今存者八通。一书与岳生所作通奉公卑文，又贻以所著《九经说》，曲誉善

1　毛嶽生：《休复居文集》卷一，道光二十四年嘉定黄氏刻本。

2　毛嶽生：《休复居文集》卷一。

诱，盖儒先成扬志也。然以愚蒙，有负教诲，文行多阙失，重损大贤知人之明，为不胜感悚。先生从孙石甫，文学政事亦极闳通，与岳生交深，以淮南监掣同知擢台湾兵备道，岳生送至严州泷中，登钓台，赋诗别去。归过松江，子寿翁出示是册，追思请业，时已三十余年矣。白发门生，怃亲几杖，尤无任山木悲云。道光十八年三月七日。[1]

姚莹《与毛生甫书己亥四月（道光十九年，1839年）》：

去冬得两书并诗册及李申翁书，悉近状窘乏。而仆六月发书，竟未到，继知舶遭风，是时方办贼事，未再作问。今岁又得手书，方喜与练立人相处，何意立人暂辍任去，现计呈中无复可托为足下计者。陈梁叔嘉礼虽威，而困于山左，海外人无从着力，蕴结曷已！仆在此心事亦殊恶劣，聊为言之。台本沃土，其民士多富而好义，乃自道光六年械斗，十二年张丙作乱，两用大兵，十四、十六两年乱民再扰闾阎，元气荡然。有司亟谋善后，修城建仓积容，一切派捐民间，复兴建考棚，动辄数万，创痍之后，其何以堪！又前此嘉义被困时，官借绅民数万金，事平不偿，前守某复呵责之，以是富者疲于捐赀，义气亦衰。此民之困于人者也。台人皆食地瓜，大米之产，全为贩运，以资财用。比各省皆熟，米客不至，台人苦谷有余而乏日用，富家一切兴作皆罢，小民无从觅食，全赖钱粮正供羡余，今以民间缺用，虽大稔之年，而赋贡不前追呼，所入十裁六七，富岁民欠转甚于荒年。此官之困于民者也。自张逆乱后，赋党一万数千人散在民间，时思啸聚，五六年来，抢劫殆无虚日。有司捕盗，全赖悬赏

1　毛嶽生：《休复居文集》卷二，道光二十四年嘉定黄氏刻本。

购线，破获一案，费数百金，而岁常数十案。此官之困于盗者也。台镇自张逆乱后，倡练精兵之议，此正务也。而练兵经费，每岁取之官捐，文自道府厅县捐万金，武自参游都司供用亦数千金，即如仆每岁亦捐千六百金，按季送给，否则有鼓噪之虞。台镇每年南北两路出巡，皆以重兵数百人从，所过厅县，供费自一千金而至二三千以为例。此官之困于兵者也。官民之困既如此矣，而更有危乱之忧。张逆余贼皆无业之游民也，迫之则立反，置之则日事劫掠。去岁春夏间，嘉、彰地方忽有树生刀枪、浊水澄清之异，民间以为乱征，其势岌岌。台镇练兵虽勤，而不得民心，即诸营亦颇怨之。以重困之官，抚重困之民，将骄悍之兵，而处必反之势，此所以到任后日夕筹维，不能安枕者也。除患必先固本，惟有躬行俭约，以清治原，裁减各属供应，去其陋规之甚者，以纾官力。撤辕门差事，一切署中自备，革去道役例差之病民者，停诸工作兴举之科派勒捐者，以苏民困。根本既固，然后督饬有司急捕巨盗九十余人，悉置之法，闾阎稍安。然匪徒甚众，策其反谋，未能已也。乃请于督抚，行联庄收养游民之法，使嘉、彰二邑各庄头人查其本庄少壮无业而惰游者，除常为乱首或大盗、杀人正凶三者不赦外，余皆免究，籍其姓名、年貌，以为庄丁，由本庄醵钱养之，使巡守田园，逐捕盗贼。颁示委员周历诸庄。自七月至于九月，所收游民八千有奇，略以兵法部署之。由是贼党皆为义勇，其势乃衰。及九月间，北路贼将起，亲至嘉、彰一路，督营、县破获，在地诛之；南路贼起，亦飞饬县、营驰往破散。两路擒斩逆匪积盗二百数十人，地方安谧，未有蹂躏。最后，中路贼起，台镇自将兵出，贼皆溃散。仆亲往军中督营、县，先后拴其渠魁从贼六十余人。镇军复入内山，穷搜贼策，获其山东大王。各路亦极获贼匪百数十人，全台乃定。仆以九月初七日出巡，十二月初五日还郡，台镇以十一月二十四日出军，正月十五日旋师。所至捕诸反贼，摧朽拉枯，民自擒献。由其党兄先已收为义勇，虽有倡乱，而附和者少，故破之易也。先后入奏，幸免劳师縻饷，残害闾阎。新春以来，则比户弦歌，如未尝有寇者。此去岁筹办台事之大略也。来书以戢威用恩相勉，计此次先后擒斩贼寇不过四百余人，而收养者八千有奇，闾阎被贼之地无所残害，以此报命可乎？足下此时竟安在，申翁能健，慰甚。去寿七十，未有以寿，容图之。练明府顷在何所？春木自楚中有书来，亨甫不知消息，植之仍在粤未归。去岁舍下丧一小女，家兄亡两孙，内有一最佳者，可悼之至。[1]

姚莹《丁酉六月十二日偕潘四农、毛生甫游金山，放舟焦山，宿松寥阁，赋柬二君，并示从游诸子》：

夔夔饥溺志，悠悠沧海心。轩车未能弃，胜境聊遐寻。落日照丛邱，明霞满江浔。逸情缅高躅，白发穷青林。地回天宇寒，目极忧忽深。眷言此幽憩，慨彼拼飞禽。

婕娟云间月，皎好山中侣。扁舟漾清波，绀碧何宫宇？探胜既陡巘，投夜问江浒。明灭沙中灯，憀慄寺钟杵。闻君有高论，湍阁且延伫。

高树临大江，危槛倚绝壁。灵风廻万籁，哀响荡心魄。城市阒夜嚣，披襟招古月。澄怀深杳杳，众星明历历。上扼虎豹关，下瞰蛟虬窟。吾生竟安穷，天阙在咫尺。

浩浩古天地，邈然托我身。往迹一何远，今梦忽若真。曜灵破澒洞，万物各有垠。羲皇迄殷周，治乱嗟纷纶。寸心

1　姚莹：《中复堂全集·东溟文后集》卷六，同治六年刊本。

经万代，炊黍即千春。金石忽焇烁，诗书亦泯沦。形色欣在兹，至道谁与陈。[1]

姚莹《嘉庆戊辰（十三年，1808年）与李海帆宿理安寺，后三十年，与左石侨、毛生甫再游，寄海帆，时提刑山东》：

西湖楼殿锦云张，水面山容尽妙妆。一入理安空色相，四围峰立裒青苍。老僧床足经三换，高阁松声听未忘。等是卅年前过客，濯缨何日向沧浪。[2]

姚莹《毛生甫诗册》：

生甫名岳生，宝山诸生。少以诗名，曾宾谷题襟馆中客也。其诗幽古峭峻，非近今所有。学尤沈博，痛《元史》疏缪，尝重编之，稿未竟而卒。余在江南，游处数年，之台湾，乃未能从。挐舟送至严州，相与登钓台，赋诗别去，逾年写册寄余。君亡已六年矣，此册在笥中，展阅之，不胜怆然！

宾馆题襟蚤盛称，江东谭艺若为朋。新诗险境寻常凿，旧史重编义例绳。辽海几曾栖管邴，钓台空与拜严陵。扁舟送我成终别，收拾遗书恨未能。余尝欲刻其所著诸稿，不果。[3]

朱琦

朱琦（1803~1861年），字伯韩，号廉甫，广西临桂人。道光十五年进士，由翰林院编修历官御史，与苏廷魁、陈庆镛号称“谏垣三直”。道光十五六年后，朱琦与黄爵滋、张际亮等在京都

1　姚莹：《中复堂全集·后湘续集》卷一。
2　姚莹：《中复堂全集·后湘续集》卷一。
3　姚莹：《中复堂全集·后湘续集》卷六，同治六年刊本。

提倡诗文。道光二十七年，告归。咸丰年间，随巡抚王有龄赴杭州，总理团练局。十一年，太平军攻陷杭州，朱琦死于战乱中。著有《怡志堂诗文集》。

朱琦《纪闻八首》：

边徼苦夷氛，所至辄糜烂。姚侯一书生，孤城乃能捍。澎水潜没伏，火攻出深算。东顾幸有人，藉以舒宵旰。

筹兵先筹馕，任谤兼任劳。文武职守异，事权患劳挠。太尉往交欢，颇、牧如漆胶。用能制鲸鲵，溟渤偃汹涛。

木冈阨乱山，野番恒杂处。奸民恣劫略，蚊豕纷蟠踞。滋蔓当预图，番夷渐归附。内乱苟不生，外寇岂足惧。

制敌当以奇，攻毒从其类。巨盗招使降，结之以恩义。大府跃马来，群酋皆罗拜。谓公能用我，奋勇当一队。

诸将拥节旄，献凯多侈辞。大勇功不居，镇定如平时。但云夷舟退，首虏付有司。守土自臣职，宠禄安敢知。

忠谠本素性，综练由诗书。君家惜抱翁，乃是韩、欧徒。绝学承一线，吾道信不孤。努力济时艰，所望宏远谟。[1]

朱琦《癸卯九月朔日集万柳堂宴姚石甫丈，席间话台湾事，慨然有作。在坐者为陈颂南、苏赓堂两侍御，梅伯言、马湘帆、王少鹤三农部，何子贞编修，立人海秋夫子暨予，凡九人》：

癸卯月在酉，姚侯自狱出。天断信明圣，忠愤得少泄。汤子亟置酒，簪绂萃贤杰。潭潭万柳堂，城东峙屹兀。荒寒余古意，惊飙荡白日。酒半兢问公：何台何设施，夷舟作何壮，攻战复何术？公笑谓众宾，兹役那忍说。独有巡台时，

1　朱琦：《怡志堂诗文集》卷四，光绪间刻本。

一事差快绝。夷船大创去，四战皆告捷。虏首翻献诚，通事来请谒。声言詟天威，顾一仰麾钺。公时私自念，锋焰今少歇。和戎计大局，生虏悉付给。单舸往抚之，藉此觇窟穴。杪秋蜃气肃，海面如镜澈。清风送歌啸，杉板坐长筏。番童摇双桨，容色白胜雪。约略十数辈，敛首拜起讫。使君请出看，我舟殊诡谲。蛟龙掣大纛，五色下雌蜺。青红摇海市，幻出金银阙。鹢首尽东向，鼍鼓有行列。六炮轰雷车，怒潮中吼裂。公问此何为？番目语吃吃。谓此小夷礼，微诚幸得达。国主千万寿，或有大庆悦。每船张百旗，金碧烂磨戛。下此礼稍杀，幢旛未可揭。君侯威德盛，义当备仪节。行行已逼近，欢声沸蛟窟。登船皆耸观，两边列刀㦸。鬼奴以次上，免冠掠毛发。铺床紫氍毹，贴锦红靺鞨。咬嚼罗珍异，华宴促密室。龙鲊味肥美，亦有鹣与鲽。老将头虎尾，巨口恣啖啜。一酋捧頳盘，乾腊秘以餈。云是本国味，鸾刀亲缕切。酒酣纵鞠蹩，铜鞮助呜咽。鞲臂复蹈舞，回帆转萧瑟。我闻神为王，震盪堕心魄。岂独燀国威，道力何勇决！在昔郭汾阳，免胄示回纥。古今事则殊，忠义乃一辙。去冬公被逮，朝议纷郁怫。袖中万言书，誓欲奋喉舌。既思天听卑，公论不久屈。果然脱罗网，覆盆照湮郁。陈汤冤不讼，因勃口终讷。将才出老儒，吾辈见管、葛。异时任钧轴，丑虏岂足灭。惜哉惧谗构，恐遂老耕垡。平子方卧病（谓亨甫），说尹痛至骨。我亦江海人，一腔积热血。昨朝喜见公，为我话端末。汝翁吾旧识，意度蕴诙阔。黎明捍孤城，杀贼事最烈。汝今世其家，规矩犹前哲。铮铮励言职，尤当慎所发。座中数君子，神采焕摩豁。闻有《东槎集》，兵事颇囊括。文章亦公器，瑕垢同荡抉。霜高风色厉，詹铎戛金铁。驱车径归去，疏櫺上寒月。展卷诵公诗，叹息复屡辍。夜深不能卧，肝胆蟠崒嵂。汹涛疑在耳，奇境恐暂失。他日告史官，兹事载直笔。[1]

朱琦《校正亨甫遗集作诗志意》：

姚侯哭君泪绠縻，为营輀翣送之归。将蒐遗草付劂剞，如此高谊所见稀。[2]

朱琦《得石甫至蜀书，不忘万柳旧游，因题其后》：

蜀帅非严武，悲歌惜浣花。廉颇犹善饭，杜老已无家。书寄哀蝯泪，云开栈道斜。柳条攀折尽，无处问东槎。[3]

魏源

魏源（1794~1857年），字默深，湖南邵阳人。道光二十五年（1845年）进士。历任江苏东台、兴化知县、高邮州知州等职。著作甚多，有《古微堂内外集》、《古微堂诗集》、《诗古微》、《书古微》、《元史新编》、《圣武记》和《海国图志》等。而以《海国图志》影响为深远，其中“师夷长技以制夷”为名言。

姚莹在《汤海秋传》中回忆他与魏源等人的交往：

道光初，余至京师，交邵阳魏默深、建宁张亨甫、仁和龚定庵及君（汤鹏）。定庵言多奇僻，世颇訾之。亨甫诗歌几追作者。默深始治经，已更悉心时务，其所论著，史才也。君乃自成一子。是四人者，皆慷慨激厉，其志业才气，欲凌

1 朱琦：《怡志堂诗集》卷四，光绪间刻本。
2 朱琦：《怡志堂诗集》卷四。
3 朱琦：《怡志堂诗集》卷四。

轹一时矣。[1]

道光二十四年（1844 年），魏源回江南，赠姚莹《康輶纪行·自叙》说：

《康輶纪行》者，道光甲辰、乙巳、丙午（二十四、二十五、二十六年，1844、1845、1846 年）间，莹至蜀中，一再奉使乍雅及察木多抚谕蕃僧而作也。……适友人魏默深贻以所著《海国图志》，大获我心。故乍雅之役，欣然奉使，就藏人访西事，既得闻所未闻，且于英人近我西藏之地，与夫五印度、俄罗斯之详，益有征焉。[2]

梅曾亮

梅曾亮（1786~1856 年），字伯言，晚号相月斋居士，江苏上元（今南京）人。道光二年（1822 年）进士。主持如泉、翠螺书院讲席。先后入安徽巡抚邓廷桢、江苏巡抚陶澍幕府。曾师从姚鼐，与方东树、管同、刘开并称“姚门四杰”。著有《柏枧山房诗文集》。

姚莹有诗与梅曾亮唱和，另有致梅氏信，录如下：

姚莹《梅伯言、马湘帆、汤海秋、王少鹤四户部，何子贞编修，陈颂南、苏赓堂、朱伯韩三侍御，叠次召余同亨甫为觞谦之乐，九月二十六日复集兼葭阁，盖丙申年入都，伯言、湘帆置酒处也，诸君各以诗文见赠，余行有日，辄成七律数章酬别》：

城南朝雨草霏霏，高阁增寒眺夕晖。胜地秖堪埋马骨，

1 姚莹：《中复堂全集·东溟文后集》卷一一，同治六年刊本。

2 姚莹：《康輶纪行·东槎纪略》，第 1 页，黄山书社，1990 年。

轻尘何必涴人衣。青山红树诗情壮，白发黄华酒力微。壁上鲍吴题句在，疏槐惨澹乱鸦啼。

余霞阁上曾同醉，龙爪槐前再举杯。此日登临欣健在，半生怀抱为君开。衰葭莽苍天无际，往迹销沈恨不回。明到江南如寄回，浮山岚翠扑人来。

江东俦侣半凋萧，日下耆贤久寂寥。何意海禽方铩羽，又逢秋鹗尽摩霄。壮怀力振迴天地，抗论神飞见贾鼌。圣主已闻客直谏，封章频数莫辞劳（颂南、赓堂、伯韩皆直言见纳，少鹤亦著谠论）。

接迹纷纷闽粤才，张郎巨笔独大开。豪情半问江山尽，病骨状含今古哀。不信斯人尚沦弃，终应圣世蒿莱。轞车伴我三千里，出狱临岐首重回。

诗尝避舍惟亨甫，无不余才又海秋。剑气盘回霜在匣，冰怀朗照月当楼。但须于越寻吴耻，不用新亭泣楚囚。抵掌闻鸡曾共寝，别来惟独著《浮邱》。

清言易理称平叔，俊逸诗辞爱信阳。把卷名贤空异代，闭门潜学又湖湘。艰难狱底惊相问，忼慷樽前意不忘。他日著书成绝业，白头千里独堪商（子贞初不相识，见访于狱中）。

梦魂何日忘楼船，直北传烽幸熄烟。犴狴未周三五夜（余以八月十三日入狱，二十五日蒙恩赦出），金鸡已放九重天。微劳岂意蒙恩诏，绝岛犹闻急赠钱（台湾人士闻余入狱，醵金寄助）。帝德民情有如此，几回搔首马难前。相知新旧别如何，击筑当筵共放歌。月地怒闻金石裂，霜天哀感雁鸿多。分无宝剑酬燕士，那更悲风渡塞驼。班马萧萧从此去，暮云迢递阻浑河。[1]

1　姚莹：《中复堂全集·后湘续集》卷二，同治六年刊本。

姚莹《不见黄树斋十四岁矣，宦辙不同，而同见谪，己酉十月召以入都，过白下，梅伯言亦归自京师，树斋约登钟山，阴寒不果，为五言一章》：

日日望钟山，未探灵岩址。已挂神武冠，宁复亦城市。蹉跎性成懒，有为时复止。故人何方来，相见一悲喜。昔为股肱臣，中忽罢金紫。浩荡八九年，徧览奇山水。盈囊有佳句，往往阴鲍儗。入门笑且投，谓我当何似！脩旧渐欲尽，浩气尚存耳。念我长崎岖，面目殊不死。语深不觉夜，有酒亦清旨。方今天子圣，烛照破淫诡。会当起李纲，一洗邦国耻。行矣君自爱，世事待整理。我精已销亡，不足任驱使。贪拥一皋比，辜负经天晷。农贾两不能，饱食常虑侈。浮云翳有尽，幸免污青史。所恨老为客，不得卧乡里。梅福都中来，亦已悬车轨。少同慷慨言，白首不相鄙。两君多雄文，实事必有纪。生能为我歌，死当为我诔。[1]

姚莹《赠梅伯言》：

故人京师来，廿载车尘洗。文成道以远，何必太仓米。先庐经未荒，颓垣篱可抵。枯荷满园池，远岚接阶荠。日夕对钟山，不见山扉启。时有庞公来，不作宾主礼。[2]

姚莹《复梅伯言书》（辛丑闰三月）：

台地民情浮动好乱，当凋敝之后，芟夷而安定之，抚循

1　姚莹：《中复堂全集·后湘续集》卷七，同治六年刊本。

2　姚莹：《中复堂全集·后湘续集》卷七。

而休息之，二年以来，甫见清谧。讵逆夷多，故海内外□事戒严。上年夷船再犯台湾，幸为数少，而我以有备之兵勇击之，比即退去，嗣更加意设防。全台南北一千四百余里，要口十七，亲往相度形势，部署稍定。盖台湾不同内地，他处但防夷耳，台则兼防内乱也。大要在不动声色，静以镇之。各路陆营弁兵仍旧弹压地方，不轻调动，以防内变。守口之事，惟责成水师，而助以乡勇，驻防其各属村庄。则如前收养游民之法，使民庄头人选庄丁自为团练，造送名册，以备临时调用。无事时，各安其业。既使游手有归，而官无口粮之费。其给口粮者，独长驻守口之二千六百八十人，而团练待调者则一万三千矣。由此推行，可得精锐数万。盖守口者日久则罢不可用。故临敌之师，必储蓄之，养其锐气，乃可战也。外既有备内亦无忧。

顷覆制府书有云："以结人心安反侧为本，计筹经费，缮守备，和文武，策群力，为亟图。"区区之愚，所以治台守台之术，不外乎此。惜同事武人，不知方略；性复矜猜，不洽舆情，为可虑耳。惟有委曲善全，期无偾事，然亦极费经营矣。至于夷人大局，一误再误，人所其知，莹则以为畏葸者固非，而轻敌者亦未为是。忠于谋国者，总当无立功好名之心，审量事势机宜，善权终始，岂一言所能概耶？莹职在守土，惟知守土而已，不敢他及也。[1]

姚莹《又与梅伯言书》：

岁内一书，属陈子农大令携至京师，闻尚未成行，想新岁起居增胜也。莹待罪逢州，本拟三年，然后告归，讵藏中

1 姚莹：《中复堂全集·东溟文后集》卷七，同治六年刊本。

有调办粮台之请。盖后藏外接披楞，即英夷孟加剌之属部也。披楞又名噶里噶达。孟加剌又名第里巴察，与后藏之阿里，皆古东印度地。英既占东南中三印度之半，进窥后藏之矣，昔赖廓尔喀之小部落哲孟雄大山所阻。山极险，仅通一羊行。近年此山为英所据，开山通道，可以长驱入藏。又廓夷与英连和，心轻中国，不肯为我藩篱。藏失其险，复无屏翰，英遂有通市藏中之谋。朝议已许之，使斌少寇出镇经理藏事。少寇请莹为助，殊不知莹为英所深雠，断不能预和市，英必籍口称戈大臣，以边事归罪，惟有受诛而已。国家既无毫末之补，而徒有大损，岂人臣忠于谋国之义哉？又无人计此为上言者。少寇已亡，大府亦不欲莹此行。自念老病，陈情开缺回籍，即于二月三日卸事矣。公私累殊甚，设法摒挡，未知济否。傥能于川水未盛前登舟，何幸如之！

桐城债负，拟鬻薄产以偿，更于近地觅一书院为活，或可得乎？阁下见藏奏，必念，辄布区区。不具。[1]

姚莹《再与梅伯言》（丁未八月）：

入蜀后仅一致书，而相念之情则未尝一日去怀也。著作文章想更宏富。

阁下蚤岁志在有为，既而专攻文章。惜翁后，异之往矣，今海内兹事，舍阁下其谁属耶？然交之至者，固皆深明于天人事物之理，与夫古今学术、人才、政治是非、得失之故。宏通精实，蓄之既深且久，然后提要钩玄，无所不当。此古大家之闻，所以异于世俗浮浅之作也。异之之文精矣，而惜其未宏。意者其在阁下乎？虞伯生宋潜溪，虽未及古作者，

1　姚莹：《中复堂全集·东溟文后集》卷八。

犹能自著一代，况不甘为虞、宋者哉？莹于此事未能深用功力，固自愧其家学矣。蓬州受事经年，地僻事简，不啻山居之乐。造物于我，果何负哉！身世所遭，则有义命，非人所能为。年逾耳顺，此中宁尚有未豁然者乎？圣人云："君子不忧不惧。"又云："作《易》者其有忧患。"合而观之，可以得其会通矣。

久别，无可言者，辄钞近岁诗及杂文各一册，由鹰青家兄转致，阁下观之，可知其在蜀情事也。阁下在部已久，补缺之期当近，长安居甚不易。秋气已深，伏惟珍重。不具。[1]

梅曾亮《姚石甫客江宁至家喜晤》：

君归谪宦三千里，我寄闲官十九年。人世烟云谈笑过，钟山青到小窗前。[2]

孙鼎臣

孙鼎臣（1819~1859年），字子余，号芝房，湖南善化人。著《苍莨文初集》二十一卷，其中诗初集十卷，文初集六卷，诗赋初集五卷。

诗文集中与姚莹有关者有《姚石甫廉访寄示〈中复堂集〉》：

海上提戈第一功，槛车对簿汉廷中。蓬婆谪去千山雪，浮渡归来一棹风。今日朝廷忧岭表，旧时郡将起江东。云台烟阁关时会，不负千秋是赤忠。[3]

1 姚莹：《中复堂全集·东溟文后集》卷八，同治六年刊本。

2 梅曾亮：《柏枧山房诗集》卷八，第609页，上海古籍出版社，2005年。

3 孙鼎臣：《苍莨诗初集》卷六，咸丰间刻本。

《与姚石甫廉访论粤事书》：

五月十二日，徐毅甫自合肥以大集见教，因道阁下拳拳之意。阁下声绩暴著中外，奉命办贼，以忠勇之志，闳达之才，坐而筹之，贼不足平。某空疏无足为阁下知，然阁下有意其人，意将诱之使言，不敢不展布所怀，以塞盛意。窃以为粤贼之横，始误于玩泄，继误于张皇。去冬两师并命，不画全局，操定算，遽议出师，半年来贼势如故。（以下所删为分析在广西官兵之败于太平军）阁下手无重权，事不专制，然威名干略，固督师所深信而诚服者，必有嘉谋左右其间，无待浅人□缕。然区区之心，窃有不能自已者，敢布其辞，惟鉴裁焉。[1]

王柏心

王柏心，字子寿，湖北监利人。道光二十四年（1844年）进士，官刑部主事。二十五年乞养归，不复出。主荆南书院讲席。咸丰三年（1853年），参署湖广总督张亮基戎幕。湖广总督林则徐闻其名，往致之，许为“国士”。尝入云贵总督林则徐及陕甘学政罗文俊幕。同治十二年（1873年）卒，年七十五。著有《百柱堂全集》，计诗文五十二卷。

集中有《与姚石甫观察书》：

曩于建宁张亨文、桂林朱伯韩及贵宗春木翁处时时得见大作，雄直之气，望而震慑。嗣闻南溟告捷，躬殄鲸鲵，威行百岛之外，为当时战功第一，心窃壮之。今岁持节外台，已拜楚北鹾使之命，深幸绣斧非遥，庶几抠衣一识伟人。俄而粤西

1　孙鼎臣：《苍莨文初集》卷一三，咸丰间刻本。

戎幕，资奇谋于借箸，籍峻望以折冲，则又闻投袂即行矣。顷友人书来，言执事于鄙人姓字颇辱拳拳，复承出尊著全集，属为转贻，甚矣，执事垂意之深也。或者亨父诸君子平日尝有所称道耶？乃柏心智术短浅，实不如诸公所云云也，且感且愧。徐当取尊著次第紬绎，稍尽管蠡之窥测焉。粤氛甚恶，辄敢淫名僭号，显犯天诛，其殄灭可计日待。……[1]

朱雅

朱雅，字介生，一字岑南，号歌堂，安徽桐城人。乾隆五十九年（1794 年）举人。年七十为金坛教谕。自少闻刘大魁绪论，习古文法。其愤忼之情一抒于诗，为《介生诗选》六卷。

姚莹《晚泊枞阳，访朱歌堂不见》：

我从金陵来，看尽六朝山。六朝多佳丽。山水如烟鬟。迎风逞娟妙，向我低赪颜。揽之不可即，云彩纷斓斑。举栝邀山饮，山如笑相还。日落红翠酣，山醉我亦阑。浩然鼓枻去，江静无波澜。仙人翦圆镜，桂出青云端。照我登采石，精灵其盘桓。忽吐风云气，题句高楼间。微闻老蛟舞，山鬼唬江湾。归来始泊舟，泊舟枞阳渚。坏土古台基，昔人射蛟处。我友有居宅，闻与兹台邻。到门不可见，秋水多钓纶。却櫂空船去，相思愁杀人。[2]

姚莹《题朱歌堂〈淮汴集〉》：

漳河北去莽云端，白草黄尘战骨寒。独有吕仙祠畔月，

---

1 王柏心：《百柱堂全集》卷三七，光绪十九年刻本。

2 姚莹：《中复堂全集·后湘诗集》卷一，同治六年刊本。

送君清梦过邯郸。[1]

黄爵滋

黄爵滋（1793~1853年），字德成，号树斋。江西宜黄人。道光三年（1823年）进士，授翰林院编修。历官监察御史、工科给事中、鸿胪寺卿等职。与林则徐、姚莹等提倡经世之学，主张刷新吏治。道光十八年（1838年），上疏力主禁烟。道光二十年（1840年），任刑部右侍郎，赴福建视察海防，极言加强战备，以抗御英军入侵。著有《黄少司寇奏疏》、《仙屏书屋诗录》、《仙屏书屋文录》等书。

姚莹《不见黄树斋十四岁矣，宦辙不同，而同见谪，己酉十月召以入都，过白下，梅伯言亦归自京师，树斋约登钟山，阴寒不果，为五言一章》：

日日望钟山，未探灵岩址。已挂神武冠，宁复亦城市。蹉跎性成懒，有为时复止。故人何方来，相见一悲喜。昔为股肱臣，中忽罢金紫。浩荡八九年，偏览奇山水。盈囊有佳句，往往阴鲍儗。入门笑且投，谓我当何似！脩旧渐欲尽，浩气尚存耳。念我长崎岖，面目殊不死。语深不觉夜，有酒亦清旨。方今天子圣，烛照破淫诡。会当起李纲，一洗邦国耻。行矣君自爱，世事待整理。我精已销亡，不足任驱使。贪拥一皋比，辜负经天晷。农贾两不能，饱食常虑侈。浮云翳有尽，幸免污青史。所恨老为客，不得卧乡里。梅福都中来，亦已悬车轨。少同慷慨言，白首不相鄙。两君多雄文，实事必有纪。生能为我歌，死当为我诔。[2]

---

1 姚莹：《中复堂全集·后湘诗集》卷九。

2 姚莹：《中复堂全集·后湘续集》卷七，同治六年刊本。

潘德舆

潘德舆（1785~1839年），字彦辅，号四农，江苏山阳人。道光八年（1828年）举人第一，十五年（1835年）大挑一等，以知县发安徽，未赴。其说经不袒汉宋，而以近儒之破碎穿凿为汉学之糟粕，语录之空虚元渺为宋儒之筌蹄。其论治术，以为天下之大病，不外一吏字，尤不外一例字，而实不外一利字。居京时，与张际亮、汤鹏、徐宝善等多有往来。所著《养一斋诗文集》二十四卷，《外集》未刊者二十四卷，诗余三卷，诗话十三卷，《念后子》一卷，《春秋纲领》一卷，《丧礼正俗》一卷，《黜邪家诫》一卷，《传恭堂祭仪》二卷，《示儿长语》一卷，《养一斋劄记》九卷，《四书义试帖》五卷，《九经人表》一卷，《论语权疑》三卷，后二书皆未成，盖绝笔也。

姚莹《潘四农诗序》：

余之知潘四农也，因张亨甫。亨甫告余曰："吾遍交海内贤士，以诗契合者众矣，大半皮骨声响之间耳。吾尝喜人攻其短，而卒鲜攻者。曩者在京师，得徐廉峰、郑云麓、黄树斋平判吾诗，多中，而尤精当者潘四农也。"余观亨甫诸诗稿本，信然。亨甫曰："匪惟论诗，其为人也，类有道君子。"已而毛生甫至，言四农一如亨甫。余慕之，属生甫为书，延四农教子若婿。四农欣然至扬州，其从来者弟子吴君大田及其子亮弼也。于是，丙申、丁酉（道光十六、十七年，1836、1837年）之间朝夕聚处。纵观所为诗文，精深奥突，一语之造，有耐人百日思者，窃叹张、毛二君不我欺也。余尝与四农、生甫各携其弟子游金、焦二山，信宿赋诗，一时兴趣邈然，若与造物者冥游八极之表，曾不知哀乐之何寄。嗟呼，人生倏忽耳，安能常有此境哉！已而四农北去，李申耆偕其弟子与吴仲伦、左石侨及亨甫后先复至。申耆弟子吴君儁为余作《谈艺图》，写诸君之貌甚工。诸人旋散，余亦渡海。逾三年，则闻四农殁。癸卯（道光二十三年，1843 年）过淮，四农之孤缞绖犹累然也。余以缧绁之身，不能哭于其家，忍恸而行。是时，仲伦、申耆、生甫皆已亡，亨甫偕余北上，殁于京师，石侨继之，谈艺诸人，风流顿尽矣！又五年，四农弟子刻其师遗集既成，吴君大田两以书来，属余为序，其何能辞，乃述其所以交四农者，黯然识之如此，若其诗之精妙，则诸君论之详矣。道光己酉（二十九年，1849 年）上元后六日桐城姚莹序。[1]

吴昆田

吴昆田（1808~1882 年），原名大田，字云圃，号稼轩，江苏清河人。道光十四年（1834 年）举人。历官中书舍人、刑部河南司员外郎。光绪八年十月初一日（1882 年 11 月 11 日）卒，年七十五。著《漱六山房全集》十一卷，其中诗四卷、文六卷、师友记一卷。

吴昆田《陪四农师、石甫、生甫两丈游金、焦两山作丁酉（道光十七年，1837 年）》：

画船载酒出江城，斜日金山楼观明。海雾晴开蛟蜃窟。天风夜下凤鸾声。长虹已指仙人路，束帛虚留处士名。谁忆扬州二分月，高寒水阁似瑶京。[2]

吴昆田《诒清堂集序》：

1 姚莹：《中复堂全集·东溟文后集》卷九，同治六年刊本。

2 吴昆田：《漱六山房全集》卷四，光绪间刻本。

君（谭祖同）结交半天下，其尤重君学谊者，初文端、杨端勤、黄树斋侍郎、姚石甫廉访、汤敏斋太常、徐廉峰太史。[1]

吴昆田《养一斋集跋尾》：

丁酉（道光十七年，1837年），从先生（指潘德舆）游于扬州姚石甫鹾使幕中。石甫先生才名硕望，方以天下自任，敬先生如师，放舟金、焦，宾从欢谳，为诗歌刻诸石，笑曰：此游可为江山生色矣。[2]

张祥河

张祥河（1785~1862年），原名公璠，字元卿，江苏松江人。嘉庆二十五年进士，官至工部尚书。著《小重山房全集》。

张祥河《姚石甫同年复官志喜》：

早闻闽海洞边情，小谪南来话旧盟。吏议原知非定律，天恩何幸及书生。悬鱼清节人皆谅，驱鳄奇文笔肯平。勖尔乘时经术贵，岂徒宗派嗣桐城？（自注：石甫为惜抱翁从孙，任台湾令）[3]

张祥河《李海帆太守、姚石甫大令招同吴兰雪、龚定庵两舍人，姚豸青侍讲，胡小东比部，端木寉田学博，邓湘皋、周伯恬、管异之、魏默深、饶啸渔、马湘帆、查花农、曹梅雪、陈雪鑪诸孝廉，陈伯游茂才，姚子卿五官正集尺五庄》：

---

1 吴昆田：《漱六山房全集》卷五。
2 吴昆田：《漱六山房全集》卷八。
3 张祥河：《小重山房初稿·诗集》卷一二，清刻本。

昔我登金山，四望壮心起。欲开瑶席对江天，高会大江南北士。竭来瑟缩长安居，诗社仅复联簪裾。鲍叔觉生丈云亡董琴南同年潘功甫舍人返，城南落落陈石士丈钱衎石丈吴兰雪丈。今朝折柬数佳客，经术词章各专席。桐城主人皆素交，酒后狂歌脱巾帻。古藤一架水一湾，白日熠燿酡朱颜。东南秀出者诸子，何啻一笑逢金山？槃敦人间足千古，远辈西峰亦飞舞。兹会还当胜地书，门也丰宜庄尺五。[1]

汪元爵

汪元爵（1788~1833 年），字伯孚，号竺君，镇洋人。道光三年（1823 年）进士，官至刑部湖广司郎中。军机处领班兼方略馆提调。

汪元爵《龚定庵舍人招同吴兰雪嵩梁、汤茗孙储璠两舍人，姚硕甫大令莹，徐辛庵士芬、廉峰宝善两编修，周雪桥检讨仲墀，作消寒会，忆江乡食品，分得糟鲥鱼》：

穿将几尾柳条青，脱网翻然入酒瓶。七十二沽求未得，江风江雨带潮腥。小糁吴糟菽菽红，香真柔腻肉真丰。年来归梦忘渔父，夜半春情泥社公。[2]

徐宝善

徐宝善（1790~1838 年），字廉峰，号壶园，安徽歙县人，迁居昆山。嘉庆二十五年（1820 年）进士，官御史。

徐宝善《同年生龚定庵自珍邀吴兰雪丈嵩梁、汤茗孙储璠、姚石甫莹、汪竺君元爵、周雪桥仲墀、家辛庵士芬与余作消寒会，

1　张祥河：《小重山房初稿·诗集》卷一二，清刻本。

2　汪元爵：《泾西书屋诗文稿·诗集》卷二，“清颂堂丛书”本。

分咏江乡诸食品，余得橄榄二十韵》：

海南种鸡槟，江东重乌榄。红盐屑银盘，翠颗苞玉菡。函从千里至，珍若百琲揽。匀圆肤外莹，磥砢核内嵌。纵比橘节坚，逴同蔗尾啖。一奁颐枉条，十斛首谁頷。从来别酸咸，至味出古澹。乍投方梗涩，既沮觉淡澉。华池渗津津，琼液回醰醰。有如逆耳言，事过乃识感。煎饧正味贬，捣酱翠色黪。又如骨鲠士，直节遭壈坎。扶荔擘鸡冠，圆缨摘龙颔。冰梨沁紫霜，密杏缀红糁。饕奇争厌饫，食谱竟雕錾。儒生味道腴，岂为世情撼。森森真面目，郁郁古肝胆。蓄素棲灵淳，蕴真入元窞。俗好敢轻徇，自视犹觉欿。呼作苦口师，廷诤尔其敢？[1]

吴嵩梁

吴嵩梁（1766~1834年），字子山，号兰雪，东乡人。嘉庆五年举人，官黔西知州。以诗名，著《香苏山馆全集》。

吴嵩梁《六月二十一日欧阳文忠公生辰，用公题滁州醉翁亭韵，同顾南雅张觉葊编修、陈石士讲学、钱衎石侍御、张诗舲舍人、李海帆太守、姚石甫大令作》：

四十称醉翁，不闻自寿篇。今日一瓣香，上溯岳降年。翁时受滁州，跌宕林壑间。浩歌出亭际，车马留山前。爱此酿泉水，天籁鸣涓涓。座客有杜彬，答以琵琶弦。为政自有体，一简御百繁。其乐与众同，醉卧聆潺湲。我欲画此意，妙手准龙眠。朝夕拜公像，千秋如晤言。想见酒醒处，日落山苍然。

1　徐宝善：《木天集》，《壶园诗钞选》卷三，道光十一年刻本。

醉翁以名亭，留题赋新篇。缅怀宋庄历，丙戌同六年。丰乐别有亭，翁亦醉其间。记成当此月，传观寿樽前。平生忠爱心，报国输微涓。地僻身暂闲，且复调朱铉。鱼鸟久亦亲，花木阴渐繁。千峰翠漠漠，万壑风湲湲。其心以忧醉，安得枕石眠。高怀各有适，白云闻公言。我亦念早归，华发今萧然。心以忧醉安知乐，高怀所得各有适，见赠沈遵诗。[1]

姚莹《香苏山馆诗集后序》：

乾隆、嘉庆之间，海内以诗名者，咸称黄仲则。仲则奇情超迈，调逸气空，论者谓其才近太白，似矣。同时才力足以并驱者，为吴兰雪。兰雪才雄气遒，思沈学博，能状难绘之景，写难显之情。他人极力为之，指僵颖秃，兰雪顾从容挥洒，其境屡变而不穷。比而论之，殆一时之二杰乎！仲则蚤死，其诗后刻，传乃稍广。兰雪自弱冠至京师，王述庵、翁覃溪、秦小岘、法梧门诸公盛相推重，自是遍交海内名士，酬唱四十余年，未有或先之者。至于篇什传播海外者尤多，朝鲜侍郎申纬推为"诗佛"；吏部判书金鲁敬父子以梅花一龛供其像及诗，尝于道光丙戌（六年）三月二十五日（1826年5月1日）集其国之名宿，置酒梅龛，为兰雪遥祝六十初度，好事传为画图。琉球陪臣向邦正等以嘉庆十年奏请入监肄业，出兰雪门下。及学成归国，奉使来朝者皆欲得其赠诗为荣。甚矣，兰雪才名之盛也！然兰雪夙留心于经世之务，每以不得一试吏事为恨，乃自为诸生，应甲辰（乾隆四十九年，1784年）台试，不用。久之，仅举于乡。数试礼部不第，友人助之，始以赀为博士。复改官中书，浮沉国子学及内阁者

1　吴嵩梁：《香苏山馆诗集》卷一四，道光二十三年刻本。

且二十年。今逾六十，曾不得一行其志，特于当世之以幹济闻者心重而推挹之，惟恐其用不竟。异哉！兰雪之志甚大，而其遇乃穷也。岂予之名者其身，天之所以待诗人者，理固如是耶，抑或兰雪精力方健，将晚达之？是固未可知矣。余识兰雪最后，兰雪甚爱予五言古诗，自以为不及，则兰雪之谦也，而厄于仕途，两人适有同慨。兰雪自伤其志不遂，仅以诗人闻也。晚编其集，为古近体若干卷，属余为序，岁余因循未就。今且远别，乃述平素所倾倒者如此，后之览者因诗以求其志，即兰雪可知矣。桐城姚莹。[1]

汤鹏

汤鹏（1801~1844 年），字海秋，号浮邱子，湖南益阳人。道光三年（1823 年）进士。历官礼部主事、户部贵州司郎中、山东道监察御史等。关心世务，著有《浮邱子》一书。姚莹以台湾道抗击英国侵略军，受诬入狱。出狱后，汤鹏觞客于万柳堂为他祝贺。汤鹏卒于道光二十四年七月九日（1844 年 8 月 22 日）另有《海秋诗集》二十六卷，《后集》一卷。

汤鹏《姚石甫兄入都叙旧言怀四首》：

人生无恒处，聚散如风蓬。昔去已飞骞，今来亦从容。别久绪何繁，喜新语难重。篔筜展窗绿，踯躅沿街红。童子酌美酒，一饮累十钟。醉醒顺所适，是非澹在空。白璧岂为拙，青蝇岂为工。进修遭怠忌，敛退成盲聋。拳拳君子志，与我为云龙。气类自古然，谁谓途将穷。

天高鸣凤凰，涂长骋骥騄。匪侈君子才，耻与时人目。物驳见疮痍，才輭森牙纛。余固咽悲梗，子亦肠诘曲。作吏

1　吴嵩梁：《香苏山馆诗集》卷首，道光二十三年刻本。

二十年，计实名乃郁。贤劳政有加，迟暮发半秃。亮兹朝天佩，大展蟠云蠲。上以葆中和，下以洗酖毒。

高飞限霄汉，卑走塞藩篱。惴惴柏台惩，悠悠郎署棲。束带营簿领，退食搴书帷。动随夔龙后，静与周孔期。白云入我牖，黄鸟向我啼。时物有忻赏，文章无渴饥。不见杨柳花，旋为沟渎泥。丈夫重本根，名浮何用奇。

芙蓉泣秋风，杞梓登国宝。显晦物莫齐，贤愚理自考。名惭贾谊才，骨缄陆贽藁。愿为双骅骝，与子同跻跻。渴饮瑶池波，饥食玉山草。檐持千钧任，蹴蹋万里道。守己岂所躭，济世苦不早。日长饮醇酒，心远倚苍昊。蹭蹬吾无能，绸缪子为好。努力图麒麟，吹阳润枯槁。[1]

汤鹏《江南行送姚石甫兄》：

江南五月波茫然，毒尤捎尾蛟飞涎。急溜啮堤官吏哭，狞飚拔尾鸡犬颠。有忝有稌漂壑底，十县五县哀江边。乾坤惠施岂有择，仓生性命绝可怜。长沙老翁控节钺，飞章入告心烦煎。帝拣县令五六人，救荒拯溺谁能肩。石甫往矣风便，马头杨柳横秋烟。伤心忍看淮扬水，白者人骨青者天。天府颁金防奸蠹，大梁乞米愁迁延（时吴门采罗河南米）。富豪粟与贫家贷，饿民籍莫顽民联。澹灾夷难求其根，浚渠刷水元有权。手提天纲森智勇，三门九曲穷钻研。桃花竹箭受束缚，天吴蜩象纷回旋。磊磊堤防今古石，芃芃麻麦东西阡。百年蔀屋无骇浪，九重圣主斯安眠。此行不为金带紫，元气乃以县令贤。长安市上酒如泉，不敢狂饮回子鞭。天涯合离风中叶，吾道贤愚几上毡。伏枕艰难经济志，送君慷慨平生筵。

1 汤鹏：《海秋诗集》卷六，同治十二年刻本。

丈夫名实施万年，石甫往矣无涕涟。[1]

姚莹评跋：

海秋才不患不大，气不患不雄，独其熟于源流正变，而蕲至于风骚魏之庭，尤可佩服。[2]

汤鹏《送姚石甫先生罢官还桐城》：

咄咄伤心事，劳劳横海才。不成勒钟鼎，翻遣卧蒿莱。潜水中流合，浮山九曲来。枞阳好丘壑，又梦到麟台。

痛哭说东溟，长城莽自倾。青蝇太多事，黄犊且归耕。劝汝一杯酒，临风万古情。江山与人物，迸作涕纵横。

去去皖江道，江风起怒潮。鱼龙杂歌哭，冠佩飒飘萧。且学磻溪钓，兼寻谷口樵。阴符须罢读，料理旧诗瓢。

万事付沧洲，烟霞养白头。傥蒙天一笑，未许汝三休。魏阙情可已，蒲轮迹可求。寄声黄阁老，蚤晚借前筹。

雄伏憾雌飞，封侯有是非。六州难铸错，一杖好言归。晚啜青精饭，晨开白版扉。天机随俛仰，慎莫瘦腰围。

北风吹地转，木叶下纷纷。苦语和虫咽，分飞怆雁群。不才难报国，无计可留君。愿作江湖侣，抽身访白云。[3]

汤鹏《壬寅九月朔日（道光二十二年九月初一，1842年10月4日）谳姚石甫先生于万柳堂，赋诗言怀六章》：

1　汤鹏：《海秋诗集》卷一二，同治十二年刻本。

2　《海秋诗集》卷尾附录评跋。

3　汤鹏：《海秋诗集·后集》，同治十二年刻本。

风急天高霜满楼，萧萧万柳问谁秋。且为巾带逍遥约，一洗河山莽荡愁。元亮只应躭饮酒，子房谁为借前筹。文经武纬吾看汝，不愧人间第一流。

三年海上太披猖，鼍作鲸吞故故狂。上将功名徒画虎，中原天地屡亡羊。独推国士如韩信，能系人情是李纲。四战居然摧虏胆，鸡笼、鹿耳有辉光。

君本书生我雁行，须髯婀娜鬓如霜。胸中兵甲吞骄虏，掌上风雷破大荒。能遣匈奴畏李广，更教回纥拜汾阳。此才若不逢颠踣，料理夷吾大小匡。

枘凿方圆本不谐，劝君休作万衰衷。人头罗刹饶阴计，牢房魁星接上台。公道岂成三字狱，清秋端好一衔杯。可知今日壶觞乐，却自君恩浩荡来。

伤心时局苦支撑，拟向凌烟画汝形。万里长城存海岛，一腔热血为朝廷。本师黄石铺经济，谁遣青蝇污典型。终古蛾眉声价在，即遭谣诼有余馨。

危疑定后放秋怀，野外秋光簇簇开。芦苇际天亢鹤下，江湖满地白鸥来。鲁连东去情如寄，范蠡南游憾岂媒。今日樽前商出处，蓴羹鲈脍莫迟回。

十年不见见何因，我亦蹉跎愧画鳞。贾谊上书徒有泪，臧孙窃位耻为邻。可知零落棲迟意，总悲歌感慨人。醉把南华百回读，狂名明日上天垠。

座中人与杞人俱，心为忧时泪尽枯。天地沧桑诗世界，安危消息醉工夫。登山临水贪幽趣，学佛求仙了腐儒。我本松乔旧俦侣，未应毷氉老寰区。[1]

姚莹《汤海秋传》：

1 汤鹏：《海秋诗集·后集》，同治十二年刻本。

海秋汤氏，名鹏，湖南益阳人。道光二年进士，初为礼部主事。年甫二十，负气自喜。为文章震烁奇特，诸公异其才，选入军机章京，补户部主事，转贵州司员外，擢山东道监察御史。君在军机，得见天下章奏，又历户曹，习吏事，慨然有肩荷一世之志，每致书大吏，多所论议。及为御史，再旬而章三上。有宗室尚书叱辱满司官，其人讦之，上置尚书吏议。君以为司官朝吏过失，当付有司，不可奴隶辱之，此臣作威福之渐也，吏议轻，不足以儆，援嘉庆中故事争之。上以为不胜言官任，罢回户部员外。而君方草奏，大有论建。未及上，而改官。君见其言不用，乃大著书，欲有所暴白于天下，为《浮邱子》八十一篇，篇数千言，通论治道学术；《明林》十六卷，指陈前代得失；《七经补疏》，明经义；《止信笔初稿》，杂记见闻事实。诸作皆出示人，惟《止信笔初稿》人多未见。或问之，曰："此石室之藏也。"英夷事起，沿海诸省大扰。上再命将，无功，卒议抚通市。君愤甚，已黜不得进言，犹条上三十多于尚书转奏焉。大臣用事者曰："书生之见耳。"上虽召见君，而无所询，报闻而已。君是时已更为本部四川司郎中，京察亦竟不得上考。君感慨抑郁，诗多悲愤沈痛之作。二十四年（1844年）七月卒，年四十四。君少文，有奇气。初成进士，所为制艺，人争传其稿，市肆售之几遍。君曰："是不足言文也。"取汉、魏、六朝迄唐人诗歌追似之，必求其似，务备其体，已梓者三十余卷。又好为之，尝谓其友人曰："汉以后作者，或专工文辞，而义理、时务不足，或精义理，明时务，而辞陋弱，兼之者惟唐陆宣公、宋朱子耳。吾欲奄有古人，而以二公为归。"其持论如此。

姚莹曰：道光初，余至京师，交邵阳魏默深、建宁张亨甫、仁和龚定庵及君。定庵言多奇僻，世颇訾之。亨甫诗歌，几追作者。默深始治经，已更悉心时务，其所论著，史才也。君乃自成一子。是四人者，皆慷慨激励，其志业才气，欲凌轹一时矣。世乃习委靡文饰，正坐气苶耳。得诸子者大声振之，不亦可乎？以宗室尚书之亲贵，举朝所屏息者，而君倡言弹之，亦见骨鲠之风矣。君又与宜黄黄树斋、歙徐廉峰及亨甫以诗相驰逐。岁在丙戌（道光六年，1826年），余服阕入都，诸君与周旋久之。树斋以编修为言官，数论事，洊至大用，廉峰及君则以言黜，幸不幸殊焉！辛卯（道光十一年，1831年），余再入都，廉峰已病，未几卒，定庵继之。癸卯（道光二十三年，1843年）台湾之狱，亨甫力疾赴余难，因不起。犹忆君探余狱中，及出狱后，与诸君置酒相贺，又同治亨甫之丧，依依送余出都门时也。默深成进士最晚，以知州需次，亨甫则未一第而殁。余待罪蜀中，树斋亦以事更罢为部曹，俯仰二十年间，升沉存殁若此，悲夫！[1]

姚莹《与汤海秋书，己亥（道光十九年，1839年）四月》：

海秋仁弟阁下：去夏到台湾，未一致书，以地方多故，筹所以安全之，不欲空言渎清听，负知己相爱之意。比幸地方粗安，阁下康济为怀，识议宏达，谨以近日情形言之，可以共商榷也。台湾在大海之中，波涛日夕震撼，地气本浮动而不静，其人皆来自漳、泉、潮、嘉，尚气轻生而好利，睚眦之怨，列械为斗，仇杀至于积世。故自孩幼即好弄兵，视反乱为故常，初不必年岁之凶荒，官吏之不肖也。而年岁与官吏亦即为乱之隙，无隙庶可不变，即有变乱而无所害，是则治台之术也。台自道光五年（1825年）闽粤械斗，十二年

1　姚莹：《中复堂全集·东溟文后集》卷一一，同治六年刊本。

(1823 年) 张丙作乱，当时大兵虽云平定，而攻剿捡斩者不过十之一二，其巨魁贼党万数千人犹在闾阎，时思啸聚，十三年之许慈成，十六年 (1836 年) 之沈知，皆其遗孽也。上年春秋间，嘉、彰道旁树枝忽变刀枪之形，虎尾溪浊水忽清，民间以为乱兆。匪民所在，百十为群，肆行劫掠。台人所产米糖，惟以商贩为利，比岁闽、浙皆熟，米贩不至，富人乏用，一切工作皆罢，游手无业者莫从得食，益有乱心。昔人言凶岁多盗，不知台民固半年亦多盗也。是以下车首严捕盗之令，捕斩九十余人，而盗风未已。策其秋冬之间必反，非有以解散而安置之不可。盖若辈自十二年后反谋熟悉，其胆愈张，更有蠢动，其祸必烈。而自来言弭盗者皆以清庄编查保甲为言，愚窃以为不可。盖游民散在各庄，为匪尚易捕治，一行清庄，则匪人无所客，是驱之为乱矣。且大奸倡乱，向以若辈为羽翼，而自官招之，即为义民，与其既乱而招之，何如未乱而用之。若辈为用，则贼党散，势孤必易成捡矣。台之南路为凤山一县，中路则郡城也。嘉义、彰化、淡水厅皆为北路，道里绵长。嘉、彰盗贼尤多，彰化民多习鸟枪，形势隔远，一有蠢动，则嘉义及中南两路皆掣其后，前人往往受困，故治台以北路为亟，而彰化更在所先。日夕筹之，乃为联庄收养游民之法，使嘉、彰二邑民庄联结互守，头人查其本庄无业荡游者，其醵钱米收养之，以为莊丁。数百人之庄养十数人，数十人之庄养五六人或四三人，无事则巡守田园，有事则逐捕盗贼，刊刻示谕，委员同地方官周历众庄，遍查庄丁年貌名册，略以兵法部署之。至七月至九月事竣，凡收养嘉、彰两邑游民八千余人，皆劲旅也。九月间，贼果四起，风谣颇盛。兄出巡北路，督饬县营捕斩裁二百数十人，北路遂平。南路贼起，亦尺檄台、凤二县会营，捕获百余人，镇军复出巡以镇定之，南路亦平，贼无蔓延。兄以彰化最远，亲驻久之，无敢动者。至十一月，中路台、嘉之间贼起，攻湾裹，街汛以有备，却退。所召各路匪民，已先为庄人收养，无应贼者。营、县驰往，贼遂溃。再约内山贼出攻店仔口汛，戕兵三人。镇军闻之，立统大军出剿，贼复奔溃，此十一月廿三日事也。兄亦自彰化驰至军中，获贼首胡布及戕兵之贼十二人，先斩以徇。兄于十二月初五日回郡。三路皆平，大军仍驻店仔口，督捕逸匪，入山穷搜，击斩擒捕百余人，全台大定。正月十五日，镇军旋师。此上年筹办全台之大略也。然此第为弭乱一时之计，而台湾近时之病固不止此。其大者则在乎官民两贫，官贫则心有所馁，不暇远谋；民贫则争利愈急，难与为善。古人云:“瘠土之民好义。”此言地土本瘠之民习于勤俭，故无淫佚之思也。若台本沃土，民久习于奢淫，富而忽贫，常人且不能安分，况海外浮动之区乎？以不暇远谋之官，治难与为善而且思乱之民，必无济矣！夫官何为而贫也？官赖维民，民赖维物，物力耗竭，富安从来？台民生财之道，一曰树艺，二曰贸迁。及其敝也，一耗于奢淫，二耗于词讼，三耗于械斗，四耗于乱逆，五耗于盗窃。五耗并至，其竭固宜。今欲治之，必先富之。其道奈何？曰养其所以生，去其所以耗而已。夫民有地自能树艺，民有货自能贸易，惟有扰之者斯害其生，苟去其耗之，则得其养，二者虽殊，其道一也。今吾躬行节俭，凡道署中向所取给于属吏者，减之裁之。吾不扰吏，然后可使吏不扰民。凡奢淫之事以渐禁止，所谓耗者去其一。督饬所属勤理狱讼，不能无讼也，惟速结之，所谓耗者去其二。一县千数百庄，庄有董事十数，斗者有罚，所谓耗者去其三。周防于未乱之先，迅办于乱之始，善筹于既乱之后，所谓耗者去其四。家自为守，人自为保，无业者有以资生，为盗者即行捕治，所谓耗者去其五。去此五耗，民乃可生，生得其养，比及十年，富将可复，治台以此，其庶几乎？夫治国比于乱丝，必得其端，不得其端，益滋棼耳，非善治也。愚见若此，质之足下，幸有以教之。计足下补户曹久，当有转迁，由京察而补简，庶可以行其素志，利济民物，日跂望之。[1]

关于姚莹的“台湾之狱”，多有议论，为其鸣不平。

鲁一同，字通甫，山阳人。道光十五年（1835年）举人。师事潘德舆。其“论天下之患，盖在治事之官少，治官之官多”，时以为名言。同治二年（1863年）卒，年五十九。

鲁一同《拟论姚莹功罪状》：

臣闻齐有黔夫，燕祭北门，楚杀得臣，晋人相贺，赵用李牧，秦不加兵，列服之君，犹有爪牙之佐。爰及后代，守边之士，魏尚、郅都、班超、梁瑾之伦，皆威信千里，坐摧强寇，用之则边境安，舍之则戎心启。故延寿不赏，汉臣寒心，道济见杀，宋疆日蹙。何者？忠孝勇猛之士，敌人所搆忌，谗间所由横生。徒以纤芥之间，疑似之衅，卒絓吏一议，使折冲奇士，旋踵及身，为世深戒，诚可痛也。窃见前台湾道姚莹，忠勤文武，守边数年，横塞夷虏之冲。虏尝三犯之，摧败夺气以去。军兴以来，南绖广、闽，北连江、浙，失地丧师者骈肩望于道。台湾地广不过一大郡，卒不过千人，其所摧陷，足以暴白于天下矣。往者和议初成，佥谓可持，厦门旋覆，浙东再蹦，准今眡昔，和之不可信，可见于此矣。今信逆虏反复之说，轻折捐命之臣，摧败士气，为夷复仇。夷自定海以来，小入覆军，大入夺城，焚杀淫掠，动以万计，就如逆夷失风被剿，送死东陲，亦足雪数年之深

1 姚莹：《中复堂全集·东溟文后集》卷六，同治六年刊本。

耻，偿士卒之冤痛。奉命守土，惟敌是求。皇上天容地载，沛大恩于上，诸臣守义死节于下，以守则固，以和则久，国体事机，亦无损缺。臣见其功，未见其罪。窃料夷人张其凶暴，咆哮中国，深入腹地，得而不有，非有余力而不肯施，技止此也。使边将皆如莹等，出万死不一顾返之计，纵不百全胜负之理，亦当相较，或未易量。今怵其诡说，变易有功之臣，莹等一去，海外孤危，后有来者，避畏吏议，孰敢击贼？边吏解体，辱军之将有所饰其耻，率相委以去，东南之祸，未有艾也。且国家诛诸将以委城，而罪莹以敢战，进退之义，臣未得其中，谓宜湔雪莹罪，激厉有功，以劝来者。谨状。[1]

钱赞黄《论台湾之狱》（癸巳（光绪十九年，1893年）：

自古议和之臣，必与议战之臣两立。见敌人挫辱于彼，而将弃疾于我也，则惧；见敌人挫辱于彼，而功不由己出，则忌；见敌人畏忌议战诸臣之能，杀之可以媚敌以为已功也，则贪。有此三者，则与议战之臣势不能并立矣。且彼议战之臣，必自负其能，以大义耸动天下，使天下晓然于议和之非。故议战者之见许于清议也益深，则议和者之见讥于清议也益甚，而议战者之见疾于议和之臣也亦益烈。彼敌人之来，非议战者召之也。议和者曰：此实议战者邀之。以此说讥议战之臣，即以此阿中枢之意，以簧鼓天下和之耳目。筑室蜩螗，合为一，是议战者知其不能办，惟有引咎自责，坐以待罪而已。此议和者所以常见其胜也。虽然，天下之和，果议和者之功乎？彼敌人之所以与我和者，非爱议和者之求无不获，

1 鲁一同：《通甫类稿》卷四，咸丰九年鲁氏自刻本。

实以议战者能为彼害也。惟有议战者能为彼害，故议和者得以和之说进，而敌亦乐与我和，以避战斗之害。使无议战者能为敌害，则敌人长驱深入，可以磬吾所有而取之，何待和乎？故齐桓公之能和戎也，吾不曰管仲，而曰王子城父。宋高宗之能和金也，吾不曰秦桧，而曰韩、岳诸将也。今夫洋人之于中国，虽不若金之于宋，有取天下之心，然其所要求于中国者，固非一一事能满其欲也。幸中国尚有一二能战之臣，如达洪阿、姚莹耳。使并无之，则其要求于中国者，岂止六百万、二千一百万乎？且六百万、二千一百万，岂待再举而后取盈乎？台湾，缘海七省之门户也，使洋人得而据之，则中国失其形势，何啻如粤东香港之辟。达洪阿、姚莹两败之于鸡笼，一败之大安港，奇功也。怡良为闽浙总督，厦门已经收复，洋人尚在鼓浪屿，恐其窥台不得逞，仍将攻昧于厦，故以洋人性好报复，致书阻二人之所为。独不思台湾亦归闽省管辖，任洋人兼踞台港，与失厦港等乎？不助二人以兵，使之益大其功，而惟欲沮遏二人之所欲为，兴大狱以退鼓浪屿之兵，其愚尚可言乎？余尝以为古今误人家国，莫甚于无识之庸人，而有识之小人，其罪尚可未减。何者？庸人无识，则不知利害，必尽除异己之人，而置国事于不问。若有识之小人，则明知己之不能战也，必故任议战者战之。战而胜，则以彼之市怨，形我之市德，固可以为我议和之地；战而不胜，则异己者将为敌人所尽，无待吾之诛锄，事亦甚便也。此其人设心之险，固罪不胜诛，然其祸犹较胜于庸人之所为者。盖胜败固不可必，尽吾心力而为之，未必定出于败；不胜而为敌所戕，亦君子致命报国之常，似较胜于受诬而死于狱吏。假彼之私，济我之公，天下事尚可挽也。呜呼！天下之议和也久矣，人有身处怡良之位，而得达洪阿、姚莹其人与之共事者，既自忖必不能战，欲为议和求善道，尚其以有识之小人自勉哉！[1]

林昌彝《射鹰楼诗话》：

桐城姚石甫观察莹，近刻诗稿未见，尝见其《后湘集》，诗笔纵放，七言诗为前明七子之遗。其五古《晚眺》一诗，则澹宕有神，苏州、柳州之流亚也。诗云："落日天气清，登楼眺芳甸。遥岑耸孤青，飞鹭时一见。微雨村中来，水云白如练。嘉禾受远风，芳树落余片。牧子催中归，野人荷蓑褊。何处樵歌起，前山忽暝变。"[2]

无名氏《京口驿题壁》：

台洋地险亦传烽，海外孤悬竟折冲。水寇能穷杨太技（台湾之捷，闻达公洪阿、姚公莹与绅商用流寇诱敌之计），火攻亦挫老瞒锋（镇海县叶明府堃亦以焚烧英船复官）。一长节取收屠狗，三顾身先起卧龙。果有无双真国士，休言李广不侯封。[3]

谭宗浚《览海赋》：

……俄焉若掉若腾，若轰若战，若吼若号，若隐若见。翕合奔驰，回皇瞑眴。石怒如泷，风狂似电，浪斗千声，涛吟万变。疑大块之噫吁，鼓洪溟而赫煽。赵简听而魂惊，张融来而目眩。过闽洋而右转，却遥指于台湾。望峰峦之隐隐，

1 钱赞黄：《麟洲杂著》卷二，光绪戊戌年刻本。
2 林昌彝：《射鹰楼诗话》卷二一，第 497 页，上海古籍出版社，1988 年。
3 阿英：《鸦片战争文学集》上册，第 221 页，古籍出版社，1957 年。

临雾雨之冥冥。逢舶估而共谈，述达、姚之冤狱。录功甫赏于韩擒，信间遽疑于本牧。吊屈余悲，髡申受辱。几同李井之僵，惨甚棘林之哭。夫以蜩螗竞沸，猰貐长驱，马革靡酬于矍铄，狐裘屡消于侏儒。敦正扬干之戮，罕间颠颉之诛。独二公者，功成横海，气壮平湖。靖宵小而擒秦谍，数累囚而斩郑俘，奔魑走魅，枭帅擒渠。胡苍狗白衣之幻，致青蝇素壁之污。始苴茅而颂赏，旋薏苡而受诬。祭皋陶而惨伦，卜詹尹以踌躇。颈血几溅乎禽息，眉头莫展乎元谟。何谗入之罔极，变黑白于须臾。谓珷玞其似玉，指兰蕙以为刍。幸圣慈之宽大，早洞鉴乎区区。任赤舌之交毁，炯丹心而勿渝。原注：台湾镇总兵达武壮公洪阿、台湾道姚公莹。道光二十一年（1841 年）八月、二十二年（1842 年）二月，英夷两窥台湾，皆触礁搁浅，为沿海擒获无算。达公、姚公驰驿奏闻，并将诸夷监禁。上大喜，赏达公太子保衔、姚公二品衔。然总督怡良以其专折独奏，功不已出，心弗喜也。未几，夷艘复停鼓浪屿，镇、道恐诸囚内变，遂以五月提取讯供。除夷目颠林等九人及汉奸二人暂行禁锢外，余悉斩之，凡百六十五人。是秋江宁议款，约所获兵民彼此交还。夷酋璞鼎查遂讦台湾滥杀其遭风难夷，冒功请奖。伊里布等据以闻，奉旨遣怡良渡台查办，讯无冒功事情。而怡良必欲镇、道引诬以谢英夷，遂劾奏褫逮至京。迨刑部讯问，迄无实据。谳狱上，奉上谕，业已革职，应无庸议。盖上深知二人枉，不加深罪。未几，旋即起用云。[1]

夏燮《台湾之狱》：

1 阿英：《鸦片战争文学集》上册，第 259、272 页，古籍出版社，1957 年。

……台湾之狱，外则耆相主之，内则穆相主之。怡制使之查办此案，竟以“莫须有”三字定谳，固有忮功，亦奉政府枋臣指授也。当日置镇、道于劾典，辄以恐误抚夷局一语，奉为金针，岂知成庙深识时事之艰，不欲诿过于臣下。而今上在青宫之日，已微窥其不得已之苦衷，故于三十年（1850年）驱逐洋艘之后，始将前后议抚诸臣明正其罪。又于林文忠外，更平反闽中镇、道一案，颁示誊黄，布告天下，谓：“穆彰阿倾排异己，如达洪阿、姚莹之尽忠尽力，有碍于己，必欲陷之。”于是，此案之是非得失，遂为千秋定谳矣。

自庚子、辛丑（道光二十、二十一年，1840、1841年）以来，四省调防，悉索不给，谓闽之台湾，苏之崇明，孤悬海外，而官绅一气，均能自为堵御，不烦内地一兵一矢。崇明风气刚劲，绅民同心僇力，有备无患，具见裕帅二十一年（1841年）章奏中。若台湾两次战功，皆有奏报之确据，徒以斩戮夷囚，遂生事后波澜。在该夷讳败夸强，曾何足责，而怡督昔抚粤东，不附和议，一旦升任闽浙，惩厦门之前车，然自丧其生平而不顾，袒夷抑民，因而归其罪于官。在镇道过则归己，固臣子之本分，乃至并当日保奏议叙之官绅，一概撤销，亦已过矣。[1]

陶澍《挑浚孟渎等河工竣折子》：

同日（道光十三年七月十六日，1833年8月30日）奉到道光十三年六月二十六日（1833年8月11日）内阁奉上谕：陶澍等奏挑孟渎等河工竣，请将出力之官绅、董事分别奖励一折。江苏武进境内孟渎、得胜、澡港三河挑工，并建

1　夏燮：《中西纪事》卷一〇，第141~142页，岳麓书社，1988年。

设闸座，一律完竣，所有出力之官绅、董事等，应量予恩施。常州府知府汪河、署武进县事金坛县知县姚莹，俱着加恩交部从优议叙。[1]

1 陶澍：《陶文毅公全集·奏疏》卷二八，道光庚子年淮北士民公刊本。

后　记

应故宫出版社之约，我们为龚书铎先生编辑了这部文集，定名《清代学术史论》。先生治史侧重中国近代史和中国近代文化史，在清代学术史研究领域亦富有建树。他主编的《清代理学史》(三卷）曾荣获第二届中国出版政府奖（图书奖）等多种荣誉。本文集所收录的文章以公开发表者为主。书末《姚莹研究·交游篇》系先生遗稿，约写于 2007 年大病康复后的两三年间。遗稿由先生的女公子龚琳录入。需要说明的是，先生早在 20 世纪 80 年代初即计划撰写一部研究姚莹的专著，30 年来积累了大量资料，并发表了数篇论文。这篇遗稿，是先生晚年学术活动的一个记录，从中略可见先生的姚莹研究计划和治学方法。整部文集由孙燕京、张昭军选编，程尔奇校对，师母张萍子老师给予了大力支持。责任编辑冯印淙女士付出了辛勤劳动。

编　者

2014年 6 月

明清纪元简表

皇　帝	年　号 （在位年限）	元年干支 （公元纪年）
太祖（朱元璋）	洪武（31）	戊申（1368）
惠帝（朱允炆）	建文（4）*	己卯（1399）
成祖（朱棣）	永乐（22）	癸未（1403）
仁宗（朱高炽）	洪熙（1）	乙巳（1425）
宣宗（朱瞻基）	宣德（10）	丙午（1426）
英宗（朱祁镇）	正统（14）	丙辰（1436）
代宗（朱祁钰）	景泰（8）	庚午（1450）
英宗（朱祁镇）	天顺（8）	丁丑一（1457）
宪宗（朱见深）	成化（23）	乙酉（1465）
孝宗（朱祐樘）	弘治（18）	戊申（1488）
武宗（朱厚照）	正德（16）	丙寅（1506）
世宗（朱厚熜）	嘉靖（45）	壬午（1522）
穆宗（朱载垕）	隆庆（6）	丁卯（1567）
神宗（朱翊钧）	万历（48）	癸酉（1573）
光宗（朱常洛）	泰昌（1）	庚申八（1620）
熹宗（朱由校）	天启（7）	辛酉（1621）
思宗（朱由检）	崇祯（17）	戊辰（1628）
* 建文四年时成祖废除建文年号，改为洪武三十五年。		
太祖（爱新觉罗·努尔哈赤）	天命（11）	丙辰（1616）
太宗（爱新觉罗·皇太极）	天聪（10） 崇德（8）	丁卯（1627） 丙子四（1636）
世祖（爱新觉罗·福临）	顺治（18）	甲申（1644）
圣祖（爱新觉罗·玄烨）	康熙（61）	壬寅（1662）
世宗（爱新觉罗·胤禛）	雍正（13）	癸卯（1723）
高宗（爱新觉罗·弘历）	乾隆（60）	丙辰（1736）
仁宗（爱新觉罗·颙琰）	嘉庆（25）	丙辰（1796）
宣宗（爱新觉罗·旻宁）	道光（30）	辛巳（1821）
文宗（爱新觉罗·奕詝）	咸丰（11）	辛亥（1851）
穆宗（爱新觉罗·载淳）	同治（13）	壬戌（1862）
德宗（爱新觉罗·载湉）	光绪（34）	乙亥（1875）
爱新觉罗·溥仪	宣统（3）	己酉（1909）
1616年，努尔哈赤建立后金；1636年，改国号为清；1644年，清入关。		

◆ 制表参考《现代汉语词典》（第6版，商务印书馆，2012年）。

◆ 年中改元时，在干支后用数字注出改元的月份。

编后说明

《明清史学术文库》旨在整合出版上世纪以来，明清史学研究领域中学术影响深远的专题论著（暂未包括专有出版权与其他出版机构有合同约束的论著）。

由于所选书稿在此前分别由不同的出版社出版，因此在编辑制作过程中，我们尤其注重构建本丛书的体例。特作说明如下。

一　内容

为保持与相关领域学术发展同步，本丛书出版前，各册书稿内容均请作者、作者家属或相关学者在原著基础上作了厘正。

二　结构

从书各册内容按照章、节等体例安排层级关系，图表按章排序。

三　文字

文献名、引文、年号、姓名等文字中，如遇异体字或无对应的现行简化字，则保留原字。

四　注释

1. 相同文献的相同版本信息，只在第一次出现时予以标注（该文献如在书中出现其他版本信息，则逐一标注；如来稿每则注释皆信息完整，且体例统一，则不予改动；如信息查询未果，则维持缺项）。

2. “二十四史”等常见古籍，如无特殊需要，皆不注明版本信息。

3. 古籍卷数用“卷”与汉字表示，如卷一九、卷一三五等。

五　年代换算

明清两朝的干支纪年或未逐一换算成公元纪年，对于原著未附纪元表的专著，附以《明清纪元简表》，以便参考。

六　寄语

本丛书各册作者皆为相关领域学术大家，故每册卷首均设作者寄语。寄语或为约请作者提供，或从其专著中援引。

宫廷历史编辑室

二〇一二年七月

图书在版编目（CIP）数据

清代学术史论 / 龚书铎著. — 北京：故宫出版社，2014.8

（明清史学术文库）

ISBN 978-7-5134-0637-6

Ⅰ. ①清… Ⅱ. ①龚… Ⅲ. ①学术思想-思想史-中国-清代Ⅳ. ①B249.05

中国版本图书馆 CIP 数据核字（2014）第 169053 号

清代学术史论

著　　者：龚书铎
责任编辑：冯印淙　伍容萱
封扉设计：李　猛
出版发行：故宫出版社
地址：北京市东城区景山前街 4 号　邮编：100009
电话：010-85007808　010-85007816　传真：010-65129479
网址：www.culturefc.cn　邮箱：ggcb@culturefc.cn
制　　版：保定市万方数据处理有限公司
印　　刷：保定市中画美凯印刷有限公司
开　　本：787 毫米 × 1092 毫米　1/16
印　　张：26.25
字　　数：330 千字
版　　次：2014 年 8 月第 1 版
2014 年 8 月第 1 次印刷
印　　数：1～2500 册
书　　号：ISBN 978-7-5134-0637-6
定　　价：52.00 元